# 全球化视野下中国文化发展研究

杨生平 / 主编

首都师范大学出版社
CAPITAL NORMAL UNIVERSITY PRESS

**图书在版编目(CIP)数据**

全球化视野下中国文化发展研究/ 杨生平主编. —北京：首都师范大学出版社，2013.3（2014.03 重印）

ISBN 978-7-5656-1361-6

Ⅰ. ①全… Ⅱ. ①杨… Ⅲ. ①文化事业—文化发展—中国—文集 Ⅳ. ①G12-53

中国版本图书馆 CIP 数据核字(2013)第 024612 号

QUANQIUHUA SHIYEXIA ZHONGGUO WENHUA FAZHAN YANJIU

**全球化视野下中国文化发展研究**

**杨生平　主编**

---

责任编辑　欧家作

首都师范大学出版社出版发行

地　址　北京西三环北路 105 号

邮　编　100048

电　话　68418523(总编室)　68982468(发行部)

网　址　www.cnupn.com.cn

三河市博文印刷厂印刷

全国新华书店发行

版　次　2013 年 3 月第 1 版

印　次　2014 年 3 月第 2 次印刷

开　本　787mm×1092mm　1/16

印　张　19.25

字　数　316 千

定　价　40.00 元

---

# PREFACE | 前言

“全球化”与“文化”是影响当今世界发展与人们日常生活的两个关键词。随着经济全球化的发展，国际经济政治格局也发生了相应的变化，它给人们提出了诸多新的问题：如何重建国际经济政治秩序、如何面对全球化进程中人类共同问题、全球化带来的是文明冲突还是融合、世界文化的走向是一体化还是多元化、民族主义究竟是有利还是有弊等问题。从文化方面看，随着科技与信息技术的发展，文化在社会发展中的作用逐步凸显，文化越来越成为综合国力的重要组成部分（即所谓的软实力），文化也已成为重要的经济力（即文化产业，也称文化生产力）。全球化与文化发展问题研究有着国际学术前沿性和现实前瞻性，故而有着重要的理论意义和实践价值。从当前国际学术研究动向来看，像亨廷顿、哈贝马斯、吉登斯、詹明信、贝克、沃勒斯坦、罗尔斯、费彻斯通等相当多国际著名学者都把理论研究的重点转向全球化与文化问题。全球化事实上也从某种意义上改变着人文科学研究范式，如正在西方兴起的后哲学文化、全球史对世界历史的重构、新世界百科全书的重建等就是例证。从实践方面看，许多国家都在关注全球化与文化发展问题，纷纷建立相应的研究机构，并以此应对全球化带来的文化问题，为政府建构民族精神、文化软实力等提供政策咨询。单从中国来看，全球化与文化发展研究至少有着意识形态建构、民族精神重建与文化生产力的发展三方面意义。全球化带来的世界秩序变化给中国政府提出了如何预测世界历史的走向、如何正面建构公正合理的国际经济政治与文化秩序、如何营造合理的国际舆论和良好的国际发展氛围、如何构建有世界影响力的民族精神并增强民族文化的整个实力与竞争力、如何利用世界历史规律引领当代中国的发展、如何大胆借鉴人类一切优秀文化成果建立并发展先进文化生产力等若干问题。因此，全球化与当代中国文化发展问题研究的意义是十分重大的。

"全球化"包括作为一种客观进程的全球化、作为一种认识的全球化与作为一种价值判断的全球化等多个方面，对它的认识十分复杂。由于这些层面又是彼此制约、相互影响的，因而研究难度更大。我们可以肯定全球化是一种不可阻挡的客观进程，但由于这种客观进程又是通过人来参与并通过人的意识与文化加以影响，所以不能设想用像数学公式那样的纯客观形式来研究全球化发展过程。人的意识特别是文化严重影响着全球化发展进程，这种影响不完全能用"加速"或"延缓"等词汇表征得那么简单，它还从某种意义上规定着全球化发展方向以及全球化发展的性质等问题。尽管如此，把作为客观进程的全球化作为研究全球化问题的前提是十分重要的。因为，客观全球化决定着认识全球化与价值全球化。而就客观全球化而言，又有着经济全球化、政治化与文化全球化等交错的问题。在这些全球化现象中，经济全球化自然是本质性的，它规定并影响着整个全球化的性质以及政治全球化与文化全球化发展进程。但如此说又不能否定政治全球化、文化全球化的价值与意义，因为它们毕竟也影响与制约着经济全球化乃至整个全球化的发展。"一体化"与"多样化"是全球化的基本矛盾，这个矛盾在全球化影响下的世界不同层面有着不同表现。在有些领域它们的关系是通过"平等"协商来解决的，但在另一些领域它们的关系又是通过强制推行一种一体化的霸权方式来实现的。对此，约瑟夫·奈对国际政治"三维棋局"思想的分析是有启迪意义的。他说："国际政治议程已变成一个类似三维的棋局，想赢的话就要既在水平方向又在垂直方向出子。在最上方的传统的国与国之间军事事务的棋盘上，美国的确是拥有全球军事触角的惟一超级大国，用传统的术语'单极'或'霸权主义'来形容说得过去。但在中间的洲际经济事务的棋盘上，力量的分配是多极的。美国如得不到欧盟、日本、中国以及其他国家的同意，就无法在贸易、反托拉斯及金融问题上获得自身所期望的结果。称其为美国霸权有点不着边际。在底部诸如恐怖主义、国际犯罪、气候变化、传染病传播等跨国问题的棋盘上，力量在国家与非国家因素广为分布，无序组织。称其为单极世界或者美帝国简直是无稽之谈——尽管左右翼的鼓吹者都这么宣称。这是一系列需要从大的战略来思考的问题。"① 也许我们不完全赞同约瑟夫·奈的观点，但他对世界不同层面问题性质与状况的分析仍然值得我们借鉴与思考。尽管全球化世界的不同层面有着不同的性

① ［美］约瑟夫·奈：《软力量：世界政坛成功之道》，吴晓晖等译，北京：东方出版社 2005 年版，第 4—5 页。

质与特点，但从总体上讲霸权与平等的博弈是当前全球化进程中的重要现象与特征。

面对全球化进程，中国需要有高度文化自觉。文化有自律，有自身独特的形成与发展规律。文化不仅是民族凝聚纽带、人民精神家园，也是国家综合国力的重要表现。每个民族都有自身一套相对独立的文化体系，这套体系对每个民族成员来说都有着与众不同的象征意义。人们依靠这套象征体系生存、生活和劳作，维系着不同的人际关系，牵引着社会的进步与发展。对不同民族文化而言，很难用“好”与“坏”作简单评价。全球化进程中的民族文化交流、融合与碰撞不能用“征服”的方式解决，只能通过对话的方式解决。在文化对话中，“自我”肯定和“自我”维护自然是正常现象，但这种肯定与维护需要以同时肯定与维护“他者”作为前提，强调并开展“主体间性”的研究与对话。当然，肯定文化自我并不是强调“文化在先”或“文化决定一切”，历史上文化圈、文化中心的形成与发展以及文化周期等事实也告诉我们：任何文化都不可能是永恒与完美无缺的，每一个民族都必须要从其他民族文化的学习与借鉴中发展自身，只有保持一种开放与谦虚的心态才可能有效地维护民族文化的绵延与发展。在文化发展问题上，必须要看到文化的他律。尽管文化有一定的独立性，但地理环境、经济、政治与社会关系等都会对文化产生重要影响。看不到这一点，就要犯文化决定论错误。在处理文化自律与文化他律关系问题上，意识形态是绕不开的话题。意识形态也属于文化，但它属于一种特殊的文化现象。不同于一般文化是以精神关系为核心对各种社会关系反映，意识形态主要是以社会制度与生产关系为核心对各种社会关系反映。虽然社会制度与生产关系不能包揽或绝对决定一切社会关系，但它们是一切社会关系基础与核心这一事实却是无可争辩的。后现代主义对总体性与宏大叙事的批判值得我们认真总结与反思。在研究文化问题时不能“过度”应用意识形态理论，但忽视意识形态或主张意识形态终结论显然是不正确的。意识形态是以生产关系为核心，通过社会制度的形式对社会整体概况的综合反映。文化自觉需要在意识形态自觉的基础上进行。只有建立在意识形态自觉基础之上的文化自觉，才能更好发挥文化的作用，增加软实力。当然，意识形态不能代替文化，文化涉及面更广，内涵更丰富，个性色彩更强。意识形态与文化之间有一个相互渗透与聚合的过程。在当前和平与发展的形势下，要巧妙利用意识形态与文化的关系，在确保意识形态核心价值的同时加强文化的影响力、传播力与渗透力。

随着我国改革开放的不断深化和融入全球化程度的加深，文化问题逐步凸显，价值多元表现得越来越明显，各种文化思潮相互激荡，在此过程中提炼与建构正确的核心价值观十分重要。核心价值观对社会发展可起到引领、激励与凝聚的作用。目前，核心价值观的提炼与建构应该考虑到意识形态、全球化、国情与文化传统等多个方面，应该从经济、政治、社会、文化与生态等多个层面入手，将自上而下的工作与自下而上的工作结合起来，充分考虑最广泛的群众基础与全球进步因素，做到原则性与包容性的最大结合。

全球化与当代中国文化发展是一个重要的理论与实践课题，其中有诸多问题需要剖析与疏理。这些问题有的是理论上的，有的是实践上的，有的是思路上的，有的是方法论上的。本书不奢望对这些问题找到完美答案，只期望引起更多关注与探讨。

CONTENTS | 目录

# 第一篇　全球化进程文化发展基本理论



# 第二篇　全球化与中国文化实践

## 第三篇　全球化与社会主义核心价值体系

# 第一篇

# 全球化进程
# 文化发展基本理论

# “文明的冲突”与和谐世界

刘新成　首都师范大学校长

## 一、文明分类是西方人的学术建构

时下，对于“西方文明”、“东方文明”、“基督教文明”、“伊斯兰文明”、“儒家文明”乃至其他种种“文明”，人们早已耳熟能详，甚至以为世界和人类分为不同文明和文明区是天经地义、不言自明的事情。然而事实并非如此。文明的划分并非自古皆然，各种“文明”之间的区别并非人类社会的原生形态，他们只是近代以来欧洲人在认识世界，特别是在诠释世界历史时创造出来的概念。

在古代世界，受生产力水平和交通条件限制，散居在世界各地的居民难以实现大范围、大规模的交往，所以他们并不知道“世界”的存在。但是15世纪末叶新航路开辟以后，欧洲人“发现”了一个全新的“世界”，于是开始按照他们的构想描述这个世界的历史。由于欧洲人对世界的认识与其对世界的征服同步，所以他们对世界历史的解释也充斥着征服者的优越感。他们以世界的“主导者”和“先进文明”自居，将其扩张行为美化为“传播文化”，进而为整个世界的发展趋势勾画了一个“主导—传播”模式（pattern of dominance and diffusion），即欧洲人将先进文化向其他落后地区逐渐传播的模式。如同文艺复兴时代的基督教史学家弗朗西斯科·圭夏尔迪尼（Francesco Guicciardini）所说，无论过去还是未来，世界的发展过程都是福音书的传播和实现过程。

启蒙运动以后，宗教的地位下降，科学兴起，“主导—传播”模式开始寻找科学的依据。近代科学的方法论基础是生物学的分类法和进化论，于是，将人类分成不同类型，把欧洲人称为人类社会进化论的代表，就成为“主导—传播”模式新的表达方式。根据这种表达方式，欧洲人首先根据所谓“社会进化论”宣传

“欧罗巴种族优越论”，继而根据爱德华·泰勒的“文化进化论”宣扬由欧洲特有的知识、制度和技术优势所构成“欧洲文化优越论”。进入20世纪，在“优等民族”内部爆发的第一次世界大战，以及日俄战争以亚洲人胜利告终的结局，冲击了欧洲人种族优秀、文化优越的神话，“主导—传播”模式又转换为汤因比提出的据价值观将“文明分类”最终得出的“西方文明优越论”。汤因比把世界划分为若干种文明，并将每种文明视为独立存在，就成为西方人看待世界以及世界历史的固定不变的视角。尽管汤因比以其后继者表面上承认各种文明的价值，但是他们的学说最终却以西方人得出了“只有西方文明才代表自由、民主和理性这些最高价值”的理论。20世纪中叶以后，随着现代化比较研究的开展，西方学者从欧洲国家率先实现现代化的事实出发，用“反推”的思维方式，苦心孤诣地从西方文明中挖掘“现代化元素”，结果使得各种文明的“对比度”更加鲜明。马克斯·韦伯所谓“新教伦理”、托马斯·库恩（Thomas Kuhn）所谓“科学思维”、某些经济学家所谓“西欧中世纪市场经济”，不仅从此成为“西方文明”的标签，而且成为辨别其他文明孰优孰劣的标准。

纵观“文明分类说”的发生史，可知这一学说乃是西方人创造出来的一套话语系统。这一话语系统出了“欧洲（西方）中心论”这一明显的理论偏见之外，还隐含着一个方法论“陷阱”，即在彰显西方优势，夸大其他文明与西方文明的差距并以西方文明为标准说明其他文明之缺陷的同时，过分强调文明的差异和区别，把每种文明都看成是其他文明毫无关联，甚至毫无共性地孤立存在。尽管目前稍有现代知识的人，包括西方人在内，都已对形形色色的“欧洲（西方）中心论”嗤之以鼻，但是对“文明分类说”的方法论陷阱却缺乏认识。西方人仍在大谈特谈“文明的冲突”，世界其他地区的人们对外来文化也或多或少抱有“非我族类”的看法，都说明了这一点。

## 二、文明之间：互动是发展的动力

西方语境下的“文明分类说”因其缺乏科学性进而受到越来越多的质疑。

首先，科学家于2003年绘制的人类基因图谱表明，人类作为一个物种，具有天然的、不可磨灭的共性。在我们用放大镜寻找人类内部区别的时候不能忽略这一基本前提。

其次，西方是按照不同文明“特有的生活方式”来进行分类的，但深究起来就会发现，这种分类难以自圆其说。其一，在西方人所说的各种文明内部不止包含一种生活方式。以伊斯兰文明为例。16 世纪时“伊斯兰文明”地跨欧亚非三大洲，期间经济模式、语言服装、风俗习惯五彩缤纷，教义信条、礼仪形式和戒律戒条也不完全一致，所谓“共同的生活方式”根本无从说起。其二，在西方人划分的各个文明之间，事实上并没有清晰的界线。在不同文明的边缘地带，历史上人们曾经长期互相接触，互通有无。由于和平的交往和战争，商人、士兵、传教士、移民也曾“跨文明”地流动交往，都呈现越来越密切的趋势。各种生活方式也在越来越大的范围内交汇融通。已经不存在绝对“特有的生活方式”或是纯粹原生态的某种“文明”了。

全球史的研究成果表明，尽管人类分为不同群体，彼此之间存在着地理学、人类学、社会学意义上的千差万别，但是只要条件允许，不同群体之间总是保持着不同形式的接触和交往，而且，这种接触和交往是人类社会发展、文化进步和技术变革的动力。人类各个群体都是在与其他群体的接触和交往中，一方面学习和借鉴外来经验，一方面在外部压力下加速其内部的发展。社会的变革和前进大多发生于对外开放的政治环境下，大多数发生于与外界交往便利的地区，大多发生于与外界交往频繁的时期，其原因就在于此。因此可以得出结论，人类不同群体之间关系的本质，不是差异，而是互动。

有研究者指出，人类文明史就是一部以不同群体间的互动为动力的社会发展史。

人类不同群体之间接触、交往和互动的方式是非常复杂的，既包括和平友好的互利交流，也包括由于灾难和利益冲突而造成的流血战争、瘟疫蔓延、人口贩卖和难民迁徙。尽管从长时段、从宏观角度看，所有的接触、交往和互动最终都能够成为促进人类社会发展的动力，但是那些非和平友好的方式在历史上曾经给很多民族带来了巨大的痛苦和深重的灾难，也是不能回避的。批评西方的“文明分类说”过分夸大不同人群之“差异”，强调互动的作用以突显不同人群之“共性”，目的就是要说明，共同生活在一个地球村里的人类各个群体，应该而且只能相互依存、相互促进、共同发展、共同幸福，应该而且必须避免相互伤害和对抗。

## 三、多样性是人类文明存在和发展的前提

人类社会现存的各种文明有没有走向统一的可能性和必要性？对这个问题的回答应该是否定的，笔者认为，理由有如下几点：

其一，地球上人类居住的各个大洲、各个地区有着多种多样的地理环境和自然生态，气候、土壤、水源、矿产资源、动植物和微生物的情况都截然不同，居住在不同地方的人类群体只能因地制宜采取不同的行为方式来应对周围环境，因为他们的生产生活方式出现了不同特点是必然的、必须的，肯定会，而且也应该继续保持下去。

其二，经过漫长的历史发展过程，人类各个群体都建立了自己的社会组织、意识形态和学术体系。很多时候、很多群体都曾面对一个两难困局：即发现别的群体的社会组织形式、意识形态和学术体系有着显而易见的先进性和合理性，向他人学习也许将会促进自身进步，但是也有可能引发自己群体内部改革与保守两种力量之间的矛盾冲突；保守自身传统、对其他文化采取抵制甚至对抗的态度，可以增强自己群体的向心力和凝聚力，但是会付出发展落后的代价。人类各个群体都在不断尝试摆脱这个两难困局。但是既没有谁能够避免外部新事物的诱惑和挑战，能够长期、彻底地抵制外来文化的影响；也没有谁能够完全抛弃自身的历史文化传统和生产生活方式，全盘接受外来文化，彻底地与其他民族同化。事实证明："老死不相往来"是不可能的，"焕然一新"也是不可能的；在自觉或不自觉地"求同"、"求进"的同时，自觉或不自觉地维护本民族文化的个性特点，人类的存在和发展就是这样一个过程。

其三，从一切事物存在和发展的规律来看，多样性的存在以及相互之间的碰撞、刺激和互动，是事物存在的必要条件和发展的动力。人类社会同样如此。没有各个人类族群、各个民族和国家之间的差异，没有他们彼此之间的竞争和冲突，没有各种文化之间的较量和交流，人类也就失去了发展的目标和动力，久而久之，也就失去了生存的活力。

既然人类社会现存的各种文明永远没有统一的可能性，那么如何处理不同文明之间的关系变成为了永恒的课题。目前，一方面，空前活跃的人际、国际交往推动着人类社会以及经济、文化取得空前规模和空前幅度的发展，全球性的交换

和互动、全球化的经济体系已经成为人类存在的基本方式和必要前提；另一方面，人们在忠实于自己群体和参与全球化过程之间，还没有找到妥善的协调方式和正确的态度。这就是当前“全球一体化”与“地方主义、民族主义”两种趋势同时加剧的原因。人类各个群体都需要在反思的基础上，明确自己对外来文化的认识，自觉地调整自己与外部世界相处的立场和行为。

# 新游戏，新规则：社会科学的危机时刻

阿兰·李比雄　欧盟跨文化研究所

黄华侨　译　　杭州师范大学

## 一、多极文化世界的跨文化战略或“欧洲/亚洲/非洲”互动知识三角

过去两个世纪，人类学作为一门特殊学科曾经主要依赖于西方社会科学的发展，或者换句话说，依赖于西方各国社会科学的发展，并且，与欧洲社会的文化背景，以及与欧洲社会和各种非欧洲文化的交往历史有着深刻联系。列维—斯特劳斯的远处观察原理：“遥远的目光（le regard éloigné）”，作为人类学的主要概念，与这种历史背景有着密切联系。

我们正进入一个多极和多元文化的全球世界，这个世界深刻地改变了上述关系，因此，也就改变了人类学观察的环境和实践，于是，我们必须彻底重建社会学的方法和原理。

我们必须清楚区分跨文化（transcultural）和“文化间”（intercultural）之不同。跨文化意味着某种“普适”的东西，是一种可能的、共享的新视角或语义平台——这种视角或平台产生于对若干不同文化见解的互动的思考和理解——或者对若干不同文化的意义或表象的思考和理解，如此等等。

这就暗示着，达到一个自上而下、高屋建瓴的观察位置并不是不可能的，因为每种个别文化视角都可以通过其他文化视角得到改进和提高。但这是有条件的，首先，我们需要一种认识论的态度，一种方法论的怀疑，或者说是人类学的怀疑——通过将胡塞尔的“悬置”应用于你自己的文化知识模式和方法论。

跨文化方法论并不废弃或取代个别文化视角，也不涉及一种可能的“混合”视角。恰恰相反，它要求我们关注前者，把它视为有益的现存视角，同时，对于后者日新月异的发展——因为全球化的缘故，以及对于美国化的标准，保持极为

谨慎的态度。这和互动知识的概念有着密切联系。

第一个“悬置”原则是关于“方法论的怀疑”，关于它的恰当理解、看法和概念。基于这一原则，从事互动知识研究的人类学家（或者其他任何社会科学学者）可以逐渐获得和构筑这种互动知识——这是通过双边途径中各种模式的相互接受，构建和组织起来的。

双方对于各自的当面情境（face to face situation）应有共同的精神倾向、特殊态度，以及特定“处置”（或安排），我们可以使用“变形”（anamorphous）的意象对它们作出有益的描述：任何一方同时既是对方的观察者又是对方的接待者，它们的举止就像镜子映出对方的影像（在本例中就是互动知识、知识模式）。

然后，我们才可以谈论一种“变形理论”（anamorphous theory）。此处我指的是17世纪颇为流行的光学“变形”游戏，这个游戏利用一些成对摆放的扭曲镜面，从第一片镜面映出的某个对象的扭曲图像开始，逐渐重建一个正确图像。这个游戏必须以相反和互补的方式利用每片镜面的各种不同形状的各种不同扭曲效应，以期在它们之中发现那个正确的排列方式。

我们以此为证：没有人可以仅仅通过他自己固有的视角获得一个准确和完整的图像以及对实在的理解；不仅因为“眼睛不能看见自身”（维特根斯坦），而且还因为扭曲的根源在于习惯、风俗和语言游戏。不同的知识模式，扮演的正是光学游戏中不同镜片形状的角色。因此，基于同样道理，“参与者”必须逐渐调整他们的立场，进而获得最和谐的互动理解。

这一方法涉及现象学，主要是胡塞尔的《笛卡尔式的沉思》，涉及解释学，涉及哈贝马斯的交往理论，涉及维特根斯坦和分析哲学，涉及符号学，但是在某种意义上也涉及德里达的重构理论。它肯定不是一种相对主义，相反倒是明确提出了存在共相这样一个假定。我认为，作为一种启发式的方法，它在这里可以是创造性的，它把共相与和谐紧紧联系在一起，并假定在互动理解中寻求和谐是通往共相的一条道路。

在此意义上，它也依赖下述信念——不过，对此我们不宜公开主张，也不能从形式上加以理论化，正如蒙田追随斯多葛学派所说：“贤者（Wise Men）之间的联系和理解是如此深广，以至其中某人正在法国用餐之时，同时也就是在供应埃及的同伴；在世界的任何地方，只要一人伸出手指，遍布全地的所有贤者，都能得到帮助并感到支持。”这话似乎和我们现在提出的看法并不一致。我相信不是这样。我相信，它只是强调了贤明（或者友好原则）的先决条件。并且，它和自信（self-confidence）必定截然相反，我将尝试在下面表明这一点。

1．互动人类学的条件

几个世纪以来，由于欧洲的自信，基于一种实证主义的科学主义和一种政治、经济和军事上的优越感之间的全然混淆，互动知识仍然停留在一个朴素的乌托邦理想的阶段，如同孟德斯鸠的《波斯人信札》。

重要之处在于，这一哲学传统，经过互动人类学和互动知识原理的戏剧性的推动，迄今已经扩展至一种真正的和实际的应用。我们对中国或印度文化复兴的重新评价，以及这些新兴的巨大经济力量之间的新的平衡，为我们应对 21 世纪的挑战铺平了道路。

当然，单是完善这一架构就需要很长时间，而且在现实中也不太可能轻而易举地实现。为了实现这一架构，我们需要时间和妥协。第一个假定是要考虑，正如帕斯卡关于宗教所说：你必须首先付诸实践，这样才能通往真正的信仰……这就意味着我们只需选定关键领域，开始身体力行。关键领域是显而易见的：图像和表象，以及语言和传播科学。仅仅赞同和斟酌语词的使用，以及斟酌它们与表象和图像之间的关系（关键语词、关键概念和关键图像投射），斟酌它们在跨文化关系中的普通用法，就已经假定了“方法论怀疑”的原则。与此同时，理论研究应当继续进行。

但是当我们在这么做的同时，我们不能忘记情绪和行为方面的先决条件。此类实践主义的方法，使得下述问题变得尤为重要：负责这一方法的人们自己首先应该彻底了解互动知识原则和精神。我们面对的是一个真正的危险，因为在跨文化宗旨的掩饰下，这一实践主义的规划也许会变成一个纯粹为了推广基于市场文化标准的诸种模式的借口。

因此，我们必须直面这一困境，找到适当的解决方式。一个办法是把这个计划置于“贤者”委员会的控制之下，把他们本人也卷入到跨文化研究中来。

2．互动知识：一种“创造艺术”

我们可以期望互动知识成为某种莱布尼茨曾经期望组合逻辑成为的东西：一种“创造性艺术”（ars inveniendi），它的作用不是储藏、清点和罗列遍及世界的常见和公认的真理，而是创造新的真理。与其说这是对全球知识展开事实上的全面调查的期望，毋宁说是事关生产主动知识的问题，当它探索一切可能的创造力的综合规则之时。

互动知识大体上是——而组合逻辑却不是——一种确定“一切可能变异的全局数目”的方式，“这样就产生了一种使它隶属于数的科学的效应，因此，也就隶属于代数，但是更确切地说它是一门关于相似和相异的形式的科学，在这个意义上它离总体特征科学并不遥远，而代数、音乐甚至逻辑都从这种总体特征科学中获得他们的符号”（莱布尼茨《数学笔记》[*Mathematische Schriften*]）；与其说它与数量有关，不如说它与品质有关，除了最最严格和琐碎的数学应用之外；它关注的是事物的形式，或者一般来说，它关注程式。

3. 互动知识：一种组合艺术

在我心中，互动知识实际上在此意义上既是一种“创造艺术”，也是一种“组合艺术”。它是探索和生产某种“关系之关系”的综合网络的艺术。组合逻辑原理也以同样的方式永久地与综合原理联系在一起，根据后者，组合逻辑的法则不仅对于生产知识，而且对于生产事物和事实来说也是意义重大的。它的目的是“解释不同的物种如何从组合在一起的最高种类中产生出来，以及定理如何从‘合资经营’中浮现出来，在这种‘合资经营’中，定义和公理、观察和假设同舟共济”（莱布尼茨小品 [Opuscula]）。

顺便提一下：创造艺术、互动知识和互动人类学也是一种“普遍的组合艺术”，并且合在一起也是。在此我将再次引述莱布尼茨：“当组合涉及的是一般而言的微积分学，或者标记（notae）或者总体特征，”这就不是为了计算数字的总量，而是为了一种重要得多的应用，“也就是编写百科全书”。

“全部人类思想的基本元素构成的字典”当然可以向我们提供普遍组合艺术的谓词，却不意味着它是彻底封闭的，或者它有一个限度，恰恰相反，“由于不同的提议具有无穷无尽的可能性，你必须主要考察那些最优美的定理，即那些在极小篇幅中浓缩了大量弥散事物的定理。同样道理，完整的定理系列是无穷无尽的。”因此，可以推知百科全书领域是无限的，组合（而且我想我们同样也可以说互动知识）的目的是思考和调查提议之创造过程的规则，而不是考察这些提议的全体，因为它们必然通往创新。

## 二、跨文化范例：欧洲和中国之间的理解和被理解问题

欧洲非常关注这一挑战，的确，整个西方世界也是如此。“9·11之后”的事

态发展使得这一跨文化范例对所有人来说都更加明显了：西方社会必须设法理解非西方、非欧洲的文化和社会，并得到它们的理解。理论上说，这种理解应该是一种跨文化的知识。但是，欧洲，更具体地说，欧盟，由于上述那些特殊的哲学传统（就像*Assises de la Connaissance Réciproque*一书提出和讨论过的），由于它和亚洲及非洲之间的历史联系，以及由于它的极端多样的多元文化社会的现状，也许相较美国更加紧迫地需要面对和回应这一问题，同时它们的联合又使其处于比美国更加有利的地位。

关于跨文化经验。自从1984年以来，跨文化国际研究所（Transcultura International Institute）主导了基于互动原则的一些激进而又另类的研究，因为他们有计划地创造了许多互动观察的机会：西非和中国的学者获得邀请，正视他们对欧洲文化的认识，在此期间我们得以全面审视并重新体验这一观察过程中用到的、与他们自身的文化不同的事物和模式。

透过此一视角，欧洲社会科学可以获得一种真正的新的“启蒙”，这是得益于非西方的观察家和分析家对非洲和亚洲文化传统的看法，得益于他们的眼光的“扫视”。这样一种涉及多种主要知识来源的互动和跨文化的方法，将为人类科学的一种重临和革新的方法论铺平道路。这一过程将会通往一个新的挑战：双方都将面临一个全球的、然而无疑仍是多样的世界的焕然一新的视野。

关于西方文化和非西方文化，欧洲、西非和中国陷于人类学方法之间的对抗，相关的研究领域可以解释为一种旨在提出一些可能的互动知识策略的实践。我们可以使用莱布尼茨的“变形”（anamorphous）意象描述和分析这个过程，这是一种光学模式，通过互相映射的扭曲镜面的恰当而互补的运用，强调关于真实事物的一个扭曲的感知之可能的重新解释和重新理解。

我们有责任为新的基本知识活动奠定理论和方法的基础。互动知识（进路和方法）与新的历史性的人类世界格局密不可分，后者的一个主要特征就是随着西方文化模式在全球化进程中的扩张，以及在这种扩张内部，非西方的文化和知识模式的吊诡的兴起。

我提议，我们应当重视几项基本证据，考虑——地理政治和地理文化的世界力量对比，把变化和对抗的版图（包括和平的对抗和冲突的对抗，例如贸易、人口流动……）刻画为戏剧性的文化和知识模式重新配置的舞台——那些重新配置本质上是由以下因素塑造而成——内生和外生、外部和内部、西方和非西方模式的相互关系，以及远程和即时（时间上的）媒介通讯的特殊的适当的力量对比。

我们必须首先针对此处考察的科学和知识的危机作出富有见地的评估。在西方的语境视域下，亦即，在西方文化模式对科学知识的理解之下。以及来自海外、远方和他乡的得到明确评判的文化视域，此处出于某些试探性的理由，假设就是某个特定的东方地区——中国、伊朗、印度、阿拉伯——或者南方地区——非洲——基于文化模式对知识的理解。

此处我们可以强调这一危机现存的和显著的方面。不过首先，出于一贯的方法论关切，我们将会谨慎考虑，在一门中介语言（或者任何一门出于某一特定目的选择和使用的给定语言，例如英语、汉语或法语）中是否赞同对于我们正在使用的主要语词的一种清晰而普通的理解，与之相反，我们将会始终强调相应的“关键词”在文化和语义上的“对立”视角。此处列出几个对应危机一词主要含义的中文语词：失去平衡、紧张和冲突，不过还有，首先，在希腊语中，评判、作出重大抉择（分离，以及决定分离，在不同的处境和假设之中选择正确的那个）。因此我们可以说，危机就是涉及重大抉择和重大转变的处境和时刻。

现在我们必须考虑这个问题：是什么导致一个社会或一种文化发生变化？进而言之，如果我们同意，任何社会和（或）文化若要生存下去就必须作出改变，一个不变的社会、文化、知识将会消亡，或者不如说，任何活的有机体（生物学上的或文化上的）都必须携手并进维持和繁衍恰当的组织，并且，由于连续不断的环境变化，必须作出相应的调整和更新，如果我们同意这些，那么，我们就应该说，危机是一种内在地参与到生命和知识进程之中的不可或缺的状况。我要说，在希腊语的意义上，危机与知识有着密切的、必然的联系。我们可以想象一个没有知识的危机吗？那会是什么？在我心中（而我是在希腊语的意义上思考），那不是一个危机，而是一个瓦解过程。

现在，我将暂时冒昧地提出如下这个具有公理性质的评估：所谓危机，乃是知识和互动知识的一种构成性的、内在的和首要的状态（情势、基本配置）。

但是，此处，看来有趣的是考虑一种理论上和想象中非常有趣的情形，就像莱布尼茨在他的某篇著作中所描述的：“apokatastasis panton（万物复原）”，这个希腊名称的意思是“万物的永恒回归”。他尝试并考虑了一种理论上可能的情形：假设所有人类历史状况的全部可能的描述，均应通过字母文字的所有可能组合（即字母表中24个字母的所有可能组合）得到记录和编撰，编撰为数量庞大的巨书，现在选择这些书中一个给定的数量，设想每本书都会按照不同语言的组合使用全部数量例如一千亿种字符组合，并且你可以计算这些字符的不同可能（但是有限）的组合，基于这一观念，你可以进而得到一批给定数量的书籍，它们将穷尽并且一定会终结关于一切人类历史状况的任何可能描述。这就意味着，所有别的补充书籍必定只能重复已经得到描述和认知的状况。

因而我要提议的是，这种情况会是危机的一个特例，这是在如下意义上说的：如果达到此一巅峰状态，在此，全部信息皆已得到探究，危机已经没有用武之地。

现在，假定我们今天的科学状况使得我们已经可以进入莱布尼茨提及的这种临界状态和临界水平，当然，并不是说我们已经穷尽任何可能历史状况的描述（不过，考虑一下这种情形仍然是有趣的，前提是新的技术或互联网络创造了新的信息环境），而只是意味着，我们已经拥有获取知识的可能方法和模式的一个完全的、封闭的调查和清单。在我看来，这就是我们面临的问题和挑战。

当然，这样说太过于理论化和简单化了。让我们把它设想为讨论的一个合理而有益的启发式基础：我们需要考虑三种不同的主要情形：

1. 不再有任何新的方法论的进路等待我们去发现或探索，只有业已证实、成型和实践过的诸门科学。

2. 未来仍然可能出现新的方法和知识的模式，不过只能基于一个完全封闭、彻底研究过的认识论全集，即诸门科学的全集的基础之上，而这些科学主要是在西方世界获得系统的构建和逻辑的界定。

3. 还会有新的可能模式等待我们去探索和研究，这不仅是指在不同文化背景下使用明显相异的方法和方式应用某些现存的模式和认识论规则（或游戏），同时也是提出全新设计的未来模式，或者是一些混合模式（例如，既是西方的又是非西方的）。

在我所说的意义上，还有一件事也是非常有意思的，那就是莱布尼茨的两个激进的评论：其中之一是，为了更加系统化的缘故，他小心翼翼地把他的建议限制在“唯有那些可以清楚表达的命题，排除所有其他难以表达的混乱观念、幻想或印象”。

另一个评论是，他说，他的关于一个可能的“万物的永恒回归”的建议，因为引起无穷小的无限透视之可能而遇到了挑战。

出于我们的目的，我要补充三个问题：1. 莱布尼茨的整个论证是基于字母表的这种想象使用。但是，如果他指的是中国表意文字，而不是西方字母书写体系，事情会怎样呢？我的意思是，他是按照明确封闭的书写体系的原理处理这个问题，但是如果是一个开放的表意体系，会有什么不同吗？2. 他对模糊表达的看法，难道不会因为中国文字体系表达此类心理状态或情势的能力的可能运用而受到挑战吗？3. 对于无穷小也可以提出同样的问题。

现在，还有另外一些问题：是什么使危机得以存在？以下是几个可能的诱人的回答：

缺乏新的信息，或者信息生产未能增进、更新和成功解决现存有机体的组织结构的再信息化。信息在面对有机体与外界环境之间交互作用的新情况时所具有的缺陷与不足。信息的溢出——或者是从内部，或者是从外部——有机体之现存结构的过度传递和过度弥漫，以至信息/传播失去了控制。

主要原因在于，有机体必须应对和适应互动环境下的不断更新的外界反应，而这就决定了它现有的组织结构。

那么，如果外界环境看似并不存在，或者不再清楚表达，事情将会怎样？这种情况不会出现，按照我们的打算，如果我们考虑到我们已经达到这样一个地步，此时整个知识模式以及随之而来的认识论和方法论都已经完完全全并且确定无误地揭示出来？

我要提出一个非常具体的建议，首先，认真考虑使用诸如中国知识模式之可能，例如中国书写体系，这是为了调查在此一新的全球信息和通讯世界之中它所具有的优势，或者要不就是为了尝试和检验，在西方背景和西方文化环境之下，它的一种可能使用的效果将会怎样？

我在此处无暇讨论那些似乎可能构成关于我们的互动知识概念之应用的东西，这是出于前文已经提及的考虑：我相信此“危机理论”的核心要点乃是互动理解的跨文化的（先验的）境况，这是同时在一种非常逻辑性的、几何学的，甚至光学的意义上说的，也是在一种更加存在主义的，例如审美的意义上说的。

在此意义上，我认为发展一种互动人类学之实践乃是一件意义重大之事。

# 全球化文化问题的不同层次

杨生平　首都师范大学哲学系

随着经济全球化的发展和文化在社会发展中作用的凸显，对全球化与文化关系问题的思考必然提上日程。就此，不同人提出了不同看法，有人作用的凸显，对全球化与文化关系问题的思考认为经济全球化必然带来文化全球化、文化全球化是指是文化一体化；也有人认为经济全球化不必然导致文化全球化、全球化文化应该是文化多元化，等等。另外，在当前全球化文化问题争论中，还存在着文明的冲突与融合、文化霸权主义与文化平等主义、文化普遍主义与文化特殊主义、文化同质性与文化异质性、殖民主义文化与后殖民主义文化、民族主义文化等对立观点。笔者认为，在全球化文化问题的讨论上不能简单地采用二元对立思维，必须用复杂性科学整体与还原相结合等辩证思维对其进行分层思考，在此，笔者认为全球化文化问题应分为三个不同层次的问题。

## 一、全球化文化问题首先表现为作为经济、政治与观念统一的整体性文化，即意识形态文化

全球化是一个客观历史进程，它的发展是人类社会进步的表现，也是人类实现普遍交往的主观要求。事实上，从人类不同民族开始进行交往的时刻，全球化过程就已经开始。不过，真正意义上的全球化过程还是从资本主义社会开始。马克思、恩格斯指出："资产阶级，由于开拓了世界市场，使一切国家和消费都成为世界性的了。……过去那种地方的和民族的自给自足和闭关自守的状态，被动的状态，被各民族的各方面的互相往来和各方面的互相依赖所代替了。物质的生产是如此，精神的生产也是如此。各民族的精神产品成了公共的财产。民族的片面

性和局限性日益成为不可能，于是由许多民族的和地方的文学形成一种世界的文学。”[①] 资产阶级之所以能大规模地拓展全球化过程，并不仅仅因为他们拥有雄厚的资本和先进的科学技术，更因为他们有着跟资本、科技配套的经济、政治与文化制度安排。由此，我们应该看到，目前全球化过程虽然表现为经济全球化，但它的实质绝不是靠经济问题的分析就能解释清楚的。同样，全球化带来的文化问题也不单单只是一个文化问题。相当多学者只把全球化文化问题看成单一的文化现象，并从不同文明自身的特点去说明它们的冲突与融合是具有片面性的。其实，文化也不是铁板一块，它是会随着社会发展而不断进化的。历史上不同民族的文化随着历史变迁而变化甚至消亡的现象并不少见。所以，在分析全球化问题时，首先应该把它看成一种制度文化。我们必须肯定当前全球化过程实际上是资本主义制度在全球的进一步扩张。由于资本主义制度是不平等的制度，由于资本发展的目的是追求利润最大化，因而，资本主义制度的扩张必然会带来文化霸权与文化平等、文化一体与文化多元、文化精神向度与文化世俗向度的对抗。要解决这些对抗，光靠文化呼吁、文化批评与文化抵制是不够的，必须要根据历史发展规律确立比资本主义更有竞争力的制度文化，即社会主义制度文化。正如英国学者佩里·安德森所说：“实际上，只有在气势上压倒这个制度（即资本主义制度，笔者注），才能开始抵制。”[②] 不过，从目前的世界形势来看，社会主义制度文化的影响力还赶不上资本主义，资本主义制度仍然有一定的发展空间和生命活力。因而，当代中国文化建设在坚持社会主义核心价值的同时，一方面要充分吸纳资本主义制度文化的合理性，另一方面又要巧妙地利用现有和平与发展的国际形势提出并营造有利于我们自身发展的国际舆论和国际环境。我们应该清醒地看到，简单地提倡并竭力宣扬社会主义与资本主义制度的对立是不合时宜的，更是不利于我们自身发展的，毕竟面对国际上资本主义强劲发展势头我们的实力还比较弱小。应该抓住资本主义国家特别是发达资本主义国家基于自身利益的考虑想称霸全球、形成世界一体化格局的想法，利用发达资本主义国家之间的矛盾，联合众多发展中国家（尽管它们在某种程度上也受益于经济全球化，但从长远看它们更多是经济全球化的受害者，因而有联合的可能），努力把世界推向多极化的发展格局。在众多利益纷争面前，多极化形成的各种力量互相制衡更有利用于世界的和平，也

---

① 《马克思恩格斯选集》，第 1 卷，北京：人民出版社 1995 年版，第 276 页。

② ［英］佩里·安德森：《后现代性的起源》，北京：中国社会科学出版社 2008 年版，第 124 页。

会为发展中国家赢得更多的发展时间与空间。在营造和平世界环境的问题上，中国传统文化有关“和为贵”、“亲仁善邻”、“执两用中”等思想极显魅力。

## 二、全球化文化问题必须考虑到不同民族和国家文化的特质

文化有广义与狭义之分，广义文化包括人类创造的一切，而狭义文化只是指观念形态的文化。从狭义文化来看，我们以前只把它等同于意识形态，但事实并非如此。意识形态只是观念形态文化的一部分（当然是其核心部分），但它并不能涵盖全部观念文化；意识形态主要是反映以生产关系为核心的社会关系，但作为传统而承继下来的文化主要反映生活世界中人与自然、人与人以及人与精神世界等方面关系。在历史发展中，传统文化不可能独立存在，它自然要与不同意识形态融合（或被不同意识形态改造和利用），但随着历史变迁和不同意识形态的更换，传统文化仍保持其相对独立的形态。传统文化从其延绵的载体来看，主要是靠各种经典、生活制度与社会心理；从其影响方式来看，主要是影响人们的思维方法、价值观念和对生活意义的体认。历史发展证明，传统文化有很强的惯性，要根本改变其核心内涵特别是改变其价值观念和对生活意义的体认十分困难（但并不是说不可能改变），亨廷顿之所以提出“文明冲突论”也正基于如此考虑。必须看到这样一个事实：相比于冷战时期，由于两种制度文化力量对比悬殊，“意识形态斗争淡出，民族文化斗争凸显”已成为当前一种重要的国际文化现象。许多民族与国家把捍卫民族文化当成是捍卫国家主权、维护国家利益和争取国防地位的重要手段，在此过程中也的确存在着如亨廷顿所说民族文化认同已成为国家联盟与区域经济发展的重要纽带的现象。由于不同民族文化核心价值体系不同甚至还存在着严重的对抗，因而“文明冲突”的确也成为当今国际文化舞台另一种重要现象。文化问题需要用文化的方式解决。从历史上看，民族文化冲突问题的解决大致有两种方法，一是突变式，二是渐进式；前者往往通过暴力来实现，后者往往通过文化对话来实现。不过，民族文化地位与作用的凸显并不意味着意识形态的终结，更不意味着民族文化可能决定一切。事实上，在民族文化斗争的背后深藏着两种意识形态和各种经济、政治与军事力量的博弈，民族文化问题必须将它们综合起来考虑才有可能合理解决。尽管在和平与发展的时代主题下用暴力方式解决文化问题已不合潮流，但当前国际形势并不太平，强权与暴力仍然存在，

一些发达国家不顾发展中国家民族价值存在之合理性，利用胡萝卜加大棒政策向他们强制输入代表他们民族特征的民族文化，从而引起了发展中国家的激烈反抗，甚至最终导致一些发展中国家为捍卫民族价值观而采取极端的恐怖主义手段。[①] 面对这种情况，中国政府应该积极倡导并努力建立公正合理的世界秩序，既反对霸权主义，又反对恐怖主义，把文化问题的解决引向正常的对话渠道上来，促成并建立合理的世界文化对话机制。民族文化的解决本是民族自身的事务，必须由本民族人们自身抉择，但也不允许把民族文化问题扩大化，更不允许因解决本民族文化问题给其他民族带来伤害。此外，在对待包括本民族文化内容问题上，我们也应该有这样清醒的意识：任何民族文化都良莠并存，民族文化的生命力并不完全在于其悠久的历史，更在于符合时代发展的旋律，把握时代的脉搏。据此，我们既要反对狭隘的民族主义和极端的文化保守主义，也要反对各种形式的文化殖民主义。当前有一种文化思潮很值得关注，即后殖民主义文化。从后殖民主义文化理论内容上看，它的确提出了一种值得我们警惕的文化现象——隐性文化殖民。但如果我们因此像后殖民主义文化论者所言把所有宣扬、学习其他民族文化理论都看成是对本民族的文化殖民，从而拒斥一切他者文化特别是西方文化的话，那显然是把小孩与洗澡水一起泼掉。他者文化特别是西方文化有意识形态因素，也有代表其独特立场的文化价值取向，当然也有不少糟粕，但任何文化特别是延绵历史较长的文化都应该有值得人类共享的因素。仅就西方文化而言，它有“主体中心主义”与“个人主义”的特性，但其基本的“民主”与“科学”理念却是有进步意义和值得我们学习的。现在国际国内有一些学者不仅把“民主”理念看成西方殖民主义的话语，也把“科学”理念罗列其中（即所谓社会构成主义的科学观），这是我们不能赞同的。不错，西方民主理念有其个人主义性质并长期与资产阶级思想结合在一起，但它并非如一些学者所言一无是处，相比人类历史长河与中国封建社会长期存在的历史，它有着十分重要的进步价值和现实意义；尽管我们提倡的社会主义民主不同于此，但它仍然应该是我们借鉴、学习和超越不可或缺的基础。尽管西方科学与西方文化紧密相连并主张还原思维、缺少中国文化强调整体思维的倾向，但西方科学带给人类的进步却是有目共睹的，我们不能简单用裙带关系一叶障目，应该作仔细甄别。总之，在文化的民族性问题上，我们既

---

① 杨生平等：《全球化背景下恐怖主义的文化反思》，载《江汉论坛》，2009 年第 6 期。

要看到民族文化的特殊性，又要充分利用民族文化在处理当前国际关系和促进国家发展方面的作用，同时也不能把民族文化作用扩大化，更不能把民族文化看成是超越一切和决定一切的东西。

## 三、全球化文化问题必须考虑到产业文化民族性与世界性的统一

产业文化是一种既不同于观念形态文化，又不同于物质文化与行为制度文化的新文化，它是经济力与文化力相统一的新型文化。以前我们虽然也强调观念形态文化对经济的作用，但这种作用只是“反作用”，它只是通过某种观念文化指导经济制度或经济体制的建立来影响经济的发展。虽然我们也说“精神可以变物质”，但这种精神对物质的影响往往是间接的，它是通过某种正确理念的指导或意志力和情感力的发挥来实现对物质世界影响。而产业文化则不同，这里的文化不仅指先进的管理方式和管理理念，更是指文化与经济的直接结合。从产业文化角度看，文化就是经济（即文化生产力），文化已经成为当今世界经济发展的主要动力（文化产业被称为 21 世纪全球经济一体化时代的“朝阳产业”或“黄金产业”）。就产业文化而言，我们也应该有这样的认识，产业文化是人类社会发展到一定条件下的产物，它的出现需要这样两个条件：一是科技的发展已足以在短时间内把知识直接变成物质财富，并可以大批量地复制生产；二是人们的社会物质需求基本满足，更加朝向精神和文化需求发展。也就是说，产业文化的发展只有到后工业社会、信息社会才有可能。对此，法国社会学家鲍德里亚的消费社会理论与布尔迪厄的文化资本理论是有启迪意义的。从产业文化的发展来看，它虽然是经济与文化的有机结合，但事实上它的发展并不完全按照文化发展规律来生产，而更多的是按照经济规律来生产；它是按照商品生产与发展规律来培育人们的文化需要，刺激人们的文化消费，并以此实现扩大再生产和追求利润的目的：产业文化的重心不是文化，而是产业。① 产业文化的形成是通过三个环节的互动实现的，即日常生活、商品消费与流行文化。其中，日常生活是前提与基础，商品消费是条件，文化因素是内涵。只有日常生活有足够量且较高层次的消费需求，社会也能提供大量符合大众需求的商品，产业文化才能发展。在产业文化中，并不

① 产业文化的通常说法应该是“文化产业。这里为了重点考察文化问题，故而称之为产业文化。

是所有文化都能容纳其中，只有流行文化才能刺激产业文化迅猛发展。因为，产业文化的重心是产业，它是要通过大批量的生产并最终达到利润最大化的目的，因而只为少数人掌握并欣赏的高雅文化就难以纳入产业文化发展的轨道，只有符合绝大多数人审美需求的流行文化（也称大众文化）才能实现如此目的。另外，流行文化快速多变的特点也符合商品生产需要不断更新换代的要求。产业文化有双向功能，一是带来经济发展，二是弘扬并传承文化。在经济全球化的今天，我国产业文化的发展必须立足本土，面向世界，以经济发展为核心做到文化的民族性与世界性的融合。正是在产业文化意义上，我们才说“越是民族的，越是世界的”。必须看到这样一个事实，当今世界以美国为首的发达国家控制并垄断着全球产业文化的发展。他们之所以能如此，不仅仅因为他们拥有雄厚的资本、精美的产品包装，更因为他们有以本土文化为核心广泛接纳世界不同文化的机制。目前有一本书《当中国统治世界》和一部电影《2012》很让中国人兴奋，前者仅凭书名就能吸引中国人眼球，后者更为不少发行商打出“中国拯救地球”、“中国精神救赎人类”的招牌。先不管它们有无意识形态用意，单从产业文化角度看，它们有着明显面向世界文化和考虑世界受众群体的宽广视野。正如《当中国统治世界》一书作者马丁·雅克所说：“这的确是很吸引人的标题……我写书，必须要吸引人们注意，让他们首先开始翻这本书。”若再深层拷问电影《2012》，我们又不难发现拯救地球的领导者仍然是美国人，中国人只是以其出色的制造业水平与组织力辅佐其右。当然，我们无需把更多精力放在批评“美国意识”上，我们更需关心如何树立“中国意识”，防止美国式的后殖民主义文化在中国盛行。客观上讲，中国不缺乏可供产业文化利用的文化资源，也不缺乏海纳百川的文化胸怀，但我们缺失容纳时代气息民族精神的提炼和接纳、消融不同文化的机制。我们无需以“中国意识”抗衡“美国意识”，毕竟我们还缺少像美国那样支撑产业文化的雄厚资本，我们只需在提炼“中国意识”的基础之上，立足本土，面向世界与未来，逐步壮大我们的文化产业。

## 四、结　语

上述分析是全球化文化问题的不同方面，彼此不能互相替代，更不能混同。当前，中国存在各种文化因素，有现代，也有前现代、后现代；有主流意识形态，也有文化激进主义、文化保守主义、文化殖民主义；有精英文化，也有大众文化，等等。对于这些因素并存，不能用单一思维去解决，必须分层思考，综合分析，分块解决。当前中国的文化问题是一个复杂系统，其主体结构就是上述所析的三个层次。就这三个层次而言，我们也不能等量齐观，而要区分主次。笔者认为上述三个层次的关系是“一体两翼”，其中第一个层次问题是“体”，第二、第三层次问题是“翼”，只有解决好第一个层次问题，其他两个层次问题才可能很好解决。当然，并不是说它们之间没有矛盾，更不是说第一个层次问题解决了，第二、第三层次问题就自然解决。事实上，每个层次都有自身的独立性，都会碰到其他层次难以碰到的问题和困难。如：文化民族性问题就不是简单的意识形态问题，无论建立怎样的意识形态与社会制度，文化民族性问题都不能自行解决，它的解决必须由不同民族自身通过对社会、传统等多种因素的全盘思考上筛选并重构。再如，产业文化与主流意识形态文化、民族文化之间也存在着一定程度的矛盾，前者具有明显的解构后者追求精神向度的特征。对于这些问题，当前中国的文化建设必须在“一体两翼”的思路下，运用对立统一等辩证思维解决。三个层次的文化问题如下图所示：

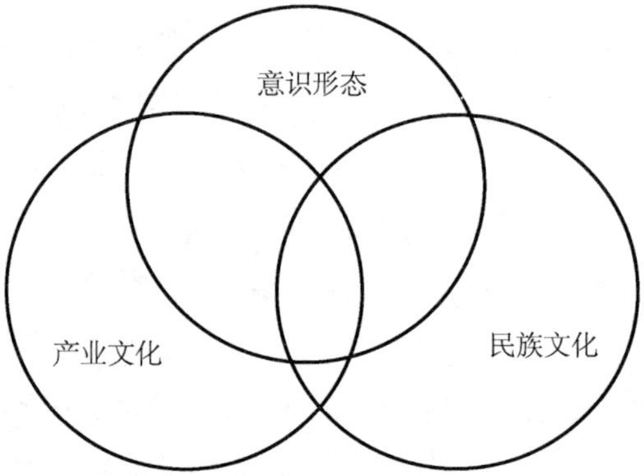


解决它们之间的关系，需要聚合重合地带，离散“两翼”边缘地带，并以主流意识形态为核心划出游离于此的警戒地带。

# 霸权与平等——文化全球化的双重逻辑[①]

张慧慧　山西财经大学马克思主义学院

随着经济全球化的不断推进与发展，文化全球化已成为全球化时代的一个显著特征。从文化自身发展的规律看，文化全球化是一个动态发展的过程。这一过程表现为各个民族国家的文化突破自身地域的限制，在全球范围内广泛交流、互相影响，形成既体现全人类文化的普遍性又包含各民族文化特殊性的全球化文化。然而，当代文化全球化进程中，各民族国家文化的影响力存在着明显的差别，以美国为代表的西方发达资本主义国家主导着文化全球化的发展，西方资本主义文化在世界文化舞台中占据着支配地位。这样，文化全球化给各民族文化带来发展机遇和平台的同时，也给欠发达国家民族文化的生存和发展带来了威胁和挑战。在西方文化充斥全球的情况下，弱势民族国家的文化或是被淹没而退出历史舞台，或是自觉谋求自身文化的生存发展空间。由此，霸权与平等成为当代文化全球化的双重逻辑。

## 一、文化全球化的霸权逻辑

在本文中，由于所探讨的主题是围绕文化全球化而展开，所以文中的“霸权”与“文化霸权”常常通用，一般讲到霸权通常是指文化霸权。文化霸权有两方面的含义：其一是关于霸权的客观状态，即文化全球化进程中各民族、国家在文化方面所形成的权力结构和关系，具体而言是指以美国为代表的西方发达国家在文化全球化中处于主导和支配地位。其二是关于霸权的主观状态，即民族、国家决策者的一种意识或政策，具体而言是指发达国家凭借权力优势在文化全球化进程

① 该文系教育部人文社科基金项目（项目号：12YJC720055）的阶段性成果。

中推行霸权主义政策的思想、理论和战略。

文化全球化中的霸权不是凭空出现的现象，其产生与形成有多种根源。如果我们回顾一下世界历史，就可以知道今天的世界格局是欧洲扩张和全球霸权的产物。美国历史学家斯塔夫里阿诺斯在《全球通史》中描绘了人类由彼此隔绝到交往联系这一复杂过程，而新航路的开辟以及海外殖民扩张使得世界格局发生了重大而根本的变化，"西北欧从此成为世界上最具影响和活力的地区。西北欧国家在政治、军事、经济以及某种程度的文化上控制了整个世界，直至1914年为止。它们的做法和制度则成为各民族的典范"①。因此，在一定意义上说，西方国家的扩张历史上由来已久，已成为他们自身文化的一部分。

欧洲殖民者在扩张中逐渐形成政治、经济上的优势的同时，也取得了文化上的支配地位。根深蒂固的西方中心主义思想便是各种形式的霸权产生并不断发展的文化根源。西方中心主义者否定任何文化类型的发展都是根据自身不同的文化背景、条件和需要进行选择和创造的结果，而坚持认为只有他们看待世界的态度、价值标准、行为模式才是正确的、文明的。这一方面是基于西方工业革命发展而产生的优越感；另外一方面则是由于西方基督徒自认为是上帝的选民，肩负着向全世界传播文明的使命。所以，他们不能容忍地球上出现同西方文化价值观相悖的现象。

当然，文化不是孤立的社会现象，不同民族、国家的文化竞争从根本上讲是综合国力的竞争。美国为首的西方发达资本主义国家之所以能在世界上推行文化霸权主义政策，最重要的原因就在于他们拥有超强的经济和科技实力。亨廷顿指出："硬的经济和军事权力的增长会提高自信心、自负感，以及更加相信与其他民族相比，自己的文化或软权力更优越，并大大增强该文化和意识形态对其他民族的吸引力。"② 以美国为首的西方发达国家在长期的发展过程中积累了经济、技术、科学、资本等方面的先发优势，其文化霸权正是借助于这些因素的力量才得以在世界范围内推广传播。广大发展中国家由于在政治、经济和科学技术等方面处于劣势，并由此产生了对西方发达国家的依赖性，才不得不成为他们实行文化霸权

① ［美］斯塔夫里阿诺斯：《全球通史：从史前史到21世纪》（第7版）（下册），董书慧等译，北京：北京大学出版社2005年版，第427页。

② ［美］塞缪尔·亨廷顿：《文明的冲突与世界秩序的重建》，周琪等译，北京：新华出版社2002年版，第89页。

的对象，使自己的文化价值处在面临挑战的境地。

全球化背景下，经济与科技的快速发展促进了各种文化力量的相互激荡和融汇，但发展中国家与发达国家之间并不存在平等的文化交往。某些发达国家通过强大的经济和技术实力控制着文化输出的主动权，把自己的意识形态作为普遍适用的价值形态，通过大众传媒或以援助、制裁为要挟强加给发展中国家。资本主义文化的扩张性决定了他们的文化战略总是处于一种“进攻”的状态，也就是以他们的文化来影响国际关系的发展，为政治和经济等利益的实现营造一个有利的外部环境。作为资本主义国家中经济实力最强大和科学技术最为发达的国家，全球化进程的加快为美国文化的扩展提供了过去任何时代都无法相比的有利的外部环境。美国也为之制定了相应的文化战略，试图以“美国化”来替代全球化，以美国的文化价值观来重塑整个世界，最终形成后冷战时代“美国统治下的和平与秩序”。

当代全球化一个重要的发展趋势就是文化与经济的一体化，文化与经济的结合形成了新的产业形式——文化产业。文化产品的文化内涵使其在实现市场价值的时候也在传播着其负载的文化价值，正是这样，文化产品的倾销成为意识形态、价值观念传播的重要手段，包括新闻传媒、互联网、影视产品，等等。据资料显示，“在美国，视听产品已经成为仅次于航空航天的主要换汇产品，居于出口贸易的第二位，《哈利·波特》的品牌价值已达150亿美元，带动全国相关产业的经济规模预计将逾千亿美元。在英国，文化产业成为仅次于金融业的全国第二大产业。到2010年，音像出口将占日本总出口的10%，日本文化产业的规模比电子业和汽车业还要大。”① “《我国文化产品及服务进出口状况年度报告（2009）》显示，美国文化产品在国际市场上的份额高达42.6%，我国只占1.5%；2008年美国海外票房收入183亿美元（全球票房收入280亿美元），而我国仅3.6亿美元。”② 美国影视产品形成的这种极具冲击力的文化攻势，就连一些西方国家也感到焦灼不安。值得注意的是，欧洲的一些发达国家一方面强烈要求加强本国的影视力量，以抵制美国文化的侵染；另一方面，面对美国的成功也不甘落后地向亚洲及其他地区输出自己的文化产品。文化产品不仅具有巨大的商业利益，它所蕴含的社会政治

① 赖少芬、吴俊、车晓蕙：《中国文化产品出口：从“卖电视机”到“卖电视剧”》，http://www.sx.xinhuanet.com/newscenter/2009－05/19/content_16573860.htm，2009－05－19。

② 同上。

理念、价值观念、意识形态和生活方式通过对观众的耳濡目染，其影响力是无法估计的。

文化全球化会带来文化的交流与融合，形成具有世界性的、包含普遍价值的全球化文化，所以文化的同质化、趋同化是文化全球化的一个趋势。然而，在霸权主导的文化全球化进程中，文化的全球化不仅表现为文化的同质化，而且更容易为人们感知为文化的殖民化。因为相比较而言，文化同质化的表现是隐性的、非强制性的，而文化殖民化的表现则是显性的、强制性的。文化的殖民化主要是指某些西方发达国家凭借经济、政治等方面的优势，自觉或不自觉地强行推销自己的文化产品和价值观念，从而在文化和思想上影响、同化其他民族国家的文化现象。由于推行文化殖民主义的国家大都是原殖民体系中的宗主国，而被动接受强势文化的国家往往是原来的殖民地和半殖民地国家，所以就在形式上有着殖民之嫌。虽然这种概括不够准确，但就殖民主义具有强国主宰弱国，并试图将弱国融入强国实现大一统而言，文化殖民的称谓还是比较贴切的。也正是在这个意义上，文化殖民主义又往往被等同于文化帝国主义。约翰·汤林森在特别强调话语决定概念的特定意涵并从四种角度和语境剖析文化帝国主义时也明确指出，文化帝国主义的一个特定指涉就在于："当它是殖民态度与行为过程的一种延续类型，或当它是全球资本主义之内，现在仍在持续运转的经济关系之体系所造成的种种作为与后果。"① 显然，文化的殖民化过程也就是文化的全球化过程，只是这种文化全球化是以强势文化压制、排斥，甚至最终同化弱势文化为特征，其目的一个在于获取国家现实的经济、政治、文化等方面的利益；另一个则是确立价值、伦理、观念的文化主导权，以便按自己的意愿和生活准则塑造世界。文化殖民意义上的文化全球化是文化主体间极不平等的文化交往，是资本主义生产方式占主导地位的历史阶段文化全球化的现实表现形态。霸权主导的文化全球化必然会形成以强势文化为主体的全球化文化，这必然会引发不同文化之间的斗争与博弈。

## 二、文化全球化的平等逻辑

平等是一个指向性非常广泛的理论范畴，内涵丰富而复杂，也是社会科学中

① ［英］约翰·汤林森：《文化帝国主义》，冯建三译，上海：上海人民出版社 1999 年版，第 38－39 页。

使用最广泛、出现频率最高的概念之一。从一般意义上讲，它是指“不同社会主体在一定历史阶段的交往过程中处于同等的社会地位，在社会领域享有同等权益、履行同等义务的理念、原则和制度。”[①] 那么，我们认为文化平等是指不同民族、国家、地域的文化在一定历史阶段的交往过程中处于同等地位，并享有同等权益、履行同等义务的理念、原则和制度。

文化平等的提出是有其合理性的。首先，民族文化的特殊性决定了文化平等的应然性。文化是人们生产实践和生活实践的智慧，每个民族的文化都有区别于其他民族文化的特殊性，因此文化总是以民族文化的形式表现出来。民族文化的特殊性是由各民族所处的特殊的生存环境决定的，因为特殊的生存环境需要特殊的智慧。一个民族的生存环境包括地理位置、气候条件、地形地貌和生态条件等，在各种自然条件中，最重要的是可获得和可利用的生活和生产资源，因为人不仅需要从自然界中获取自己的生活资料，而且必须从中获取生产资料。可利用的资源及其特性决定了一个民族的物质生产特性，即实践活动的具体对象决定着人们所使用的生产工具及其发展方向，决定着人们在生产过程中的结合方式，决定着人们的生活方式，也就造就了不同的文化。人们所处的自然环境是怎样的，必然会在他的世界观和思维方式中反映出来。这就是为什么人类各民族面对同一个世界却有着完全不同的世界观和思维方式的原因。由于各民族发展的不平衡，文化呈现出不同生产力水平所带来的差异性，但是民族文化本身并没有优劣之分，因为不同的生存环境需要不同的智慧。

其次，文化平等是对文化权利的认可和尊重。从一般意义上讲，文化权利是指所有人类文化传统都能在认知、连贯性以及发展方面获得平等的机遇。它是使每一个人都能通过国家的努力以及国际合作认识到文化权利是对于他的尊严以及人格的自由发展必不可少的权利。作为人类权利的一部分，文化权利在 1996 年联合国大会通过的《经济、社会、文化权利国际公约》中得到肯定。该公约第 15 条提到：“每个人都有权参与文化生活，有权从科学发展中受益，个人的科学、文学、艺术作品应该受到保护。”[②] 对文化传统的保护、个人的文化认同以及文化的发展都被视为人类的权利。当人们提到这些权利的时候，一个共有的印象是文化

---

① 郑慧：《何谓平等》，载《社会科学战线》，2004 年第 1 期，第 164 页。

② ［新加坡］阿努拉·古纳锡克拉等编：《全球化背景下的文化权利》，张毓强等译，北京：中国传媒大学出版社 2006 年版，第 243 页。

权利仅仅对那些需要拯救的少数群体文化及“正在消失”的文化有意义。这是因为文化权利问题是由这些群体提出的，他们原有的生活方式受到了现代化的强烈冲击，他们被淹没在所谓的“主流文化”之中。然而，主流文化并没有被明确界定。全球化背景下，这一概念不单适用于少数群体文化，而且应当考虑到所有民族文化的生存与发展，这是对世界文化多样性的尊重与保护。

文化平等不仅仅是一种价值追求，它实现的现实基础首先在于非西方社会“硬权力”的发展。当文化和意识形态被看做是根植于物质上的胜利与影响时，它们就具有吸引力，软权力只有建立在硬权力的基础上才称其为权力。硬的经济和军事权力的增长会提高自信心、自负感，以及更加相信与其他民族相比，自己的文化或软权力更优越，并大大增强该文化和意识形态对其他民族的吸引力。经济和军事权力的下降会导致自我怀疑、认同危机，并促使努力在其他文化中寻求经济、军事和政治成功的要诀。当非西方社会经济、军事和政治能力增长时，它们就会日益认同自己的价值、体制和文化的优点。当今世界，一大批发展中国家脱颖而出，展现出前所未有的经济成就、政治影响和发展信心。“据世行估计，与高收入国家相比，发展中国家将继续以更快的速度增长，其占全球经济的份额将从目前占世界 GDP 的 23％增加到 2030 年的 31％，发展中国家的人均收入也将从占高收入国家的 16％增加到 24％。一些发展中国家加强了区域合作，东盟、非盟和阿盟等区域组织的国际地位和影响力得到进一步提高。国际体系正在发生深刻而富有历史意义的变革，世界政治经济重心随之向地理上的‘东方’和政治经济学意义上的‘南方’世界转移。”① 发展中国家“硬权力”的发展是其“软权力”的基石，是发展中国家文化在世界上提高话语权、维护文化平等的重要前提。

与此同时，全球化的公共交往平台是文化平等实现的重要保证。其中，科学技术的发展为文化全球化提供了快速便捷的物质载体，使信息共享、文化交融有了技术保证。目前，文化的国际交流途径主要有两种：一种是随着物质商品的流动而发生，另一种是直接的文化交流。无论是哪种形式的交流，科技都在其中发挥了巨大作用，尤其是信息技术和现代通信技术的发展，加速了文化信息在全球范围的流动。由于信息技术和现代通信技术的结合创造了一种全新的物质载体，它可以形成网络化的信息高速公路，从而打破传统的时空限制，实现了全球范围

① 罗建波：《切实推动发展中国家复兴》，载《人民日报》，2009 年 5 月 5 日，第 3 版。

内的文化共享。悠久的中国故宫、雄伟的埃及金字塔、神秘的亚马逊河正是在现代科技的条件下得以向全世界展现。总之，网络通讯的发展，开阔了人们的眼界，丰富了人们的文化生活，增加了文化选择的机会，提高了全球文化资源的利用率，推动了世界文明的发展。信息技术的发展为各民族国家文化提供了公共交往的平台，各个民族国家借助这一平台可以获得文化交流、传播的机会，促进民族文化的发展。

此外，民族文化的觉醒是实现文化平等的内在驱动力。在全球化进程不断加深的背景下，世界上的几乎所有国家和民族都被卷入了现代化的过程中，但这一过程从一开始就是在发达国家和发展中国家强弱两极的不平等条件下进行的。一些发达国家尽管也受到全球化的压力，但大体处于受益者的地位，他们的文化精神、价值观得到扩张，主体性得到发挥。全球化虽然也给发展中国家带来机遇，但面对发达国家的先进优势，他们的民族文化不断被边缘化，有的甚至有失去自主性的危险。随着经济全球化的不断发展，西方发达国家文化向全球扩张的势头愈加明显，弱势民族国家逐步意识到世界文化交流中存在的不平衡和不平等问题，及其给国家安全和发展方面带来的负面影响，他们要求打破这种不平衡、不平等的局面。于是，出于民族感情和民族的利益考虑，强化地域性、民族性，寻求自我文化认同，成为众多民族国家的文化战略选择。这种保持、强化自身民族文化的特色，抵制外来强势文化的侵蚀的行动在第三世界国家表现得越来越突出，有的甚至走向保守极端。

文化平等既是文化全球化的价值追求，也是推动文化全球化发展的价值理念，更是一个处于进行时的实践过程。在各民族文化的彼此互动和共同推动下，文化全球化中平等逻辑的走向是要实现各民族文化的平等共存。

在人类社会的发展中，每一个民族国家的文化都有其独特的形成与发展历程，这就决定了文化现象一经产生便具有相对独立发展的可能性，它能够不断吸收外来文化的精华丰富和发展自己却不会轻易被同化掉。在现代化发展的过程中，每个民族国家都在自觉地追求自身民族文化的独特个性和独特身份，那些根源于民族文化历史传统的价值观、信仰以及各种文化符号在不断地被挖掘出来重新得到尊重，尤其是对本国、本民族传统文化的歌颂和弘扬。在世界文化发展史上，多元文化的发展始终是人类文化发展的内在要求和外在表现。几千年来，始终是多种文化相互影响、相互融合，共同形成了灿烂的世界文明发展历程。即使在今天，尽管全球化正在如火如荼地进行，但这并不能消除多元文化存在和发展的基础。某种程度上讲，正是因为各种文化交流互动的增多而强化了民族文化的自我觉醒和民族文化的自我认同，从而促进文化的多元化发展趋势。

全球化时代，世界文化发展呈现出两大趋势：其一，文化多样化成为世界文化格局的表现形态。任何民族文化都是本民族生产、交往以及各种实践活动长期发展不断积淀的结果，是该民族赖以生存和发展的精神支柱和精神动力。民族文化是一个民族走向世界与其他民族相互交往的支点。因此，就世界文化的历史和现实而言，世界文化的多样性是不容置疑的。其二，文化的民族性与世界性的统一是全球化的文化内涵。在全球日益整合的时代，不同民族文化的相互碰撞与冲突，彼此交流与融合共同构成了世界文化的多彩风景。各民族文化不断整合成世界文化整体，任何民族文化孤立和游离于世界文化整体之外而生存和发展是不可想象的，每一种民族文化成果都是世界文化的一部分，具有永恒的世界文化价值。

## 三、文化全球化中霸权与平等的博弈

从文化全球化发展的现状看，文化全球化仍处于一个动态的运动过程中，这一过程是由多种力量共同作用而成的。民族、国家作为文化全球化的主体，它们所生产的文化以及借由推动文化向全球发展的手段、方式无不彰显着自身的力量。也就是说，无论是各民族国家自身在经济、政治、军事、科技等综合实力方面，还是在其文化自身的特性、魅力方面，都显示出各个民族国家之间的权力关系。从各种文化的发展现状看，以美国为首的西方发达国家的文化在世界范围内的影响力要远远超过其他民族国家的文化，在强势文化的冲击下弱势民族国家文化的发展空间受到挤压。当各民族国家独有的生存方式、生活智慧受到冲击而发生动摇的时候，文化的自我认同和自我伸张就会显得尤为强烈。因此，在文化全球化进程中，霸权与平等是相伴而生的，只是二者的作用力不同，文化霸权的存在是文化全球化突出的现实形态。

在当今国际关系领域，文化全球化中霸权与平等这两重逻辑通常表现为两种极端的文化发展倾向：一种是文化扩张主义，另一种是与之相对的文化保护主义。具体而言，前者是发达国家主导的西方文化的普世化，后者则是发展中国家坚持本民族文化独立发展的道路甚至走向保守。这两种倾向在文化交往过程中必然形成两种相互矛盾的力量，而这种矛盾往往以文化冲突的形式表现出来。从认识论角度看，文化冲突源于“普遍主义”与“特殊主义”的对立。“普遍主义往往以人和万物本质、本性的共同性、普遍性以及认识的真理性等观念为基础，进而在价值问题上持本质主义、绝对主义和一元论的观点。普遍主义相信人类生活中存在着‘终极’的、绝对合理的、普遍适用的一元化价值及其标准，认为只要通过恰当的方式发现并推广执行之，就能够基本解决世界上的大部分纷争。”① 文化霸权在认识论上讲就是以普遍主义的思维方式看待文化，认为世界上存在一种可以用来判断任何文化的普遍价值，比较极端的立场是认为只有自己的文化价值具有普遍性。在当今文化全球化中，以美国为首的西方文化大肆扩张就是将自身文化的普遍性凌驾于其他民族国家的文化之上。“特殊主义则以人的个性、认识的主体性和价值的特殊性为基础，在价值问题上持个性化、相对主义和多元论的观点。特殊主义认为世界上不存在唯一的、终极不变的价值体系及其标准，必须面对人类价值多元化的事实，依据主体的具体特殊性来处理各种价值问题，只有这样才能保持人类社会的平等、自由、和谐和安宁。”② 以特殊主义为基础的文化观认为，任何一种文化都是在特定的社会环境和社会实践中形成的生存智慧，有其存在和发展的理由，不同文化之间应当彼此理解和尊重，给予每一种文化发展自身的权利，而不应该以自身的文化标准来衡量其他文化。在文化全球化进程中，当普遍主义和特殊主义这两种文化观念和文化立场走向极端，势必造成不同文化间的对抗和冲突。

然而正如罗伯森所言：“目前全世界的有识之士都已经看到了这种危险性，并呼吁超越二者的偏执，探索超越两难处境的出路。然而，无论文化普遍主义还是文化特殊主义，都不是一个简单的概念问题，它们都有各自的主体根基和历史依托，都有其现实的利益基础和文化环境，都有其理性的和情感的依据，因此并不是很轻易就能够摆脱和超越的。”③ 但是全球化已经成为不可逆转的趋势，文化普遍主义与特殊主义的矛盾是一个必须妥善处理的问题。罗伯森认为：“全球化是一个相对自主的过程。其主要动态包含着普遍性的特殊化和特殊性的普遍化这一双

---

① 李德顺：《全球化与多元化——关于文化普遍主义与文化特殊主义之争的思考》，载《求是学刊》，2002 年第 2 期，第 11 页。

② 同上。

③ 同上书，第 12 页。

重性过程。”[①] 在他看来，企图以同质化的模式建构全球化是错误的，全球化不会导致普遍主义，而为了抵制普遍主义实行特殊主义也是不正确的，全球化时代将不会为特殊主义提供存在的理由。客观地讲，全球化是人类在多元文化基础上对全球统一文化模式的追求，是在普遍文化的创建中对文化丰富性的尊重，新的全球化文化是包含差别的统一，同时统一又以多样化的方式呈现出来。更重要的是，全球化文化的多样化不是一个结果而是一个过程，是作为整体的世界的组织化过程，保持文化同质化与文化异质化的张力是文化全球化进程中的一个核心问题。

全球化进程在过去相当长时期是以资本主义全球扩张为表现形式的，今后在较长时期内也依然会带有这种特点，但全球化并非仅仅意味着资本主义的全球化，而其另一面则是各个国家、民族、地区等不同主体的积极参与、平等对话和相互交融。同理，文化全球化进程中霸权与平等这两种逻辑也是交织在一起，霸权与平等的博弈推动着文化全球化的发展，其中不只有文化的对抗和冲突，还有文化的对话与融合。

文化的对话与融合是各种不同文化在一定条件下通过相互交流与互动，在比较、鉴别中不断吸收借鉴对方的优点和长处，从而不断向前发展的状态与过程。在这个过程中，各种文化自身都获得了发展，达到了新的状态。2002 年，德国哲学家伽达默尔在他去世之前，特别强调了“广义对话”的概念。“‘广义对话’是指对话的主体和客体处于完全平等的地位，对话的目的不是灌输，不是纠正，更不是吞并，而是真正的平等‘切磋’，‘如琢如磨’，产生新的理解，擦出新的思想火花。”[②] 这样能产生新因素的对话也就是所谓的“生成性对话”。文化全球化正是这样一个对话与融合的过程，各具特色彼此互异的文化并不一定就是“你死我活”的关系；相反，不同与差异正是进行“生成性对话”的重要前提。美国学者威尔·杜兰在其巨著《世界文明史》中讲到种族与人类文明形成的关系时写道：“在历史上，种族的任务，与其说是创造的角色，不如说是准备的角色。各种各样的民族，在不同的时间由四面八方来到某一地区，他们彼此之间，或与本地居民血统、传统与生活方面互相混合，就像两个不同源的水塘一样，互相婚配融合。如此人种上的混合，经几世纪以后，就可能产生新的类型，甚至新的民族；像英吉

① ［美］罗兰·罗伯森：《全球化——社会理论和全球文化》，梁光严译，上海：上海人民出版 2000 年版，第 255 页。

② 乐黛云：《小议文化对话与文化吸引力》，载《中国比较文学》，2009 年第 3 期，第 138 页。

利人，就是由凯尔特人、罗马人、盎格鲁人、撒克逊人、朱特人（Jutes）、丹麦人与诺曼人混合而来的。当新的人种形成其自己的独特文化表现时，也就构成新的文明——包括新的生理、新的性格、新的语言、新的文学、新的宗教、新的伦理与新的艺术。"① 也就是说，人类文明的形成与发展离不开多样的民族文化，而差异性正是新的文明与文化产生的基础。因此，无论是世界文化的繁荣还是民族文化的发展都离不开文化间的"生成性对话"，因为单一的世界文化与僵死的民族文化都是不可想象的。

人类文化的未来取决于各个民族国家文化的交流与融合，正如威尔·杜兰所言："历史的知识会告诉我们：文明乃合作的产物，几乎每一个人对它都作有贡献；文明是我们共同的遗产和债务；具有开化心灵的人们，对待每一男女，即使是下层的，也会把他看成是创造及献力此一文明团体中的一分子。"② 文化全球化并不是消解了各个民族国家文化的差异，它将出现一个文化对话与相互融合的过程。对于目前整个人类文化来说，很明显出现了全球文化趋同化的过程，特别是发展中国家在整体上接受了西方文明现代化所带来的观念模式，但各民族国家文化的个性还在加强，在不同领域都突出各自的特色。在人类未来的发展中，各民族国家文化的特色不仅不会消失，而且将出现进一步地融合创新。全球化为发展中国家的发展带来了机遇，而经济的发展和科技的进步给发展中国家文化的提升也带来了新的契机。随着发展中国家现代化进程的推进，多姿多彩的民族文化将在新的层次上影响和推动发达国家文化的发展，进而影响世界文化的发展进程。全球化是人类进入现代化之后的产物，而全球化又为世界各民族国家文化的融合带来新的机遇。

当前的全球化进程是以少数发达资本主义国家为主导的，未来相当长时期内西方文化仍将在世界文化格局中居于主导地位，与此同时，广大发展中国家也在积极参与到文化全球化进程中致力于发展和推广本民族文化，霸权与平等这两重逻辑相互博弈推动着文化全球化的发展。那么，在这种情况下，世界文化格局将会是怎样的情形？

在全球化的进程中，生产的发展要求扬弃民族分工的狭隘性而实行世界范围的分工；同理，文化全球化的深入发展也将扬弃民族文化的狭隘性与片面性，使

---

① ［美］威尔·杜兰：《世界文明史》，北京：东方出版社1998年版，第1148页。

② 同上书，第1149页。

之成为世界文化。文化既是人类实践活动的产物，又是人类实践活动的支撑物。全球化的实践活动必然驱动文化朝着全球化的方向发展，全球化的实践活动也要求与之相适应的全球化的文化。“文化是实践的‘语言’，是民族相互理解、相互沟通的工具。共同的实践需要‘共同的语言’。”① 没有共同的文化的支撑，任何实践活动都很难开展。因为，在思维方式彼此互异、价值观念一致性缺失的条件下，相互理解和沟通很难实现，那么以此为基础的共同实践活动就更加不可思议。这一点在当今历史条件下显得尤为明显，随着全球化的深入发展，人类的共同实践领域在不断扩展、实践活动的整合日益加深，人类面临的超越民族国家界限、具有全球性特性的问题越来越多，这些问题的解决并非某个民族、国家可以单凭自身力量解决，势必需要与其他民族国家合作采取一致的行动，这就需要对问题本身有共同的理解和认识，需要对人类的未来生存发展的各个方面取得共识。总之，尽管民族文化最初总是与它赖以产生的历史地理环境、民族实践联系在一起，但随着生产力的发展及其对历史地理环境和民族实践的超越，与其相联系的民族文化也将被扬弃，从而具有更多世界性的因素。由此，文化全球化的实践为各民族文化提供了公共交往的平台，不同的民族文化在相互联系、相互影响、相互渗透的过程中形成“你中有我，我中有你”的局面。

文化全球化的进程推动着全球化文化中共性因素的不断生成，但这绝不是对民族文化的否定。全球化文化不可能是脱离民族文化的凭空创造，而只能是对各民族文化的全球化改造和整合。因此全球化文化的形成不是世界文化发展史的断裂，而是世界文化的发展与创新。作为一种生存智慧，每一个民族在其适应和改造生存环境中都创造了优秀灿烂的文化，对人类的进步和世界文化的丰富都作出了独特的贡献，也不同程度地蕴涵着人类未来发展的普遍意义，这就意味着世界文化的丰富性，而任何一种单一的文化都不可能独占世界文化舞台。在全球化条件下，各民族文化都要面临全球化的挑战，接受“世界历史”② 的选择。所以，民族文化的全球化过程既是民族文化的普遍性提升过程，又是对民族文化的扬弃过程。一般来讲，在全球化的进程中，任何民族文化都是挑战和机遇并存。但是，由于文化发展程度的差异，各民族文化能够在多大程度上被纳入全球化文化，取

---

① 桂翔：《从“世界历史”的观点看全球化进程中的文化走向》，载《哲学动态》，2002 年第 6 期，第 25 页。

② 《马克思恩格斯选集》，第 1 卷，北京：人民出版社 1995 年版，第 276 页。

决于该民族文化的发展程度，尤其是取决于它与其他民族文化的交往程度。

全球化文化就是在文化的世界化与文化的民族化双向交流中发展，形成既有共性又有个性、既有普遍性又有特殊性的世界文化格局。二者相互作用，相互转化，两种趋势并行不悖，这就是全球化文化问题上的辩证法。

# 文化发展与文化“自我”

丰子义　北京大学哲学系

近年来，研究全球化条件下的文化发展，谈世界等问题，目的是共同的，就是如何增强我们论及较多的文化的软实力、文化产业和文化走向的国际竞争力。这样的研究确实是非常重要和必要的，因为没有对策性的应对措施，很难在全球化进程中站稳脚跟，应对挑战。但是，从文化哲学的角度看，对于一个国家、民族来说，最为根本的、最为深层的似应通过文化的研究，在全球化这一大观园中达到自我的重新理解和把握，从而确立新的自我，用新的自主的文化精神引领社会健康发展。这实际上涉及一个国家、民族生存和发展的根基问题。假如在这方面出了问题，其余的问题很难得到有效的解决，其他的目标、任务也很难得以顺利地实现。所以，在全球化过程中，首要的是自我定位，其次才是目标定位。

提出自我及其认同的问题，这是由当代全球化发展态势引发的。在传统社会中，自我认同并不成为问题，人们世世代代生活在相对固定的环境里，家、国、天下也有比较稳定的联系，因而很少考虑到国家、民族的身份问题、角色问题。而在全球化条件下，这一问题日渐突出，以致“我是谁”竟出现了疑问。面对各种文化冲击，自我与他者变得扑朔迷离。自我问题的出现，对一个国家的文化发展以及整个社会发展的影响是重大的。反观全球背景下各国现代化的进程，为什么一些发展中国家步履艰难、屡遭挫折？重要的一点，就是在发展上丧失了自我。一旦失去自我，其结果必然是不知不觉地跟着西方国家，最后一步步走向新的殖民。要在这样的处境下来谈论现代化，不过是天方夜谭。美国学者亨廷顿在其《文明的冲突与世界秩序的重建》一书中曾用“文化上的精神分裂症”来形容那些文化上无所依归的民族的精神状态，不管其用意如何，这种状况确实是存在的。从文化上的精神分裂走向民族心理上的分裂，将是一个国家、民族发展的最大悲哀。就此而言，现代化与自我是相依相存的。

文化对于一个民族的重要意义，不仅在于它为实现该民族所要追求的目标而具有的外在的工具价值，而且在于作为该民族内在素质的重要组成部分，对于民族发展所具有的内在价值。众多国家、民族之所以对全球化的文化问题予以高度关注，其目的固然是为了实现和维护自己的利益，但也有着功利之外更为深远的考虑，这就是要在全球范围内展示和实现自身的文化价值或内在价值，确立自己的形象和地位。也就是说，在全球化条件下，任何一个民族对于文化的追求，并不完全是它的外在功用价值，更为重要的是它的内在价值，即借助文化发展提升本民族的精神品格，提高全民族的内在素质。可以看出，对于一个民族的发展来说，文化的“自我”是非常重要的。要走出自我困境和生存发展困境，必须唤起自我意识，必须从自我反省开始。因为在全球化条件下，真正可怕的不是西方文化的威胁，而是我们自身的麻木不仁。在文化上不能自觉发现问题就不会要求改进；没有改进，也就不会变被动为主动。从一定意义上说，谁能发现问题，谁就先胜一筹。

突出自我意识，并不是要排斥全球意识。事实上，自我意识也是借助于全球意识确立起来的。正像一个人的“自我”只有在与他人的关系中才能意识到一样，一个民族的“自我”也只有借助于“世界历史之镜”才能得到真正认识。没有对全球化的充分理解和把握，就很难生发出关于“自我”在世界的存在及其价值的自觉意识。

认识自我，目的是增强自我。如何增强文化“自我”，进而推动文化发展？这里仅从下述方面提出一些原则性的意见：

**第一是文化的整合。**在全球化过程中，各种文化纷至沓来，异彩纷呈。要顺利推进民族文化的发展，客观上要求文化整合。怎么整合？这里主要涉及三个问题：一是整合的主体。即由谁来整合？或者说，谁来整合谁？这是解决自我迷失的关键问题。应当对不管全球化的文化局势怎样，文化整合的主体绝不可能只是西方文化，也不可能是所谓的“全球文化”，而只能是自己的民族文化。失去了主体地位，根本谈不上整合，毋宁说是被“同化”。正确的主张应该是以我为主，博采众长，为我所用。二是整合的标准。即以什么样的文化标准来进行整合。虽然民族文化在任何时候都是文化黏合的主体，但在不同时期、不同历史条件下，民族文化又具有不同的内涵。今天我们所讲的民族文化，绝不是简单的传统文化，而主要是指能够体现时代精神和民族精神、满足社会发展需要的文化。文化整合，就是要按照这样的文化标准来进行。三是整合的方式。对于世界各种文化整合的方式绝不是谁吃掉谁，谁同化谁，而是要在平等对话的前提下，根据本国社会发展的需要和文化进步的内在要求，协调好各种文化之间的关系，摆正各种文化的位置，控制好各种文化发展的限度与空间，使其有利于社会的发展进步。

文化的整合往往与冲突相生相随。一般说来，文化冲突不利于文化和谐发展，不利于民族“自我”的确立。正因如此，才提出文化整合。但是，对文化冲突也不能仅仅作消极的、否定性的理解。文化冲突是文化交流过程中的一个必然现象。从一定意义上说，有冲突、有碰撞，才有文化的火花，才有思想的活力。正是在碰撞过程中，可能孕育着民族文化新的发展生机。从文化交流史来看，民族文化的发展进步往往是由外部的刺激引起的，异质文化的碰撞对于文化自身的发展有其重要作用，有时还会催生新文化的降临。因此，不能因冲突而轻视和拒斥交流，封闭起来捍卫“自我”不可能产生出强有力的“自我”。在交流的过程中不断增强文化的活力和能力，这是促进民族文化发展的重要途径。

**第二是文化的创新。**人与其他动物不同，不是适应性的生存，而是以发展求生存，发展和变化成为保存和再生的条件。文化作为人的生存方式，其存在和延续，也是通过以发展求生存的形式实现的，不进则退。这样一来，创新便成为文化保存和发展的内在要求。文化认同同样如此。文化认同必须持守自己的文化传统，人们正是从文化传统中、从历史中认识到自己是谁、来自哪里，获得明确的民族意识和认同感。但是，文化传统和历史虽然可以给我们提供认同的基础和前提，但并不一定能建立起新的认同。因为一个国家的现代自我认同，直接涉及共同理想、价值指向、目标追求等，这些都不是传统文化所能提供的。新的认同并不是回到过去，恢复传统，也不是模仿照搬，全盘西化，而是要根据我国的发展现实，重建自己的价值体系和文化目标。因此，认同实际上是一个创造过程。既然是一个创造过程，那就要求与传统、与其他文化、与现代性形成一种积极的互动关系，尤其是处理好传承与创新的关系。事实上，一种文化要想生存下来并持久地延续下去，就必须不断自我更新，以适应现实的需要。也只有这样的创新，才能增强民族文化的自主能力，提高其国际地位和国际影响力，从而获得新的认同。

**第三是文化的生产与消费。**文化的发展是通过文化的生产与消费来实现的。一方面，特定的文化成果是人们生产创造的产物，这些产物凝聚着前人的智慧和力量，因而对后人来说具有客观的存在形式，并成为文化发展的前提和起点。另一方面，文化产品也会在人们的活动中被消费，其结果是转化为主体的本质力量，进而在主体的对象性活动中被重新创造出来，获得新的存在形式，形成新的文化成果。文化发展就是在这种生产与消费的不断作用过程中进行的。全球化条件下民族文化的发展也是如此。不同国家、民族在长期的实践过程中创造了不同的文化，由此形成了文化差异，而世界性的交往又使各民族文化之间相互交融、补益，逐渐形成人类的共同财富。这是民族文化融入全球文明的过程。与此同时，各个国家、民族在全球化的过程中，通过消费作为人类共同财富的文化，加上自己特有的理解与消化，又形成独具特色的民族文化。这是全球文明转变为民族文化的过程。这种转变意味着世界先进文化成果已成为民族文化有机体的内在要素，因而是在原有文化基础上的新的积累。这种积累不光是对原有文化的丰富和发展，同时也是对整个民族文化品格、境界的提升。因此，积极参与全球性的文化生产与消费，这是民族文化自立、自强的必由之路，也是适应全球化的文化诉求、推进社会发展和人的发展的重要途径。当然，这种生产和消费必须是有选择的，是经过过滤和重新配置的。

# 对提升文化软实力的辩证思考

郝立新　中国人民大学哲学院

提升文化软实力是中国特色社会主义文化建设的一个重要内容，是当前中国社会发展的重要而迫切的任务。文化软实力内涵丰富，其提升过程包含了诸多矛盾并具有特定的规律。文化软实力是国家综合实力的重要组成部分。然而，一定国家或民族的文化，并非与生俱来地就是"软实力"。文化需要具备一定的内涵、依据一定的条件和通过一定的途径，才能变成真正的软实力。辩证地分析文化软实力的内在要素和提升路径，有助于增强文化的自觉性，进一步明确文化建设的正确方向和道路。

## 一、文化软实力是蕴含诸多要素和纬度的集合体

文化软实力是相对于资源、经济、科技、军事等硬实力而言的，是指直接影响甚或构成民族的凝聚力、精神面貌、思维能力、认识水平、社会稳定性、国际影响力等的文化因素。文化软实力的概念是具体的，是同一定的社会历史、时代特征、社会制度、民族传统相联系的。在当代，文化软实力包含了多种要素和多向纬度，具有精神性和物质性的统一、民族性和世界性的统一、传统性和现代性的统一、文化活动和文化关系的统一等特点。

观念文化要以物质为基础和载体。文化软实力以精神因素为主，但不单纯是精神的因素。文化软实力的核心是蕴含价值理念的精神力量，它通常依附于一定的物质形态和依赖于一定的物质条件。例如，一定的文化价值要通过一定的器物表现出来；在市场经济条件下，文化产业把文化观念同物质产品有机地结合起来，依靠一定的商品来承载、传输价值理念。文化作为影响现实生活的实际力量，还必须通过一定的物质实践活动表现出来。如果脱离一定的物质载体、物质形式和

实践活动，文化观念就难以对社会生活发生影响，就难以成为软实力。

随着民族历史向世界历史的发展以及全球化进程的推进，当代文化的民族性和世界性的关联越来越紧密，一国的文化往往是民族发展和世界发展、民族文化和世界文化相互联系、相互影响的产物。中国特色社会主义文化也不例外，它带有民族性和世界性相结合的特征。如果削弱了民族性，文化就失去了自己的特色和民族价值，难以在本土扎根和生长，难以立足于世界文化之林；如果削弱了世界性，文化就难以建立在人类共同文明的基础上，难以获取更广泛的思想资源，难以引起世界范围的共鸣和产生更广泛的影响。坚守文化的民族特性和推进对世界文明的包纳，已经成为共识。但是如何在文化特别是价值观层面上做到民族性和世界性、特殊性和普遍性的有机结合，以及在抵制文化帝国主义、争夺民族话语权方面，仍然有待于进一步探索。

在现代化进程中，文化发展中的传统性和现代性的矛盾尤为突出。对传统文化的批判与传承和对现代文明的反思与超越是当代中国文化建设的双重使命。传统文化特别是中国传统文化中有取之不尽的瑰宝，当然也有与小农经济及封建制度直接联系的落伍的、消极的甚至是反历史潮流的因素，需要去鉴别、取舍。现代文化也不一定都能代表社会进步的方向。现代文化在推动创造物质财富和精神财富方面既取得了辉煌的成就，也带来了一些社会病症和文化病症。这就需要我们按照社会全面进步的标准和最广大人民群众的价值诉求，对传统文化和现代文化进行全面的反思和积极的扬弃，寻求构建中国特色社会主义的文化资源。作为先进文化代表的中国特色社会主义文化，依然具有科学性、民族性、大众性等基本特征，这些基本特征被赋予新的时代内涵。中国特色社会主义文化不可能割断与传统文化的关系，一方面，它本身要自觉吸收传统文化中的有价值的成分或优秀成果；另一方面，它会受到旧文化的影响。应避免两种极端的倾向：或者忽略传统文化与现代文化二者之间的殊异性，特别是忽略现代文化与传统文化之间的制度性基础和不同的时代内容，夸大传统文化的社会适用性；或者忽略文化的历史传承，夸大现代文化与传统文化之间的差异或断裂，完全拒斥传统文化，对传统文化中具有恒久、普遍价值的因素视而不见，使得思想基础和精神家园的构建失去历史的延续性和传统文化的魅力。

文化软实力不仅包含一定的文化精神活动和文化实践活动，还包括一定的文化关系。这里所说的文化关系，是指与社会的经济关系、政治关系相联系的，人们在文化领域和文化活动中形成的社会关系，既包括日常文化生活中的关系，也包括具有一定稳定性的文化体制或文化制度。与文化活动相适应的文化关系（包括文化体制或文化制度）会激发文化活动主体的积极性和创造性，促进文化事业和文化产业的发展。例如建立和实行体现百家争鸣、百花齐放的包容或宽松的体制，激励文化繁荣和创新的评价机制，引导规范文化事业和文化产业健康、协调发展的制度，等等，都会融入文化总体的力量之中，从功能上看，它们都应属于文化软实力的范围。

## 二、文化软实力提升过程中的重要环节

增进或提升文化软实力是一个辩证发展的过程，它包含若干重要的“转化”环节。

一是由文化意识的自发形态向自觉形态的转化。文化意识有自发与自觉之分。当文化意识尚处于朦胧的、不自觉的状态时，它的作用是很小的或很有限的。例如社会文化心理是零散的、不系统的、以感性为主的意识，只有经过加工、提炼才能上升到一定的文化观念形态。当一种信仰从盲从状态上升为有理性观念支撑的自觉状态时，它就会变得更加明确、更加强大。人们通常所说的文化自觉，就是对文化自我认识的一种提升。这种自觉的文化意识释放出的能量或产生的社会影响，要远远大于不自觉的文化意识。

二是由文化的观念形态向文化的实践形态转化。人们往往较多地注意到文化的观念形态，而忽略文化中的实践形态，忽略前者向后者的转化。文化的观念向文化实践的转化是普遍存在的。例如，道德观念、艺术观念、教育观念，转化为道德实践、艺术实践、教育实践；文化创意转化为文化产业的实践（形成文化产品），等等。只有通过这些转化，文化观念才能体现或发挥更大的现实作用。在现代文化发展中，文化观念与文化实践关系日益密切，二者相互促进，并在一定条件下相互转化。现在人们越来越重视成果转化，其中重要的内容就是要使文化理论的成果转化为实践成果。

三是由文化的潜在资源向文化的现实力量的转化。我国具有悠久的文化历史，积累了丰厚的文化资源。这些文化资源是文化软实力的潜在的质料，仅仅是潜在的或可能的“软实力”，需要我们去深入挖掘、打磨、改造和再创造，否则，那些

沉睡的资源就难以被激活和再生，就难以在新的时代发挥软实力的作用。

四是文化的内在价值理念向外在的表现方式的转化。有一种说法，认为当代中国人的价值观念不很清晰。对这种说法需要分析。在我国革命和建设时期，特别是在改革开放时期逐渐形成的民族的、科学的、大众的文化，包含了许多符合时代潮流和人民群众需要的价值理念。有的价值理念获得了恰当的表现方式，如采取一些精炼的、形象的概括，在现实中产生巨大而持久的影响，比如“雷锋精神”、“为人民服务”；有的爱国主义的价值理念通过艺术作品、英雄纪念碑和纪念品等形式广为传播。寻求合适的表现方式是表达和宣传价值理念的重要途径。

五是由民族文化向世界文化的转化。如前所述，文化发展同人类总体历史的发展是同步的。民族历史越是向世界历史转化，民族文化也就越是向世界文化转化。这种转化不是简单地融入世界文化大潮之中，不是被外国文化所同化，而是民族文化与外来文化之间的相互影响、相互学习、相互交流、相互对话和相互渗透，日益密切和频繁。在国际交往方面，塑造国家的文化形象非常重要。无论是“请进来”还是“走出去”，我们都应该努力塑造和充分展示国家或民族的良好文化形象，如深厚的人文精神和严谨的科学精神，良好的道德风貌和崇高的精神境界，开放的文化心态和积极的生活态度。重视民族文化向世界文化的转化趋势，就是要在保持民族文化特色的同时，勇于并且善于面向世界，充分吸收全人类文明成果，使我们的民族文化屹立于世界文化之林。

# 比较诗学视域下的儒家诗学研究

## ——兼谈经学信仰与21世纪儒家思想的全球化

杨乃乔　复旦大学中文系

### 导言："经"是儒家诗学体系的本体范畴

透过经学信仰的视域追问中国儒家文化传统中儒家知识分子对文道关系的理解（understanding）与解释（interpretation），对于从事这一课题的研究者而言，除去追问这一课题本然的学术价值之外，研究者必然还获有一种对本人所经历的生存境遇所不可回避的体察和领悟；因为学术研究往往会不期然地触动研究者的人生经历，让研究者的内心世界延伸且长久地驻留在为其付出生命代价的理想性学术乌托邦（academic utopia）中。

2012年5月，我收到了一部讨论"经学信仰与儒士对文道关系的理解"的书稿[①]，随即这部书稿的作者也来访复旦大学，因此，我们有机会就这一课题研究给出了更为深化的交互式讨论。我特别注意到，从学科性质及其研究归属的方向上来定位，这位作者关于这一课题的思考与书写，是透过比较诗学的研究视域得以展开的，因为，这位作者是在西方诠释学（Hermeneutics）及相关理论语境的透视下来理解与解释中国古代文化传统中的儒家诗学问题。由于多年来，我也把自己的研究方向定位于此，所以，我特别希望讨论一下在比较诗学视域（perspective of comparative poetics）下关于儒家诗学研究的相关问题，同时，在讨论这一课题研究所构建的学理逻辑时，给出我个人的思考与立场。

雷纳·艾田伯（René Etiemble）是著名的法国比较文学研究者，他曾经编写

① 按：这部书稿命题的全称是《道之文：论经学信仰与儒士对文道关系的理解》，作者是中国人民大学的学者。

过一部冠名为《比较文学的危机》（*The Crisis In Comparative Literature*）的读本，其中在《从比较文学到比较诗学》（From Comparative Literature to Comparative Poetry）一文中，雷纳·艾田伯陈述了比较文学研究的理论化倾向及其在这种理论化倾向下所产生的一门新学科——比较诗学：

> 历史的质询和批评的或美学的沉思，这两种方法认为它们自己是直接相对立的，而事实上，它们必须相互补充，如果把这两种方法结合起来，那么比较文学将不可遏制地导向比较诗学（comparative poetry）。[①]

在这里我想强调的是，雷纳·艾田伯在比较文学学科发展理论上的预设是颇具远见的，不要说国际比较文学界在相当的程度上是沿着雷纳·艾田伯预设的逻辑轨迹发展的，从20世纪80年代中期以来，中国汉语语境下的比较文学研究也的确承诺了雷纳·艾田伯的理论预设，因此，比较诗学研究也成为中国汉语比较文学研究领域中的主流方向。当下，这样一种学术现象的生成与存在是显而易见的：即比较文学研究的理论化不可遏制地把比较文学研究者带向国际多元主义理论（theory of international pluralism）的思辨高度，正是据守这样一种国际多元主义理论的思辨高度，比较文学研究者才能够与多元的国际性文学现象进行具有思想深度的对话。同时，国际比较文学界也因此流传着这样一种有趣的表达：能够从事比较诗学研究的学者，一定能够从事比较文学研究；但是，从事比较文学研究的学者，不一定能够从事比较诗学研究。我个人认为，这种表达可能具有偏激性的嫌疑，但是，其在学科发展与学科理论的本质上也的确陈述了一个不可争辩的事实。

我为什么在这里明确地陈述，这位作者所从事的课题研究是从属于比较诗学，因为，作者在展开自己的研究时，其对于中国古代文化传统中的儒家诗学思想之思考，是透过一种强大的西方诠释学及其相关理论的学术背景而达向的。我们知道，在当下中国汉语比较文学研究界，透过强大的西方诗学理论对潜在于中国古代文化传统中的诗学思想进行理解与解释，同时，在理解与解释中又通过中国古

① ［法］雷纳·艾田伯：《从比较文学到比较诗学》（René Etiemble, "From Comparative Literature to Comparative Poetry"），见雷纳·艾田伯：《比较文学的危机》（René Etiemble, *The Crisis In Comparative Literature*, Michigan State University Press, 1966, p. 54）。

代诗学思想来丰富西方诗学理论，这又是中国当下比较诗学研究方向的主流。我们需要澄明的是，比较诗学研究者把西方诗学理论与中国古代诗学思想逻辑化在解构与重构的整合中，实际上，是给出了汇通于中西诗学且又不同于两者的第三种诗学（the third kind of poetics）立场。所谓第三种诗学，是指在这个全球化（globalization）的多元学术时代，比较诗学研究者在中西诗学的汇通性研究中所构建的具有普世性（universality）的诗学理论体系。

严格地讲，把经学信仰与儒家知识分子对文道关系的理解设定为一个研究课题，要求研究者从比较诗学的视域就其给出一种理论性与思辨性的研究，这一研究的展开必须要占据西方诗学与中国古代诗学的本体论（ontology）高度，然后才可能形成具有思想深度的理论性研究。在20世纪90年代中期，我在北京大学比较文学与比较文化研究所从事比较文学的博士后科研工作时，我的研究方向即是定位在本体论与语言论的高度上对中国儒道诗学与西方诗学进行汇通性思考与研究。当时，我在撰写博士后出站报告《悖立与整合：东方儒道诗学与西方诗学的本体论、语言论比较》时，曾在语言论的构成本质上详细论证了儒家文化传统的“经”，指出“经”是儒家诗学隐蔽在道德伦理说教下的一个本体范畴；在哲学本体论的逻辑构成上，我提出统摄儒家思想的“经”不仅相当于道家诗学的“道”，同时也相当于西方古典诗学的逻各斯。①

多少年来，学界在把道家诗学的“道”认定为本体范畴时，完全没有意识到“经”是儒家诗学得以安身立命的本体论范畴。因此，当我们的讨论延及中国诗学与西方诗学本体论意识的互照时，我们必须立足于哲学的层面上去领会生命主体关于诗学理论体系的本体论构建，这样才可能体悟到“经”是儒家诗学的本体范畴，并且，也能够在学理上清晰地看视到“经”是在怎样的层面上，相当于赫拉克利特的“逻各斯”（logos）、巴门尼德的“存在”（being）、柏拉图的“理念”（idea）、普罗提诺的“太一”（the one）、圣·奥古斯丁的“上帝”（God）、康德的“物自体”（thing in itself）和黑格尔的“绝对理念”（absolute idea）。实际上，西汉末年的古文经学家刘歆早在《三统历》中即厘定了“经，元，一以统始”的本

① 按：关于“经”是中国儒家诗学隐蔽在道德伦理说教下的本体范畴，这一观点的论证请参见杨乃乔：《东西方比较诗学——悖立与整合》，北京：文化艺术出版社2006年版，第14—37页。

体论观念，[①] 在“经”这个本体论观念中沉淀着儒家诗学文化传统博大的终极关怀意识，当然，较之于老庄的“道”，“经”是一种隐性的本体论观念，也正因为“经”是一个隐性的本体论范畴，其才更具话语权力的暴力性。

准确地讲，在比较诗学的研究视域下，我们思考与讨论中国古代儒家诗学的相关问题，在学理构成的观念上，完全不同于国别诗学研究，更完全不同于文化孤立主义者（cultural isolationist）设定的原教旨主义（fundamentalism）诠释学。关于这一点，我与这位学者达成了研究方法论方面的共识，也正是基于这一共识，我们就经学信仰与儒家知识分子对文道关系的理解也生成了具有共通性的思考。说到底，在中西诗学的本体论与语言论两个面向上，这个研究命题的成立更多地关涉到中国经学诠释学与西方诠释学的比较研究。

## 一、经学信仰与“文以载道”的观念

作为儒家诗学的本体范畴，“经”是儒家知识分子构建自己庞大的诗学理论体系的本体，其也是一个在逻辑上倒溯已尽的终极。儒家知识分子据守于“经”的本体，得以建构起自我栖居和生存的语言家园，这实际上就是在信仰的层面上，对儒家知识分子以心灵皈依其中从而获取圣人之道的意义和价值的确认。关于下述四篇常见的文献，我们不妨在此重新给予启示性阅读。

司马迁引《诗经·小雅·车辖》之诗句在《史记·孔子世家》中给出自己的表述：

> 太史公曰：诗有之：“高山仰止，景行行止。”虽不能至，然心乡往之。余读孔氏书，想见其为人。適鲁，观仲尼庙堂车服礼器，诸生以时习礼其家，余祗回留之不能去云。天下君王至于贤人众矣，当时则荣，没则已焉。孔子布衣，传十馀世，学者宗之。自天子王侯，中国言六艺者折中於夫子。[②]

---

① ［西汉］刘歆撰：《三统历》，见［清］严可均校辑：《全上古三代秦汉三国六朝文》，北京：中华书局1958年影印本，第1册，第350页。

② ［西汉］司马迁：《史记》，见《二十五史》，上海：上海古籍出版社、上海书店1992年据乾隆四年武英殿本影印，第1册，第228页。

刘勰在《文心雕龙·序志》中对自己梦中的无意识期待进行了回忆：

余生七龄，乃梦彩云若锦，则攀而采之。齿在踰立，则常夜梦执丹漆之礼器，随仲尼而南行；旦而寤，乃怡然而喜，大哉圣人之难见也，乃小子之垂梦欤！自生人以来，未有如夫子者也。敷赞圣旨，莫若注《经》，而马郑诸儒，弘之已精，就有深解，未足立家。唯文章之用，实经典枝条，五礼资之以成，六典因之致用，君臣所以炳焕，军国所以昭明，详其本源，莫非经典。[①]

韩愈在《与孟尚书书》中表达了自己崇孔孟拒释老的悲凉之情：

汉氏以来，群儒区区修补，百孔千疮，随乱随失，其危如一发引千钧，绵绵延延，浸以微灭。于是时也，而倡释老于其间，鼓天下之众而从之。呜呼，其亦不仁甚矣！释老之害过于杨墨，韩愈之贤不及孟子，孟子不能救之于未亡之前，而韩愈乃欲全之于已坏之后。呜呼！其亦不量其力，且见其身之危，莫之救以死也。虽然，使其道由愈而粗传，虽灭死万万无恨！天地鬼神，临之在上，质之在旁，又安得因一摧折，自毁其道，以从于邪也！[②]

朱熹在《孟子章句集注》中再度援引程颐为程颢所书之《序》，以陈述自己的信仰情致：

而其弟颐正叔序之曰："周公殁，圣人之道不行；孟轲死，圣人之学不传。道不行，百世无善治；学不传，千载无真儒。无善治，士犹得以明夫善治之道，以淑诸人，以传诸后；无真儒，则天下贸贸焉莫知所之，人欲肆而天理灭矣。先生生乎千四百年之后，得不传之学于遗经，以兴起斯文为己任。辨异端，辟邪说，使圣人之道涣然复明于世。盖自孟子之后，一人而已。然

① ［南朝·梁］刘勰撰、黄叔琳注、李详补注、杨明照校注拾遗：《文心雕龙校注》，北京：中华书局1959年版，第317页。

② ［唐］韩愈：《与孟尚书书》，见［清］董诰等编：《全唐文》，上海：上海古籍出版社1990年缩印扬州官刻本，第3册，第2481页。

学者于道不知所向，则孰知斯人之为功？不知所至，则孰知斯名之称情也哉？”①

总而言之，司马迁把孔子赞美为“高山景行”，刘勰陈述自己“尝夜梦执丹漆之礼器，随仲尼而南行”，韩愈一再申述自己对圣人之道传授的坚韧：“使其道由愈而粗传，虽灭死万万无恨”，朱熹以对二程的敬重来表达自己的信仰理想：“使圣人之道涣然复明于世”。在上述四种历史文献的记忆中所映射出的，均是后世之知识分子对于儒家道圣意义所投射信仰的一往情深。在各自的诗学体系中，作为知识分子的儒士以自己对于圣人之道的理解与解释，构筑起自己得以安身立命的意义世界和精神家园。

然而，具体到每一个时代，经学的发展在“六经”或《十三经》的注疏传统中所获取的诠释意义又有所不同，所以，人们对儒家圣人之道的理解与解释也呈现出诠释的多元性与差异性。面对着儒家经典的诠释，人人自道其道，致使“圣道不明”、“道屡塞蔽”；而在儒家经典的诠释中一旦产生意义提取的多元性与差异性，其也必然因此而生成了理解与解释的质疑，诠释的意义与价值世界共铸的信仰在本体论的终极上也开始产生了摇摆。不同时代的儒家知识分子“弘道明教”，②是因为遭遇了所谓“文丧道蔽”的时代，③他们对于关乎自己信仰本体的“文”与“道”，给出当下意义的再度诠释，这关涉到“道之文”命题的立意。从经学信仰的层面思考“道之文”，这对于儒家知识分子之生命存在的意义来说，所谓“文以载道”的观念，已不再是止于封建意识形态或某种学术兴趣的思考了，而是在终极关怀或安身立命的本体论高度，成为他们自身精神向导的追问，这种追问也是

① ［宋］朱熹注：《孟子章句集注》，见宋元人注：《四书五经》，北京，中国书店1985年据世界书局影印本影印，上册，第118页。关于程颐为程颢所书之《序》也载于《宋史卷四百二十七·列传第一百六十八·道学一·程颢》，见《二十五史》，上海：上海古籍出版社、上海书店1992年据乾隆四年武英殿本影印，第8册，第6613－6614页。

② 按：［梁］释僧祐编撰《弘明集》，在其《序》文中谓：“夫道以人弘，教以文明，弘道明教，故谓之《弘明集》。”（可参台北新文丰出版公司1983年影印大正藏本《大藏经》第52册。《大正藏》本和金陵刻经处本有此序，明北藏本无此序。）需要说明的是，释僧祐在其《序》中所言之“道”与儒家文化传统之“道”是两个不同的概念，我们仅在此借用释僧祐所论述的文道之形式关系推动自己的逻辑表达。

③ 按：1906年9月，章炳麟编《民报》第七号出版，载国学讲习会发起人所撰《国学讲习会序》一文，其中说道：“道敝文丧，由来已久，而今世尤为岌岌。何也？前日正学之所以不能光大者，以科举为之障害也。”（参《民报》第七号，第124页；亦见于张枬、王忍之编《辛亥革命前十年间时论选集》（第二卷），北京：生活·读书·新知三联书店1978年版，第498页）

儒家知识分子为自己离散（diaspora）的心灵找寻最终的安居之所。

在此，“文以原道”的观念将儒家的“圣人之道”由人伦日用的诠释，提升到了万物安身立命的本体层面，以构成了儒家思想统摄历史的话语权力表达。也正是在这个意义上，魏晋时代的知识分子以激进的姿态崛起，给出他们在一种激进的姿态中拒斥儒家经学本体论的表达：即“‘六经’乃糠秕”的论断，[①]“‘六经’未必为太阳”的质疑，[②] 这是一种在解构与颠覆经中心主义（jingcentrism）的逻辑判断上所完成的破坏性诠释，[③] 这就是在魏晋时代生成的经学玄学化的诠释学思想。

“文以明道”和“文以害道”的观念是指向“异端”所投射的驳斥之论，前者是为了抵抗释老思潮的盛行，后者是为了拒斥“制作淫丽，文辞侈靡”的词章之文。[④] 中国古代文化传统上的一些知识分子在上述层面的偏执，均威胁到了儒学观

---

① 按：《三国志·卷十》注引何劭《荀粲传》记载：“粲字奉倩，粲诸兄并以儒术论议，而粲独好言道，常以为子贡称夫子之言性与天道，不可得闻，然则六籍虽存，固圣人之糠秕。”（见［晋］陈寿撰、［宋］裴松之注：《三国志》，北京：中华书局1999年版，第240页）

② 按：三国魏人嵇康在其《难张叔辽自然好学论》一文中谓：“今子立‘六经’以为准，仰仁义以为主，以规矩为轩乘，以讲诲为哺乳。由其途则通，乖其路则滞；游心极则，不睹其外；终年驰骋，思不出位。聚族献议，唯学为贵。执书摘句，俯仰咨嗟；使服膺其言，以为荣华。故吾子谓‘六经’为太阳，不学为长夜耳。今若以明堂为丙舍，以讽诵为鬼语，以‘六经’为芜秽，以仁义为尸腐，睹文籍则目瞧，修揖让则变伛，袭章服则转筋。谭礼典则齿龋。于是兼而弃之，与万物为更始，则吾子虽好学不倦，犹将缺焉。则向之不学，未必为长夜，‘六经’未必为太阳也。”（［魏］嵇康撰：《难张叔辽自然好学论》，见［清］严可均校辑：《全上古三代秦汉三国六朝文》，北京：中华书局1958年版，第2册，第1336页）

③ 按：20世纪90年代中期，我在中西比较诗学的视域下讨论中国儒道诗学与西方诗学的本体论、语言论问题时，曾提出“经学中心主义”这个概念，以强调经学在诠释学的层面上作为一种话语权力对中国学术文化传统所给出的思想性与施暴性，并阐明经学在其本质上是中国古代文化传统上的学术宗教，因此提出了“经学中心主义”这个概念。实际上，从语言论的维度来思考本体论的问题时，我们不难发现正如刘歆在《三统历》中对“经”进行界定时所呈现的那种终极观念，“经”是儒家文化传统及其诗学思想得以安身立命的本体范畴。“经”作为一种书写于文本的话语权力，其相当于雅克·德里达于其解构主义理论体系中所颠覆的那个自律性言说的逻各斯，雅克·德里达认为是逻各斯中心主义（logocentrism）构成了西方写音文化传统中的暴力性话语。从语言论的维度就本体论的词语使用再作细致的思考与分析，我们应该把“经学中心主义”（jingxuecentrism）这个概念，再细化地指称为“经中心主义”（jingcentrism），因为“经”与“经学”毕竟是两个不同的术语，“经”是一个纯粹的本体范畴，而“经学”是指称存在于中国古代文化传统上的一门关于“六经”及《十三经》文本诠释的学术现象；当然，其两者均在自己的词语使用本质上构成了话语权力及其暴力性，但是，“经”是统摄于“经学”的本体范畴，其是一个终极概念。

④ 按：与胡瑗、孙复合称为“宋初三先生”的石介，以“制作淫丽，文辞侈靡”论断宋初文风，“但夸其雕刻之工，文理之缛。……目所常见制作淫丽，文辞侈靡者唯是，不知前世有三代、两汉、钜唐之文之懿也”。（参［宋］石介撰：《上赵先生书》，见陈植锷点校：《徂徕石先生文集》（卷十二），北京：中华书局1984年版，第137页）

念的纯正性，并开始动摇了儒家知识分子的信仰本体。理解了这一点，也就理解了中国古代学术史上关于“文以明道”和“文以害道”的延续性讨论，其为守护儒家思想观念的纯正性与正统性有着至关重要的历史意义。

在某种程度上，“文道合一”的观念可以被看视为文学与经学之间关系的一种逻辑总结。“有得于中，发而为文”，[①] 文就是道。文道合一，就是“道”不离“器”。王阳明的弟子泰州学派创始人王艮提出：百姓日用即道。王艮把儒家的圣人之道及道德观念在理解与解释中带出玄妙高深的思辨逻辑，使之还原为庸常布衣的生活常态，认为正是在仁义忠孝、刑政礼乐等日常生活现象中，“道”即可以得到显明；而那些“未形”与“未著”不可得而见之“道”，也因此有“形”而“著”于日常人伦之中，成为庸常百姓生存境遇中的伦理契约。所以，“文”与“道”经由“合一”的观念，偕同无限与有限而达向了整合，正是在这样一种生存的境遇中，儒家知识分子真正地获取了精神的自由，一如后期戴震在《孟子字义疏证》卷下对“道”所给出的理解与解释：“人道，人伦日用身之所行皆是也。在天地，则气化流行，生生不息，是谓道；在人物，则凡生生所有事，亦如气化之不可已，是谓道。”[②] 虽然后期戴震于释经方法论上归向了训诂，其实他走的还是“由故训以明理义”的经学诠释学路数。

春秋战国时期的子思被后人称之为思孟学派的首席代表人物，实际上，他早在《中庸·第十三章》中已经给出“道不远人”的陈述：“子曰：‘道不远人，人之为道而远人，不可以为道’。”[③] 从存在论诠释学的视域来看，历史其实就是在对经典及其片断性语句的理解与解释中延展下来的记忆。此刻，我们不妨再读朱熹于《中庸章句集注》中关于此句表述的诠释：

> 道者，率性而已，固众人之所能知能行者也，故常不远于人。若为道者，厌其卑近，以为不足为，而反务为高远难行之事，则非所以为道矣。[④]

---

① 按：章学诚《论文辨伪》有谓：“文非有得于心，发而为不得已之言，皆空套也。”（见［清］章学诚：《章氏遗书》，上海：商务印书馆1936年版，第1册，第246页。）

② ［清］戴震撰：《孟子字义疏证》，清乾隆刻微波榭丛书本，卷下，第6页。

③ ［宋］朱熹注：《中庸章句集注》，见宋元人注：《四书五经》，北京：中国书店1985年据世界书局影印本影印，上册，第5页。

④ 同上。

的确，经典及经典注疏传统中的诠释文本要不断地为后世知识分子在阅读中给出再度的诠释意义，经典及经典注疏的传统是在阅读的再度诠释及意义提取中被激活的。倘若在经典阅读的诠释中，一位学者以任何训诂与文献考据的小学技法企图达向经典文本的假定性原初意义，并宣称自己已然成为这部经典文本的真理性诠释者，这种宣称不仅以一种诠释暴力封闭了经典文本再度诠释的敞开性与可能性，也阻止了历史在经典文本的多元诠释中所获得的发展动力。在这里，我们无意于从清代经学诠释学的方法论讨论前期戴震与后期戴震在汉学故训与宋学理义之间的摇摆与调和，我们在这里不妨引用清代桐城姚门四杰之一的方东树在《汉学商竞》中的一段陈述：

> 若谓义理即在古经训诂，不当歧而为二；本训诂以求古经，古经明，而我心同然之义理以明。此确论也。然训诂不得义理之真，致误解古经，实多有之。若不以义理为之主，则彼所谓训诂者，安可恃以无差谬也！诸儒释经解字，纷纭百端。吾无论其他，即以郑氏、许氏言之，其乖违失真者已多矣，而况其下焉者乎！总而言之，主义理者，断无有舍经废训诂之事；主训诂者，实不能皆当于义理。何以明之？盖义理有时实有在语言文字之外者，故孟子曰：以意逆志、不以文害辞，辞害意也。汉学家专泥训诂，高子说诗所以多不可通。①

看来一如方东树所言，故训与理义作为经学诠释学的两种方法论，其不可偏废。然而，儒家诗学作为一种批评的姿态面对着文学现象及其文化背景所给出价值评判时，其应该在经学诠释学的方法论上怎样调整自己呢？思考到这里，我们不约而同地回忆起鲁迅在《儒术》这篇文章对中国文化传统中儒教的理解与解释。

## 二、鲁迅的《儒术》与21世纪全球化的儒教

1934年，鲁迅曾以唐俟的笔名在《文史》月刊第一卷第二期发表《儒术》一文，这篇文章后来被收入《且介亭杂文》一书，那个时代的鲁迅对儒教在中国文

① ［清］方东树撰：《汉学商兑》，清光绪十一年刻本，卷中之下，第10页。

化传统中所形成的普世主义（universalism）精神多有反讽的理解与解释。

在《儒术》一文中，鲁迅嘲讽了拓跋魏的后人元好问与汉人河东南北路宣抚使张德辉恭请元世祖孛儿只斤·忽必烈为“儒教大宗师”：“以拓跋魏的后人与德辉，请蒙古小酋长为‘汉儿’的‘儒教大宗师’，在现在看来，未免有些滑稽，但当时却似乎并无訾议。盖蠲除兵赋，‘儒户’均沾利益，清议操之于士，利兴既沾，虽已将‘儒教’呈献，也不想再来开口了。”[①]当然，据我回查，这段历史文献原载于《元史·张德辉传》：

> 是年夏，德辉得告，将还，更荐白文举、郑显之、赵元德、李进之、高鸣、李盘、李涛数人。陛辞，又陈先务七事：敦孝友，择人才，察下情，贵兼听，亲君子，信赏罚，节财用。世祖以字呼之，赐坐，锡赉优渥。有顷，奉旨教胄子孛罗等。壬子，德辉与元裕北觐，请世祖为儒教大宗师，世祖悦而受之。因启：“累朝有旨蠲儒户兵赋，乞令有司遵行。”从之。仍命德辉提调真定学校。[②]

中国古代诗学研究界一般认为元好问是一位有气节的知识分子，他金亡不仕，以著述存史自任，在气节与精神上守志于中州，纂成《中州集》十卷。而鲁迅的辛辣修辞习惯性地指向一位被中国古代文学研究界全然赞扬的历史人物，为其找一点阴暗。的确，元好问与张德辉“北觐”元世祖孛儿只斤·忽必烈，请其为“儒教大宗师”，孛儿只斤·忽必烈“悦而受之”，好像是三位不同民族身份的历史人物在那段汉蒙文化冲突与融合的舞台上演绎的一段颇有滑稽趣味的“行为艺术”，一如鲁迅所言：“以拓跋魏的后人与德辉，请蒙古小酋长为‘汉儿’的儒教大宗师，在现在看来未免有些滑稽。”[③] 不错，鲁迅的杂文书写在修辞上有着不可更改品性的讲究。

其实，明初宋濂与王祎等人在召修《元史》时，于纂史的修辞上也是非常讲

---

① 鲁迅：《且介亭杂文·儒术》，见《鲁迅全集》，北京：人民文学出版社 1981 年版，第 6 卷，第 31 页。

② ［明］宋濂等纂：《元史》，见《二十五史》，上海：上海古籍出版社、上海书店 1992 年据乾隆四年武英殿本影印，第 9 册，第 7677 页。

③ 鲁迅：《且介亭杂文·儒术》，见《鲁迅全集》，北京：人民文学出版社 1981 年版，第 6 卷，第 31 页。

究的。什么是“北觐”？我们来看一看“觐”的修辞意义。许慎《说文解字》释义言：“觐，诸侯秋朝曰觐，勤劳王事也。”[①] “觐”的本义，是言指古代诸侯秋天朝见帝王。

在中国古代礼制上，诸侯谒见帝王因不同的季节有着不同的修辞性表达，一如段玉裁《说文解字注》于“觐”字的释义下所录：“春曰朝，夏曰宗，秋曰觐，冬曰遇。”[②]《周礼·春官·典瑞》载：“公执桓圭，侯执信圭，伯执躬圭，缫皆三采三就，子执穀璧，男执蒲璧，缫皆二采再就，以朝觐宗遇会同于王。”[③] 东汉末年经学大师郑司农在此句下注云：“以圭璧见于王，《觐礼》曰：‘侯氏入门右，坐奠圭，再拜稽首。’侯氏见于天子，春曰朝，夏曰宗，秋曰觐，冬曰遇，时见曰会，殷见曰同。”[④]我们注意到，上述是从时间的概念为诸侯谒见帝王所界定的修辞表达方式。

不同的是，我们不妨来阅读一下《礼记·曲礼》所载：“天子当依而立，诸侯北面而见天子，曰‘觐’。天子当宁而立，诸公东面，诸侯西面，曰‘朝’。”[⑤] 在翻阅《礼记·正义》时，我们特别注意到郑康成又从空间的角度为“朝觐之礼”做了详细的定义：

> 诸侯春见曰朝，受挚於朝，受享於庙，生气文也。秋见曰觐，一受之於庙，杀气质也。朝者，位於内朝而序进。觐者，位於庙门外而序入。王南面，立於依宁而受焉。夏宗依春，冬遇依秋。春秋时齐侯唁鲁昭公，以遇礼相见，取易略也。《觐礼》今存，朝、宗、遇礼今亡。[⑥]

注意，我们在这里主要是讨论比较诗学视域下儒家诗学的相关问题，决然无意于讨论中国古代的礼制文化什么的，只希望在《周礼》与《礼记》的注释中找一点

---

① ［汉］许慎撰、［清］段玉裁注：《说文解字注》，上海：上海古籍出版社1981年影印经韵楼藏版，第409页。

② 同上。

③ ［汉］郑玄注、［唐］贾公彦疏：《周礼注疏》，见［清］阮元校刻：《十三经注疏》，北京：中华书局1980年影印世界书局阮元校刻本，上册，第777页。

④ 同上书，第1265页。

⑤ 同上。

⑥ ［汉］郑玄注、［唐］孔颖达疏：《礼记正义》，见［清］阮元校刻：《十三经注疏》，北京：中华书局1980年影印世界书局阮元校刻本，上册，第1265页。

那个时代的经学通儒对“北觐”的修辞意义所存留的记忆，以获取直接从郑玄的注释中提取意义的语言感受而已。显然，“觐”在语用的修辞意义上潜在着“武力”与“屈尊”、“权力”与“臣服”的契约关系。

我们此时再度阅读《元史·张德辉传》的“壬子，德辉与元裕北觐，请世祖为儒教大宗师，世祖悦而受之”，不难感受到张德辉与元好问以臣属身份谒见元世祖及请其为“儒教大宗师”的屈辱与谄媚，这是汉人依据中原面北对蒙古帝国的觐礼。

以现下21世纪的学术眼光来评判，岂止鲁迅所言的“有些滑稽”，其实乃滑天下之大稽。当然，我们还可以设问：元好问为拓跋魏后人的血统身份，他有什么文化身份及地域资格守志于中州？关键问题在于，我们也用不着过于自卑，置换一个视点，我们不难发现，在马背上征服中原的孛儿只斤之后裔也需要“儒教大宗师”的文化身份装饰自己，以“儒教大宗师”为自己贴上“汉儿”儒家文化与信仰终极负载者的标签。这样一来，儒教岂不是真正成为一种跨语言、跨民族与跨文化的普世主义信仰了？一如鲁迅所言，这是中原“汉儿”之外的异域民族希望“‘儒户’均沾利益”之最为经典的一个历史记忆。究竟是儒教征服了孛儿只斤·忽必烈，还是孛儿只斤·忽必烈真正地成为了“儒教大宗师”？还是让历史来回答这一切！其实，中国古代文化从最早走向多元民族融合（the multinational fusion）以来，到当下后现代文化覆盖的全球化时代，互贴文化标签永远是一种国际性的时尚，当然，这也是一种必需的时尚。

说到底，任何人也无法抗拒国族之间的文化在冲突中走向的融合与对话，文化的原教旨主义讲唱者从来就是不识时务的文化孤立主义者。

鲁迅在《儒术》一文其中还提及元代另一文人余阙，并且引其《青阳先生文集》中《送范立中赴襄阳诗序》的言说：“……虽天道忌满恶盈，而儒者之泽深且远，从古然也。”[①] 需要说明的是，余阙是党项人，官至监察御史，曾修撰辽、金、宋三史，然而他也专注儒家经术，传注“五经”，其文章在书写的气韵上已有大儒不可或缺的深厚浩然之气魄。我想，在这里还是把余阙《送范立中赴襄阳诗序》所书写的完整章节录入以下，否则引文过短，会引起阅读与诠释的断章取义之嫌：

① 鲁迅：《且介亭杂文·儒术》，见《鲁迅全集》，北京：人民文学出版社1981年版，第6卷，第32页。

宋高宗南迁，合淝遂为边地，守臣多以武人为之。几百饥年间，未尝一岁无兵革，故民之豪杰者，皆去而为将校，累功多至节制。郡中衣冠之族，惟范氏、商氏、葛氏三家而已。三家之在当时贵不过通判，显者或至知县与府族亦，未甚大也。皇元受命，包裹兵革，休养元元，民既富庶矣，而又修礼乐定治具。诸武臣之子弟，无所用其能，多伏匿而不出。春秋月朔，郡太守有事于学，衣深衣，戴乌角巾，执笾豆罍爵唱，赞道引者，皆三家之子孙也，故其材皆有所成就，至学校官，累累有焉。当宋季时，诸武臣之富贵视三家篾如也，而百余年之后，惟儒家子，入为弟子，出为人师，随其才之大小，皆有闻于时。虽天道忌满恶盈，而儒者之泽深且远，从古然也。①

鲁迅对元人余阙所言宋代之范氏、商氏与葛氏三家之子孙崇儒读经的生存方略持有一种讥讽的姿态，认为："这是'中国人才'们献教，卖经以来，'儒户'所食的佳果。虽不能为王者师，且次于吏者数等，而究亦胜于将门和平民者一等，'唱赞道引'，非'伏匿'者所敢望了。"②我们认为，鲁迅的《儒术》在有限的文献陈列中更多的是在设置自己的批评姿态与诗学立场，从而给出一种过度诠释（over interpretation）的批评性表达，然而，这无疑是一种思想大师的理解与解释。

鲁迅所生存的那个时代黑暗且腐败，其造就了鲁迅这种不激进就无法生存的反叛个性及其抵抗官方意识形态的硬骨头，乱世需要鲁迅。然而，从一个反向逻辑的视角来评判，余阙所言"儒者之泽深且远，从古然也"也是一个客观的历史记忆；在相当程度的社会伦理契约上，"儒者之泽深且远，从古然也"也必然铸就了中国儒家诗学文化传统的脉络发展及其相关文明的形成，这也决然不是以个人的偏激性表达而可能一笔勾销的。我们不妨把阅读的思路前溯至晋东的葛洪那里，在他的《抱朴子·塞难卷第七》找一点"儒教近而易见，故宗之者众焉"的感觉：

抱朴子曰："仲尼，儒者之圣也；老子，得道之圣也。儒教近而易见，故宗之者众焉。道意远而难识，故达之者寡焉。道者，万殊之源也。儒者，大

① ［元］余阙撰：《送范立中赴襄阳诗序》，载于常熟瞿氏铁琴铜剑楼藏明刊本《青阳先生文集·卷四·序》，见于上海商务印书馆编辑：《四部丛刊续编》影印本，第6页。按：刘再复于《刘备的儒术》一文中说："鲁迅于一九三四年写过《儒术》、《隔膜》等文，揭露儒术是一些士大夫的政治术和帝王的统治术。他引用宋代余阙的《送范立中赴襄阳诗序》的话……"，刘再复把余阙定义为"宋代"之人，大概是笔误了。

② 鲁迅：《且介亭杂文·儒术》，见《鲁迅全集》，北京：人民文学出版社1981年版，第6卷，第32页。

淳之流也。三皇以往，道治也。帝王以来，儒教也。”[①]

有趣的是，在《新教伦理与资本主义精神》（*The Protestant Ethic and the Spirit of Capitalism*）一书中，德国学人马克斯·韦伯（Max Weber）都隔靴搔痒地把儒家思想定义为儒教，并把其认定为一种统摄国家主流意识形态的理性主义宗教，而中国学人又有什么理由不安静下来，谦卑地重新思考一下本土儒家诗学文化传统中的儒家思想及其宗教性的理性主义问题呢？

当然，葛洪在其《抱朴子》的“内篇”与“外篇”中呈现出摇摆于道家诗学文化传统与儒家诗学文化传统之间的选择性立场。从存在论诠释学的学理来分析，理解与解释是诠释者为自己的生存境遇所书写的一段历史，人类的全部历史正是由这样一段段当下的书写历史链接起来的，因此，一个时代有一个时代的历史，只是往往历史在逻辑的链接中转型得太快，有时让人无所适从。葛洪是据守道家诗学文化传统而崇儒，但是，鲁迅是彻底的斥儒，当然这是两种决然悖立的生存姿态与诗学立场；有趣的是，21 世纪的后中国终于又迎来了全民讲唱孔子及儒家风范的时代，并且最终儒家文化传统以国际孔子学院的建制使其国际化、普世化与全球化了。

公元前 134 年，董仲舒曾撰写《举贤良对策》，以应对汉武帝下诏征求的治国方略，于两千多年以来的中国学术史上，无论是在显性的（visible）还是隐性（invisible）的立场上，学术研究均必然要呈现出学者对现实关怀的立场。客观地讲，作为当下的中国知识分子，在对经学信仰与儒家知识分子对文道关系的理解中，能够自觉地承传余阙所言的“儒者之泽深且远”，并在一个恰如其分的时代恰如其分地弘扬“儒者之泽”，其较之于那些贪官污吏及其“无所用其能，多伏匿而不出”之弟子携公款出逃国外“留学”或投机于“国际贸易”等，要伟岸得多。

## 结语：“儒者之泽”与介入性公共知识分子

关于对“儒”的界定，许慎在《说文解字》中言：“儒，柔也，术士之称。”[②]唐初大儒孔颖达在《礼记正义》中引郑玄《三礼目录》言：

① ［东晋］葛洪撰、王明校释：《抱朴子内篇校释》（增订本），北京：中华书局 1985 年版，第 138 页。

② ［汉］许慎撰、［清］段玉裁注：《说文解字注》，上海：上海古籍出版社 1981 年影印经韵楼藏版，第 366 页。

> 名曰《儒行》者，以其记有道德者所行也。儒之言优也，柔也，能安人，能服人。又儒者，濡也，以先王之道能濡其身。①

当然，《礼记》本来就是东汉末年高密通儒郑玄所注。提及高密，这不能不让我们想到此方水土曾是盛产历史名人与大儒之地，如晏婴、郑玄与刘墉都曾被此方水土所颐养；然而在一定程度上，中国儒家文化传统作为经典元素究竟是要被后现代大众文化的媚俗所忘却的，当下再提及高密，在大众记忆中驻留的也只有书写《红高粱家族》、《酒国》与《丰乳肥臀》的莫言了。较之于晏婴、郑玄与刘墉，莫言于自己的当代小说书写中再少说一点什么，就真的是“莫言”了。很可惜，从现代历史转型于后现代商业文化以来，中国的高密再也不生产大儒了。

在《说文解字注》中，清代经古文学大师段玉裁对许慎关于“儒”之“说文”的注释只是抄录与承袭郑玄《三礼目录》所言。段玉裁是文字音韵训诂学家，段注的这一段抄录决然不是一位小学家解字释义的书写体例，而正因为不是解字释义的书写体例，才更说明清代小学家就“儒者”内涵之释义，在观念上是对东汉末年经学通儒的直接承继。从“五经无双许叔重”、“非我所志，不在所愿也”的郑司农、“关西孔子”的孔冲远到“不耕砚田无乐，不撑铁骨莫支”的段若膺，大约一千七百年过去了，对“儒者”内涵的理解与解释于历代经学家的注疏传统中，其书写铭刻的意义和观念不变。当然，经典及经典注疏的书写无疑是最为宏大的历史性集体记忆（historical collective memory），而后者是历代经学大师在代际的释经传统中所彰显的集体记忆。因此，关于“儒”这一书写的历史性集体记忆必然铸就了一种知识分子的人格风范。“儒”者“濡”也，“濡”即获有浸渍与润泽之义，所以，“儒者之泽”是就其以道艺教人而润泽其身而言。以道艺教人决然不是单纯地授以知识的掌握，而更在于以智慧启迪受教者的心灵，使之复归本心而有所规范，最终让芸芸众生在茫茫大化之中安然居住。

如果说，道士的终极关怀是得道成仙，高僧的终极关怀是功德圆满；那么，自古以来，儒家知识分子就是以仁义之道润泽世人而成为终极关怀之人！“儒者之泽深且远”，在这一人格的风范上，儒家知识分子的文学观念只能是文道合一的

---

① ［汉］郑玄注、［唐］孔颖达疏：《礼记正义》，见［清］阮元校刻：《十三经注疏》，北京：中华书局1980年影印世界书局阮元校刻本，下册，第1668页。

“道之文”，儒家诗学也是如此构建起自己的批评与理论体系。作为先贤的儒家知识分子之所以为文，于己而言，是力图达向“生命在是，不朽在是”的渴望；于人而言，他们的生存论目的则在于“加惠后学，垂教无穷”的社会与历史之担当。比较诗学研究者应该是一位介入性与担当性的公共知识分子（public intellectual），在这一论点及其相关的讨论上，我们都非常赞同儒家文学与儒家诗学介入社会与历史的入世立场。

1987 年，美国加州大学洛杉矶分校的历史学教授拉塞尔·雅各比（Russell Jacoby）推出了他的专著《最后的知识分子》（*The last intellectuals*），拉塞尔·雅各比的这部专著应该成为当下中国大陆学者的必读之物。的确，近 30 年来，后现代语境下的美国知识分子族群已经被囚禁于高校的学院派体制中，蜕变为疏离于社会、民族与国家的蛀书虫、考据者、教书匠、课题申请者、设计者与发明者。在古典语文学（classical philology）的知识考古中，他们可以耗尽生命，通过对以古希腊语、拉丁语书写的历史进行文献、历史与语言学的考释，从而还原与求证几个古代文字的原始意义而沾沾自喜，却决然不关心其所隐含的伦理学意义与社会学意义等，更不要说政治学与美学意义了。思考到这里，我不可遏制地回想起那位英年早逝的革命军中马前卒邹容，他像一樽历史浮雕不可磨蚀地永驻于我的记忆中。早在 1903 年出版的《革命军》中，年仅 18 岁的邹容对那个时代的中国知识分子即有着准确的讥讽：“中国士子者，实奄奄无生气之人也。何也？民之愚，不学而已；士之愚，则学非所学而益愚。”[①] 拉塞尔·雅各比所批评的后现代

① 邹容：《革命军》，见张梅编注：《邹容集》，北京：人民文学出版社 2011 年版，第 16 页。按：邹容于 1902 年东渡日本留学，时年 17 岁；而王国维于罗振玉的资助下于 1901 年东渡日本留学，时年 24 岁。邹容在进入东京同文书院学习期间，大量阅读与接受了西方资产阶级启蒙思想家及相关理论。较之于王国维在 1904 年及其后所撰写的一系列文章作对西学的接受来看，如《孔子之美育主义》、《德国哲学大家叔本华传》、《希腊圣人苏格拉底传》、《〈红楼梦〉评论》、《德国哲学大家汗德传》、《古雅之在美学上之地位》与《人间词话》等，邹容在《革命军》中对西方思想及理论的接受则更为早期化、自觉化及彻底化，因为《革命军》毕竟是作为政论性的文章而提出其理想的治国方略。如邹容在《革命军》中所言：“吾幸夫吾同胞之得闻文明之政体、文明之革命也。吾幸夫吾同胞之得卢梭《民约论》、孟得斯鸠《万法精理》、弥勒约翰《自由之理》、《法国革命史》、《美国独立檄文》等书译而读之也。是非吾同胞之大幸也夫！是非吾同胞之大幸也夫！夫卢梭诸大哲之微言大义，为起死回生之灵药，返魄还魂之宝方。金丹换骨，刀圭奏效，法、美文明之胚胎，皆基于是。我祖国今日病矣，死矣，岂不欲食灵药、投宝方而生乎？苟其欲之，则吾请执卢梭诸大哲之宝幡，以招展于我神州土。不宁惟是，而况又有大儿华盛顿于前，小儿拿破仑于后，为吾同胞革命独立之表木。”（邹容：《革命军》，见张梅编注：《邹容集》，北京：人民文学出版社 2011 年版，第 9—10 页）在追问与研究中国近代历史上最早自觉接受西方思想之中国学人及相关书写时，比较文学史研究者一般更多的是关注于王国维，而忽视了邹容及其《革命军》，这是非常可惜的。

语境下的学院派知识分子在自己的研究方向上是极为专业化的，他们有着不可撼动的专业意志，这种专业意志往往会蜕变为知识的行业暴力，致使他们往往对同行表现出不可容忍的自我性与排他性。实际上，我们回过头来看视东方中国经学思想史，那些在经古文学流派中生存的多数小学家也是如此。

的确，拉塞尔·雅各比所批评的知识分子在诸种专业荣誉之光环的遮蔽下蠕动着一颗脆弱的心，他们面对着大众、社会、民族、历史与文化丧失了介入性、担当性、责任感与使命感。在骨子里，他们不再是为大众呐喊的公共知识分子。其实，在美国文化全球化的一体化（unification）过程中，中国当下的知识分子也正在重复与经历着美国知识分子族群的命运，历史在文化全球化的语境下有着惊人的相似性。所以，后现代文化时期的中国学界，依然需要鲁迅及其作为公共知识分子介入社会的良心与引路的精神。接续思考到这里，我们不妨再来重温邹容于《革命军》中所给出的一段让士人警醒的表述：

> 中国士人，又有一种岸然道貌，根器特异，别树一帜，以号于众者，曰汉学，曰宋学，曰词章，曰名士。汉学者流，寻章摘句，笺注训诂，为“六经”之奴婢，而不敢出其范围。宋学者流，日守其五子、《近思录》等书，高谈其太极、无极、性功之理，以求身死之名，于东西庑上一噉冷猪头。词章者流，立其桐城、阳湖之门户流派，大唱其姹紫嫣红之滥调排腔。名士者流，用其一团和气，二等才情，三斤酒量，四季衣服，五声音律，六品官阶，七言诗句，八面张罗，九流通透，十分应酬之大本领，钻营奔竞，无所不至。此四种人，日演其种种之活剧，奔走不遑，而满洲人又恐其顿起异心也，乃特设博学鸿词一科，以一网打尽焉。①

不错，大多数中国知识分子功利得很，仅“博学鸿词”一科的确可以把他们灵魂、信仰及掩饰不住的功利性欲望一网打尽。当然，关于邹容之《革命军》在国难关头激情且恣肆的表述，一如章炳麟为其所撰之《序》而言：“蜀邹容为《革命军》方二万言，示余曰：‘欲以立懦夫，定民志，故辞多恣肆，无所回避，然得无恶其不文耶?’余曰：凡事之败，在有其唱者而莫与为和，其攻击者且千百辈，故仇敌

① 邹容：《革命军》，见张梅编注：《邹容集》，北京：人民文学出版社2011年版，第18页。

之空言，足以堕吾实事。……嗟呼！世皆嚚昧而不知话言，主文讽切，勿为动容，不震以雷霆之声，其能化者几何?”[①] 在这里，我们从章炳麟对邹容声援的慷慨表达中，瞬间忘却了章炳麟在学术信仰上对经古文学的崇尚，看到了一位儒者也可以依凭良心为国难及民众呐喊些什么的勇气。

实际上，在中国经学思想发展史上，那些经今文经学大师假借对儒家“六经”及《十三经》的诠释，以此打造自己的那种具有介入性与担当性的公共知识分子身份，从存在论诠释学的学理来定位，他们在注经的理解与解释中，是以思想的讲述以构建自己的理论体系，从而在历史的延续中再造文化传统，并以此完成自身公共知识分子形象的塑造，他们在介入中担当的历史作为文化传统也影响着后来生存的知识分子。当然，他们其中也有“护教保皇”的阿谀者。

从另外一个角度来透视，文化传统对隶属其中之生存者的讲述也是从未间断过的，且一直绵延至当下。对于那些以阅读儒家经典而遭遇圣言的存在者来说，把圣言守护为颐养自己心灵的润泽，这是一种阅读的境界。朱熹在论述“明明德”时认为：

> 此明德乃是人本有之物，只为气禀与物欲所蔽而昏。今学问进修，便如磨镜相似。镜本明，被尘垢昏之，用磨擦之工，其明始现。及其现也，乃本然之明耳。[②]

所以，在“道之文”关于“道”、“圣”、“经”、“文”之所有言说的背后，是“修辞立诚”和“进德居业”的“成人”学说，“原道”终究是为了“原人”！在这一点上，我与这位学者有着共识性的认同。

历史对孔子的评述是不公平的，盛世尊孔，乱世批孔；在“孔子”这个书写的符号上沉浮着太多的尊贵与屈辱、尊崇与投机、尊严与卑鄙……“孔子”作为一个向所指滑动的能指（the signifier has a way of slipping into the signified），在诠释意义的逻辑链接上，有着太多的所指。我只是想说，与孔子对话要秉有儒者风范，与儒家思想对话还需持有儒家风范。那些盛世尊孔者隐晦地巧取功名，投

① 章炳麟撰：《革命军序》，见张梅编注：《邹容集》，北京：人民文学出版社 2011 年版，第 3 页。

② 朱杰人等编：《朱子全书·朱子语类》，上海：上海古籍出版社，合肥：安徽教育出版社 2002 年版，第 14 册，第 578 页。

机者也。那些乱世批孔者无耻地攫取利禄，卑鄙者也。其实，无论是投机者还是卑鄙者，此种以小人之心度孔子之性者，皆小人者矣！从历史发展的维度来公允地评判，他们均在过度诠释的意义上过度地挥霍与消费了孔子。

最后我想表达的是，学术研究总是把学者自己的人生经历延伸且驻留在为之付出生命代价的理想性学术乌托邦中，倘若学术研究缺憾学术思想与学术理论的介入性、担当性、责任感与使命感，学者也妄为了自己公共知识分子的学术形象。在这个把人解构为碎片的后现代文化时代，我突然对中国学术史上那些“以经议政”的公羊学家敬重了起来，儒家诗学思想就是在他们的创造性诠释（creative interpretation）中生成与发展的，并铸成了自己的理论体系。

# “文化全球化”的后现代主义解读

王新举　北京第二外国语学院国外马克思主义研究中心

后现代主义基于现代社会发展所面临的诸多问题，在对近现代一些公认的理论和观念进行质疑、批判和否定的基础上，逐渐建构自身的理论体系，以期用一种全新的观念重新解读整个世界。后现代主义侧重于对近现代的理论和观念进行深入的剖析和解构，而不是先建构自身的理论再根据自身的理论观点对异己者进行批判，这一点不但能够更为全面和客观地重新认识原有理论的局限性，还为理论转向奠定了更为开放性的基础。本文将通过后现代主义对“文化全球化”的解构，达到对“文化全球化”这一本质理论范式较为全面、深入的理解和认识。

## 一、“文化全球化”文化主体的后现代主义解读

“文化全球化”的主体涉及是哪些人群创造的文化在世界普及化以及这种普及化满足了哪些人群的需要等相关问题。对“文化全球”化主体的研究有利于进一步加深对“文化全球化”的起源、内容以及发展趋势的理解。浙江师范大学法政学院叶险明教授认为：“只有把‘全球化’作为一种主体性的对象来批判，而不是仅仅把它作为一种既定的‘事实’来描述，才有可能达到对现实‘全球化’比较全面、科学的认识。”① 并且区分了价值的全球化和现实的全球化。当全球化进入“文化全球化”阶段时，就要特别关注和研究它的主体问题，研究是哪些人群在力图把什么样的文化进行全球化，达到哪些人群什么样的目的，现实的“文化全球化”进程与这些主体理想中的“文化全球化”是否有出入，只有弄明白这些问题，

① 杨生平、叶险明主编：《全球化进程中的文化问题探究》，北京：中国社会科学出版社 2010 年版，第 164 页。

才能对当前的“文化全球化”有较为深刻的理解和认识。

我们先从现代理论出发来解读“文化全球化”的主体性问题。什么是“文化全球化”的主体，现代第一个界定文化的人类学家泰勒是这样认为的：“文化是复杂的整体，它包括知识……是人类为使自己适应其环境和改善其生活方式的努力的总成绩”[①] 美国社会学家戴维·波普诺则对文化作了抽象的解读：“是一个群体或社会本身所具有的共同的价值观和意义体系。”[②] 从以上定义来看，文化的主体首先是人类，即只有人类创出的精神或物质财富才称得上文化，人类武断地认为人类从“天”、“神”或“上帝”那里继承了高于他物的智慧和理性，又通过这些理性和智慧发现所谓世界本真状态和思考出普遍的真理，用于指导实践创造出文化。可见，现代理论对“文化全球化”文化主体的界定是建立在主客二分的二元论哲学基础上的，即剥夺了非人类制造文化的权利，因为主体性哲学思维的话语权已经赋予了人类，但这里的人类同样是抽象的结果，在现实中只能是具体的人群，这一点波普诺很清楚，他在定义中使用了“一个群体”这一概念而不是人类来表述文化的主体性。可见，在这种二元对立划分模式下，人类文化又分为主体的人群文化和客体人群文化，而“文化全球化”过程就是那些作为主体创造的文化逐渐被全球化，即逐渐控制和支配甚至消解作为客体文化的过程。那么哪些人群的文化会成为主体性的文化从而得到推广和全球化，现代理论有两种观点：一种把具有经济和政治霸权地位的人群创造的文化自封为最先进和文明的文化进行推广，而“文化全球化”就是他们文化消解“他者”的过程；另外一种就是通过现代的形而上逻辑方法抽象出一种“普世文化”，认为这种“普世”的文化理应成为其他文化的主宰，“文化全球化”就是这种“普世文化”的全球化过程。有时这两种方法相互结合，即把某些群体的具体文化奉为“普世文化”，依靠霸占的知识和话语权强势推行其全球化。从“文化全球化”的主体本质上看，“文化全球化”并不是文化本身的独立运动，而是文化霸权主体者为满足其主体需要的过程，“文化全球化”为某些人群服务的目的性取代了其存在和发展的客观规律性，“如今在研究经济资助人的话语中，唯一可靠的目标就是权力”，大学或学术机构无法只是传授知识，而是必须与时效原则更加紧密地联系起来，于是，教师、学生和政府

---

① ［英］爱德华·泰勒：《原始文化》，连树声译，上海：上海文艺出版社 1992 年版，第 23 页。

② ［美］戴维·波普诺：《社会学》，李强等译，北京：中国人民大学出版社 1999 年版，第 65 页。

所提出的问题不能仍是“这是真实的吗?”而是“它有什么用处?”，“它值多少钱?”。[①] 由此可见，建立在人类主体论上的“文化全球化”，建立在某些人群主体论上的“文化全球化”在消解了异质性、对立性、矛盾性、多样文化主体时，本身已经走向单一性、绝对性、封闭性的极端，使人类所有行为的意义目标“不再是真理而是实效”，不再是对“文化全球化本身”的研究，而是怎样通过对“文化全球化问题”的研究来达到主体性的经济和政治目的，对“文化全球化”作怎样的解释更有力地确证主体性现有经济和政治制度的“合法性”和“合理性”，对“文化全球化”作怎样的解释能使更多的人接受认可其主体性文化的绝对真理性，从而能够进一步增强着某些群体“文化全球化”话语权，而这种不断膨胀的话语权又在进一步佐证着他们的文化进一步全球化的合理性、合法性和客观真实性。

其实，后现代主义认为，抽象出的理性主体并不存在，它只不过是社会、文化、历史和语言的创造物。抽象人类是不存在的，就连马克思主义也把人的本质理解为具体的、现实的人，否认抽象人类本质在社会现实中的存在：“人的本质不是单个人所固有的抽象物，在其现实性上，它是一切社会关系的总和。”[②] 所以那种认为一种抽象出的“普世文化”适合抽象的人类的观点，本身就是一个虚构的神话故事，而很多人相信了这个神话故事，就把它演绎成活生生的现代化发展模式。建立在人类主体论基础上的“普世文化”说，把某些具体和现实人群的文化当成“普世”的文化来追求，而否定其他文化的意义和价值，这完全是一厢情愿，完全是依靠某些主体的话语特权把虚拟变为现实而强加于其他主体的结果，然而事实上，它并不真实。后现代学者利奥塔在《非人：对时间的反思》一书中阐述：人类将占统治地位的信息文化视为“普世文化”，是人类文明和社会发展的方向和趋势，其实，当人类在原叙事中把自身提升到世界的万物的主体和文化主体时，当某些人群把自身的性别、习惯、信仰看做是最先进的文化时，主体人的权威正逐渐衰减和消亡，主体人类“使现在从属于称为未来的东西，未来将完全被预先决定，现在自身将停止向一种不确定的、偶然的今后开放”。[③] 所以说，当人类文化或某一群体、某些精英的文化在同化其他文化时，其他文化的特质就会被同化

① ［法］利奥塔：《后现代状况：知识报告》，杰弗·本宁顿，布赖恩·马叙米译，曼彻斯特：曼彻斯特大学出版社 1984 年版，第 51 页。

② 《马克思恩格斯选集》，第 1 卷，北京：人民出版社 1995 年版，第 56 页。

③ ［法］利奥塔：《非人：对时间的反思》，杰弗·本宁顿、雷切尔鲍尔比译，剑桥：政体出版社 1991 年版，第 65 页。

而消融，使得这场“全球性文化”运动成为不具创新性和发展性的死气沉沉的控制。列维-斯特劳斯针对现代理性主体的弊端，提出了“人文科学的最终目的不是构成人，而是消解人”。[①] 福柯继尼采提出“上帝死了”之后又提出了“人之死”的说法，他认为考察问题时首先要清除掉这一虚构的先验的主体观念：“个人无疑是社会的意义形态表象中的虚构，同时他也是我称之为‘规诫’的特殊权力技术所制作的一种实体。”[②] 可见，“普世文化”的人类主体在福柯那里被彻底瓦解了。另外，在解构现代主义主体论的基础上，后现代主义学者开始揭露出“文化全球化”主体论的真正本质。按照后现代主义的逻辑，“文化全球化”的普世性主体也可能是某些权力主体依靠本身的话语权虚拟出“普世文化”而强加于其他人类客体的结果，其实只不过是某些人群的文化价值观而已。他们认为这种虚构的文化主体表面上是全体人民，实质上只不过是享有政治权利的人或者精英或者国家和利益集团为了谋取本阶级、国家和集团的利益叙述一个故事，制定一些游戏规则，以法律的名义证明其合法性，而那些在政治舞台上没有自己声音的国家、阶级或阶层，是不可能表达自己的意志和需要的。真正的文化主体是在社会上层建筑中占据主导地位的统治阶级和在世界中占有霸权地位的国家及其意识形态。

可见，后现代主义通过解构现代“文化全球化”主体的虚构性，进而揭示出了“普世文化”的主体性虚拟性的真正本质。

## 二、“文化全球化”动力来源的后现代主义解读

既然不存在抽象意义上的全球化人类主体，那么这场现实的“文化全球化”主体如果有的话只能是具体和现实的文化主体，正是这种具体的文化主体虚拟成为全人类的主体，所以从这一主体出发来探讨这场“文化全球化”运动就能够深刻地认识现实的“文化全球化”的动力来源。这场“文化全球化”的运动不管你是否接受和认可，但已经是一种客观存在，那么是什么推动这场“文化全球化”存在和发展的，即动力来源问题。

现代理论认为，“文化全球化”是伴随着经济和政治全球化而出现的，所以经

---

① ［法］列维·斯特劳斯：《野性的思维》，李幼蒸译，北京：商务印书馆 1997 年版，第 81 页。

② ［法］福柯：《规戒与惩罚——监狱的诞生》，刘北成、杨远婴译，北京：生活·读书·新知三联书店 1999 年版，第 218 页。

济和政治全球化无疑是“文化全球化”的产生和发展的一个重要推动力量，亨廷顿认为当今的文明的冲突的原因在于“全球经济和社会变革正在把人们从地域属性中分开，削弱民族国家的地位；西方处于权力顶峰，刺激了其他地区文明意识的发展；文化特定和差异不易改变，也难以用妥协的方式来解决”①，所以，“文化全球化”是经济和政治全球化的必然结果。国内有些学者也认为：“文化的全球化在很大程度上是由经济全球化所驱动的”。② 但是另一种现代理论认为，经济和政治并非唯一的推动力量，文化本身的发展以及其相对独立性才是促使“文化全球化”产生的一个重要内在力量，而且根据马克思主义内在矛盾是事物发展的根本动力的观点，其还是最根本的推动力量。而另一些学者认为现代的文化全球化是这种经济和政治以及文化本身力量共同推动的结果，即“文化全球化中的双重逻辑跟文化发展的特点与自身特质（即文化自律），又跟经济、政治的发展对文化的影响密切相关（即文化的他律）”③。还有的学者认为：这场“文化全球化”的动力来源是以美国为主导的西方主体人的利益驱使的结果，也就是资本主义意识形态全球化的必然结果，这种极力推行的“文化全球化”运动，实质上还是文化主体利益的体现，西方的实用主义文化造就了西方实用主义的行为表现，不管怎样标榜这次“文化全球化”的普世性和必然性，通过扩张资本主义的市场努力攫取利益才是其这场全球化运动的本质，对于这一点，马克思在《共产党宣言》中早就有过深刻的论述：“资产阶级，由于开拓了世界市场，使一切国家的生产和消费都成为世界性的了。”“正像它使农村从属于城市一样，它使未开化和半开化的国家从属于文明的国家，使农民的民族从属于资产阶级的民族，使东方从属于西方。”资产阶级“把宗教虔诚、骑士热忱、小市民伤感这些情感的神圣发作，淹没在利己主义打算的冰水之中。它把人的尊严变成了交换价值，用一种没有良心的贸易自由代替了无数特许的和自力挣得的自由”④。实际上不管“文化全球化”运动在现实中实施是否会按照他们预先设想的方向发展，不可否认的事实是这场“文化全球化”确实起源于这些主体的利益需求。因为只有普遍认同资本主义经济和政

---

① ［美］塞缪尔·亨廷顿：《文明的冲突与世界秩序的重建》，周琪、刘绯、张立平、王圆译，北京：新华出版社 2002 年版，第 187 页。

② 王宁、薛晓源，《全球化与后殖民批评》，北京：中央编译局出版社 1998 年版，第 296 页。

③ 杨生平、叶险明：《全球化进程中的文化问题探究》，北京：中国社会科学出版社 2010 年版，第 230 页。

④ 《马克思恩格斯选集》，第 1 卷，北京：人民出版社第 1995 年版，第 276 页。

治相一致的文化，才会促进资本主义的经济和政治在全球化的发展，更多的国家和人群认同这种经济和政治模式，就摆脱不了资产阶级通过这种经济和政治模式对你的经济剥削和政治压迫，如果你不认同这种经济和政治模式，就超脱于他的剥削和压迫之外，他的霸权地位就无法实现。

在后现代主义看来，这场“文化全球化”运动实质是西方资本主义扩张的必然结果，如同宗教的信仰、宗法观念一样，“文化全球化”的主体所宣扬文化的先进性、普世性与必然现实化和全球化的“真理”，其实都是依靠其强大的经济和政治影响力，依靠其控制的信息和技术虚拟的结果，他们所宣扬的经济市场和政治发展模式以及“普世文化”都是一种宏大叙事，是一场游戏，相信这一宏大叙事理论，加入了这场游戏，永远的胜家只有那些制定游戏规则的人群。“文化全球化”实质上是一场新的人类中心主义之下的人群中心主义的产物，是赤裸裸的经济占有和政治打压范式向思想控制范式的转变，其实质还没有突破现代主义范式。正如中国学者衣俊卿认为的：“文化的全球化不是现代性的彻底决裂，不是所谓的‘后现代性’对现代工业文明的理性精神的彻底超越和取代，而是现代性或现代理性精神的自我完善。”[①] 虽然不是彻底的超越和取代，但“文化全球化”已经表现出不同于现代文化的特质，从“文化全球化”发展的走向来看，后现代主义更倾向于把它认为是一种后现代文化的体现。詹姆逊就持这种观点，他认为：“文化的上层建筑是我们常说的后现代主义或后现代性；它与20世纪80年代和90年代出现的金融资本主义的独特性质有着密切的联系。”[②] 詹姆逊认为全球化的产生动力就是跨国资本主义，而跨国资本主义是晚期资本主义的特征之一，同时后现代主义是晚期资本主义的主导文化，他认为后现代主义是晚期资本主义的文化逻辑。事实上现代的“文化全球化”确实出现了不同于文化霸权者所极力推行的文化特征，这些特征表现为平面感，即现代的文化作品“一般拒绝任何解释，它提供给人们的只是在时间上的分离的阅读经验，无法在解释的意义上进行分析，只能不断地被重复”[③]。历史感的消失，即在后现代主义的时间观念中，“只有纯粹的、孤立的现在，过去和未来的时间观念已经失踪了，只剩下永久的现在或纯的现在和

① 衣俊卿：《现代性焦虑与文化批判》，哈尔滨：黑龙江大学出版社2007年版，第323页。

② ［美］弗雷德里克·詹姆逊：《论全球化的再现问题》，王逢振译，载《外国文学》，2005年第1期，第67页。

③ ［美］弗雷德里克·詹姆逊：《晚期资本主义的文化逻辑》，陈清侨等译，北京：生活·读书·新知三联书店1997年版，第288页。

纯的指符的连续”[①]。情感的消逝，即主体被零散化，人是一个非中心的个体，主体已经分裂和瓦解，主体的灭亡导致情感的消失。经济、政治、文化界限的消逝，即“后现代性使文化消融于经济之中——而经济消融于文化之中”[②]。所有这些文化特征与后现代主义打破二元对立的传统模式，反对追求本质，反对探究终极意义和价值的目标是相一致的。所以在后现代主义者看来，这场文化全球化运动起源于资本主义的扩张运动，但却出现了后现代主义文化的音符，这是文化本身自我发展到极端自我否定的过程，我们要看到另外一种文化动力悄悄地主导着者这场“文化全球化”运动和进程。

所以，在后现代主义看来，经济和政治的全球化甚至是一体化并不必然会带来文化的全球化，如果我们非要使用“文化的全球化”这一概念时，不是仅仅指的是经济和政治上的一体化推动下的“文化全球化”，而是指的是另外一种不同于现代文化的后现代主义文化的出现，它是一种最为隐蔽最为潜在的主导力量，在影响进而决定着“文化全球化”的发展走向。

## 三、“文化全球化”普适性内容的后现代主义解读

了解了“文化全球化”的主体以及“文化全球化”的驱动力量，也就明确了是谁和是什么在驱使着这场“文化全球化”运动，下面就探讨究竟是什么样的文化在全球化。实际上很多学者包括很多美国学者也不认为文化的全球化就在美国文化或者西方文化的全球化，虽然，事实上，在现代确实存在西方文化向世界蔓延的趋势，但他们都认为这种世界性的全球文化应该是“普世性”文化，就因它是一种“普世性”，所以理应成为全球性文化，“文化全球化”背后暗含着这种“普世性”文化的存在，这种文化可以广泛地适用于一切人类及所有时代，它是一套对所有人通用的、统一的价值准则。亨廷顿认为，西方文明的特征就是普世主

① ［美］弗雷德里克·詹姆逊，《晚期资本主义的文化逻辑》，陈清侨等译，北京：生活·读书·新知三联书店 1997 年版，第 292 页。

② ［美］弗雷德里克·詹姆逊：《全球化和政治策略》，王珊译，载《江西社会科学》，2004 年第 3 期。王逢振：《现代性、后现代性和全球化》，见《詹姆逊文集》，第四卷，北京：中国人民大学出版社 2004 年版，第 368 页。

义。[①]“普世文化”内在地蕴含着一种对人类一致性和历史的形而上的信仰，而这种信仰使西方现代性的全球扩张成为可能和必要，从而为“文化全球化”提供了逻辑上的合理性。“普世文化”是现代理论采用抽象的方法抽象出具有先验性、普遍性、统一性、永恒性和神圣不可侵犯性的价值和原则，并把它作为人类最高追求和目标，指导着人们的行为和前进方向。“普世文化”就是在这样的哲学理念指导下的产物。“普世文化”从特殊性中抽象全人类的共同价值追求，有些理论甚至认为“普世文化”是先于特殊性、先于人类的存在，具有先验性、至上性和普适性，是人作为人所共有的超越其他物种的共性，这种“普世文化”指导并决定特殊文化。

随着经济和政治全球化的进一步推进和发展，文化的全球化趋势也显现出来，文化中的多元化受到冲击，强调文化和价值多样化的原生主义理论受到批判和冷落，各种文化价值理论在强大的经济和政治一体化话语权的压制下不得不走向融合和统一，这本身就预示着一种强大的文化价值危机。在高度强调一种发展模式，一种理论，一种核心价值的权威同时，势必会削弱和压制其他文化价值的发展和繁荣，失去一种力量的牵制和制衡，这种单一的文化价值理论很容易走向极端，就如科学主义和人类中心主义思潮最终因走向极端而走向崩溃一样，现代理论如果说它的核心价值理念已经过时还为时过早，但随着它的一元化本质范式形成、发展直至长期构成并占据现代价值的核心位置，把从客观世界抽象出的一种形而上的“普世文化”理念看做某种终极、唯一的本质，并认为由此出发进行概念推理，就能对一切价值观提供正确、权威的真理性解说，以这些“普世文化”为精神支柱，试图将文化理论塑造为具有高度一致性的规则体系，试图将文化文本编织成一个唯一的无缝之网，这种多种文化价值理论不断融合而走向趋同而其他文化价值观受到冷落和压制的倾向正越来越多地受到后现代主义理论的批判。

后现代主义更强调文化的具体性、不确定性和多样性。后现代主义认为：“普世文化”的抽象性、先验性、终极性和普适性本质并不存在，“任何一种追求某事物本质的人都是在追逐一个幻影”[②]。任何人类的需要目的都是在不断变化的，文化从来都是不确定和相对的，文化的多元性是生活世界的本来状态。并且，后现代主义进一步论述，正是由于“普世文化”的存在，扼杀了文化的发展和创新。

---

① ［美］塞缪尔·亨廷顿：《文明的冲突与世界秩序的重建》，周琪、刘绯、张立平、王圆译，北京：新华出版社 2002 年版，第 199—200 页。

② ［德］施太格缪勒：《当代哲学主流》（上卷），北京：商务印书馆 1986 年版，第 593 页。

后现代主义者利奥塔认为："创新总是产生于分歧"[①]，多样性、差异性是事物再生和分裂的细胞，我们要宽容无共性事物的存在。利奥塔还揭示出了"普世文化"普世性本质，认为这里的"我们"或"普世"是一种语法暴力形式，其目的是要通过将其融入世界人类的虚假承诺，否定和消除其他文化中"你"和"他"的特殊性。因此，我们必须避免使用"我们"一词，这一语法——政治范畴只是提供其合法性的一种神话，是为强占和压迫性文化服务的。与此相反，我们必须采用和促进每一种文化多样性形式，无需求助于普遍性原则。

可见，后现代主义对"普世文化"的普世性的存在给予了否定性评价，并认为过于强调普适性而忽视文化的多样性会扼杀文化创新的生命力。所以文化的全球化的内容只能是具体的、变动的、多样性的文化共生和共存状态。

## 四、"文化全球化"方法论的后现代主义解读

按照现代理论的思维方式，全球化是一种或几种文化在全球被认可和接受的过程，而这种或几种文化是通过形而上思维方式抽象出人类所创造的共同文明，这种共同文明满足了所有人类的需求，是全人类共同的价值追求，即所谓普世文明和价值，由于这种文化早已存在或者是永恒的真理现在被具有理性的人类（也是唯一能具备认知这种抽象存在的生命体）慢慢认知，所以必然会成为一种难以遏制的潮流，进而成为全人类的精神支柱，表面上看是由于经济和政治动因在支配着这场浩浩荡荡的文化运动，实质上是一种早已先验存在的共性文化本身的运动的必然结果，虽然在这种共性的文化是什么的内容上具有争议，但是认为一种先验的共性文化存在是现代理论者的共识。在这种共识下，这场"文化全球化"的焦点集中在了是什么样的文化才能被全球化，具有强权和话语权的文化主体依靠其强大的经济和政治力量极力推动他们的文化被全球化，弱势群体则极力推出自己的文化品牌来应对，并力求使自己或自己文化的一部分成为这种共性文化，或根本否认既有的"共性文化"，认为这种共性文化是多样性的。

后现代主义认为，形而上的逻辑方法不可靠。人们为了从整体上把握复杂和富有变动性的事物，为了寻求一种能够指导和预见未来确定性存在，偏离了具体

① ［法］利奥塔：《后现代状况：知识报告》，杰弗·本宁顿、布赖恩·马叙米译，曼彻斯特：曼彻斯特大学出版社 1984 年版，第 115 页。

和现实的事物和人的生活，忽略了其差异性和变动性，只关注其共同性、一致性，并简单、粗略地使用这种共同性、一致性代表这类现实事物的一种语言符号，使生动活泼的“文化全球化”这一运动过程变成机械和僵死的静态结果，它忽视了具体和历史条件下文化的多样性，忽视了同一历史条件下文化之间的差别性、特殊性和多样性，忽视了文化的变动性，使理想中的“文化全球化”和认知中的“文化全球化”同现实中的全球化之间产生巨大差别。实际上，文化的全球化不是一种静态的结果，即一种被公认的文化被全民所接受和认可，而是一种动态的过程，这种动态的过程体现为，“文化全球化”的内容是动态和变动的，文化在流动和接触、碰撞中不但丰富了文化流的内容，同时在矛盾冲撞中又会创造出新的文化内容，所有这些内容在交流和对话中由于受到不同地域和环境条件以及不同思想认识和语境的影响，又会对同样一种文化产生不同的认识，就如马克思主义理论被中国民众接受后会随着时代环境的变化而被发展，也同时和中国固有的文化结合，形成马克思主义中国化进程中的各种文化成果，并且这种文化的中国化成果还必将继续下去。这种情况之下，任何文化不管其背后的权力以及经济和政治力量如何强大，在全球化的激流中不可能不受任何影响和改变地成为全球性的一种霸权文化。预设一种“文化全球化”的最终结果，在后现代主义看来，是不明智的，也是不可能的，因为根本不存在“文化全球化”一种必然性的结果，如果有结果的话，那就是永恒的运动、发展和多样化。现代的有关“文化全球化”内容的争论，有关对“普世文化”的否定，其实在后现代主义看来，他们否定的不是共性文化本身先验性、普适性以及绝对性和永恒性的存在，而是在极力塑造一种自身民族文化成为普遍性文明文化的格局。如果不从根本上消除这样一种先验性、普适性以及绝对性和永恒性的文化存在，不消除这样一种形而上的方法，要想消除文化沦为经济和强权政治的奴隶的可能，要想消除“文化全球化”所出现的文化霸权现象是不可能的。詹姆逊企图利用另外一种强权经济和政治同这场文化霸权的“文化全球化”运动作抗衡，来阻止它在全球的泛滥，但是随之而来的可能是另外一种强权文化在填补这样一种思维条件下文化的空白。正确的做法是要从现代主义抽象思辨方法的局限性中解放出来，从实践、经验、反思、对话、语言实验和话语游戏等方法中来理解客观事物，从观念上消解这种先验性、普适性以及绝对性和永恒性文化的存在。不再过多地关注这次“文化全球化”的内容，并且善于自觉抵制把这次“文化全球化”过程看做是推行自身文化的工具或手段。

不是极力压抑和弱化其他文化的行为，而是把这场“文化全球性”运动看做是一种交流和对话机制。正如衣俊卿教授所述：“文化的全球化不可能是所有民族文化的趋同化，而是一种跨文化对话和交流机制。”① 通过这种对话交流打破原有的文化格局，即受国界和民族信仰、历史发展、风俗习惯以及语言等各方面的限制，使自身的文化越来越走向集中和统一。封闭的文化氛围必然带来高度统一的文化，而文化越统一和高度集中就越难以适应环境的变化而越会没有生命力。这种高度集中和统一、封闭的文化就会慢慢走向衰败甚至灭亡，历史上的很多文化和文明就是在封闭中被消亡的。但是很多文化和文明也是在强势文化的入侵中被消亡的，所以我们一定要抵制这种文化入侵现象，要把这次“文化全球化”看做是一种打破文化封闭和文化盲信的手段和机制，促进各种文化的交流和沟通。也是让各种文化在交流碰撞中更具有活力，也是让各种文化在交流碰撞中产生更多适应时代发展需要的新的文化，在后现代主义看来，多样性才是产生创新的基础和根基，高度统一和文化霸权会使文化陷入自我毁灭的境地。

可见，在方法论方面，后现代主义否定“文化全球化”抽象的逻辑推理方法，也否定了通过抽象思辨所建造的“普世文化”体系的客观真实性，而是主张应把关注的焦点放在一种文化的交流和对话机制上，来重新解读“文化全球化”的意义和价值。

## 五、“文化全球化”结果的后现代主义解读

现代主义理论认为一种预设的真理早已存在，人类的认识会不断接近这一真理，同样文化的全球化的产生以及发展和结果都是一种必然的趋势，这种必然的趋势基本上有两种观点，一种认为某种文化霸权会出现，这种文化霸权表现为那些“发展中国家的本土文化遭到外国文化，常常是西方文化的控制、不同程度的侵犯、取代”②。詹姆逊虽然主张要抵制这场“文化全球化”运动抵制现实中的“文化帝国主义”，但他对现有的伊斯兰教的“原教旨主义”文化，欧盟和日本文化都不抱太多希望，而是把希望寄托于跨国公司以及劳工联合体这一乌托邦理想上③，事实上也就

① 衣俊卿：《现代性焦虑与文化批判》，哈尔滨：黑龙江大学出版社2007年版，第321页。

② 尹鸿、李彬：《全球化与大众传媒》，北京：清华大学出版社2002年版，第12—13页。

③ 王逢振：《詹姆逊文集：现代性、后现代性和全球化》，北京：中国人民大学出版社2004年版，第400页。

肯定了“文化全球化”的结果“是全球文化的美国化或标准化，地方差异的消失，地球上所有民族的集团化”[①]。对全球化文化就是美国化的观点，弗朗西斯·福山也持肯定态度。他认为全球化必然是美国化，因为美国掌握着经济霸权，它拥有强大的经济实力，雄厚的资本基础，美国拥有推动全球化的决定力量。在美国大众文化和消费主义的影响下，未来将是以美国为代表的单一的西方文化统治着全球文化。另外一种就是多元文化的出现，持这种观点的罗兰·罗伯森指出：“全球化本身产生变异和多样性，从许多方面来看，多样性是全球化的一个基本的方面。”[②] 所以文化的全球化过程中，强势文化在向其他民族国家传播其文化和生活方式时，使世界文化趋向统一，但在这个趋同的过程中，必然会与地方性的文化产生冲突。强行推行的文化必然会引起其他民族文化的反抗。亨廷顿认为，美国文化的全球性扩张必然会引起其他国家的抵制和反抗，甚至会出现某种对本土文化的固守，形成一种与“全球化”相对立的“地方化”趋势。英国学者齐格蒙特·鲍曼同样也认为：“整合与瓜分、全球化与地方化，是两大相辅相成的过程、更确切地说，它们是同一过程——即世界性的主权、权力和活动自由的重新分配——的两个方面。”[③] 全球化是一个向两极同时进行的过程，一种文化在推行全球文化的霸权地位时，民族文化也被激活，不断强化自身的民族性，从而与之相抗衡。吉登斯指出：“全球化是世界上不同地方的地方文化认同的复兴的理由。”[④] 可见文化的多元性也将是“文化全球化”的另外一种结果。

后现代主义的观点更接近多元文化结果论的观点，但又有所不同。现代的多元文化主义致力于在国内社会挑战主流文化的话语霸权，他们仍然认为一种共性利益和普世文化价值的存在，只不过是企图拿他们公认的共同文化来实现文化的全球化。实际上，在后现代主义看来，“文化全球化”在形式上是一种对话和交流机制，在内容上是多元文化相互交流碰撞融合以及矛盾运动产生新文化共生、共存的状态；在过程上是一种时刻处在不断变动和发展的动态进程。一种预设的结果根本不存在，一种必然性真理也根本不存在，“文化全球化”的实质是为文化的

---

① ［美］弗雷德里克·詹姆逊：《论作为哲学问题的全球化》，陈永国译，见《现代性、后现代性和全球化（詹姆逊文集·第四卷）》，北京：中国人民大学出版社 2004 年版，第 389 页。

② ［美］罗兰·罗伯森：《全球化：社会理论与全球文化》，梁光严译，上海：上海人民出版社 2000 年版，第 247 页。

③ ［英］齐格蒙特·鲍曼：《全球化》，郭国良、徐建华译，北京：商务印书馆 2001 年版，第 66 页。

④ ［英］安东尼·吉登斯：《失控的世界》，周红云译，南昌：江西人民出版社 2001 年版，第 9 页。

发展和创新提供一个平台、机会和条件。“文化全球化”的发展方向存在着多种可能性，每种文化以及每种可能性都有其存在的价值和意义，它的价值和意义就体现为失去了这一文化和可能性，就会使人类的发展失去多样性选择的机会和条件，从而走向无法弥补的极端困境。在“文化全球化”时代，我们既要抵制统一性文化话语霸权出现，也要注意充分利用这一对话和交流机制，不断促进文化的创新和多样化发展，才能避免文化的异化现象。

后现代主义作为一种理论，虽然它在对“文化全球化”理论的诸多观点和认识存在着局限性。但它以一种超越现代化“他者”的身份出现，以一种超现实的视角来审视和解读“文化全球化”进程中的诸多问题，对现代理论指导下的“文化全球化”文本和宏大叙事理论进行了质疑、批判和解构，有助于我们更能全面和客观地认识和理解“文化全球化”进程中的各种问题，以期在全球化背景下为中国当代的先进文化建设提供启发和借鉴意义。

# 第二篇

# 全球化与中国文化实践

# 世界历史的“双重结构”与当代中国的全球发展路径①

叶险明　浙江师范大学法政学院

## 一、从对“全球化”的“世界历史”批判提出的问题

当把马克思主义世界历史观运用于全球化及其发展研究时，人们总是在方法上直接或间接地遇到这样一个问题的纠缠，即：马克思主义世界历史观是否属于一种全球化理论？如果不属于，那么马克思主义世界历史观何以能够成为全球化及其发展研究的重要理论支撑点？如果属于，那么又如何理解马克思主义世界历史观的核心范畴即“世界历史”与“全球化”、“全球社会”、“国际社会”的关系？

马克思主义世界历史观不属于时下人们所说的全球化理论，但无疑可以成为全球化及其发展研究的重要理论支撑点。这里问题的关键是：必须基于对“全球化”的“世界历史”批判以及对当代世界历史发展的状态和趋势的科学分析，构建世界历史“双重结构”理论，以丰富和发展马克思主义的世界历史观，否则，我们就不可能全面、正确地认识和把握马克思主义世界历史观对全球化及其发展研究的指导意义，更不可能全面、正确地认识和把握马克思主义世界历史观对当代中国的全球发展路径研究的指导意义。这里首先通过对马克思主义世界历史观的“世界历史”范畴与时下人们所说的“全球化”理论的“全球化”范畴进行历史的和逻辑的辨析，来展开对“全球化”的“世界历史”批判。

无论马克思主义世界历史观还是“全球化理论”，都属于具有综合性质的学说，而判断一种具有综合性质的学说是否有其学理根据，必须首先认定这一学说的核心范畴是否具有比较规范的学科来源，并由此批判性地审视其是否是一个规

① 该文首发于《中国社会科学》2012年第6期，本书收录时，作了某些调整。

范的学术术语。所谓规范的学术术语即是有着明确规定或约定俗成标准的学术术语。马克思主义世界历史观的"世界历史"（world history）范畴就是这样一种术语，其首先来源于世界史学科。众所周知，在作为科学的世界历史理论创始人的马克思那里，"世界历史"范畴就首先源于他在"克罗茨纳赫"时期对世界历史的研究。世界史学科的功能就在于：对人类自原始、孤立、分散的人群发展为密切联系整体的过程进行系统探讨和阐释，为此，就必须利用相关学科如文化人类学、考古学等学科的成果，综合性地考察各地区、各国、各民族历史间纵的或横的、直接的或间接的联系及其发展，揭示其基本规律和总体趋向。虽然，关于世界史学科的研究对象、研究范围、研究目的、研究方法等问题，学界一直意见纷纭，但其作为比较规范的学科这一点还是能够确定下来的。

当然，马克思主义世界历史观中的"世界历史"范畴首先源于、但又不等同于世界史学科的"世界历史"范畴。前一种"世界历史"范畴在方法论层面上要高于后一种。世界史学科的"世界历史"范畴是编纂学意义上的"世界历史"范畴。马克思主义世界历史观的"世界历史"范畴首先属于历史哲学的范畴，而编纂学意义上的"世界历史"范畴自历史哲学意义上的"世界历史"范畴产生以来就是其在具体的历史研究的一个领域中的表现形态（这里姑且不论不同性质的历史哲学的"世界历史"范畴科学与否），[①] 它本身并不直接涉及相关的本体论和认识论问题。再则，编纂学意义上的"世界历史"涵盖不了人们当下的"世界历史"，一般也不涉及未来的"世界历史"。"历史"总是指人类已经发生的事件或当下已经不存在的事件。这对编纂学意义上的"世界历史"也是一样。而历史哲学意义上的"世界历史"范畴则从方法论层面涵盖人类世界历史的过去、现在和未来，是人类世界历史的过去、现在和未来的有机统一。从方法论功能的角度看，以"世界历史"为核心范畴的一般意义上的世界历史观（包括马克思主义世界历史观）侧重从认识论和本体论的角度反思作为整体的世界历史的形成、发展的过程和趋势，探寻作为整体的世界历史及其演变发展与世界历史各个构成部分及其演变发展间的关系，[②] 批判性地审视人们认识世界历史的过去、现在与未来的构架、范式和方法，并阐释这种批判对"世界历史"认识的意义。虽然历史哲学意

① 叶险明：《马克思的世界历史理论与现时代》，北京：清华大学出版社 1996 年版，第一章。

② 叶险明：《马克思世界历史理论的特性与世界历史理论基本问题》，载《马克思主义研究》，2010 年第 1 期。

义上的“世界历史”是有科学与非科学之分的，但这并不影响关于马克思主义世界历史观的“世界历史”范畴在方法论上要高于编纂学意义上的“世界历史”范畴这一判断的成立。

以上分析表明：马克思主义世界历史观中的“世界历史”范畴是一个规范的学术术语，以“世界历史”为核心范畴的马克思主义世界历史观自然也就是一种有其学理依据的学说了。

再说“全球化”理论的“全球化”（globalization）范畴。迄今为止，学界对“世界历史”的看法虽然从来没有统一过，但人们并没有因此而否定“世界历史”的存在，从而也就没有因此而否定世界历史理论（包括马克思主义的世界历史观）和世界历史学科存在的合法性。但对“全球化”则不然。首先，“全球化”范畴没有任何的学科依据，当然它也就不是一个规范的学术术语。在西方，“全球化”这一词最初来自文学界，且运用于学术研究时又带来了一系列的混乱。因此，这些年来，在西方学界继续探讨“全球化”的同时，也出现了否定“全球化”的呼声（不是从价值判断上否定，而是从事实判断上否定，这与所谓的“反全球化运动”没有关系），如：“全球化”只是一个具有“煽动性的词”；不存在所谓的“全球化”，而只存在“区域化”，① 等等。不过，无论持“全球化”不存在观点的人，还是持“全球化”存在观点的人，都在认识论和本体论的意义上考量何谓“全球化”，都以自己对“全球化”的界定为尺度来证实或否定“全球化”的存在，且也都相应地列举出许多能够证明自己观点的“事实”。②笔者这里并不打算卷入这种可能永远没有结果的争论，而只想就此指出，与“世界历史”相比，“全球化”至少是一个很不规范的术语，可以随意使用。因此，以“全球化”这种很不规范的术语为核心范畴的“全球化理论”自然也就难以说是有什么学理根据的理论了。

不过，说“全球化”是一个很不规范的术语，并不意味着人们不能对“全球化”这一术语所涵盖的许多确定的事实、关系、因素等加以研究，也不意味着以

---

① 阿兰·鲁格曼认为，“全球化”是一种被滥用的术语，其主要根据是：依靠“母国”的大跨国公司的经济活动只是“区域性”的资本扩张；这种扩张不仅与政治权力没有关系，而且也不会产生什么“文化全球化”，所谓“全球化”只是一种“神话”。（[英] 阿兰·鲁格曼：《全球化的终结》，常志霄等译，北京：生活·读书·新知三联出版社 2001 年版，第 5—8 页。）

② 应当承认，这些“事实”大都也的确是真实存在的，但能否称之为“全球化”则是另一个问题。有些国外学者为了回避这一问题，干脆用“全球性”取代“全球化”。当然，关于“全球化”的争论并不会因此而平息下来。

"全球化"为核心范畴的"全球化"理论没有任何存在的意义，而是强调：其一，对国内外学界所出现的各种含义相异的"全球化"术语，以及以这些含义相异的术语为核心范畴的五花八门的"全球化理论"，要采取一种科学的批判态度，① 不能人云亦云。其二，从学术研究的规则来看，"全球化"和"全球化理论"不是规范的术语和规范的学说。所以，不能把马克思主义世界历史观的"世界历史"范畴等同于"全球化"范畴，从而也不能把马克思主义世界历史观视为一种全球化理论。从方法论上看，这就是"世界历史"与"全球化"、马克思主义世界历史观与当代各种全球化理论间的一个根本性的区别。②

如何理解"世界历史"与"全球化"的关系，涉及马克思主义世界历史观对全球化及其发展研究的指导意义问题。我以为，虽然"全球化"是很不规范的学术术语，但考虑到多年来"全球化"这一术语不仅在学术界、各种媒体，甚至在社会生活各个领域中普遍流行，而且其所涵盖的许多事实也的确存在，③ 故使用这一术语并将其所涵盖的确凿事实作为一种研究对象也不是不可以的。正因为如此，马克思世界历史观中的一些句子和词汇常常会出现于时下人们对"全球化"的描述中，如"资产阶级奔走于全球各地。它必须到处落户，到处开发，到处建立联系"以及"世界市场"、"国际分工"、"国际贸易"、"世界文学"等。这说明，"全球化"这一术语所涵盖的许多事实既是"世界历史"发展的结果，也是近现代"世界历史"发展的主流内容。不过，这里需要明确的是：从学术术语的规范性角度看，是"世界历史"解释"全球化"，而不是"全球化"解释"世界历史"。只有用规范的东西解释不规范的东西，而不是相反。例如，只能根据"世界历史"的发展来定位"全球化"的历史起点，而不是相反，尽管学界这方面的定位从来没有统一过。④

① 叶险明：《对"全球化"的一种主体性思考》，载《哲学研究》，2007年第2期。

② 因此，我不同意学界一些人对马克思主义世界历史观与全球化理论所作的区分，如：马克思主义世界历史观中的主体是无产阶级，全球化理论的主体是资产阶级；马克思主义世界历史观的价值取向是"无产阶级及其劳动人民解放"，而全球化理论是为"资产阶级及其国家在第三世界追逐私利辩护"，等等。这种区分的立足点是建立在一种很不科学的假设上，即：各种类型的全球化理论一概是西方资产阶级的理论。

③ 如自20世纪80年代以来，资本、金融、信息、技术、劳动力真正实现了全球范围的全球流动，市场发展成为真正意义上的世界市场，等等。有的学者还从政治、法治、管理、组织、文化、思想观念、人际交往等方面来阐述全球化的内容。

④ 例如，关于"全球化"的历史起点问题，目前学界大体有五种看法，即：分别将"全球化"的历史起点定位于"地理大发现"、"产业革命"、19世纪末20世纪初、二次世界大战以来、20世纪80年代以来。这里并不打算评述哪种看法准确，而是仅想说明：是"世界历史"规定"全球化"，而不相反。

综上所述，“全球化”这一普遍流行的术语所涵盖的许多事实都是对“历史向世界历史的转变”的一种认定，但它并不能引导人们去认识这一转变过程中所出现的世界历史的结构性变化；马克思主义世界历史观是指导全球化及其发展研究的科学方法，但其本身并不是一种全球化理论。这种认识并不是在方法论上贬低全球化及其发展的研究，恰恰相反，而是将其置于科学的基础上。明确这一点，对于构建世界历史“双重结构”理论至关重要。从含义混乱的“全球化”入手，以五花八门的全球化理论为方法论支撑，就不可能把握住世界历史的发展，当然也就不可能认识世界历史的“双重结构”。

## 二、世界历史的“双重结构”

在“历史向世界历史的转变”过程中，“国际社会”（international society）和“全球社会”（global society）及其相互关系越来越凸显出来。“世界历史”范畴与“国际社会”和“全球社会”这两个范畴间存在着逻辑上的交叉关系，但又不是相互等同的。“世界历史”是一个“过程”范畴，“国际社会”和“全球社会”是“关系”或“结构”范畴。就“关系”或“结构”产生和发展之于“过程”而言，“世界历史”既包括“国际社会”，也包括“全球社会”。世界历史“双重结构”理论的学理根据就在于此。在确定“世界历史”与“国际社会”和“全球社会”的最一般的关系基础上，这里侧重对“国际社会”与“全球社会”及其相互间的关系加以历史的和逻辑的辨析，[①] 系统论证世界历史“双重结构”理论（即关于当代世界历史具有“国际社会”和“全球社会”双重结构的理论）。这有助于深化对现代“世界历史”及其发展的研究，从而也有助于在整体上推进对全球化及其发展的研究。

作为国际关系理论核心范畴的“国际社会”是由“英国学派”创立的[②]。从地域上看，近代意义上的“国际社会”起源于西欧；从动力上看，近代意义上的

---

① 关于“国际社会”与“全球社会”的区别问题，我国有的学者已作了具有启发意义的初步探讨（见金应忠：《两个体系的世界与中国外交》，载《国际观察》，2009 年第 5 期），尽管其中尚缺乏历史观意识。

② 张小明：《国际关系英国学派：历史、理论与中国观》，北京：人民出版社 2010 年版，第 63－64 页；刘鸣：《国际体系：历史演进与理论解读》，北京：中共中央党校出版社 2006 年版，第 7 页。

"国际社会"始于工业革命，形成于19世纪中后期至20世纪初。[①]"国际社会"是由世界上各个以自身的利益为基础的经济、政治的共同体间的关系构成的整体。因此，作为一个范畴，"国际社会"是对世界经济、政治体系的一种称谓。"国际社会"的特点有六：其一，主权国家是基本主体。因为，"国际社会"在其本质上是自工业革命以来逐渐形成的现代国家体系。当然，在"国际社会"中，也存在着国家间的联合组织以及各类非政府、超越国家的民间组织，但他们在其中始终处于非主导地位，且还必须或多或少、直接或间接地获得国家的支持，否则就不可能得以存在和发展。其二，对一切行为的价值判断以国家利益为最高准绳。处于"国际社会"中的国家坚持和遵循的是以自保为基础的发展原则，其追求的目标是不断提升自身在国际格局中的地位，以确保和实现国家利益，虽然不同的国家在确保和实现其利益的方式上会有所不同。作为"国际社会"基本主体的国家参与全球化，其目的就在于此。至于是否能在全球化中达到目的则是另外一个问题。其三，"国际社会"的形成和发展不仅具有"自组织性"，在其整体上还具有一定的"预设性"。联合国的出现就是这方面的典型例证。在"国际社会"的形成和发展过程中，每个国家都在其中起着特定的作用，不过，一般说来，强势国家或国家集团在其中起着主导作用。其四，综合国力最终决定一个国家在国际社会格局中的地位和等级，从而也决定这一国家在"国际社会"中的利益关系。这也是国家在"国际社会"生存的根本法则。这一根本法则不等于"丛林法则"，但的确带有"丛林法则"的色彩，其表现主要有二：一是，在这个社会中没有永远的朋友和敌人，只有永远的利益（即国家利益，特别是国家的核心利益）。只要存在着国家，只要国家还是国际社会的基本主体，朋友和敌人的界限首先是按国家的

---

① "威斯特伐利亚和约"（1648年）被学界公认为"国际关系准则"形成的标志，但对"国际关系准则"的形成是否也意味着"国际社会"形成的问题，国内外学界一直存在着不同看法。我以为：在西欧，近代意义上的民族国家是法国大革命和工业革命以来才开始形成的。19世纪才是民族国家形成和发展的高潮。只有具有主权的民族国家的普遍建立才会有真正的"国际社会"。因此，将"国际社会"的形成期大致确定于19世纪中后期至20世纪初是比较合适的。当然，早在近代意义上的民族国家形成以前就存在着国际关系（"威斯特伐利亚和约"就是国际关系发展到一定阶段的产物），但那时国际关系的发展程度还远不足以构成"国际社会"。

利益来划分的。这对社会基本制度相同的国家也是如此。[①] 二是，“落后就要受欺负”、“落后就要挨打”。国外有的学者认为，这种认识缘于对达尔文进化论的误读。实际上这里并不存在着所谓误读的问题，而是存在着究竟是不是事实的问题。当然，对这类事实是不能由生物进化的规律来解释的。其五，“国际社会”的结构是相对单一的，一旦确立就相对不变（这种“不变”不是指具体的国家在其中的地位和作用的不变，而是指“结构”的本质不变），其本质特征就是霸权机制和霸权制衡。至少在可以预料到的将来，“国际社会”的这一本质特征不会有根本性变化。所以，霸权与反霸权、维持既有秩序与打破既有秩序的矛盾，是贯穿于“国际社会”形成和发展过程中的主线。“国际社会”的不同意识形态的差异、不同文明的差异及其直接引发的矛盾和冲突，归根结底是缘于不同国家的利益，特别是其核心利益间的冲突和矛盾。最后，“国际社会”有其各行为主体共同遵循的一般规则，当然也有各种形式的合作和一致，但这归根结底是以国家利益的原则为基础的。这一点应是不言而喻的。

再说“全球社会”（global society）。这里所说的“全球社会”是特指：基于对“全球问题”的共识和解决“全球问题”的共同努力而形成的包括国家在内的各种共同体和个人与生态环境间的关系体系。[②] 不过，与“国际社会”相比，“全球社会”的形成要晚。“全球社会”的一些重要关系和因素虽然在19世纪就已经产生，但其萌生却是二次世界大战以来的事情。随着冷战的结束以及信息技术真

---

① 本尼迪克特·安德森在20世纪80年代初出版了一部被一些学者誉之为研究民族主义经典之作的著作——《想象的共同体——民族主义的起源与散布》。作者在这部书的导论中谈到他写作动机时说：“也许这个现象尚未广受注意，然而，我们正面临马克思主义思想与运动史上一次根本的转型。最近在越南、柬埔寨和中国之间的战争，就是这个转型最明显的表现。这几场战争具有世界史的重要性，不仅因为他们是在几个无可置疑的革命政府之间最早发生的战争，同时也因为交战各国中没有任何一方尝试使用马克思主义的理论观点来为这些战争进行辩护。……只有那些最深信不疑的人才敢打赌说，在20世纪即将结束的几年里，如果有任何大规模的国际冲突爆发，苏联和中华人民共和国——更不要说较小的社会主义国家了——会站在同一阵线。……上述的思考表明一个实事：第二次世界大战后发生的每一次成功的革命，如中华人民共和国、越南社会主义共和国等，都是用民族来自我界定的，通过这样的做法，这些革命扎实地植根于一个从革命前的过去继承而来的领土与社会空间之中。”（[美] 本尼迪克特·安德森：《想象的共同体——民族主义的起源与散布》，吴叡人译，上海：上海人民出版社2005年版，第1—2页）安德森以上所述虽然有值得商榷的地方，但在他关于民族主义与社会主义关系复杂性问题思考所包含的国家的利益关系是“国际社会”的最为根本的利益关系的观点，却是有启发性的。

② 迄今为止，国内外学界虽然对“全球社会”这一词汇使用得比较多，但没有对其统一的界定。这里借用了这一词汇，对其从世界历史“双重结构”的视域作了新的界定，使之成为马克思主义世界历史观的重要范畴。

正的“世界性”的发展，它才逐渐形成起来。[①] 因此，“全球社会”目前还是不很成熟的。“全球社会”的特点也有六：其一，“全球社会”的主体是多元的。“全球社会”当然也包括国家，但国家在“全球社会”中不再作为“国际社会”的成员而存在，即不再扮演它在“国际社会”中的角色。从长远来看，个人特别是各种形式的非政府、超国家的“全球共同体”必将在“全球社会”中获得越来越大程度上的发展，并将起越来越大的作用。其二，“全球社会”各个主体相互依赖、相互依存，其目标是解决人类所面临的共同问题即“全球问题”，诸如生态失衡、环境污染、人口爆炸、资源短缺、国际恐怖主义（包括全球网络恐怖主义）、核战争威胁、包括毒品走私在内的跨国犯罪等。其三，对一切行为的价值判断以人类整体、长远的利益为准绳。随着“全球问题”对人类整体产生的越来越大的威胁，“全球社会”的人类利益的一致性也越来越凸显出来。只有保证人类的整体、长远的利益，才能有个人和各类共同体的最终利益。所以，处于“全球社会”中的各主体坚持和遵循的是基于人类整体、长远利益的自我发展的原则。其四，“全球社会”的形成和发展在其整体上不具有“预设性”。“全球社会”的产生和发展是一种自我组织、自我生长的过程。“全球问题”不是哪个个人、国家或共同体“预设”的，故围绕着“全球问题”而形成的“全球社会”当然在其整体上也就不具有“预设性”。其五，“全球社会”结构是易变的、多元的、离散化的。全球社会的结构是围绕着“全球问题”而形成的，而在一定的时期内，不同的共同体在推动解决“全球问题”（或“全球问题”的某一个子问题）过程中所起的作用是不同的，因此，“全球社会”的结构就表现出多元、易变、离散化的特点。从一定的意义上说，在这个社会中，没有简单的强弱之分，任何一个共同体只要在解决“全球问题”方面作出贡献，就能得到尊重和认同。在这方面作出的贡献越多，得到的尊重就越多，从而得到的认同程度也就越大。最后，“全球社会”内部也有矛盾，但这种矛盾的性质和表现形态与“国际社会”矛盾的性质和表现形态不可同日而语。“全球社会”内部的矛盾是基于人类整体、长远的利益的矛盾，即是基于对维护人类整体、长远的利益不同考虑间的矛盾，故其不会以“激化”的形式表现出来。通过对“全球社会”上述特点的分析，不难看出，这里所讲的“全球社

---

① 因为，“全球社会”的形成有两个缺一不可的根本性条件：一是“全球问题”对人类社会整体的存在和发展越来越严重的威胁；一是人类对“全球问题”达到了普遍关注的程度并形成了共同解决“全球问题”的意识和行为。众所周知，冷战结束以来这后一方面的条件才真正形成和发起来。

会”是有别于国内学界流行“全球社会”的。“全球社会”不仅仅是作为一种未来的世界历史趋势而存在的，它实际上是现实存在和未来趋势的统一体。[①] 当然，在现实的世界历史中，“国际社会”的矛盾与“全球社会”的矛盾往往会纠缠在一起。

以上简略地阐释了“国际社会”与“全球社会”间的区别。这种区别在方法论上告诫我们，在世界历史的“双重结构”中，各种矛盾和合作呈现出异常复杂的状态：有些矛盾和合作具有“国际社会”的特性，有些矛盾和合作具有“全球社会”的特性，而有些矛盾和合作则是两种社会的特性兼而有之，对此要作具体的历史的分析，务必不要统而论之。当然，“国际社会”与“全球社会”也是相互联系、相互渗透的。

1. “全球社会”一旦形成就与“国际社会”互为前提，相互作用

为了研究的需要，我们只能在理论思维中将“国际社会”和“全球社会”分开，而在现实的世界历史发展过程中它们是紧密相连的。一方面，“国际社会”推动了“全球社会”的发展。人类要应对“全球问题”的挑战，必须要得到以国家或国家体系为基础的“国际社会”的支持，否则“全球社会”就难以发展起来，从而“全球问题”的解决也就是不可想象的了。例如，不依靠国家和联合国的支持，解决“全球问题”就不可能成为真正的“全球行为”。冷战结束以来，“国际社会”在促进“全球社会”发展和推进“全球问题”解决的方面做了不少有益的工作，并取得了一定的成效。因此，在对“国际社会”与“全球社会”关系的认识上，我们必须要拒斥“二元对立”的思维方式，即：不削弱主权国家，不淡化主权国家的作用，就不可能在解决“全球问题”方面有任何真正的合作。实际上，人类共同利益在许多方面与国家的长远利益和部分短期利益是相一致的。不支持“全球社会”及其发展，“国际社会”的存亡就是个问题了。“全球问题”威胁着包括“国际社会”在内的整个世界历史的延续，这是以国家或国家体系为基础的“国际社会”之所以能够在一定程度上支持“全球社会”最重要的一个根据。此外，虽然“国际社会”遵循的是以国家利益为最高行为准绳的活动法则，但这种

① 关于这方面的问题，国内外有些学者认为，“全球社会”的形成是以“主权归一”和“全球管理”为标志的。对此笔者不敢苟同。一个社会，其生存原则、主体构成、发展的直接目标、结构的特点都具有了，那么这个社会就已是现实的存在了。至于这一特定社会发展的程度则是另一个问题。这种观点实际上是把“全球社会”仅仅作为一种尚未实现的趋势来看待了。

法则同时也是受国际交往的一般原则制约的。[①] 这种制约有助于推动“国际社会”实现其对“全球社会”及其发展的积极作用。最后，在一定的条件下，“国际社会”复杂的利益关系博弈也有利于“全球社会”的发展。

当然，我们也应该看到，在当代世界历史发展过程中，“国际社会”的矛盾和冲突特别是霸权国家在“国际社会”所推行的各种形式的霸权主义，也的确给“全球社会”的发展和“全球问题”的解决造成了很大阻力。这种阻力的表现之一就是“人类的普遍利益”或“人类的整体和长远利益”在很大程度上被虚幻化和“妖魔化”了，甚至成为了一个“陷阱”。因为，“国际社会”中的霸权国家常常打着“人类普遍利益”的旗号并以“国际治理”为借口，[②] 来推行各种形式的霸权主义和所谓的“世界主义”，[③]干涉他国特别是发展中国家的内政，这就大大地弱化了“全球社会”的发展动力。西方新自由主义的全球观就是这方面的理论代表。自 20 世纪 80 年代特别是 90 年代以来，不少西方学者或许已经在事实上意识到了“国际社会”对“全球社会”发展起阻碍作用的一面，故纷纷提出了自己的批判性

---

① 这种制约不是一种外在力量的制约，而是一种内在力量的制约。关于这方面的问题，马克·W. 赞奇有其独到见解。在他看来，国际交往的一般原则的核心就是“维护和相互尊重主权”。而它由以存在的主要条件是：“（1）统治者有防止他们的权利受到侵犯的愿望；（2）在人民的政治忠诚方面不存在能与国家进行真正竞争的跨国意识形态；（3）历史经验（和/或可看出的可能性），即重叠的政治权威以及在政治上彼此竞争的忠诚会产生大规模的暴力和混乱；（4）一套普遍认同的价值观，可以产生尊重别国及其统治者的要素；（5）国家能为其国民提供重要益处，即保护生命和经济福利。”（［美］詹姆斯·N. 罗西瑙主编：《没有政府的治理》，张志新等译，南昌：江西人民出版社 2001 年版，第 66 页）我以为这一看法是有道理的。虽然，“维护和相互尊重主权”的原则从来没有在“国际社会”完全实现过，特别是在当今时代，这一原则越来越受到霸权主义的践踏，但这并不影响它成为国际交往一般原则的核心。因为，包括“维护和相互尊重主权”在内的国际交往一般原则的“制约作用”与国际交往一般原则是否完全实现，是两个既有联系又有区别的问题。

② 关于这方面的问题，戴维·赫尔德和安东尼·麦克格鲁有段论述值得我们深思，即：“国际治理就其本质来说，是老套的帝国主义在当代的同义词，它代表了一种独特的政治机制，保护着强国在全球统治弱国的体制。”（［英］戴维·赫尔德、安东尼·麦克格鲁：《全球化与反全球化》，陈志刚译，北京：社会科学文献出版社 2004 年版，第 65 页）。虽然这种观点似乎有些绝对，但其试图把握当代“国际治理”中的霸权主义主导趋势这一点，还是值得肯定的。

③ 关于这方面的问题，贝克有段论述值得回味：“通过赋予政治制度以世界主义的使命，国际政治——西方把维护人权写进它的旗帜——的道德化，像填画册一样填补了这块空白。关于民主十字军东征的说法也许并不夸张，在这个过程中，西方将来也会凭借世界自由贸易和人权的极端双刃剑，为更新其独特的自身合法性而格斗”，这样一来，“‘全球时代’也许会因此而演变成一个没有东方的全新的‘全球西方’，而它本来是必须面对东方来证明自身合法性的”。“表面上看是人们用‘全球社区’的标签替换了‘西方’的标签，实际上是东方从世界政治舞台上消失的结果”（［德］乌·贝克、哈贝马斯等：《全球化与政治》，王学东译，北京：中央编译出版社 2000 年版，第 42—43 页）。我以为，贝克的这一看法或许有些悲观和绝对，但其中所包含的西方霸权国家试图打着“世界主义”旗号来控制和压迫发展中国家的意思，却是有道理的。

理论，如赫尔德所倡导的“世界主义的社会民主治理”说、哈贝马斯所主张的“没有世界政府的全球治理”说等。不过，这些学者虽然认识到“国际社会”对“全球社会”发展起阻碍作用一面的“事实”，但他们还尚未能从世界历史的“双重结构”视角来反思这类“事实”。他们所提出的相关的批判性理论，其落脚点还只是“国际社会”，而不是世界历史的“双重结构”，故往往流于“空想”。仅在“国际社会”的范围内，是不可能摆脱由“国际社会”的矛盾所构成的困境的。

另一方面，“全球社会”及其发展对促使“国际社会”的变化起着重要作用。迄今为止，虽然“全球社会”的生长遇到的困难和阻力重重，但仍然在曲折中获得了一定发展，如：世界上的旨在推动解决“全球问题”的非政府、超国家并具有一定规模的国际性民间组织已发展到4000余个；为了人类能够在这个地球上生存和发展下去必须有步骤、有计划地解决“全球问题”，这已经成为不可逆转的大趋势；世界上所有的国家都不同程度地参与到推动“全球问题”的解决过程中去，尽管不同的国家参与其中的目的和所起的作用有所差异，等等。这就必然会促使多元化和多极化在“国际社会”中的发展，从而有利于推动新的国际政治经济秩序的构建，有利于确立作为解决国际争端主流的平等协商和对话，并有利于在一定程度上制约和限制“国际社会”对整个人类社会及其发展的负面影响。当然，这一过程将是漫长和复杂的，但“全球社会”及其发展对“国际社会”的上述作用无疑是可以确定的。

第一，基于全球信息技术发展的“全球社会”在一定程度上弱化了“国际社会”由强势的主权国家或国家集团主导的趋势。

“全球社会”各种形式的非政府、超国家的共同体（即所谓的NGO）和个人的非制度化的活动以及他们所大力倡导的国际平等、公正和正义的理念，是对强势的主权国家或国家集团主导“国际社会”趋势的一种制约和限制。目前国内外学界流行着一种观点，即：各种形式的非政府、超国家的共同体和个人的非制度化的活动及其发展必然弱化主权国家。我以为这种观点值得商榷。至少就目前来看，各种形式的非政府、超国家的共同体和个人的非制度化的活动弱化的不是一般意义上的主权国家，而主要弱化的是“国际社会”中强势国家或强势国家集团把自己的“国家利益最大化”、把自己“主权”世界化的趋势。当前“国际社会”中的多极协调和多极发展的趋势正在逐步增强，就与各种形式的非政府、超国家的共同体和个人的非制度化活动的发展有着直接的关系。而“多极协调和多极发展的趋势在逐步增强”，与弱化“强势国家或强势国家集团把自己的‘国家利益最大化’、把自己的‘主权’世界化的趋势”以及逐渐打破不公平的国际经济政治秩序，是一种必然性的因果联系。既然如此，为何上述观点又在国内外学界普遍流行呢？其主要原因有二：一是，西方国家特别是美国的话语霸权。关于这方面的问题，我曾在有关文章中指出：在多极化发展趋向日益增强的时代，西方国家特别是美国，为了推行霸权主义，实现新殖民主义的统治，就一定会在意识形态上否定民族和国家认同的意义，从而也就一定会越来越不择手段地进行“人道主义干涉”。2011年年初发生的“中东北非之乱”，在很大程度上就是“以自由换石油”为内容的人道主义干涉的产物（当然，这也与“中东北非”自身内部问题有直接关系）。因为，对于霸权国家来说，他们控制世界的第一个也是最主要的障碍就是具有主权的国家，只有淡化了弱势国家的主权意识，他们才能减少掠夺的障碍和代价，从而实现霸权利益的最大化。[①] 二是，各种形式的非政府、超国家的共同体和个人的非制度化的活动在弱化强势国家或强势国家集团把自己国家利益最大化、把自己的“主权”世界化的趋势的同时，也的确对传统意义上的国家主权观念提出了挑战。但这种挑战并不意味着一般意义上的国家主权的削弱。传统意义上的国家主权观念的变化与国家主权的削弱是两个问题。国内外学界许多人在理论思维中将这两个问题混为一谈。实际上，一般意义上的国家主权的削弱是建立在各个国家长期平等交流基础上的，是与阶级、民族压迫等在世界历史范围内逐步消亡紧密相连的。进而言之，只有国家主权的实现获得了平等的世界历史条件，才逐步有一般意义上的主权国家的弱化。何谓“平等的世界历史条件”？其最基本的内容正如1970年10月24日联合国大会通过的《关于各国依联合国宪章建立友好关系及合作之国际法原则之宣言》所指出的：各国一律享有主权平等，包括各国法律地位平等，每一国均享有充分主权之应有权利、国家之领土完整及政治独立不得侵犯、每一国均有权利自由选择并发展其政治、社会、经济及文化制度等。

第二，基于全球信息技术发展的“全球社会”，在一定程度上遏制了一般意义上的国家权力机构“天然的局限性”所带来负面影响，从而也在一定程度上限制

---

① 叶险明：《世界历史视野中的东西方民族主义》，载《学术月刊》，2010年第11期。

了“国际社会”以国家利益为最高行为准绳的活动所带来的负面作用。[①] 因此，以上关于“全球社会”及其发展并非导致一般意义上的国家主权削弱的观点，丝毫不意味着“全球社会”及其发展对“国际社会”的基本主体及其活动没有影响。

在“全球社会”产生以前，国家几乎是“内外权利”占有和分配以及内外资源占有和分配的唯一主体，因此，它在其必然性上会凸显出内外两个相互联系方面的局限：对内，国家公共权力自身所具有的排他性和扩张性易于使国家日益凌驾于社会成员之上，造成社会能力日趋萎缩；国家权力机构始终存在着背离公共利益、导致“制度僵化”，从而使其有蜕化为特殊利益集团工具的倾向；权力寻租活动引发社会经济资源配置扭曲和社会经济资源无效配置；最后，由以上所述导致的长期的“合法性危机”将会愈演愈烈，等等。对外，各主权国家的制度体系和利益追求不同，故不能形成统一的意志；至少在可以预料到的将来，世界上不会也不可能出现一个集中的权力体系来有效地协调各国家间的利益关系；国家经济发展的不平衡性阻碍着全球资源的合理配置；“国际社会”形式上的制度化往往导致“国际社会”无序发展、“世界结构性失调”倾向的强化，等等。

毫无疑问，“国际社会”中的国家的上述局限性使人类社会的存在和发展面临着巨大的挑战。其主要表现之一就是：人类在整体上难以发展起应对“全球风险”的能力。而“全球社会”及其发展则使人类开始具有了超越国家上述局限性的现实可能。[②] 首先，“全球社会”的各种非政府的、超国家的民间组织和个人非制度化的活动（包括由他们所制造的网络舆论活动）对国家公共权力的监督作用越来越大（也可以说直接参与权利分配的非政府、超国家的共同体和普通社会成员越来越多），从而为国家机构与非政府、超国家的共同体和普通社会成员之间开辟了一条非控制性的、可以参与的、公共协商的、快速反应的民主治理渠道。[③] 这不仅使国家公共权力所具有的排他性和扩张性以及背离公共利益的倾向得到了一定程

---

① 这里要搞清楚一个重要的方法论问题，即：限制“国际社会”以国家利益为最高行为准绳的活动原则，并不等于弱化“国际社会”以国家利益为最高准绳的活动原则。它限制的是“国际社会”以国家利益为最高行为准绳的活动原则所带来的负面作用。对这方面问题我们始终要保持清醒的头脑。长期以来，国内外学界有种比较流行的观点，即认为国家都是自私的。这是一种从道德价值的意义上否定国家的观点。但我以为，对国家的这种意义上的否定要作具体的历史的分析。至少在既有的“国际社会”中，这种观点很容易转化成为霸权主义的工具。

② “‘全球社会’及其发展使人类开始具有了超越国家上述局限性的可能”，同时也意味着人类开始具有了最大限度地发挥国家正面的积极作用的可能。当然，这里还不存在一般意义上的削弱国家主权的问题。

③ 胡键：《全球社会运动的兴起及其对全球政治治理的影响》，载《国际论坛》，2006 年第 1 期。

度上的限制，而且也使权力寻租和愈演愈烈的“合法性危机”得到了一定程度上的缓解，并为国家普遍由“民族国家”向“公民国家”的过渡创造了条件。再则，“全球社会”的各种非政府、超国家的民间组织和个人的非制度化活动，在限制“国际社会”以国家利益为最高行为准绳的活动所带来的负面影响、协调各个国家间利益关系等方面起着一定的作用。因为，通过各种形式的监督，各种非政府、超国家的民间组织和个人不仅能够直接参与国内权力监督和分配，而且也能够直接参与全球范围内的权力监督和分配（虽然“这两种直接参与”的程度和效用目前总体说来还很有限），从而有助于在一定程度上缓解世界结构严重失衡的态势。“全球社会”及其发展的上述这两个方面的作用是相互联系的。例如，国家由“民族国家”普遍向“公民国家”过渡的条件不断形成，必然会有助于在一定程度上改变以国家利益关系为基础的“国际社会”及其发展的不协调性和无序性。不过，这里需要指出的是：即便“民族国家”普遍完成了向“公民国家”的过渡，并使“国际社会”得到很大程度上的改良，也不会从根本上改变“国际社会”的根本特性。这一点应是毋庸置疑的。

2.“国际社会”与“全球社会”又是相互渗透的

在现代世界历史的发展过程中，“国际社会”与“全球社会”间的关系绝不是平行的两个社会间的关系，而是“你中有我，我中有你”的相互渗透关系。

“国际社会”与“全球社会”虽然有其相对确定的界线，但这两者并不是两种独立的实体，而是世界历史本身所具有的相互交叉在一起的“双重结构”。因此，“国际社会”与“全球社会”间必然存在着相互渗透的关系。在现实的世界历史中，既不存在纯粹的“国际社会”，也不存在纯粹的“全球社会”。一方面，“国际社会”的逻辑延伸和渗透到“全球社会”的内部。另一方面，“全球社会”的逻辑又延伸和渗透到“国际社会”的内部。这里所谓的逻辑是指“国际社会”、“全球社会”自身的发展规律和特点。世界历史“双重结构”的相互渗透，使得“国际社会”和“全球社会”呈现出异常复杂的状态。这里主要以 2009 年 12 月 7—19 日召开的“哥本哈根气候大会”为例。

“哥本哈根气候大会”可以称之为一个典型的“国际社会”和“全球社会”相互渗透的例证。一方面，就其主题来看，“哥本哈根气候大会”具有“全球社会”的特性。192 个国家的代表、130 位国家和国际组织领导人参加了这次大会。不仅如此，会议期间，哥本哈根还成为非政府组织的舞台。来自 67 个国家和地区的

515个团体联手行动，[①] 不可谓不声势浩大，其主旨就是迫使大会能够签订有效的减排协议。虽然这次大会没有达成一项具有法律约束力的协议，但毕竟取得了一些可以接受的重要成果：坚定维护了《联合国气候变化框架公约》及其《京都议定书》所确立的“历史责任”和“共同但有区别的责任”原则；确定了发达国家实行强制减排和发展中国家采取自主减缓行动的合理性与合法性；就全球长期目标、资金和技术支持、透明度等焦点问题达成广泛共识。这次大会至少说明：“全球社会”拒斥“国家利益的最大化”；发展中国家和非政府组织的力量在“全球社会”中日趋壮大；中国在“解决全球问题”方面的引领作用已经得到了越来越大的程度上的认可。因为，中国争的是全人类生存和发展的利益，争的是发展中国家的利益。这种“争”和“出头”无可厚非。“全球社会”的这种状态必然延伸到“国际社会”，对“国际社会”将产生深远的影响。例如，从该会前“77国集团”在北京协调立场和观点，到会议期间率先承诺国内生产总值二氧化碳排放比2005年下降40%—45%（这一目标远远高于美国宣布的减排17%、欧盟提出的最高减排30%的目标）；[②] 对美国和欧盟代表攻击中国的言辞拍案而起和有力回击；把维护人类的整体利益与维护发展中国家的利益有机结合起来并在新闻战中“高调出击”，等等。社会主义中国的这种立场、态度和行为得到了广大发展中国家、许多非政府组织和世界舆论的高度肯定和赞扬。“全球社会”的这种状态必然会渗透到“国际社会”，从而有利于限制“国际社会”不合理的经济政治秩序对人类社会发展的负面影响。但另一方面，从其利益博弈来看，“哥本哈根气候大会”又具有“国际社会”的性质。其主要表现是：发达国家试图将更多的责任转嫁给发展中国家，并妄图抛开《京都议定书》，淡化甚至无视“共同但有区别的责任”的原则。“国际社会”的这种状态同样也必然延伸到“全球社会”。例如，发达国家对减排规定能履行到什么程度，能否兑现对发展中国家的资金、技术转让和能力建设的承诺；能否帮助发展中国家消除贫困，支持他们发展经济的优先需要，等等，这一系列的问题会通过“碳经济”、“碳政治”、“碳市场”、“碳主权”，以及减排目标、协议的法律约束力和减排测量机制等，引起新一轮的利益博弈。而这种利益博弈毫无疑问地渗透到了“全球社会”，并对其未来的发展产生深远、复杂的影

---

① 张乐：《NGO哥本哈根大游行唤“行动”》，http：//news.bjnews.com.cn/2009/1213/55055.shtml。

② 颜昕：《发达国家减排承诺与相关要求有大距离》，http：//www.cma.gov.cn/qhbh/newsbobao/201002/t20100202_58355.html。

响。可以认为，2010年的“坎昆气候大会”和2011年的“德班气候大会”同样集中体现了“国际社会”和“全球社会”的相互渗透。如果说上述这三次国际气候大会有什么区别的话，那就是“德班气候大会”更凸显了利益博弈，正如一位非营利环境保护组织NRDC（美国自然资源保护委员会）的气候变化与能源高级顾问所说：在这次大会上，“政治博弈（即利益博弈的一种——引者注）不是时隐时现，而是处于白热化”。①不过，即便是在这种复杂的情况下，中国为推动相关问题的解决所做出的积极努力仍然得到了世界的肯定，用德国气候专家桑德霍韦尔的话来说就是：在“德班气候大会”上，“世界对中国充满期望”。② 世界银行常务副行长斯莉·穆尔雅妮·英德拉瓦蒂对此说得更为具体：“中国是非常重要的，无论是担任领导作用还是在承诺减少二氧化碳排放上。”③

“国际社会”与“全球社会”间的相互渗透关系在方法论上告诫人们：必须在实践中全面地认识和把握“国际社会”与“全球社会”间关系的复杂性，否则就会出现理论上和实践上的重大失误。这种复杂性的主要表现是：“国际社会”与“全球社会”间的相互渗透使它们在其形式上都带有对方的一些特点，并使它们在其结构上具有一定程度上和范围内的重合性，从而它们在其存在和发展的形态上深深打上了对方的印记。总之，在同一世界历史时空内“国际社会”和“全球社会”间的相互渗透，使它们相对确定的界限呈现出比较模糊的状态。而这种模糊的状态使人们难以在理论思维特别是实践中认识和把握“国际社会”与“全球社会”间的相互渗透关系。

正是以上阐释的这种相互作用、相互渗透的关系决定了“国际社会”和“全球社会”的未来命运。当然，比起“国际社会”，目前“全球社会”的发育还不很成熟，并在世界历史发展的相当长的一个时期内会一直处于弱势，不过，从最终的发展趋势看，“全球社会”必然会取代“国际社会”。一旦阶级、国家在世界范围内消亡，即作为“国际社会”基本主体的国家不复存在，“国际社会”也就自行消亡了。那时，“全球社会”将是世界历史的单一结构。

---

① 李泽民：《德班会议谈判文本出炉：两大问题依旧无解》，http://green.sohu.com/20111206/n328089939.shtml。

② 程磊：《日媒称中国掌握德班气候大会主动权》，http://news.sina.com.cn/c/2011－12－09/155023606314.shtml。

③ 严明、林平：《气候大会将闭幕欧盟减排路线图获逾百国家支持》，http://news.ifeng.com/world/special/deban/content－3/detail_2011_12/09/11219562_0.shtml。

最后需要在这里指出的是，虽然“国际社会”和“全球社会”及其相互关系并没有囊括当代世界历史及其发展的全部内容，但却构成了当代世界历史发展的主线，决定了当代世界历史发展的复杂性及其趋势。构建世界历史“双重结构”理论就在于科学揭示这一主线，把握当代世界历史发展的复杂性及其趋势。由于缺乏对“世界历史”双重结构的认识，在目前国内外学界关于全球化及其发展的研究中，“国际社会”和“全球社会”这两者往往是被相互混同的。由此，就出现了一系列的悖论。这种悖论不是辩证逻辑意义上的，而是形式逻辑意义上的。如此而行，人们思维视野中的“全球化”也就越来越混乱了。这显然不利于关于全球化及其发展问题的学术探讨和交流。“国际社会”与“全球社会”无疑密切相关，但“关系”并不等于无差别的“混同”。有差别才有关系，只有认识了事物间的差别，才能在逻辑上把握事物间的关系。

要全面、正确地认识和把握“国际社会”与“全球社会”间的关系，绝不能忽视这样两个方面的方法论问题：首先，明确“国际社会”与“全球社会”是在什么层面和意义上的区别和联系。“国际社会”与“全球社会”不是世界历史中两个平行社会间的区别和联系，不是一个世界的两个独立体系间的区别和联系，而是同一世界历史的“双重结构”间的区别和联系。这两种结构的区别是在主体结构、利益结构、发展目标和原则、发展特点、格局结构方面的区别，这两种结构的联系是互为逻辑前提和相互作用方面的联系。其次，揭示“国际社会”与“全球社会”间相互渗透关系。在现实的世界历史中，“国际社会”中有“全球社会”的因素，而“全球社会”也包含着“国际社会”的成分。从逻辑上看，世界历史“双重结构”理论正是在对上述这两个方面的方法论问题把握的基础上直接提出的。

## 三、当代中国的全球发展路径

当代中国及其发展同样处于世界历史的“双重结构”中。世界历史的“双重结构”规定了当代中国的全球发展路径。全面认识和把握世界历史的“双重结构”，不仅是把马克思主义世界历史观正确地运用到全球化及其发展研究中的重要切入点，同时也有助于我们科学认识当代世界历史发展的复杂性，特别是社会主义中国在当代世界历史中发展的复杂性。世界历史“双重结构”对当代中国在全球中的发展路径的规定作用是个涉及内容宽广的重大课题，这里仅选择其中最核心的两个问题加以阐释，即：务必摆正当代中国的“韬光养晦、有所作为”的态度和尽其所能、主动担当在世界历史“双重结构”中的角色；务必摆正当代中国文化发展在世界历史“双重结构”中的位置。这两个方面的问题之所以能称之为“最核心的两个问题”，其根据在于：前者直接关系到社会主义中国在全球中生存和发展的基本方式；后者直接关系到社会主义中国在全球中生存和发展的文化底蕴。

1. 摆正当代中国的“韬光养晦、有所作为”和尽其所能、主动担当在世界历史“双重结构”中的位置

近些年来，随着世界形势的变化和中国综合国力的进一步提升，邓小平关于“韬光养晦、有所作为”的思想在国内外学界再一次引起了关注，各种不同看法纷至沓来，但其焦点有二：“韬光养晦”是一时的对策还是长期发展战略；“韬光养晦”与“有所作为”的关系。这里笔者并不打算详评国内外学界的相关看法，而仅想就此指出一点，即：迄今为止，国内外学界尚未把“韬光养晦、有所作为”纳入世界历史“双重结构”中来认识和把握，没有看到世界历史“双重结构”对当代中国在全球中的发展路径的规定作用，故在学理上产生了种种模糊的、不能自圆其说的观点。

第一，“韬光养晦、有所作为”与中国走“和平崛起”的道路紧密相连，既是社会主义中国在“国际社会”中生存和发展的长期战略，也是社会主义中国在“国际社会”中存在和发展的基本方式，尽管随着社会主义中国综合国力的提高，“韬光养晦、有所作为”的具体内容和形式会有所变化。例如，在当今时代，置于全球整合和分化中且综合国力不断壮大的社会主义中国，其“利益边疆”早已不再局限于“疆土边界”，故“保卫国家和公民利益不受外来侵犯”的内涵和外延必然有所变化，但仍必须把“韬光养晦、有所作为”作为在“国际社会”存在和发展的长期战略，仍必须以“韬光养晦、有所作为”的方式存在和发展于“国际社会”中。

通俗地说，“韬光养晦”就是社会主义中国不能在“国际社会”中“争先”和“当头”。从“国际社会”发展的历史和逻辑来看，新崛起的强势国家都会试图“争先”和“当头”，都会走上争霸的道路，由此，“国际社会”格局就会出现大的调整，并必然会随着世界性的冲突，从而给整个人类带来极大的危害。两次世界

大战就是这方面最典型的例证。这是由“国际社会”的主体结构、利益结构、发展目标和原则、发展特点、格局结构等决定的，是不以任何个人和国家的意志为转移的。[①] 置于“国际社会”中的社会主义中国如果不想走新崛起的强势国家的“老路”，就必须改变其在“国际社会”中生存和发展的方式。说“社会主义中国不能在国际社会’中‘争先’、‘当头’”，旨在强调：社会主义中国应把重点放在自身的发展上，以自身的健康发展来影响世界，坚决不做“国际社会”中的强势国家或霸权国家，如邓小平所说：“中国永远站在第三世界一边，中国永远不称霸，中国也永远不当头。”[②]否则，不仅将会引起新的孤立和全面冲突，而且也会极大地损害社会主义在世界上的发展。这也是世界社会主义运动的一个重要的经验教训。因此，在“国际社会”中“争先”和“当头”，这不符合社会主义国家在世界历史中的发展原则，从根本上看当然也不符合作为负责任的大国——社会主义中国的利益。所以，无论中国的综合国力如何强大，在“国际社会”中都要做到：在确保国家利益特别是其核心利益不被侵犯的基础上，尽可能不在政治和军事等方面与别国特别是西方发达国家发生直接的全面对抗，更不能损害别国和地区的利益；求同存异，永远不做霸权国家；积极维护国际和平，主张国际争端通过平等交流和对话来解决。当然，这丝毫不意味着中国可以松懈军事和国防力量的发展。没有包括军事和国防在内的综合国力的不断提高，社会主义中国也不可能长期、富有成效地实施“韬光养晦”的战略。因此，“韬光养晦”不是“无所作为”，不是“忍辱负重”、“示弱”和“独善其身”，也不是具有后发报复性质的“卧薪尝胆”，更不仅仅是中华民族传统美德在国际社会生活中的一种表现。这里需要指出的是，为了捍卫国家的核心利益不被外来势力侵犯，在迫不得已的时候采用有限的、可控制的军事手段，这当然也属于“韬光养晦”的范围，因为其根本目的还是在于促进用整体上和平的方式解决问题。

“韬光养晦”既是社会主义中国在“国际社会”中生存和发展的长期战略，也是社会主义中国在“国际社会”中生存和发展的基本方式。从某种意义上也可以

---

① 20世纪90年代以来，“中国威胁论”等在“国际社会”炒作得越来越热。不少学者认为这主要是源于外界特别是西方国家对中国崛起的猜疑和抵制。这一观点有一定道理，但不够深刻。从根本上看，这是由“国际社会”的特性决定的。同时，这也从反面说明：必须在“国际社会”中毫不动摇地坚持“韬光养晦，有所作为”的战略，并将其作为我们在“国际社会”中生存和发展的基本方式；充分注重“全球社会”及其发展对“国际社会”的作用，从而把由“国际社会”对社会主义中国不利方面的作用尽可能地弱化。

② 《邓小平文选》，第3卷，北京：人民出版社1993年版，第363页。

说，“韬光养晦”是社会主义中国在“国际社会”生存和发展的“警戒线”，一旦跨越了这一“警戒线”，我们不仅会给自己带来巨大的灾难，而且也会给整个世界带来巨大的灾难。对这一点我们必须要有清醒的认识。近年来，“国际社会”中的那个唯一的超级大国，在继续使用“中国威胁论”的手段的同时，还试图使用“捧杀”的手段试图诱使社会主义中国跨越这一“生死线”。例如，最先由美国经济学家弗雷德·伯格斯滕提出的“G2”构想（Group of two，即建立取代“八国集团”的中美两国经济联盟，以领导整个世界，解决世界经济问题），就是这个唯一的超级大国抛给社会主义中国跨越“警戒线”的“诱饵”。虽然中国政府断然拒绝了这一“诱饵”，但仍然引起了“国际社会”各方面的种种揣测。这也从一个侧面说明，放弃了“韬光养晦”，也就是放弃了社会主义中国在“国际社会”中生存和发展的基本方式，从而也就脱离了“和平崛起”的轨道。

再说“韬光养晦”与“有所作为”的关系。如果能够从世界历史“双重结构”以及社会主义中国在“国际社会”中存在和发展的基本方式的角度来认识“韬光养晦”，那么“韬光养晦”与“有所作为”的关系就不难理解了。从哲学方法论上看，“有所作为”是“韬光养晦”题中应有之义（“韬光养晦”本身就是一种做事的方式），但其侧重于强调“韬光养晦”中的“低调行事”的一面（包括“少说多做”和“不说就做”等）。当然，“韬光养晦”中的“有所作为”既有其成效高低之分，也有其表现范围大小之分。这种“有所作为”的成效和其表现范围取决于两个相互联系的方面：国家的综合国力和国家的影响力。一般说来，中国的综合国力越强，影响力越大，其“有所作为”的成效也就越高，表现范围也就越大。不过，无论中国的综合国力有多强和影响力有多大，其“有所作为”都是限制在“韬光养晦”的范围内的，并被国际交往一般原则所制约。不明确这一点，必将在实践中出现重大失误。社会主义中国之所以能够持续“和平崛起”，就在于用实践诠释了这种“有所作为”。抛弃了“韬光养晦”、“有所作为”就必然会演变为“国际社会”中的新一轮的霸权争夺！如此一来，“和平崛起”就会成为一句空话。这是由“国际社会”发展的规律和特点决定的。我以为，在目前学界，无论是要舍弃“韬光养晦”的观点，还是要坚持“韬光养晦”的观点，都存在着一个方法论上的错误，即：把“韬光养晦”由以提出的具体历史背景简单化和绝对化，把“综合国力及其影响力”作为判断“韬光养晦”合法性的尺度。众所周知，在20世纪80年代到90年代，我国的“生存性发展”占有比较凸显的位置（加之当时国际局势动荡、世界社会主义发展的低潮等），故“韬光养晦”被人们广泛认同，而当今中国的综合国力及其影响力的确已今非昔比，故围绕着“韬光养晦”的争论就展开了。例如，学界许多人所持的关于中国仍然要坚持“韬光养晦”的观点，其主要的一个论据就是中国的综合国力还有待于提高。

第二，根据具体的条件和环境，社会主义中国在“全球社会”中要积极发挥自己应有的带头作用。完整意义上的“韬光养晦”只是社会主义中国在“国际社会”中生存和发展的基本方式及其长期战略。而在“全球社会”中，社会主义中国非但不能“韬光养晦”，而且要尽其所能，敢于和善于“主动出击”，积极支持并带头参与各种形式的行为活动（其中包括旨在推动解决“全球问题”的“全球社会运动”[①]），为推动“全球问题”的解决尽自己最大的努力。“全球社会”的主体结构、利益结构、发展目标和原则、发展特点、格局结构等决定了，社会主义中国的应有的能力和其重要的观点、立场上无需任何意义上的“柔化”。我认为，在这里，“有所作为”超越了“韬光养晦”的限制，转化成为尽其所能、主动担当[②]。不过，需要特别说明的是：这里所说的尽其所能、主动担当不是对“韬光养晦”的简单否定，而是一种辩证的扬弃。它保留了“韬光养晦”中不以自己的优势欺辱别人的劣势以及注重修正自己的不足以求得自身周正、平衡发展的成分，而舍弃了其中的“柔化”等成分。

社会主义中国在“全球社会”中的尽其所能、主动担当，丝毫不会给他在“国际社会”中的生存和发展的基本方式带来不利的影响。首先，在“全球社会”中“带头”或“争先”，是为了维护整个人类社会的生存和发展，遵循的是人类整体、长远的利益原则，而不是为了争夺全球资源和利益分割。其次，在“全球社会”中的“带头”或“争先”是以本国率先作出力所能及的贡献和牺牲为前提的。用以国家利益作为衡量一切行为活动的最高准绳的原则是解释不了这种“带头”或“争先”的。再次，为了人类整体、长远的利益，与少数发达国家“据理力

① 时下人们所说的“全球社会运动”，即：在国际层面发起的非制度化的各种国际集体行动，旨在影响各国和全球决策的制定和实施过程（胡键：《全球社会运动的兴起及其对全球治理的影响》，《国际论坛》，2006年第1期），并不等于笔者这里所讲的“全球社会”的“各种形式的行为活动”。由于没有把握“国际社会”和“全球社会”的关系，“全球社会运动”既包括“全球社会”的“非制度化的各种国际集体行动”，也包括“国际社会”的“非制度化的各种国际集体行动”（如由发达国家所直接或间接操纵和控制的“非制度化的各种国际集体行动”）。从世界历史“双重结构”角度看，只有真正倡导国际平等、公正和正义理念，“旨在推动解决‘全球问题’”的“非制度化的各种国际集体行动”，才能称之为“全球社会运动”。

② 这里所说的“主动担当”不是“大包大揽”。“尽其所能”规定了“主动担当”的程度。

争”，必然会赢得世界上绝大多数国家的支持和拥护，从而也必然会扩大社会主义中国在世界上的影响，有利于推动世界社会主义的发展。最后，这种“带头”或“争先”不仅不会引起与霸权国家的根本性的全面冲突，而且有利于维护“国际社会”整体上的和平局面。我以为，从方法论上看，社会主义中国之所以在“全球社会”所凸显的尽其所能、主动担当，既不会危及他在“国际社会”中存在和发展的基本方式，同时还有利于“国际社会”良性运行，其最根本的原因就在于“全球社会”与“国际社会”的区别和联系，就在于世界历史的“双重结构”及其发展。

第三，在“国际社会”中坚持“韬光养晦、有所作为”，在“全球社会”中坚持超越“韬光养晦”限制的尽其所能、主动担当，这有利于社会主义中国依靠“全球社会”的发展来最大限度地消解“国际社会”格局对自己乃至整个人类发展带来的负面影响，进而有利于逐渐地改良“国际社会”，为和谐世界的构建创造条件。在“全球社会”中，社会主义中国为人类整体、长远的利益而争取话语权和引领权，是不会被视为争夺霸权的。社会主义中国争得“全球社会”中的话语权和引领权，必将有助于在“国际社会”倡导和推行国际经济政治新秩序，并对“国际社会”中的霸权主义行为产生一定的制约作用。当然，这需要通过一系列重要的中介环节，如尽可能在正在形成的“碳经济”、“碳政治”等中构建自己的话语权和优势等。不过，由于“国际社会”与“全球社会”间的相互渗透，故“全球社会”也不是“一片净土”，抑或说，即便在为人类整体、长远利益而谋划的空间也存在着不同利益的博弈。

2. 摆正当代中国文化发展在世界历史“双重结构”中的位置

从广义上看，一个国家在世界历史“双重结构”中存在和发展的基本方式，在逻辑上包含着该国家的民族文化在世界历史“双重结构”中存在和发展的基本方式。不过，鉴于民族文化的相对独立性，在这里单独对这一问题作提要式的阐释是必要的。

坚持社会主义先进文化前进方向，以科学发展为主题，以建设社会主义核心价值体系为根本任务，以满足人民精神文化需求为出发点和落脚点，以改革创新为动力，发展面向现代化、面向世界、面向未来的，民族的科学的大众的社会主义文化，培养高度的文化自觉和文化自信，提高全民族文明素质，增强国家文化软实力，弘扬中华文化，努力建设社会主义文化强国。这是中国共产党十七届六中全会所明确提出的中国特色社会主义文化发展路径，其重要战略意义不言而喻。不过，如果从世界历史“双重结构”的角度来认识中国特色社会主义文化发展路径，我更倾向于把其中的“面向世界、面向未来”理解为面向“全球社会”及其未来。

一个国家的民族文化的自我认同的程度与该国家的民族文化在全球中的发展程度（包括被世界认同的程度和对世界文化发展的贡献程度）是分不开的。而要全面、正确地认识和把握一个国家的民族文化在全球中的发展，又必须首先认清世界历史的“双重结构”对该国家的民族文化的制约和影响。这对全面、正确地认识和把握中国文化在全球中的发展也一样。一方面，从“国际社会”结构角度看，中国文化在当代世界上发展所面临的困难或困境的确不容忽视，如：周边的一些发展中国家大都从来没有放弃过被中国文化同化的警惕性（这也与中国传统文化中的“天下”理念有一定关系）；西方国家的官方意识形态排斥中国文化的主流特别是其核心价值观，对中国在一种不同于西方的文化和制度背景中崛起有着难以摆脱的忧虑感甚至恐惧感，害怕中国成为他们在“国际社会”中强大的对手，等等。上述状况也是由“国际社会”的主体结构、利益结构、发展目标和原则、发展特点、格局结构使然，与我们的主观意愿没有关系。因此，至少从目前来看，中国文化在“国际社会”或国际关系结构中很难争得多大的话语权，认同度也不会多高，其发展空间也比较狭窄。如果说在“国际社会”中西方国家主流意识形态在某些方面也“重视”中国文化的话，那也只是中国文化的“悠久”特别是其落后的方面。这种情况是不会因为西方国家政要来中国发表正式讲话时常引用中国文化的经典名句就可以改变的。

另一方面，从“全球社会”结构角度看，虽然中国文化的发展仍存在许多问题，但却有很大的空间。例如，“和而不同”、“和合共生”等理念的倡导，就为人类走出“全球问题”的困境提供了一种可供选择的文化方式。当然，对这方面问题的认识和把握必须要摆脱实用主义的思维方式。“和而不同”、“和合共生”与其说是一种在可以预料到的将来实现的实体性目标，不如说是基于中国文化的精髓而在“全球社会”倡导的一种人类不断追求的价值导向。这一价值导向的核心就是共赢、共荣、共同安全，并与自然生态环境和谐相处，故它没有任何理由不为整个人类所认同，因为，这不仅仅直接涉及世界上不同共同体和个人的根本利益，更主要的是直接涉及整个人类社会的长远的、根本的利益。所以，中国文化在世界上的发展必须要尽可能地摆脱传统的国际社会结构的束缚，以获得“全球社会”的广阔发展空间。这里可以确认的是：如果中国文化在“全球社会”中获得广阔的发展空间，那么就肯定会有助于他在一定程度上摆脱其在“国际社会”中的发展困境。

只有摆正当代中国文化发展在世界历史“双重结构”中的位置，才能够认清当代中国文化在全球中的发展路径和目标。中国文化在全球中的发展，其目标不是证明谁更优秀，不是追求谁占统治或领导地位，更不是追求所谓“同化”世界（这些都是“国际社会”的文化霸权行为），而是追求在推动世界共同安全，共同繁荣、包容和合作等方面能得到越来越大程度上的认同，以及对世界文化的发展，特别是对世界文化多元化的发展所作出的越来越大的贡献。

至于当代中国文化如何在全球中发展，这则是个涉及面广泛且对策性很强的问题。不过，鉴于目前中国文化在全球中的发展状况，至少应注意这样三个相互联系的问题：一是，增强提供具有非竞争性和非排他性特点的国际公共产品的能力，加大提供国际公共产品的力度。[①] 国际公共产品大都带有鲜明的文化属性，其中有的国际公共产品本身就是文化产品，如：基本人权、对国家主权的尊重、推动不同文明间的对话和交流等。从一定的意义上说，国际公共产品的发展程度直接在文化层面上标志着人类社会的整体发展程度。国际公共产品的投入是一个国家的民族文化在全球中传播和发展的一个主渠道，国际公共产品的投入程度是一个国家的民族文化在全球中发展程度的展现。因此，一个国家在国际公共文化产品方面的贡献在很大程度标志着该国家的民族文化在全球中的发展程度。而增强提供国际公共产品的能力，加大提供国际公共产品的力度，是较少受“国际社会”格局的限制的。在这方面，我国仍需作出力所能及的努力。目前我国国际公共产

① 2001年，联合国前秘书长安南发布题为《通向实现联合国千年宣言目标的路线图》的报告，把在全球公共领域需要集中供给的公共产品分为十类，即：基本人权、对国家主权的尊重、全球公共卫生、全球安全与和平、跨越国界的通信与运输体系、协调跨国界的制度、基础设施、知识的集中管理、全球公开地集中管理和多边谈判的国际论坛。我国政府将在全球公共领域需要集中供给的公共产品归为四大类：(1) 以联合国为核心的集体安全机制、国际反恐合作机制和防扩散机制；(2) 千年发展目标的落实，推动建立健全开放、公平、非歧视的多边贸易体制，完善国际金融体制，全球能源对话与合作，国际扶贫；(3) 加强不同文明的对话和交流；(4) 推进联合国改革，重点推动联合国加大在发展领域的投入和安理会改革（参见胡锦涛：《努力建立持久和平、共同繁荣的和谐世界》，http：//www. stuln. com/bainianlvshun/xuexitiandi/2009－6－1/Article _ 38143. shtml)。

品的投入不足 GDP 的千分之一，而北欧国家是千分之七至八，[①] 一些发达国家是千分之三至四。在国际公共产品某些领域的贡献上，我们甚至还不如印度、墨西哥、巴西和土耳其等国家。当然，在增强提供具有非竞争性和非排他性特点的国际公共产品的能力、加大提供国际公共产品的力度方面，不仅有“量”的问题，而且还有“质”的问题，即对国际公共产品投入的机会、领域、方向等的把握问题。二是，将文化发展的导向集中到与推动解决“全球问题”直接相关的领域。唯其如此，中国文化才能在越来越大的程度上被世界所真正认同，为世界文化的发展特别是世界文化的多样化的发展作出越来越大的贡献。三是，在“全球社会”构筑广阔的、多元化的文化交流平台。以先进文化为核心的当代中国文化是一个开放的系统，它拒斥各种类型的“中心论”，应始终处于交流和对话的状态。而这种状态必然是在“全球社会”范围内的广阔的、多样化的文化交流平台上表现出来的。只有在这种广阔的、多样化的文化交流平台上，当代中国文化才能在吸纳人类一切优秀文化成果的过程中不断扩大自己在世界上的影响力，从而不断增强社会主义中国在全球中生存和发展的文化底蕴。

综上所述，基于对“全球化”的“世界历史”批判以及对当代世界历史发展的状态和趋势的科学分析提出世界历史“双重结构”理论，既是把马克思主义世界历史观全面地运用于全球化及其发展研究的重要切入点，也是马克思主义世界历史观在当代发展的重要切入点，同时也将会为探索社会主义中国的全球发展路径提供重要的方法论支撑。

---

① 王逸舟：《中国外交的思考与前瞻》，载《国际经济评论》，2008 年第 4 期。

# 超越式继承：从中国道路的选择看传统文化的发展

杨生平　首都师范大学哲学系

随着科学技术和知识经济的发展，文化在社会生活中的地位和作用逐渐凸显，由此也产生了文化与社会发展关系的新一轮争论。从国际范围看，有鲍德里亚的消费社会理论、布尔迪厄的文化资本理论、詹明信的文化经济理论，也有亨廷顿的文明冲突理论、米勒的文明共生理论，当然还有约瑟夫·奈的文化软实力理论和目前正在产生巨大影响的文化工业理论，等等。就国内来说，自“五四”运动起就有着“问题和主义”等有关文化与社会发展关系等重大问题的争论，改革开放后又先后有着文化激进主义、文化保守主义和大众文化、文化产业问题的争论。面对形形色色源自不同层次的文化争论，究竟应该如何看待和正确理解文化与社会发展关系呢？对此，笔者试图从中国道路与传统文化关系视角谈点粗浅看法。

## 一、中国道路是社会主义制度不断完善之路

鸦片战争以后中国艰难曲折的历史发展事实证明：封建君主的改良运动和资本主义道路在中国都行不通，只有社会主义才能救中国。这本是一个已被历史发展证实了的真理，可今天随着文化问题的凸显又引起了新的讨论。一些文化激进主义者认为自辛亥革命后中国就引进了革命话语并使之渐渐成为主流话语，在这种主流话语的影响下，20 世纪的中国是在“不断革命”中度过的。他们认为，这种革命话语不仅影响着中国社会发展，还导致了封建意识形态的复活。有人公开提出，革命运动被“传统的旧意识形态”“改头换面地悄悄渗入”了，而“文革”“把中国意识推到封建传统全面复活的绝境”，“封建主义披着社会主义衣装复活和

变本加厉了”。[①] 于是，他们主张“告别革命”，认为新时代必须有新启蒙。而一些文化保守主义者则认为，自“五四”以后的新的文化运动使传统文化发生了断裂，摧毁了民族生命的“常数”。港台新儒家代表牟宗三在分析“五四”时期反传统之风形成的原因时就曾经说过：“他们对于西方文化尚没有达到严复的那个程度，而只是道听途说，外感地纷驰于其五光十色，而现成地捡取其科学与民主，而对于中国文化，则已无严复的那种典雅的态度，而只是外在地直接地取否定的态度。他们把科学与民主视为文化之全部，而此两者又是西方的，所以也是西方文化之全部，是中国所没有的，中国文化没有这两者，所以中国文化全是老的，而‘老’以封建来规定，所以中国文化是封建的过时的，全当否定。”[②] 由此，他谴责参加“五四”运动的学生是不肖子孙，是堕落的一代。20 世纪 90 年代，“有人公开打出了‘大陆新儒家’的旗号，主张在中国大陆‘复兴儒学’，要用儒学取代马列主义作为中国现代化的指导思想。也有的学者，并不从正面反对马列，但在学术立场上接受了儒家的‘道统论’，提出要重建‘原道’，这个‘道’就是儒家所说的‘民族文化之常道’，或曰五千年中国文化一以贯之之道。”[③]

那么，究竟应该如何看待文化与中国社会发展的关系呢？笔者认为绝不能把中国社会发展问题简单地看成只是一个文化选择问题，否则就会陷入唯心史观的文化决定论。中国社会发展道路的选择是世界历史发展的必然，它是由不以人的意志为转移的客观规律决定的。如果非要寻找文化与中国社会发展关系的话，那也不是简单以什么西方文化或中国传统文化可以解释得了的，它应该是一种以制度为核心的意识形态文化。意识形态不仅有指“观念上层建筑”的含义，更有指包括经济、政治与文化等社会整体性质和发展的总体性含义。纵观 20 世纪上半叶中国种种文化问题的争论，其核心就是要不要以新意识形态指导对中国社会进行整体变革并以建立新社会制度的形式保证中国社会稳步而健康地发展。我们认为鸦片战争以后的中国问题并不简单是一个经济、科技、政治或文化单向度的问题，而是一个包括所有它们在内的社会整体性质变革与发展的问题。对于这个社会整体性质变革与发展的问题，只有用先进的总体性意识形态才能解决。这样说，也

---

① 李泽厚：《中国现代思想史论》，北京：东方出版社 1987 年版，第 7 页。

② 牟宗三：《道德理想主义的重建：牟宗三新儒学论著辑要》，郑家栋编，北京：中国广播电视出版社 1992 年版，第 74—76 页。

③ 方克立：《现代新儒家研究在中国》，见《现代新儒家与中国现代化》，天津：天津人民出版社 1997 年版，第 260 页。

并不意味着我们主张意识形态决定论。因为，我们这里说的意识形态作用问题是以马克思主义唯物史观为指导的。意识形态不能决定社会发展，社会发展是由以物质生产方式为主导的客观规律决定的，但意识形态却有着能动的反作用。正确意识形态可以对社会发展起积极推动作用，而错误意识形态则对社会发展起消极阻碍作用。历史事实证明：马克思主义的社会主义意识形态是正确的意识形态，只有以它为指导才能把中国引向持续健康的发展道路。

当然，意识形态只是关于社会发展的总体性理论，它主要解决像社会制度选择等重大问题，不可能细致到彻底解决像体制或机制等中观或微观问题。这些问题的解决还有待于不同国家根据不同历史条件和本国具体实际渐进式完成。新中国建立后的30年历史发展证明，社会主义制度是一种好的制度，社会主义意识形态具有不可比拟的先进性，但由于没有建立符合中国国情并与之配套的社会体制，因而这种制度的优越性没有充分显示出来。改革开放后的30年既是逐步寻求并建立适合中国国情的社会体制与机制的30年，又是进一步丰富发展和完善社会主义制度的30年。社会体制和机制的建立自然需要有跟它配套的文化，这些文化的建立与发展既可能跟总体意识形态相一致，也可能跟总体意识形态相矛盾，但不管如何，当代中国的发展必须在坚持社会主义总体意识形态下进行，各种文化矛盾的解决也只能在坚持社会主义总体意识形态框架下完成。中国特色社会主义道路是以社会主义总体意识形态为指导并以制度形式建立和巩固下来的社会发展道路。

## 二、传统文化在中国道路发展中有着不可忽视的作用

对于传统文化与中国道路的关系问题，笔者认为首先必须搞清三个层次的问题：一是我们究竟是在什么意义上谈论传统文化的作用；二是传统文化存在与发展的方式是什么；三是如何利用传统文化推动中国道路的发展。而要做到这一点，就必须坚持并正确运用马克思主义的时代观。

“时代”是人们认识社会发展的时空坐标系，只有坚持正确的时代观并准确认清当前时代的性质与特征，我们才能正确理解并解决像传统文化与中国道路等重大关系问题。在马克思看来，民族国家是进行世界历史研究的前提与基础。若从民族国家自身发展的角度看，其社会基本矛盾决定它必然要经历从原始社会到奴隶社会、封建社会、资本主义社会和共产主义社会五种社会形态。但每个民族国

家发展的进程不可能是单独进行的，随着人类社会的发展，民族国家之间的交往、冲突不断进行着。在此过程中，人类历史的发展渐渐进入世界历史阶段。客观上讲，只要民族国家进行着较为广泛的交往（包括冲突），人类历史就已经进入世界历史阶段，但不可否定的是资本主义加剧了人类历史的普遍交往，也加速了世界历史发展的进程。马克思、恩格斯指出："资产阶级，由于开拓了世界市场，使一切国家的生产和消费都成为世界性的了。……过去那种地方的和民族的自给自足和闭关自守状态，被各民族的各方面的互相往来和各方面的互相依赖所代替了。物质的生产是如此，精神的生产也是如此。各民族的精神产品成了公共的财产。民族的片面性和局限性日益成为不可能，于是由许多民族的和地方的文学形成了一种世界的文学。"[①] 随着 20 世纪中后期知识经济与经济全球化的发展，世界历史发展进入了一个新的阶段。由于世界历史发展进程与每个民族国家发展进程不完全同步，由此就出现了判定时代性质与特征的复杂性问题（当时代总体性质还处于资本主义发展阶段，但有些民族国家可能已经进入社会主义社会）。对此，我们必须在正确理解马克思时代观基础之上来具体分析时代性质和时代特征。根据马克思理论，时代性质是由世界历史、社会形态与民族国家综合组成，判断时代性质必须立足民族国家、放眼世界历史并综合考察不同时期人类社会占统治地位的生产方式及其与之相适应的社会关系的过程。由此，我们认为当前的时代性质应该是资本主义生产方式占主导地位并不断发展着其否定因素从而逐步生成社会主义生产方式的过程，与此相适应，当前的世界历史发展进程也是资本主义世界历史占主导地位并逐步向社会主义世界历史过渡的阶段。如果说时代性质是综合构成并相对稳定和单一的话，那么，时代特征就显得复杂、多层。我们既可以从一定时代生产力或生产关系的层面判断时代特征（如生产力方面有农业时代、工业时代等，生产关系方面有私有制社会、公有制社会等），也可以从一定时代某一阶段的发展判断时代特征（如战争与革命、和平与发展等），还可以从一定时代某一发展阶段的某一社会发展层面判断时代特征（如蒸汽革命时代、知识经济时代等）。尽管时代总体特性是由时代性质决定的，但时代特征的不同又使人类历史发展变得异常复杂。由此，我们坚持马克思主义时代观就必须用辩证的方法将时代性质与时代特征统一起来综合考察和分析不同时期的时代特点，并由此指导不同

① 《马克思恩格斯选集》，第 1 卷，北京：人民出版社 1995 年版，第 276 页。

时代人们的具体实践。我们强调传统文化历史作用的观点也正是基于这一基本思路。

**首先，从民族国家是世界历史发展主体的角度看，我们必须加强传统文化建设。**传统文化不仅是一个国家的重要凝聚力和其内在精神支撑，还关系到一个国家的国家主权，失去了传统文化，就等于一个国家丧失了文化主权。

**其次，从时代性质的角度看，我们必须重视传统文化的作用。**当今时代是资本主义生产方式占主导地位并不断发展着其否定因素从而逐步生成社会主义生产方式的过程的时代性质告诉我们：在当前乃至今后相当长一段时间之内社会主义与资本主义的矛盾和冲突仍然是世界历史发展的主要矛盾和主要问题。但现今社会主义势力弱小的现实和“和平与发展”的时代特征又提醒我们：不能轻易搞意识形态对抗，必须在维护和平与发展的世界环境下利用资本主义发展社会主义。在这方面，以儒家为代表的中国传统文化重视和谐，强调“执两用中”、“善邻怀远”的思想（西方文化则重视“两极分立”、“力取天下”），不仅迎合了和平与发展的时代特征需要，更能有力推动和谐世界的建立和发展。

**再次，从知识经济时代特征的角度看，我们必须利用好传统文化。**在知识经济条件下，由于知识和文化在经济发展中的地位与作用日益凸显，文化已成为重要的经济发展力量，以传统文化为重要内核的文化工业正在成为生产力发展的重要因素。面对以美国为代表的西方发达国家以立足本土文化、充分吸纳世界各国文化的方式发展起来的巨大文化产业的渗透，当代中国必须有有效的文化产业政策并在此基础之上大量发展自己的文化产业。文化产业表面上看是一个经济问题，但实际上它也涉及文化主权与文化凝聚力问题。因为，文化产业面向的是人们的日常生活，面对的是人们的生活方式、消费方式和休闲方式，它正是在了解人们的生活方式、消费方式与休闲方式的基础上通过文化产品加工去适应甚至改变我们的生活方式、消费方式和休闲方式。而随着文化产业的发展，一旦它真的改变了人的生活方式、消费方式和休闲方式，那就意味着改变了传统文化赖以生存的基础，由此必须影响传统文化在社会发展中的地位与作用。当然，阐释这样的道理并不意味着我们要成为彻底的文化保守主义者（对此，下文将作说明），我们只是在捍卫民族国家文化主权的意义上强调传统文化的作用。中国有五千年历史，也有着灿烂辉煌的传统文化，我们应该利用好这些传统文化资源为当代中国社会发展服务。

**最后，从传统文化与意识形态异同角度看，我们要区别对待传统文化。**正如上文已分析过的，在传统文化问题上一个绕不开的话题就是它跟意识形态的关系问题。传统文化分析离不开意识形态分析，但前者又不等同于后者。除了外延大于意识形态之外，传统文化跟意识形态关注的侧重点也有所不同。传统文化往往是以人与自然、人与社会、人的物质生活与精神生活等与日常生活密切相关的社会关系为关注重点，而意识形态文化则更重视以生产关系为核心的社会关系。虽然前后两者有不少重叠之处，但由于侧重点不同也就表现出它们的构成方式与社会作用不完全相同。正因如此，就一个社会发展而言，意识形态的变化并不意味着传统文化核心价值、思维方式与精神追求的彻底变化。从社会关系角度看，传统文化存在方式可分为三个层次：一是与特定社会制度紧密相连并为之辩护的文化，即意识形态文化；二是与特定生产方式相连并构成不同民族的生产方式与交往方式的文化（这里所用的生产方式是专指人对自然的生产方式，不涉及生产过程中人与人的关系）；三是与特定民族生活方式相连并构成不同民族的生活方式与独特精神追求的文化。这些文化共同组成一个民族的传统文化，并影响着该民族的思维方式、价值观念与精神追求。此外，民族文化并非是一个完全统一的整体。从不同民族国家具体存在与社会发展看，传统文化会有多个层次、多个流派，如中国古代就有儒家文化、法家文化、道家文化、佛教文化和墨家文化，等等。另外，仅就同一个社会不同人群看来，欣赏与推崇的文化内容也不完全相同。区分传统文化与意识形态的关系，不是试图把传统文化从意识形态中完全剥离开来，而是想说明只有认真研究它们之间的区别与联系才能做好传统文化、意识形态与一个社会总体文化发展三个方面的工作，防止种种极端式的倾向。

## 三、传统文化融入中国道路的过程是一个超越式继承的过程

**首先，对传统文化的地位与作用问题进行分析，必须有宏观视野与历史维度。**从当前国际社会发展来看，虽然资本主义生产方式仍占主导地位，但其不断生成社会主义生产方式的因素和未来人类必将进入社会主义世界历史发展阶段以及当前中国道路社会主义性质又告诉我们：必须慎重对待传统文化。从上述对传统文化存在方式的分析可以看出，传统文化虽然不同于意识形态，但也有这样一个不争的事实，即在阶级、阶层还明显存在的情况下传统文化不可能作为独立的文化

形态存在和发展，阶级社会传统文化的存在和发展最终必然要依附于某种意识形态。另外，即使抛开意识形态因素，传统文化存在的第二个层次也提醒我们，中国传统文化主要是跟自给自足的小农经济相适应的，面对工业社会特别是近期知识经济时代的来临，传统文化必须要有重大转型。正是在这个意义上，我们才提出对传统文化进行“超越式继承”的观点。所谓“超越”，就是要对传统文化核心价值进行意识形态式和符合现代生产方式式的整体改造，给它输入符合时代性质与时代特征的文化价值内涵。在此，我们认为这是一个文化内在结构的整体式超越或“断裂”，而不是点滴式的继承和发展。从当今中国社会发展来看，传统文化对我国社会基本制度与具体制度建立与巩固既有正面影响，也有负面影响。在积极影响和谐社会建设与发展和加强民族凝聚力方面，传统文化起到了不可替代的作用。但与此同时我们也能清楚地发现传统文化对跟社会主义市场经济体制和中国特色民主政治体制要求相适应的合理经济伦理与民主法制精神建构方面也有着不小的消极影响，小农经济意识、宗法观念、钱权交易、官僚主义和官本位思想还普遍存在，它们严重影响并制约着我国社会整体发展。

对于传统文化继承问题，我们认为必须首先肯定新中国 60 年历史在这方面的贡献。不同于列宁时代的俄国，中国共产党在对待传统文化问题上几乎没有出现过文化虚无主义占主导地位的现象，即使“文革”时期也没有完全否定传统文化（“四人帮”强调“弘法批儒”）。但我们的问题是没有找到正确对待“继承”的方式。虽然新中国成立后，毛泽东等中国共产党人意识到对传统文化要有超越式继承过程，但在具体方式方法问题上还存在着明显简单化的倾向，简单地用唯物主义与唯心主义和党性原则对待和衡量传统文化。事实上，传统文化与意识形态之间有着复杂的关系，即使就意识形态本身来说，它也不是可以简单用唯物主义与唯心主义对立与斗争来说清楚的（对此，当撰文另述）。后来，到了 20 世纪 50 年代末、60 年代初，又渐渐把意识形态与文化等同，“文革”期间更是把传统文化当成意识形态斗争与权力斗争的工具。

其实，意识形态与文化关系是十分复杂的，应该在正确研究意识形态理论并把握意识形态与文化发展规律的前提下，区别对待不同文化领域中的意识形态问题。如：跟重大社会关系特别是生产关系联系紧密的文化形式就应该加强意识形态管理与改造，而与基本制度相关的具体制度与体制问题就不简单是一个意识形态问题了，它更跟现代社会科技发展、生产力发展和交往关系的变化紧密相连。

至于日常生活中的文化问题（如交往方式、生活方式、思维方式和生活习惯等）更是一个复杂问题，它既远离生产关系，又靠近生产关系。说它远离生产关系是因为从它在社会整体发展结构中跟生产关系的垂直关系来看的，它显然不像经济关系、政治关系那样跟生产关系的关系如此紧密；说它靠近生产关系，是指当代西方社会出现的消费社会又重新将日常生活纳入商品生产轨道而言的。就日常生活远离生产关系来说，它更不简单是一个意识形态问题，而是一个传统文化与意识形态交互作用的关系问题，这里的转型不仅仅跟生产关系有关，更跟科技发展、生产力发展以及世界交往程度有关；从日常生活靠近生产关系而言，它又会生成一种新的意识形态——消费意识形态。而消费意识形态显然就不是一个可以脱离传统文化的纯粹意识形态问题，它更是利用传统文化实现其意识形态目的和功能的过程。

**其次，传统文化融入中国道路的过程是一个不断根据时代性质与时代特征，并结合中国社会具体实际的渐进式过程。**“超越式继承”是一个要不断正确把握时代性质与时代特征的过程。如果时代特征特别是时代性质发生变化，那这种继承的总体价值取向就要发生变化。当前，我们之所以如此重视儒家思想为代表的中国传统文化的作用，不简单是因为儒家思想中闪耀着不少真理性的光芒，更是因为考虑到当今世界与中国社会“和谐”发展这一主题。和谐发展自然就需要和谐思想、和谐理念。若世界重新进入战争与革命时期（这当然不是我们希望的，相信在全世界人民的共同努力下，和平与发展将会成为今后世界发展相当长一段时间内的时代主题），那么，那时强调“中庸”的儒家和谐思想就显然不合时宜，也许法家思想会成为传统文化中的显学。也正是在这个意义上，我们要重申这样的观点：以儒家为代表的中国传统文化不可能成为当代中国的时代精神，它只有纳入马克思主义理论轨道方能彰显其文化魅力。

在对待传统文化问题上，我们应该要有具体问题具体分析的正确态度，既要看到时代的变化，处理方式也要相应变化，又要看到传统文化与意识形态之间的异同，保持传统文化与意识形态之间必要的张力，当然更要反对各种极端的观点和态度。在此，文化虚无主义与文化保守主义就是两种对立的极端观点，对此国内外学术界已有较深入的研究，这里不作赘述。这里我们主要想谈点对后殖民主义文化的看法。后殖民主义文化是建立在后现代主义基础之上的文化理论，这种理论认为，社会发展都是由话语决定的，包括“科学”与“民主”在内所谓先进思想并不是什么历史进步的产物，只是西方文化的一种话语表现形式，宣扬“科学”与“民主”等理念不能促进历史的进步，只能进一步强化和巩固西方话语的统治地位。从理论上讲，当代科学理论与马克思主义的民主理论的确依托于西方社会与文化的发展，西方后现代主义在揭露西方文化弊端时也的确提出了一些有益的观点（如它批判了西方科学与民主理论中的理性中心主义等），但若把所有的理论都归于一种话语体系并用话语体系之间的比拼来衡量它们的优劣，这既是一种文化相对主义，又是一种唯心史观，最终会导致失去衡量历史进步的客观标准的历史虚无主义。一种理论依赖于一种文化和社会环境，并不等于说它就跟这种文化和社会环境完全一致，更不等于说没有衡量理论进步与落后的标准。其实，客观现实与历史的发展就是检验理论科学性和进步与否的标准。一种理论若能符合现实并带来历史发展，就是科学理论，至少说它包含着科学理论因素或靠近某种科学理论。我们不能单凭哥白尼的日心说不符合以后的科学理论就否定其进步性，也不会因为爱因斯坦的相对论成功引导人们发明了对人类生存有威胁的原子弹与氢弹等核武器就否定其科学性。毕竟科学理论的发现与应用是两个完全不同的问题。科学理论只是说明其正确揭示了客观规律，而科学理论的应用却跟社会制度与人们的人文价值理念直接相关。我们不能因为科学理论在应用中存在一些问题而全盘否定科学理论乃至整个西方文化的正确性与价值性。当今西方社会在科学理论应用方面的确存在不少问题（如工具理性张扬、价值理性失落以及生态平衡严重破坏等问题），但我们不能因此就否定科学理论的价值甚至彻底否定西方文化的一切，而应该将西方科学理论和合理文化同正确的制度和有效的传统文化结合起来，形成正确的制度机制与合理的科学理论应用观。本民族的所有文化不一定都是先进的，同理，其他民族的文化也不一定都是落后的、有害的。我们应该尊重历史事实，在看到西方文化对东方国家有殖民倾向的同时，也要看到西方文化的进步性。后殖民主义文化虽然不同于文化民族主义，但过分强调它也必然会导致与极端文化民族主义同样的文化孤立主义境地。

# 从文化自觉到文化自信与文化自强

杨生平　首都师范大学哲学系

爱因斯坦说过："提出一个问题往往比解决一个问题更重要，因为解决问题也许仅仅是一个数学上或实验上的技能而已，而提出新的问题，新的可能性，从新角度去看待旧问题，却需要有创造性的想象力，而且标志着科学的真正进步。"党的十七届六中全会通过了《中共中央关于深化文化体制改革，推动社会主义文化大发展大繁荣若干重大问题的决定》，这一决定把文化发展问题提到一个十分重要的战略高度，必将对我国今后社会发展起着十分关键的作用。

## 一、只有充分、客观文化自觉，才能真正文化自信、文化自强

文化发展问题有一个从文化自觉到文化自信，再到文化自强的过程。其中，文化自觉是实行文化自信与文化自强的重要前提与基础保证。只有充分的文化自觉，我们才能知道我们需要什么样的文化，怎样建设我们的文化；只有客观地文化自觉，我们才知道我们在什么意义上需要文化，用什么方式、朝着什么方向建设我们的文化。只有充分、客观地文化自觉，我们才不会走错方向，更不会夜郎自大或怨天尤人。公允地说，中国历史上有过相当长一段历史的文化辉煌。单凭上下五千年历史创建与传承的灿烂文化，我们就有充分的文化自信的资本。事实上，历史上的中国也确实自信过，但由于这种自信渐渐失去了文化自觉的支撑，近代中国慢慢落后于世界强国，直到鸦片战争西方列强用坚船利炮敲开了中国的大门。由此，不少中国人突然来了个一百八十度的转弯，从极端文化自信陷入极端文化自卑。不过，中国的志士仁人并没有沉湎于国破山河在的悲壮豪情之中，而是在痛苦中不断思索，在斗争中不断觉醒。从洋务运动到戊戌变法，从义和团运动到辛亥革命，这些都是中国人的一次次觉醒，也是中国人的一次次进步。正

是这一次又一次的觉醒与进步，中国人民终于迎来了中国近现代历史上文化自觉的高峰——新文化运动与“五四”运动。在“五四”时期的各种文化交锋中，中国人自觉地选择了马克思主义。中国人接受马克思主义是中国近现代史上最大的文化自觉。历史事实也证明：只有社会主义才能救中国，只有社会主义才能振兴中国。

不过，若要细分，自中国人接受马克思主义后，中国共产党人又有四次较大的文化自觉：其一是新民主主义革命时期；其二是社会主义建设时期；其三是改革开放初期；其四就是党的十七届六中全会提出推动社会主义文化大发展大繁荣时期。这四个时期的文化自觉既有共性也有个性。其鲜明的共性是：它们都是在“五四”以后中国人选择马克思主义、坚持社会主义大方向下进行和发展的，都是对马克思主义的坚持与发展。其个性是：第一次文化自觉是中国共产党人把马克思主义与中国革命具体实际结合起来，探索了一条不同于苏联的社会主义革命道路；第二次文化自觉是中国共产党人把马克思主义与中国建设的具体实际结合起来，探索了一条不同于苏联模式的社会主义建设道路；第三次文化自觉是中国共产党人在坚持马克思主义基本原理与社会主义基本制度前提下，通过对自身历史经验教训的总结与对西方发达国家先进经验的借鉴，探索了一条适合于当前我国实际基本的社会主义经济体制、政治体制与文化体制；第四次文化自觉是中国共产党人在坚持中国特色社会主义基本理论与基本制度的前提下，通过对改革开放后一些新问题、新情况的总结以及对国际发展大潮流的科学把握，探索了一条适合于我国今后相当长一段时间实际与发展的具体的文化思想与文化体制。客观地讲，第四次文化自觉是第三次文化自觉的继承与延续。

不过，第四次文化自觉也有着特殊的意义，它至少包含三个方面：其一，它是对我国当前思想道德领域存在的问题的深刻洞察与合理解决；其二，它是对文化经济力的准确把握；其三，它是对文化软实力与文化在综合国力中的地位的科学认识与合理预测。当前文化建设与文化发展的核心问题仍然是意识形态问题，不过时代给当前的意识形态建设工作提出了更高、更具体的要求。它不仅要求意识形态能不断回答与解决发展中的新情况、新问题，更要求它能容纳世界不同国家先进文化、中国传统文化与当前正在蓬勃发展的产业文化，还要求它将它们融于一体，有效地推动社会整体发展和全面进步。因此，这一时期文化建设的任务更重，工作更艰巨。

梳理文化自觉具体过程，对当前文化发展与文化繁荣有着重要的意义。只有明确了中国共产党人四次文化自觉过程及其关系，我们才可能不在文化发展大方向上犯全盘西化或文化复古主义的错误，更不会把文化看成决定一切的东西。文化的地位再重要，影响再大，相对于经济来说，它仍然是第二位的。这是马克思主义基本原则，也是铁的历史事实。对此，我们必须有清醒的认识。

文化自觉需要智慧，需要勇气，需要胆识，更需要实践。只有在复杂实践中总结与把握并能得到一定实践检验的文化自觉才是科学的文化自觉；只有科学的文化自觉，才能真正走向文化自信、文化自强之路。

## 二、建立充分文化自信，需要培育强大文化创造力

俗话说，“自信源自实力”。对于文化自信，我们必须有足够的文化自觉。我们应该知道我们已有了什么样的文化、我们还需要什么样的文化，我们今天拥有的文化已带给我们什么、将来它还能带给我们什么，未来社会发展又给我们提出了怎样的文化要求，这些要求怎样才能充分融合于我们今天的文化建设之中等一系列问题。只有弄清了这些问题，我们才会真正知道我们是不是有了文化自信，我们应该怎样培养更强大的文化自信。

从新中国成立特别是改革开放后我国所取得的成绩看，我们有足够文化自信资本与文化自信实力。在马克思主义理论、毛泽东思想、邓小平理论、“三个代表”和科学发展观指导下，我国社会发生了翻天覆地的变化，经济总量已排名世界第二，综合国力已排名世界第七，文化建设也取得了巨大的成绩，以社会主义核心价值体系为主要内容的社会主义先进文化正在逐步形成并渐渐发挥了重要影响。中华文化的世界影响正在逐步扩大，在世界多国建立的孔子学院逐年增多，世界汉语热如火如荼，以中国功夫、中国题材、中国元素为核心的中国文化现象正在世界范围内逐步形成，中国的国际形象越来越得到世界人民的认可与欣赏。但冷静地分析，我们的文化与发达国家相比还有明显的差距：在生产领域，核心技术仍然是西方发达国家提供的；在文化产业领域，核心文化思想和文化价值仍然是西方的，文化产业的风向标依然是由西方主导；在国际关系与国际交往中，主要话语权仍然掌握在西方发达国家手中；在日常生活与休闲领域，西方人的生活方式与思维方式领导世界新潮流，许多中国人存在着明显的崇洋媚外心理。这

种复杂的文化自信与文化不自信交织的心理，构成了当代不少中国人纠结的文化心态。若要从这种复杂纠结的文化心态中建构起充分的文化自信心，需要在找到症结的基础上用科学的方法对症下药。

当代中国有先进的文化思想与充足的文化资源，这是充分文化自信心建立的必要条件，但仅此还不够，还需要把这些先进的文化思想与文化资源转变为各个领域现实的文化力量。从目前我国文化发展的角度来看，需要加强以下几方面文化力建设：**其一是文化说服力。**马克思曾经指出："理论一经掌握群众，就会变成物质力量。理论只要说服人，就能掌握群众；而理论只要彻底，就能说服人。所谓彻底，就是抓住事物的根本。"思想理论建设不仅仅要立足于顶层，更要深入基层，从实践中汲取智慧与营养，应该着力从当前存在一定问题的群众信仰、群众道德等方面下工夫。只有"从群众中来"提炼并总结出的思想才会深入人心，才会真正"到群众到去"。另外，宣传方式也要与时俱进，要用鲜活的思想与生动的素材打动人、感染人，使先进思想真正入脑、入心。**其二是文化凝聚力。**随着社会主义市场经济不断深入，利益分层、思想多元现象日益凸显，这就要求意识形态在保持硬性（原则性）的前提下，进一步加大其软性（灵活性、广泛性）。只有这样，才能进一步加强思想的聚合力。马克思主义是开放的体系，它可以广泛吸纳一切先进的思想与理论。**其三是文化生产力。**当前文化在生产领域的作用日益明显，这不仅表现在像电影、电视、音乐、舞蹈和报刊等具体文化部门已成为文化产业，而且它已渗透到人们日常生活方式与休闲方式之中。按一些西方著名思想家的提法，当代社会已经进入消费社会时代，而消费社会的生产主要特征是文化、符号引领发展。先进思想与文化资源，只有融入具体的生产过程之中，才能变成强大的生产力。**其四是文化影响力。**虽然我们不认同亨廷顿"文明冲突理论"，更不赞同福山的"历史终结论"，但我们不得不承认这样一个事实：随着冷战结束，意识形态已不是当今国际文化影响力的主导因素，传统文化的作用逐步明显。虽然目前中国文化已得到许多国家与人民的认同，但我们必须清醒地认识到：这种认同只是表层不是深层，当西方文化在从现代性走向后现代性过程中渐渐表现出其局限时，绚丽灿烂的中华文化可以使困惑中的西方人眼前一亮，甚至可为其蓬勃发展的文化产业增添原料。但西方人的核心价值仍然是西方文化，他们不可能从根本上认同和接受中国文化，甚至有些人还认为中国文化走向世界是对西方国家文化安全的侵犯。当然，我们向世界推广中国文化并不是为了让别国接受我们文化并按我们的文化工作与生活，更不是搞文化侵略，而是通过对以“和为贵”和“亲仁善邻”等为基本内容的中国文化宣传，向世界表达一个正在发展中的中国追求和平、愿意与世界人民共同建设美好家园的强烈愿望。当然，这里也有基于我们自身文化安全的考虑。中国文化正在发生世界影响，但这种影响还没有变成一种强大的“力量”，这种“力量”的实现路途还很遥远。

文化思想与文化资源要想变成文化力，首先离不开先进文化的引领。这可是保证文化力发展大方向的大是大非问题。只有方向对了，文化力才能形成得快，并最终变成促进人类不断进步的物质力量；反之，文化力则形成得慢，而且即使形成也会最终阻碍人类社会的发展。其次，离不开创新思维的支撑。当今社会，科技发展日新月异，新思想、新思潮层出不穷，要建立起面向现代化、面向世界与面向未来，民族的科学的大众的社会主义文化，就必须有开放的心胸与不断创新的精神。任何先进思想，如若不能与时俱进，它也将落后于时代；任何文化资源，如若不进行创新，它也不会自动变成强大的物质力量。当今美国并没有太多的文化资源，但它却是当今世界最大的文化强国。究其原因，因为它拥有不断创新的精神与确保创新的机制。当前我国的文化建设需要创新的方面很多，但从创新内涵与形式上下工夫则是十分重要与迫切的。从目前创新理论研究的新成果看，创新有三种形式：一是原始创新，二是集成创新，三是消化吸引再创新。实事求是地说，改革开放后我国在许多方面都进行了创新，并已取得一定的成果，中国特色社会主义理论与中国特色社会主义实践就是其中两项最重要的创新成果。但在科学研究、技术开发与国际对话等方面，我们的创新力度还明显不够，主要是停留在集成创新与消化吸引再创新两个方面，缺少更多的原始创新，而原始创新成果能占领国际前沿的更是少之又少。在许多国际关系问题争论与人文社会科学对话中，新话语的提出与话语权控制总是在西方人手中，很多时候我们只是被动应战。事实上，创新精神的培养和创新成果的开发与利用也需要有创新思路，它需要不断培育创新主体、完善创新制度和建立创新生态。

当创新已成为社会时尚，当创新已成为每个中国人的自觉精神追求，当源源不断的创新成果不断转化为现实力量，那时的中国人才算真正有了充分文化自信。而此时，文化自强也就指日可待了。

## 三、文化自强之路：指导思想是基，核心价值是魂，制度保障是本

文化自强，需要有充分客观的文化自觉。应该清楚认识到：什么是我们今天所理解的文化、文化发展的总体指导思想是什么、靠什么推动文化发展文化繁荣，又靠什么保证文化稳定有序发展。只有明确了文化建设的目标、方向、动力和机制，才能确保我们国家有条不紊地走向文化自强之路。

文化是一种精神活动，有世俗形态与理论形态两种形式。作为世俗形态，它是指处于同一共同体中的群众所共有的风俗习惯、行为方式和交往规则，具有普遍性、大众性与相对稳定性；作为理论形态，它是专业精神生产者所创造的包括政治思想、法律思想、哲学、文学、艺术、道德、宗教和其他社会科学等系统化观念，理论形态的文化虽然是少数人生产并被一部分人掌握，但它却处于社会结构的上层，一旦形成，会对整个社会以及世俗形态文化具有很强的定向性和导向性。研究文化问题，必须有两个认识前提：其一，文化虽然是一种精神产品，但它一旦形成就会渗透在社会生活的方方面面，并往往以一种物质形态传承与发展。具体而言，文化又分物质文化、制度文化与精神文化。其二，文化再有影响，渗透再广，但相对于物质而言，它对整个社会存在与发展的影响毕竟是第二位的。这两个基本的文化认识前提，对我们今天推动文化大发展大繁荣、走文化自强之路十分重要。我们不能因文化是精神性的东西，就轻视它的作用，似乎认为它只是上层建筑的一部分，至多只对经济与政治发展起反作用。其实，当今文化的影响力已远不止简单一句“反作用”所能解释得了的。文化已经渗透到经济、政治与社会发展的各个方面，并成为一种重要的力量。从经济上看，不仅个体经济行为受到经济伦理等文化因素影响，文化已经成为一种重要生产力，而且整个经济发展方式与增长方式归根到底也涉及文化问题、价值观问题。著名经济学家、诺贝尔奖获得者诺斯指出，强有力的意识形态是使制度可行的社会稳定要素，没有一种明确的意识形态理论就无法说明资源的现代配置和历史变迁，“意识形态与制度可以被看成是共同心智模型的类别”。从政治与国际交往上看，文化的作用也是清楚可见的。著名政治学家、哈佛大学教授约瑟夫·奈在提出软实力时，就明确提出软实力包括三项内容，即：文化、政治价值观和国际关系政策。文化对整个社会繁荣与发展的作用更是不可低估。我们可以不同意福山的“历史终结论”，但

他的另一本著作《信任——社会美德与创造经济繁荣》不能不引起我们的高度重视与反思。当然，走另一极端，把文化看成是决定一切的力量，这种观点与看法也是错误的。不管怎么说，相对于经济而言，文化的作用是第二位的。当代美国文化之所以那样强大，根本原因在于它有更强大的经济实力作基础。

因为文化很复杂，文化层次太多，所以，走文化自强之路首先就必须有正确的指导思想。只有指导思想正确了，才能真正理解好文化、利用好文化、发展好文化。当然，指导思想毕竟是一种宏观的东西，真正做起工作来还需要有相对具体的中观思想和中观思路。这种中观思想与中观思路，事实上需要在宏观思想的指导下，根据当前国际国内形势的变化与发展，从众多复杂的社会因子中归纳并总结出可以引领未来中国社会经济、政治、文化等领域以及社会整体发展的核心价值观。所以说，党的十七届六中全会《决定》中提出的“坚持中国特色社会主义文化发展道路，深化文化体制改革，推动社会主义文化大发展大繁荣，必须全面贯彻党的十七大精神，高举中国特色社会主义伟大旗帜，以马克思列宁主义、毛泽东思想、邓小平理论和‘三个代表’重要思想为指导，深入贯彻落实科学发展观，坚持社会主义先进文化前进方向”，“社会主义核心价值体系是兴国之魂，是社会主义先进文化的精髓，决定着中国特色社会主义发展方向”，是十分英明的，也是高度文化自觉的结果。

当然，文化自强仅靠文化自觉是不够的，还需要建立科学合理的文化制度。邓小平同志在改革开放初期曾讲过：“制度问题更带有根本性、全局性、稳定性和长期性”，“制度好可以使坏人无法任意横行，制度不好，可以使好人无法充分做好事，甚至会走向反面”。这一思想对我们今天推动文化大发展大繁荣有十分重要的指导意义。只有建立了科学、合理的文化制度，才能把文化自强之路筑实、筑宽、筑牢。

建设文化制度就必须懂得文化规律。文化毕竟不同于经济，也不是物质，它从根本上讲是一种精神劳动，因而不能简单地用经济工作思路和物质生产方式做文化工作。文化虽然有统一属性和基本形成方式，但具体性质与具体形成方法却有很大的差别。从当前文化的存在方式与具体性质来看，有文化事业，也有文化产业；有经营性的文化，也有公共服务性文化，等等。文化性质不同，形成方式就会有很大差异，因而，不可能形成统一的文化体制。应该根据不同文化存在形式和不同文化性质，建立一种统、分、合的文化体制。从目前文化发展的角度看，应该用不同方式加强三种文化制度建设。**首先，要建立先进文化特别是马克思主义理论建设制度。**先进文化总体上属于文化事业，但它又不同于一般文化事业，它是一种意识形态文化、政治文化。应该把这类文化建设放在文化建设的首位。只有先进文化建设加强了，才能引领其他文化领域中的文化繁荣与发展。当然，先进文化的建设也不能完全依赖政策支持，应该从遵循文化发展规律的角度去加强。先进文化要真的永葆活力，就必须有比其他文化更宽广的胸怀、更厚重的文化积淀和更强大的吸引力。这些自然要从人才培养、氛围营造、路途拓展与政府支持等多方面去研究与加强。**其次，要建立产业文化发展制度。**产业文化不同于事业文化，从根本上讲属于经济式的文化。文化产业的性质是："文化"是中介、路径与形式，"产业"才是实质。产业文化的发展思路基本上是按经济发展思路来进行的，它服从的是利益最大化的经济规律。因此，对产业文化的加强可用建立社会主义市场经济体制的方式来推进。但产业文化毕竟也是文化，由于它具有明显的产业属性，因而它对社会整体文化发展可能会产生两种负面影响：一是将文化完全带入经济轨道，消解文化的人文向度和人文性质，使整个社会精神状态消极。另外，产业文化还存在破坏、透支国粹文化和原生态文化的可能。许多文化现象是不可再生资源，一旦完全进入文化产业的轨道，也许就不会失而复得。二是它可以产生一种特殊的文化现象——消费意识形态。消费意识形态不仅可能消解主流意识形态，还可能助长拜金主义与享乐主义。对此，必须有清醒的认识，必要时要建立一定的文化预警机制。**再次，要建立文化事业繁荣制度。**文化事业是一种纯粹的精神文化活动，它天生就有抵抗经济引诱的性质，对此不能用经济生产与经济建设的方式对待，应该给予充分的政策上的优待与资金上的支持。文化事业是一个国家文化发展文化繁荣之根，没有蓬勃发展的文化事业和强大的文化事业人才队伍支撑，一个国家的文化之源就可能断流，也很难设想会产生有强大吸引力的先进文化与茁壮成长的文化产业。

先进文化、产业文化与事业文化虽然建设制度不同，但它们可以相互影响、相互支持与相互支撑。只有先进文化加强了，产业文化与事业文化才能保证好发展方向并做大做强；产业文化做大了，先进文化与事业文化的发展既有了资金上的支持，也多了实践上的经验源泉；只有事业文化做强了，先进文化才可能更有创造力与先进性，产业文化也增添了不断的活水源头。另外，虽然三种文化建设制度不同，但也可以融入一些相同的机制。当前世界正处于文化不断发展、文化思潮不断更新时期，人们对文化创造力的要求与呼声越来越高，因此，无论三种文化中的哪种都必须建立科学合理的激励与考评机制。只有这样，才能使我们的文化源源不断、永葆青春。

有了马克思主义指导思想，文化自强就有了方向；有了社会主义核心价值体系，文化自强就有了灵魂；建立并完善了社会主义文化发展和繁荣制度，文化自强就有了稳定性的保障。相信，不久的将来，中国会迎来文化真正自强的那一天。

## 四、文化发展要趋向“三贴近”

恩格斯指出：“社会一旦有技术上的需要，这种需要就会比十所大学更能把科学推向前进。”自然科学是如此，人文社会科学也是如此。中国是一个文明古国和文化大国，五千年历史创造了绵延的灿烂文化，近现代以来各种文化碰撞、交流与对话更是把中国文化推向了一个新的高度。远的不说，就说改革开放以来，我国就有三次大规模的文化争论：一是 20 世纪 80 年代关于西化问题的争论；二是 20 世纪 90 年代到目前的传统文化争论；三是 20 世纪 90 年代关于大众文化的争论。在这些争论中，既厘清了一些理论问题，也深化了对文化问题的探讨。客观地说，改革开放以来文化问题一直是理论界关注的热点与焦点。我们不能轻易认为十七届六中全会以前我国文化没有发展，没有繁荣。那么，又应该怎样理解党的十七届六中全会《决定》中提出的文化大发展大繁荣呢？对此，我认为这不仅仅是对理论来说的，更是对实践来说的。准确地讲，十七届六中全会《决定》中提出的文化大发展大繁荣，是指当代中国更需要能直接指导并服务于中国特色社会主义实践的文化事业与文化产业的大发展与大繁荣，当前文化发展的重要使命是要服务于现实、服务于群众、服务于生活。

按一种文化类型学的划分，可以把当今文化分为主流意识形态文化、精英文化与大众文化三种形式。就主流意识形态文化而言，改革开放以来我国取得了突飞猛进的发展，在坚持马克思主义基础上，创造性发展马克思主义，形成了邓小平理论、“三个代表”重要思想与科学发展观。此外，目前还进一步加强了马克思主义理论时代化、中国化与大众化的研究与实践工作，马克思主义理论建设工程也取得了一定成绩，可谓形势喜人、前景可观。就精英文化而言，目前加强了文化问题民族性、时代性与世界性以及中外文化比较的研究，深化了文化形而上学与形而下学、文化与意识形态以及文化与政治、经济、社会、生态和人的发展等若干基本问题的研究，逐步开展了文化人类学、文化社会学、文化政治学、文化心理学与文化哲学等部门文化学的研究。就此而言，当代中国文化问题的理论研究渐渐与国际接轨，并逐步达到与国际文化大师对话的程度。大众文化（mass culture）是一种特殊的文化现象。按西方文化学的研究方式，中国的大众文化只到 20 世纪 90 年代才开始起步。大众文化不同于民间文化，也不同于以往的通俗文化，是资本与现代工业发展到一定阶段的产物。大众文化是由文化工业生产，通过书报、广播、电视、因特网等现代大众传媒传播，按商品市场经济规律去运作，以具有基本的文化接受和参与能力的大众为主要消费对象，旨在使普通大众获得感性愉悦，并融入生活方式之中的日常文化形态。从目前我国现状看，不能完全将大众文化理解为群众生活文化或习惯文化。因为，当代中国不同于西方发达国家，西方发达国家已基本上将大众文化化为群众生活文化，而中国由于从事现代化事业时间还不长，因而还没有能将大众文化化为广大群众的生活文化（目前大众文化只是表现为发达城市一定数量居民的生活文化）。所以，当代中国大众文化还不能完全反映与代表“大众”的文化。为了说明问题的方便，这里尽量从“大众”的文化视角谈论大众文化（因为，从发展的眼光看，这两者会渐渐趋同）。尽管中国大众文化起步时间不长，但发展势头迅猛，特别是影视文化与网络文化发展更快，它们已得到许多年轻人的青睐，并渐渐影响到他们的生活方式与休闲方式。大众文化以快速、多变以及通俗性、趣味性迎合了社会大众的部分文化需求，成为现代社会不可或缺的文化力量。

在看到我国文化发展成绩的同时，也要充分考虑到其中的不足，并借十七届六中全会的东风转变文化发展思路，拓展文化发展路径，加快文化发展速度。具体而言，有以下三点建议：

**第一，文化事业要落地。**

目前我国文化发展存在这种现象：文化事业缺产业，文化产业缺文化。当然，并不是说所有文化事业都可以转变为产业，也不是所有文化事业都可以按产业的方式来进行生产的，但文化事业要面向实践、面向现实和面向社会，贴近实际、贴近生活、贴近群众，则是必需的。文化理论大众化是“三贴近”的一种重要方法，但并不是唯一的方法；文化理论更应该以自身特有的形式去反映现实的存在本质，揭示人民群众经济生活、政治生活与精神生活等方面的需求，并最终以通俗的形式将这些需求以理论形态有机地结合起来。当前，我国文化理论研究存在着明显的理论脱离实际的现象，相当多的理论著作往往是学者自身的自话自说，缺少群众语言，更缺少与群众的沟通。对此，新闻战线提出的“走基层、转作风、改文风”要求也同样适合于理论战线。当然，“走转改”并不是要求理论工作者把主要时间与精力放在基层，但学者在适当场合花费一定时间深入基层则是相当有必要的。只有了解实际、深入群众、面向现实，才能使自己的理论作品真正富有生命活力。历史上最伟大的思想家往往都是最了解生活、最了解人民群众需求的思想家。

**第二，大众文化要升空。**

经过二十多年的发展，中国大众文化虽然取得长足进步，但也暴露了不少问题，其中较突出的是如下问题：其一，粗制滥造，缺少精心雕刻与加工。许多影视作品，剧本还没有写完，拍摄工作就已经开始，不少影视的制作是边编剧，边加工，边拍摄。尽管我国每年能生产相当数量的影视作品，但事后给人留下印象的并不多，能产生刻骨铭心效果的更是少之又少。其二，挑战道德底线，存在明显趋于“三俗”现象。许多大众文化作品虽然能产生明显的“笑”果，但它们往往是通过穿梭于道德禁区与非禁区之间的灰色地带取得，难以给人留下更多的人生思考与启迪。近些年，不少学者对春节晚会的批评是值得深思的。其三，自话自说，猎奇于文字编织游戏。近些年来，西方后现代主义者关于“文本之外无他物”、“一切都是符号游戏”的思想对我国文化发展特别是大众文化发展影响深刻，尽管其中也有不少合理理由，但过分沉湎于文字游戏以及戏说、玄想之中，最终使文艺作品脱离生活，降低了作品的含金量，使不少“作家”最终沦为“写手”。盘点这些现象，归根到底一句话：大众文化缺少文化意韵，缺少核心价值。在此，美国心理学家马斯洛五种需要层次的理论值得我们深入研究。当人们基本物质生活需求得到满足后，精神需求就显得异常重要。尽管嬉笑怒骂也值得玩味，暂时的娱乐可以放松心情，缓解人们生活与工作中的压力，但尊重与被尊重的需要、自我实现的需要对一个已经满足温饱并逐步走向小康的人来说更加重要。韩国一些大众文化作品是值得我们反思的。不少韩国影视剧之所以在中国受欢迎，是因为它灌输了一种与中国传统文化十分近似的日常人伦观念。中国人不像西方人那样普遍信仰宗教，但通情达理、亲情关怀却是不可或缺的。由于大众文化与人们日常生活关系密切，因此，提炼并输入合情合理、合规合法的生活价值观就是迫在眉睫的。

**第三，文化事业与大众文化要交融。**

由于文化性质不同，因而生产与制作方式自然会有差别，我们应该探寻并遵循不同文化生产规律，切勿整体划一。尽管如此，不同文化之间的交融又是十分必要的。当前我国文化发展的一个重要使命就是要面向实践，回归生活，做到“三贴近”。文化事业的落地就是文化事业做到了“三贴近”，而大众文化的升空则是以另一种方式做到了“三贴近”。事实上，“贴近实际、贴近生活、贴近群众”不是简单深入生活，与群众打成一片就能做好的，“贴近实际、贴近生活、贴近群众”是要了解实际与生活的本质、了解群众的目前需求与长远需求，而不是浅尝辄止。大众文化的升空就是为了在把握生活本质与群众根本需求的基础上再次落地。当然，“落地”与“升空”也不是没有标准的。从丰富人民群众不断增长的物质与文化需要的角度看，文化事业的落地就是要将自身融入大众文化之中，而大众文化的升空就是要将自己飞入文化事业的领地（文化事业的落地与大众文化的升空还会有其他指向，如制度指向、政治指向、经济指向、社会指向与生态指向等。不同指向，对它们提出的具体要求是不同的。对此，这里不作探讨）。只有文化事业与大众文化在“落地”与“升空”中互动与融合，才能使大众文化具有深层文化底蕴，文化事业具有强烈生活气息，中国文化发展才能出现持久繁荣。相信不久的将来，我们会看到这一天。

# 全球化背景下的中华文化复兴

杨金海　中央编译局秘书长

中华民族的复兴必然伴随中华文化的复兴。但中华文化的复兴不会自发产生，而需要我们自觉研究和推动，而且要认识到，中华文化的复兴不同于西方的文艺复兴，它是在全球化条件下进行的，需要付出更大的努力。在全球化的背景下，中华文化复兴的本质是什么，标志是什么，我们已经做了什么，还需要做什么，等等，都是我们今天需要认真思考的大问题。

**第一，全民族都应当有迎接中华文化复兴的民族自觉**。我们要在本世纪中叶基本实现现代化，实现中华民族的伟大复兴。这是我们的发展目标，是我们民族的雄心壮志，要坚定不移地为之奋斗。我们已经为此作出了巨大努力，并取得了举世瞩目的成就。但仍然有许多基本问题需要探讨。比如，什么叫现代化？什么叫民族复兴？对此，人们可以有很多理解，但我想有一点是可以肯定的，即现代化的标志可以有很多，如器物的现代化、制度的现代化，但最后的标志一定是文化的现代化以及人的现代化；与此相应，中华民族复兴的标志可以有很多，但最后的标志一定是中华文化的复兴。一个人如果没有文化本体，没有精神家园，即使物质家园再好，也不会幸福的，也不能说是现代人。一个民族，如果没有文化世界，没有精神家园，即使经济成就斐然，也是不健全的，也很难跻身于现代世界民族之林。

**第二，应当认真思考中华文化复兴的本质和标志问题**。一讲到中华文化复兴，人们就会想到中国的汉唐盛世，还会想到西方近代的文艺复兴。但我们今天所要追求的中华文化复兴，不是要复兴古代文化，而是要实现中华文化的高度现代化，达到中华文化曾经有过的领先于世界的辉煌地位。这两个方面又是密不可分的，中华文化的现代化程度决定着中华文化在世界上的地位。

那么，中华文化高度现代化的标志是什么呢？中华文化要达到高度现代化，不是要简单赶上发达国家，简单运用人家创造的文化，而是要在人类现代文明的基础上，创造一种新的既属于中华民族又属于世界人民的普适性文化，包括新的话语体系、新的价值观念、新的行为方式等，也就是要创造一种能够代表当今人类社会发展水平的新文化，而且这种新文化要得到全世界大多数人民的普遍认同。只有到了这个时候，我们才有资格说：我们实现了现代化，实现了中华民族的伟大复兴。

这是一个很高的标准，对我们来说，甚至是一个近乎严酷的标准。但历史进步的标准只能是这样。中华民族曾经在人类历史上长期领先于世界，其标志就是文化领先于世界，为人类文化的发展作出了自己的贡献。近代以来西方国家领先于世界，其标志也是自文艺复兴以来西方文化一直领先于世界，包括其器物文化、制度文化、思想文化，也包括马克思主义等先进思想。

**第三，应当在全球化背景下考虑中华文化复兴问题**。中华文化的复兴不同于西方的文艺复兴。文艺复兴时期还没有全球化的条件，它是西方世界内部的文化复兴。其主要任务是反对中世纪的封建主义和宗教统治，实现文化的现代化。中华文化的复兴则是在全球化背景下进行的，这是真正具有世界意义的文化复兴。其任务很重，不仅要继续完成反对帝国主义文化、封建主义文化和官僚资本主义文化的任务，还要完成反对教条式的马克思主义的任务，在此基础上创造一种具有中国特色、时代特色和实践特色的社会主义文化，同时这种文化还应当具有引领世界文化潮流的能力和水平。所以，要实现中华文化的复兴，就必须考虑全球化这个前提条件。

全球化是当代人类社会生活的各个方面正日益冲破传统民族国家的界限，在全球范围内全方位展开的客观现象和历史趋势。全球化不仅包括经济全球化也包括日益深化的政治全球化和文化全球化。所谓文化，简单来说，就是文明之普遍化。一个人发明了一种新的生产方式，或生活方式，或价值理念，别人都来学习，就是学文化；这种文明不断传播开来这就是文化现象。在古代，由于交通工具和信息手段落后，文化传播常常只局限于某一地域。只有在现代交通工具、通信技术快速发展的今天，文化的全球化才成为可能。今天在此地有一项发明问世，明天就可能在全球推广开来。于是，整个世界形成了日益宏大的文化流以及随之而来的经济流、物质流、能量流。在全球化的条件下，任何一个民族国家想要生存下去，都必须参与这种全球化，闭关自守无异于自取灭亡。我们要实现中华文化的复兴，必须首先参与文化全球化然后才谈得上掌握人类文化的话语权并影响和引领文化全球化的问题。

全球化的深入发展为我们民族文化的大发展提供了难得的历史机遇。随着我国参与全球化的深入和国际地位的不断提高，我们所倡导的社会发展模式、发展理念、价值观念等日益受到全世界人民的关注。比如社会主义市场经济、科学发展、和谐社会、国际政治民主化等越来越受到普遍重视。与此相联系，世界各国也逐渐兴起中国文化热。在这种情况下，我们应当乘势而行，尽可能代表世界上绝大多数人民的利益，倡导共同的价值理念，团结一切进步力量，为促进人类社会的和谐发展贡献我们的智慧和力量。

同时，也要应对文化全球化带来的挑战。例如西方有些强国仍然在推行文化霸权甚至文化帝国主义，力图强迫我们接受他们的所谓的普适价值。从世界文化的整体格局看，我们的文化还处于弱势状态，西方文化处于强势状态。如在互联网上中文文献所占比例很小，而我国的主流文化文献所占的比例就更小。又如，随着文化产业全球化的发展，西方发达国家的文化产业对我国文化产业的冲击严重，它们所占的文化市场份额相当大。这就使我们的文化走向世界面临许多困难。

为此，我们在建设现代文化的时候，必须充分考虑全球化条件。近些年来，许多国家都制定了自己的文化全球化战略。我们也应当制定自己的文化全球化战略，并制定出一套行之有效的、可以具体操作的策略。这样，我们的文化才有可能更好地走出国门，在世界上产生日益广泛的影响。

**第四，应当认真思考在全球化背景下我们在中华文化复兴问题上已经做了什么，还应当做什么。**新中国成立以来，特别是改革开放以来我们为中华文化的复兴做了一系列工作。我们不仅进一步清除了旧中国遗留下来的腐朽文化，还逐步清除了错误的、教条式的马克思主义文化，正在建设一种具有强大生命力的中国特色社会主义文化。通过这些努力，中国现代文化体系正在逐步形成和完善。中国文化的转型应当说始于“五四”运动，从那时起，中国的传统文化逐步转变为现代文化。但旧中国没有也不可能完成这一文化转型的任务，只有新中国才能完成这一历史使命。中国现代文化体系的现代性特质是什么？对此人们可以有不同看法，但有一点是不能否认的，即中国化的马克思主义是中国现代文化的核心。正是由于马克思主义在中国的传播与发展，使得中国文化本体发生了变化，从根本上告别了传统文化形态。

在马克思主义的影响下，中国现代文化体系基本形成。这至少体现在五个层面：一是话语体系。所谓话语体系简单说来就是概念体系。我们今天所用的概念，包括经济、政治、文化、生产力、生产关系、社会发展、以人为本、和谐社会等等，主要是从马克思主义理论中来的，当然也有不少是从西方其他理论中来的，还有的是从中国古代借来的。话语是文化之砖。正是这些概念术语，构成了中国现代文化体系的基本元素。没有这些现代化的概念，就谈不上有中国现代文化体系。二是哲学理念，即世界观、历史观、价值观、人生观和方法论。例如，我们今天所讲的自然规律、社会结构、历史阶段、发展目标、人的存在、人类解放等，主要是马克思主义告诉我们的。这些哲学理念，构成了中国现代文化的灵魂。在“五四”之前，中国人的脑子里没有这些哲学理念。如果一个民族不懂自然规律、社会规律、思维规律以及人的存在和发展规律，不懂社会历史科学知识，很难说是现代民族，其文化很难说是现代文化。三是自然科学和哲学社会科学。我们今天的各种现代自然科学以及哲学、经济学、政治学、社会学等，基本上建立起来了。特别是哲学社会科学，是在马克思主义指导下建立起来的，当然，也借鉴了世界上的其他理论，总结了中国的经验。这些科学理论和知识体系，构成了中国现代文化的基本骨架。四是思想文化。这是建立在哲学社会科学基础之上的社会思想文化包括科学技术、文化教育、文学艺术、新闻出版、文化产业等领域的思想文化。这是话语体系，哲学理念、人文社会科学在社会各个领域的反映，构成了中国现代文化的肌肉，有着丰富的社会内容。五是大众文化。这是社会成员日常生活中的文化现象，包括日常用语、笑话、礼仪、节日等，是社会文化的表层，具有最鲜活、最具体、最易变的特点。例如我们今时的节日中，有三八节、五一节、六一节、七一党的生日、八一建军节、十一国庆节等，这些都是共产主义运动带给我们的。以上这五个层面，综合起来就构成了中国现代文化的基本模式，大体反映了中国现代文化的面貌。它是中华民族的儿女们一百多年来一直在追求和建构的新文化。如果没有这些内容，很难说中国今天的文化具有现代性。

然而，中国现代文化还远远没有达到引领全球文化潮流的高度。它与中国唐代文化以及西方近现代文化所具有的世界地位相比还有很大差距。

一方面，中国现代文化中的不少思想已经处于世界领先地位，但总结和概括不够，影响不大。比如，中国的社会主义市场经济思想和体制是比较先进的，实践证明是比较科学的，也受到世界思想界的广泛重视，但我们对社会主义市场经济理论研究不够，没有从理论到实践、从逻辑与历史的统一上给予令人信服的阐述，所以，要让世界思想界认同这一理论还需要时日。又比如，我们讲社会主义的核心价值体系，应当说这是一种比较先进的价值体系，但研究推广不够。要想让更多的人认同和自觉遵循这些价值，需要认真总结、概括，特别是要进行话语转化。中国古代儒家把自己的价值理念概括为仁、义、礼、智、信，西方资产阶级把自己的价值理念概括为自由、平等、博爱。我们也应当把自己的先进价值理念概括为人们愿意接受而且容易接受的简明概念，如科学、务实、民主、法治、公平、正义、诚信、友爱、富强、文明、和谐、和平等。这样，这些现代价值观念才具有普遍适用的性质，而不至于把很多不讲马克思主义的人排除在外。

另一方面，我们缺乏世界眼光、战略思维、历史视野，甚至还没有从根本上克服鸦片战争以后长期形成的民族自卑心理、弱势心理以及与之相应的文化虚无主义、爬行主义或孤立主义毛病。当一种文化处于强势状态的时候，往往会主张激进主义，认为这样才能站得很高、看得很远，力图把自己的文化普适化并推广到更大的世界；而当一种文化处于弱势状态的时候，就会主张保守主义，就会画地为牢、自我封闭，力图把自己的文化特殊化并拒绝与其他文化交流。中国近代以来一直在探讨中西文化比较，有所谓中体西用论、中国文化特殊论等，这些讨论有一定道理，但都是文化弱势心理和防御心理的表现。试想，唐代的中国人和近代的西方人会讨论这些问题吗？直到今天，中国人的这种弱势心理还有意识或无意识地严重存在。比如，我们一方面讲要迎接中华文化的复兴，一方面又讲要保持我们的文化特色，甚至否定存在人类的普适价值，否定有文化的全球化。这样，客观上就把我们孤立于人类的普适文化之外了。如果我们不参与这些共同价值和共同文化的讨论，自说自话，甚至孤芳自赏，就不可能掌握现代人类的话语权，也就谈不上引领世界文化更谈不上中华文化的伟大复兴。

我们只有逐步克服这些缺点，才有可能实现中华文化的伟大复兴。我相信中华民族的儿女们有这样的智慧和能力，也一定能够实现自己的梦想。

# 全球化背景下中国文化发展的机遇、挑战与对策

谢玉亮　贵州师范大学马克思主义学院

## 一、全球化为当代中国文化发展提供了宝贵的机遇

在全球化时代，人类文明的发展具有更为开放、更为包容和更为多样的历史性机遇。在全球化的舞台上，各民族文化可用全球之镜照出自己的不足和长处，借世界平台，获得利用整个人类文明先进成果，寻求全球化与民族化、传统与现代、统一性与多样性等诸方面的整合之道，从而实现自身在世界舞台上的华丽转身。在这个意义上，全球化为当代中国文化发展提供了宝贵的机遇。

1. 全球化拓宽了我们的文化视野，有利于中国文化的现代性转换

对于任何一个民族而言，现代化都是难以逾越的关卡。尽管不同国家对现代化道路的选择不尽相同，但最终都要落到实现文化的现代化，即建立与现代社会相适应的文化价值体系。绵延数千年积淀深厚的中国传统文化，反而成为横亘在中国通向现代化道路上的一道屏障。无论如何，实现中国文化的现代性转换是我们必须要完成的重任。而全球化时代的到来，无疑为打破这一坚冰集聚起了足够的时代动力。

全球化使得人类不断跨越民族和国家的地理界限，超越制度和文化的障碍，相互联系和交往，相互影响和融合；不同国家和地区的交流空前频繁，打破了人们禁锢的思维模式，人们在寻找一种跨文化、跨地域的人类共同认可的全球意识。全球化突破了传统文化局限于民族和国家的狭隘视野，使人们真正作为“世界公民”来思考问题。人们必须走出封闭的地域文化的狭隘世界，用一种新的眼光环顾世界、审视自己。在全球化的视野中，世界文化与各民族文化将会产生化学反应——分解或者化合，民族文化的发展出现了前所未有的新特点、新问题。无论

是文化的维系传承，还是文化的发展建设，都不可能封闭起来进行。一个民族的文化建设必须置于世界文化格局中来考虑，必须以世界先进文化的水准来重新审视。民族文化既要继承自己的优秀传统文化，更要吸收全球性的先进文明成果，真正实现民族文化同现代性的合理“对接”与融合，创造出兼具中国特色和全球风格的现代性文化。

2. 全球化促进了中国文化与外来文化的接触、对话、交流和融合

作为思想和经验的一种交流，文化只有通过对话才能获得发展，而在孤立封闭中将趋于消亡。因此，文化交往始终是文化发展的基本规律。21 世纪是一个多元文化并存的时代，不同的文明和文化观应在平等的基础上开展对话和交流，求同存异，共生共荣。有学者认为，儒家文化中的同情、责任意识、礼教、热心公益和群体取向等，与西方文化中的工具理性、自由、权利意识、法律程序、隐私权和个人主义等启蒙价值一样，都是放之四海而皆准的普遍价值。[①] 我们应把它发掘出来，使之参与到全球性的多元的对话中。全球化进程打破了地域界限，把不同国家和民族的文化卷入了交流和融合的浪潮，使人类文明大道沿着互相借鉴、互相补充、互相影响的轨迹前进。而全球网络的开通，极大地促进了不同文化形态之间的接触、对话，可以形成世界性的文化共享。中国文化应当积极顺应全球化的潮流，在对外开放的过程中加强同世界各国的交流与合作，以开阔的视野、健康的心态，借鉴吸收世界各国优秀的思想文化，融入世界文明进步的潮流。与此同时，我们还要大力输出中国文化，既要输出中国传统文化的精华，更要输出当代中国文化的最新成果。世界走向中国和中国走向世界，是一个良性互动的过程。

3. 全球化提供了广阔的文化舞台，为中国文化走向世界提供了机遇

20 世纪以来，人类在科学技术与经济发展取得巨大成绩的同时，也陷入种种危机之中，如能源枯竭、环境污染、生态失衡、精神危机、地区冲突、恐怖主义等，人类文明的持续发展已面临现实的、严重的危机，若不及时救治，人类文明完全有可能盛极而衰，难以为继。这场危机就其本质而言，实际上是一种文化的危机，是工业文明中由机械论世界观和方法论导致的人与自然、人与社会、人与自我三重互动关系失调造成的危机。正是在这一背景下，中国传统文化的现代意义逐渐被世人关注与思考。一批世界著名科学家，包括 76 位诺贝尔奖获得者在一

① 转引自周蔚华：《全球化背景下的文化冲突》，载《中国特色社会主义研究》，2002 年第 4 期。

次集会上发表宣言：人类如果要在21世纪继续生存下去，避免世界性的混乱，就必须回首2500年前孔子的智慧。英国著名历史学家汤因比在《展望21世纪》一书中指出，儒家的仁爱“是今天社会所必需”，“墨家主张的兼爱，过去只是指中国，而现在应该作为世界性的理论去理解”。以儒家学说为核心的中国传统文化，其包含的基本精神，如“天人合一”、“以人为本”、“刚健有为”、“贵和尚中”等，有利于保持人自身的身与心、人与人、人与社会、人与自然的和谐统一，对于克服西方工业社会的物质和精神方面的衰落现象有特殊的“疗效”，对于物质文明进程中建构精神与物质、局部与整体、客体与主体、人与自然等相融洽的新型发展模式，实现人类在未来社会的可持续发展，具有重要的意义。中国文化在全球文明的转型中应该可以提供有益的精神因子。面对工业文明的种种危机，“儒学贵仁重德的人生观、主和尚通的人际观、天人一体的宇宙观，是医治现代社会病态，促进文明向更高阶段转型的重要思想资源”①。时代为包括儒学在内的中国文化资源的开发提供了广阔的舞台。全球化背景下的中国文化建设，其内容已不能仅仅局限于中国范围内，不应满足于保存自身文化的民族性和本土化，而应该对全球性文化的塑造有所作为、有所贡献。

## 二、全球化给当代中国文化发展带来前所未有的挑战

在今天，西方发达国家特别是美国掌握着全球化的主导权，经济上的支配性力量衍生出文化权势，美国凭借其强大的经济和科技实力大肆推行文化霸权主义。资本主义的扩张性决定着全球化的西方殖民主义本质，目前的全球化明显带有美国的特征。正如美国商务部前高级官员大卫·罗斯科普所说：“如果世界趋向一种语言，它应该是英语；如果世界趋向一种共同的电信、安全和质量标准，它应该是美国的标准；如果世界正在由电视、广播和音乐联系在一起，节目应该是美国的；如果共同的价值观正在形成，它们应该是符合美国人意愿的价值观。”② 从文化层面来讲，全球化进程中充满着文化的世界性和民族性、文化开放和文化安全的矛盾。在西方国家占主导地位的全球化进程中，经济上落后的各主权国家的民族文化存在和发展的独立性正在面临种种现实威胁。中国作为一个发展中国家，

① 牟钟鉴：《儒学价值的新探索》，济南：齐鲁书社2001年版，第2页。

② 赵长茂：《中国需构建和强化软实力》，载《瞭望周刊》，2004年第23期。

全球化给当代中国文化发展带来严峻挑战。

1. 全球化使中国文化的民族性受到冲击

文化的民族性指的是一个民族的生活特点、风俗习惯、情感素质、审美方式、思想内容、语言思维等心理结构在文化中的综合体现。简言之，它是每个民族的民族精神在本民族文化中的体现和反映。文化通过民族这一载体而存在和发展，以民族为根基，依据的文化也因民族而异，表现为丰富多彩的民族文化。在全球化时代，传统意义上的民族国家的界限将日渐式微。西方发达国家凭借其雄厚的经济实力和先进的科学技术对各国文化进行渗透，借助大众传媒、互联网络、商品战略、跨国公司垄断等方式，在商业文化、大众文化等方面占领文化市场，进而输出西方的生活方式和价值观念，冲击着主权国家所固有的思想观念、文化传统、语言文学等，并内化为深层的心理意识，造成这些国家的文化体系、整体价值观的破坏和动摇。保持民族文化的独立性，是一个至关重要的问题。西方各国都表现了民族文化的独立性。虽然同属资产阶级文化，但是英、法、德、意、美之间，各有其独立的民族特点。一个民族，如果丧失了文化的独立性，也就会丧失民族的独立性；丧失了民族的独立性，就沦为别的民族的附庸了。

在当前的世界范围内的西风东渐中，许多有识之士担心全球化中民族文化的地位与命运，看来这并非杞人忧天。从世界范围看，自文艺复兴以来持续了几百年的精神文化开始因商业消费而世俗化，大众文化配合着传播媒体的改进向全球扩张。在全球化时代，经济上的支配力量衍生出文化权势，导致世界范围内本应该双向互动的文化交流变成单向输出。一方面，西方国家使其文化精神和思想观念得到扩张，文化主体性得到张扬；另一方面，发展中国家的文化则明显处于守势和边缘地带，甚至有被“同化”或“弱化”而失去自主性和生存空间的危险。因此，在全球化中保护文化的民族性，已成为各民族国家面临的严峻课题。

对于中国这样一个有着五千多年历史的文明古国，要全部抛开它深厚的文化传统，一切照搬西方文化，只能造成一种俯屈在帝国主义面前的殖民地文化。历史和现实都告诉我们，国家要独立，不仅经济上、政治上要独立，思想文化上也要独立。如果任新殖民文化思潮泛滥，这对于一个民族、一个国家来说是极其危险的。失去固有的传统文化，无异于失去自己的民族文化特性，从而丧失自己的民族自信心和民族认同感。当然，我们并不是主张实行文化保守主义，而是主张不同文化之间开展平等对话和交流，并在参与全球化的过程中防范和抵制文化霸权主义的侵略。

2. 全球化对社会主义文化的主导性提出了挑战

20世纪80年代末90年代初的苏东剧变，在很大程度上被认为是以美国为首的西方国家从文化上长期对苏联和东欧社会主义国家实行渗透、宣传和颠覆的结果。冷战结束后，文化因素的作用得到了更进一步加强，在大国间军事作用有限的条件下，特别是在现代核战争无法严密保护本国不受报复的情况下，文化手段尤其成为一种更加重要的强大渗透工具。美国更加坚信文化这种“软权力”的战略意义和“不战而胜”的巨大作用，对拉丁美洲、中东和中国等进行有目的、有计划和有组织的文化输出和渗透，通过各种手段诋毁这些国家的意识形态和价值观念。正如美国学者萨义德所说，在全球化的过程中，“文化成了一种舞台，上面有各种各样的政治和意识形态彼此交锋。文化决非什么心平气和，彬彬有礼，息事宁人的所在；毋宁把文化看做战场，里面有多种力量崭露头角，针锋相对”①。

作为社会主义国家，中国因在文化传统、意识形态、社会制度、国家利益等方面与西方国家存在明显分歧，自然成为美国进行文化渗透和颠覆的主要目标。当代中国社会主义主流文化面临严峻挑战。

第一，全球化带来经济与文化日益“一体化”，对社会主义文化的独立性提出挑战。作为一种观念形态的社会意识现象，文化的发展有着自身的相对独立性。然而在全球化这一外部力量的强力冲击下，这种原有的独立性正不断被削弱。因为任何一个国家和民族的文化发展正越来越紧密地被捆绑在经济发展的列车上，文化和意识形态的吸引力，深深植根于物质上的成功和影响。经济越发达，文化也就更具吸引力。经济发展向文化和意识形态领域的扩张、渗透成为全球化进程中的一个突出现象，当代中国社会主义文化的相对独立性受到影响。

第二，西方价值观对我国社会主义精神文化的价值体系构成威胁。伴随全球化的发展，文化开始越出原有的学理层面，快速走入日常生活，文化渗透从物质领域到精神领域无孔不入。西方文化的传播、扩散，不仅深刻地侵袭着包括中国在内的发展中国家的民族文化，而且潜移默化地影响着这些国家的生活方式、消费方式、价值观念以及人们的社会心理。特别是西方文化向心理层次的渗透，使得人们的潜在欲望和需求受到西方文化的左右，并内化为深层的心理意识，形成

① 萨义德：《文化与帝国主义》，载《马克思主义与现实》，1999年第4期。

了对他国国民价值的重塑和精神控制，从而使社会发展面临可能失去正常社会心理基础的倾向。

在当今西方国家主导的全球化进程中，美国凭借强大的经济和科技实力，大肆向其他国家推销文化价值观念，使得本应双向的互动文化交流日益蜕变为强势文化的单向输出。一方面，美国利用先进的信息网络技术及遍布全球的传播媒介，将其文化价值观念散布世界各地，使发展中国家的思想意识、价值观念、文化体系等受到严重冲击。另一方面，美国阻止有悖于其价值观念的异质文化的传播，并采取种种手段对社会主义文化价值观念加以贬低、丑化。美国国家安全事务前顾问布热津斯基一再强调："文化统治"是美国全球性力量的重要组成部分。他说："不管你对美国大众文化的美学价值有什么看法，美国大众文化有一种磁铁般的吸引力，尤其是对全世界的青年。它的吸引力可能来自它宣扬的生活方式的享乐主义的特性，但是它在全球的吸引力却是不可否认的。"[①] 当前，我国青年一代的主流是好的，但也必须清醒地看到，一部分青年人已经发生价值混乱和信仰危机，他们对社会主义核心价值体系不感兴趣，推崇西方的价值观，热衷于西方的自由和人权，满脑子体育表演、色情书刊、娱乐游戏、美国大片、歌星影星，这在很大程度上消解了我国的社会主义核心价值体系的影响力。

第三，网络文化的兴起对社会主义文化的传播提出挑战。在全球化时代，现代传播技术的发展加快了思想文化传播的速度和进程。有"第四媒体"之称的互联网，以其方便快捷和其特有的穿透力，使文化交流更加直接和简便。同时，也应看到，信息的跨国流动带来文化管理上的极大隐患。作为信息输出国极其容易地将本国的价值观念和意识形态通过互联网传给其他国家。由于网络信息交流不受时空限制，在一定程度上为话语权的滥用提供了方便。过去人们只是被动地接受信息的受众，尽管有选择何种信息的自由性，但却无法利用媒介传播个人信息，而现在网络上任何一个用户都可以为信息的发布者。一些对我国主流意识形态心存不满的国内外敌对势力更是运用互联网发泄他们的敌视情绪；另外，大量暴力、色情等内容轻而易举地出现在互联网上，这些精神垃圾对社会主义文化建设将产生严峻的挑战。网络文化正成为一个新的思想文化阵地。

---

① 转引自柳礼泉主编：《撞击与升华——改革实践过程对人们思想的影响》，长沙：湖南大学出版社2002年版，第188页。

3. 我国文化产业面临严峻挑战

当今时代，综合国力的竞争，不仅是经济实力、科技实力和国防实力以及政治影响力的竞争，也是文化力量的竞争。而文化的竞争力，在当前突出表现为文化产业的竞争力。

文化产业是指从事文化产品生产和提供文化服务的经营性产业。文化产业竞争力，则是指文化产品和文化服务在文化市场中占有的份额。如果把文化竞争力理解为文化作用于人而产生的力量的话，那么文化产业竞争力就是文化竞争力的重要组成成分。因为文化产品或文化服务所占有的市场份额，在一定程度上体现了文化作用于人的规模、范围，决定和体现了文化力的影响大小。随着全球化时代的到来，文化产业在提高综合国力、促进社会全面发展方面的作用，已经被越来越多的国家所认可，文化产业甚至成为许多国家尤其是发达国家优先发展的重要产业之一。美国是世界上头号经济强国，也是文化产业竞争力强国。值得注意的是，美国总是以贸易自由为理由，迫使各国尤其是发展中国家开放其文化市场。资料表明，美国的文化产业已成为其第一大出口产业，其实力雄居全球之冠。

在我国，我们长期以来只注重文化的公益性，而忽视了它的产业属性和效益功能。与发达国家相比，中国的文化产业在国民经济中还属于没有得到充分开发的产业，随着国内文化市场的逐步开放，境外文化产品的大量输入以及跨国公司在中国投资传媒业，中国文化产业发展面临的压力进一步加大。与发达国家文化产业相比，中国文化产业竞争力明显处于弱势地位，存在诸如文化产业规模过小、经济效益及其在国际文化市场中所占比重不高、文化产业政策法规体系相对滞后等差距。尤其需要注意的是，当前这种差距还在进一步扩大。如何遏制这种扩大化的势头，切实提高我国文化产业竞争力水平，已经成为一个迫切需要解决的问题。

## 三、全球化背景下中国文化发展的对策

在全球化这把“双刃剑”下，如何抓住机遇，迎接挑战，使中国文化既保持自身的特质，又走向世界而成为人类共享的文明财富和资源，这是时代提出的、需要面对和解决的重大课题。我们应确立正确的原则和方法，既坚持以我为主、为我所用，又坚持求同存异、博采众长，以开放的胸襟、兼容的态度和科学的精

神对待古今中外一切文化成果。

1. 坚持以社会主义核心价值体系为统领，发展面向现代化、面向世界、面向未来的，民族的科学的大众的社会主义先进文化

先进文化是当代中国文化中的主流与核心；当代中国先进文化就是中国特色社会主义文化。在当代中国，发展先进文化就是发展面向现代化、面向世界、面向未来的，民族的科学的大众的社会主义文化，以不断丰富人们的精神世界，增强人们的精神力量。“面向现代化，面向世界，面向未来”是对先进文化前进方向的性质规定；“民族的科学的大众的”是对先进文化前进方向的形态规定，二者共同建立起当代中国先进文化发展的精确坐标。“面向现代化，面向世界，面向未来”为当代中国文化发展指明了方向：“面向现代化的重要意义在于提升、强化、发挥文化服务于中国特色社会主义事业的价值性，通过彰显社会主义文化对于中国特色社会主义事业的强大价值，不断增强社会主义文化在当代中国社会文化中的主导性；面向世界的重要意义在于不断开拓社会主义文化的世界眼光，立足当今世界科学文化发展的前沿，借鉴其他民族文明创造的优秀成果，切实增强社会主义文化在世界文化之林中的比较优势，使它在全国人民乃至世界人民中间具有强大的吸引力和感召力；面向未来则要求我们要自觉用历史发展的眼光看待文化的发展，根据历史的尺度衡量文化的先进性，善于从未来中国和世界的发展目标与趋势出发，设定当代中国文化建设的航向，不断推动文化的与时俱进。”① “民族的科学的大众的”则是对当代中国先进文化的本质规定。“它继承中华民族文化的精华，反映中华民族当下的生动实践，代表和维护中华民族的文化利益，但拒绝狭隘的民族主义；它坚持科学理论的指导，遵循科学的思想路线，高扬科学的旗帜，主张实事求是，主张客观真理，主张理论和实践的一致，反对一切封建文化和迷信思想；它植根于人民大众的社会实践，由人民大众创造并服务于人民大众。”②

2. 坚持创新思维，激发中国文化的创造活力

文化的生命力在于创新。一种文化如果失去了创新的活力，其生命也就衰竭了。一个国家和民族保持其民族传统文化，并通过文化创新赋予其鲜明的时代特征。从历史上看，有的文化发展了，有的文化消失了，关键在于这种文化能否吐

---

① 沈壮海：《关注文化安全新课题》，载《中国教育报》，2004年2月10日，第3版。

② 同上。

故纳新、变化发展。创新是一个民族不断进步的灵魂，也是文化发展的不竭动力。只有进行文化创新，才能永葆文化的先进性。在全球化时代，绵延数千年的中国文化还会具有强大的生命力和延续力吗？中国特色社会主义文化如何具有勃勃生机，赢得世人青睐？这就要求我们知己知彼，扬长避短，主动融合，全面创新。

文化的发展离不开创新，当代中国先进文化必然是一个新的创造，是多项有价值的文化成果的一个新的组合。每种民族文化都有其两面性：西方文化有其缺失的一面，也有其合理性的一面；中国文化经久不衰，具有独特的思想内涵和表现形式，也有其消极落后的内容。“发展社会主义文化，必须继承和发扬一切优秀的文化，必须充分体现时代精神和创造精神，必须具有世界眼光，增强感召力。”① 我们要继承和发扬中华民族的优秀文化传统，既要保存鲜明的民族个性，又要创造符合时代精神的民族新文化。为此，我们还要吸收和借鉴世界文化的先进成果，洋为中用，融会创新。中国文化精神必须在与西方文化的相互激荡中，相互作用，拓展升华。中国文化要想在21世纪走在人类文化的前列，必须在充分发挥其自身文化内在活力的基础上，排除其过时的部分，吸收其他文化的先进因素，使我们的文化“日日新，又日新”。立足于改革开放和现代化建设的实践，着眼于世界文化发展的前沿，发扬民族文化的优秀传统，汲取世界各民族的长处，在内容和形式上积极创新，只有这样，才能不断增强中国特色社会主义文化的吸引力和感召力。

3. 坚持文化发展的系统思维，实施全方位的文化发展战略

文化发展是一个艰巨的系统工程，需要社会各方面的协同努力。

第一，必须从经济、政治、文化的相互作用的角度认识中国文化的发展。人类社会是一个有机整体，经济、政治、文化是这个有机整体的三个组成部分。在这个有机整体中，经济是政治和文化的物质基础，政治是经济的集中体现和根本保证，而文化是经济和政治的必然产物和精神动力。任何社会形态都是经济、政治、文化三者相互联系、影响、作用，共同推动社会全面发展。在全球化时代，经济与文化日益捆绑在一起，谈当代中国文化的发展，不能仅仅就文化谈文化。离开经济的发展、综合国力的增强、社会的全面进步和人的全面发展，事实上谈不出什么结果来。少数西方发达国家正是凭借经济、政治上的霸权，向世界其他国家推销其文化和价值观念。而中国要想提高本民族文化在世界上的地位，使中

① 江泽民：《论“三个代表”》，北京：中央文献出版社2001年版，第160页。

国文化走向世界，与其他文化共生共荣，也必须靠自身实力的增强，靠经济、政治、文化的良性互动。展望中国文化的发展前景，让生产力尽快发展应该是我们的优先选择。为此，必须坚定不移地将发展作为党执政兴国的第一要务，在推动社会主义社会的全面发展进步的实践中谋求文化的发展。一个富强民主文明的现代化中国，才能为中国文化得到广泛的认同和扩大影响提供坚实的基础。

第二，弘扬和培育民族精神，唤起全社会的文化自信和认同。一个民族必然有其延续发展的内在根据，必然有其独立存在的精神基础，这就是这个民族的民族文化中的优良传统，即民族精神。一种民族文化中最重要的内容，是其始终洋溢着的民族精神，它是一个民族赖以生存和发展的精神支撑。西方虽然都是资本主义，但它的每个国家都有自己的民族精神，如法兰西精神、盎格鲁·萨可逊精神、美利坚精神、日耳曼精神、大和精神。中华民族在五千多年的发展中，形成了以爱国主义为核心的、团结统一、爱好和平、勤劳勇敢、自强不息、厚德载物的伟大民族精神。这一民族精神，深深熔铸在我们民族的文化之中，是中华民族的共同财富，是中华民族自我认同的基础。古往今来，民族精神充盈时文化就进步；民族精神萎缩时，文化就落后。在全球化时代，面对世界多元文化碰撞与交融，必须把弘扬和培育民族精神作为文化建设极为重要的任务。一方面，我们必须坚持弘扬中华民族的优良文化传统；另一方面，必须自觉抵制传统文化精神的消极方面，融进近代以来世界范围内形成的现代精神，为民族精神注入蓬勃的生机和新的精神力量。唯如此，才能培育出符合时代要求的、崭新的民族精神，从而增强中华民族的文化凝聚力和认同感。

第三，支持健康有益的文化，引导大众文化的发展。大众文化的盛行是与文化市场程度的提高相伴随的，全球化则进一步推动了它在全球的蔓延。市场化利益导向和市场法则在文化活动中的普遍运用，使得文化活动也成为一种经济活动，要靠市场运作才能开展。大众文化配合着传播媒体的改进向全球扩张，观念文化在感官文化的进逼下节节败退，古典的、理性的、合乎传统规范的文化样式作为主流文化的时代已成过去。商业影视剧、流行歌曲、卡通漫画、休闲书刊、时装表演、赢利性体育比赛等，是当今人们在日常生活中感知的主要文化样式，成为相当一部分人生活中不可或缺的部分。大众文化本身就容易平面化、模式化、缺乏深度与创造。对此，有人慨叹大众文化的出现是文化“最悲哀的发展”，但慨叹终究于事无补。面对西方大众文化产品的汹涌而入，我们需要改变观念，调整思路，把大众文化视为现代意义上的“文化下移”，是文化走向大众，提升大众精神文化消费，满足大众精神文化消费需求的一种必要文化形式。

第四，积极发展文化产业，增强文化产业竞争力。发展文化产业是市场经济条件下繁荣社会主义文化，满足人民群众精神文化需求的重要途径。面对全球化趋势和世界各种思想文化相互激荡的新形势，我们要站在满足广大人民日益增长的精神文化需求，弘扬和培育民族精神，增强中国文化影响力的高度，走出一条具有中国特色的文化产业路子。首先，要推进文化产业管理体制创新。不断推进文化体制改革，逐步建立有利于调动文化工作者积极性，推动文化创新，多出精品、多出人才的文化管理体制和运行机制。其次，要健全和完善文化产业政策。包括研究和制定扶持民族文化产业发展的政策，有效整合文化资源的有关政策以及健全文化市场准入政策等。再次，要充分利用新技术提升文化产业竞争力。在当前，特别要大力发展信息文化产业，引导国内软件开发商、网络运营商等各类企业开发具有世界先进水平和自己知识产权的高科技文化产品。最后，要努力开拓国际文化市场，实施“走出去”文化发展战略。提升文化产业竞争力，增强中国文化影响力，不仅要在国内市场占据主导地位，更要积极面向和努力开拓国际文化市场。中华文明的复兴和发展只有得到文化产业这一物质载体的支持，才能增强中国文化在全球的影响力。

第五，加强中华民族优秀传统文化教育，提高国民人文素质。这是当前一项非常重要的任务。随着世界科学技术的发展进步和对物质利益的强烈追求，科学教育备受青睐，人文教育受到冷落。过弱的文化陶冶，使学生人文素质不高，已成为我国高等教育中存在的突出问题之一。而新殖民文化思潮的影响又使这一问题变本加厉。光怪陆离的美国文化成为中国年轻一代欣羡的对象，而对中华民族优秀文化传统则不屑一顾。一些人怀疑民族文化传统的时代意义，甚至有人主张“去中国化”，拒绝把自己看成是“中国人”。在这种情况下，通过大众媒体与学校教育，向广大人民群众特别是大中小学生进行以爱国主义为核心的文化传统教育，势在必行。优秀文化传统教育，应从娃娃抓起，并将其贯穿于大、中、小学教材中，使学生在浓厚的优秀历史文化传统氛围中，树立共同的价值观。青年是祖国的希望，把青年培养成具有全球意识与富有优秀文化传统基因的新生代，这对中国文化的发展是极其重要的。只有让更多的青年一代熟悉中国文化，认同中国文化，热爱中国文化，中国文化的发展才会一路走好。

# 积极参与和引领文化全球化

杨金海　中央编译局秘书长

党的十七届六中全会提出了文化强国建设的战略任务。其意义十分重大。这标志着中华民族将从根本上告别自鸦片战争以来由于内外反动势力的压迫而造成的我文化弱国的历史，大步迈向文化强国建设的道路。这从最终的意义上决定着中华民族伟大复兴历史任务的完成。文化强国建设有两个方面的任务：一是国内文化建设；二是中华文化走出去战略的实施。这二者又是相辅相成的。后者就包含着参与和引领文化全球化的问题。我这里主要就后者谈点想法，供大家参考。

## 一、积极面对文化全球化带来的挑战和机遇

当今人类正处于一个空前的全球化时代。积极参与全球化是建设社会主义现代化强国的必由之路。如果说十几年前人们对这一点还认识不清的话，那么，今天已经无可争议。我国加入 WTO 以来所取得的巨大成就，从实践上证明了积极参与全球化的正确性。然而，在建设社会主义文化强国的今天，仍然存在一个如何解放思想，进一步全面认识全球化，特别是如何认识和正确对待文化全球化的问题。

关于全球化的定义形形色色，但大致说来，全球化不外是指当代人类社会生活的各个方面包括政治、经济、文化正日益冲破传统民族国家的界限，在全球范围内全方位展开的客观现象和历史趋势。这就是说，全球化不仅包括经济全球化，也包括政治和文化的全球化。从理论上说，人类社会是一个有机体，其中包括经济、政治、文化等诸多子系统。随着经济全球化的出现，必然形成政治和文化的全球化。对此，马克思、恩格斯在 1848 年的《共产党宣言》中讲得很清楚。他们认为，随着经济的世界性交往的形成，必然会出现世界性的人文科学。从实践上

看，伴随着经济全球化的深入发展，文化全球化也不断向纵深发展。近几十年来，随着电子计算机和国际互联网等高新科学技术的迅猛发展，人类进到了知识社会时代。由于生产的知识化，人类的生产方式和生活方式日益具有了文化的性质，并使文化真正成为世界性的。“文化”简单来说就是文明之普遍化。也只有在今天，这种文明之普遍化才达到了史无前例的程度，即表现为人类文明成果的世界化。今天在此地有一项发明问世，明天就可能在全球推广开来，从而形成了日益宏大的“经济流”和“文化流”。文化与市场第一次在历史上结合得如此紧密，流动如此迅速。

然而，在很长时间内，我们对全球化的认识是不全面的。要么只承认经济全球化，否认文化全球化；要么看到了文化全球化的存在，但由于西方发达国家利用了文化全球化，便不敢承认它的存在，不敢主动参与。造成这种结果的原因很多，或者是认识的表层性所致；或者是文化不自信心理所致，或者是“左”的思想所致。不论如何，这种思想认识的片面性，影响了我国的文化“走出去”战略的实施，客观上有利于西方发达国家利用文化全球化推行自己的价值观以及文化产品。近几年来，我国思想界开始认识到文化全球化问题，发表了一系列成果，但研究还不够深入，特别是离形成全社会的共识还有很大距离。所以，在建设文化强国的今天，进一步全面认识全球化，特别是深刻认识文化全球化，对于我们积极开展国际文化交流，争取世界文化领域的话语权和领导权，有着重大而深远的意义。

积极面对文化全球化，首先需要有文化自信。不错，文化全球化给我们带来的挑战是多方面的。首先是“文化霸权主义”的挑战。一些西方强国在主导经济全球化的同时，主导着文化全球化，把大量的书籍、电视、电影、音乐等精神文化产品输入其他国家，力图控制人们的心灵，使人们成为它们精神上的奴隶。更有甚者，他们还常常挥舞“人权”、“人道”的大棒，对发展中国家进行“干预”、“制裁”，强迫人们接受他们的政治理念和价值观念。同时，我们还面临着文化创新能力不强、文化成果不多、文化的国际影响力不大等问题。例如在国际互联网上，英文文献占97%，中文文献不到1%，而介绍中国现代文化的文献更少。这说明，在世界文化舞台上，西强我弱的局面短时间内还不会改变。

但是，我们也要充分认识到，文化全球化给我们带来的文化发展机遇也是前所未有的。随着我国经济的快速发展和国际地位的不断提高，我国的思想文化越来越受到世界人民的欢迎。从现象上看，汉语热有增无减；研究中国道路、模式的人越来越多；来中国学习成为时尚等。从本质上看，中国特色社会主义道路蕴含着一系列引领当今人类社会发展的新的思想成果。例如把社会主义和市场经济结合起来，使得政府和市场这两只手共同推动经济发展，这在人类历史上是一个创举，代表着人类社会发展的未来。只要我们把这些成果总结好，使之上升到思想文化的高度，讲好中国的故事，中国文化就一定能够在文化全球化大潮中脱颖而出，由弱势而到强势，由参与而到引领，由边缘而至中心。

## 二、积极参与文化全球化需要有辩证思维

积极参与文化全球化，需要有辩证思维，首先要认清几种关系，澄清几种误解。

一是认清文化全球化与西方化的关系，不能把文化全球化等同于西方化甚至美国化。西方发达国家特别是美国在文化全球化中占据主导地位，但不能因此就把文化全球化与他们的文化推广画等号。事实上，文化全球化也为各种文化交流提供了平台和机遇，例如我们的少数民族文化，在今天的旅游市场上越来越显示出生命力。同时，文化全球化也为形成新的全球性文化提供了土壤。近几十年来形成的全球性的生态意识、和平利用空间意识、国际关系民主化意识、文化多样性意识等，都是文化全球化带来的新理念，这些是人类共同的文明财富，不是西方某个国家推动文化全球化的结果。

二是认清文化全球化与文化同质化的关系，不能把文化全球化等同于文化单一化。文化全球化中肯定会形成一定的共同性文化，也就是同质性文化，例如会形成一定范围的共同的语言、科技思想、全球意识、竞技规则等，没有这些共同的文化要素，就难以进行人类共同的文化交流。但这些文化成果不会从根本上否定各个国家和民族原有文化，而主要是发展出新的文化样态，例如世界性的航天文化、竞技文化就是新的文化样态。当然，随着文化全球化的推进，原来的文化样态会变化，如有的民族语言消失了，而新的更具有时代性和普遍性的语言发展起来了。事实上，人类几千年的文化交流史就是各种文化相互融合又相互推动，新旧文化不断更替的历史。文化全球化只是加速了这种交流和更替的进程。

三是认清文化全球化与意识形态推广的关系。不能把文化全球化等同于各国

意识形态的国际化。文化全球化中肯定有意识形态的相互交流、冲击乃至斗争，但不能因此否定文化全球化中的非意识形态内容，更不能把文化全球化看做美国等意识形态的推广化。实际上，文化全球化中形成的许多共同价值观是当代人类的共识，有的更具有社会主义价值观的性质，如联合国宣言中强调的公平、正义、人权等一系列价值理念和工作原则。

只有深刻分析文化全球化中的种种关系，既看到其中的不利因素，又看到其中的有利因素，以积极的姿态，趋利避害，积极参与，才能在其中游刃有余，发展我们自己的文化，扩大中华文化的世界影响力。简单否定或盲目肯定文化全球化，都不是科学的态度。一味反对参与文化全球化只会把自己孤立于世界文化发展的潮流之外，就不可能在世界文化舞台上有一席之地，更不可能用先进文化引领世界文化潮流。

# 论全球化语境下社会主义文化发展的和谐诉求

张　敏　北京第二外国语学院思政教研部

## 一、文化和谐是人的发展的内在需要，也是社会主义文化价值观的题中应有之义

不管人们对文化有多少种不同的理解，也不管现代意义上的文化内涵与其初始用法有多少差异，迄今为止有一点可达成共识的，那就是认为文化是人所创造的、为人所特有的、属人的东西，是人类区别于动物的本质特征。这就注定了文化与人的发展之间密不可分的内在关联。按照马克思的理解，文化实际上就是"人化"，是人类所创造的'人工世界'及其人化形式的那一方面，是"人类在改造世界的对象性活动中所展现出来的、体现人的本质、力量、尺度的方面及其成果"①。也就是说，文化是人类在改造自然、社会和人本身的历史过程中，赋予物质和精神产品以及人的行为方式以人化的形式的特殊活动。既然如此，文化的内容、样态、水平以及是否和谐等，都会从不同角度体现人的发展方式和发展程度。文化的内涵往往通过人们的活动成果、活动方式以及人们的精神生产、观念形态和思维方式体现出来。是否具有文化意义，核心在于是否体现了人的特点和人的尺度，即是否具有人化形式，是否体现人类特有的智力、能力、趣味等属性。文化中所体现的"人"的形式，体现了某个历史阶段上人的智力、能力、审美、道德以及人的各种活动方式发展的程度，它标明了人类所特有的艺术化、文明化、审美化和创造性特质。人类文明就是靠这些艺术化、人文化、审美化的色彩来充实、点缀和美化的，人类艺术化、审美化程度越高就意味着人类文明程度越高②。

---

① 肖前：《马克思主义哲学原理》，下册，北京：中国人民大学出版社 1994 年版，第 687 页。

② 陈超群：《"文化"新解与文化的社会和谐功能》，载《上海行政学院学报》，2011 年第 12 卷第 5 期。

作为人类创造活动的产物和表现，文化本身又具有超越主体的客观形式，具有自己特定的结构和功能：文化的目的就在于人的发展，在于培养具有尽可能丰富属性和联系的全面发展的人。通过文化的发展，积淀为社会遗传密码，反过来塑造着人类，推动着社会进步和人类发展。人的社会性素质正是借助文化在不同国家、民族、时代之间的交往传播得以实现的。因此，人创造文化，文化反过来又塑造人，每个人身上都有着文化的印记，构成文化发展的内在动力，形成文化与人类发展的共在相随的历史过程。不仅如此，文化的英文表达“culture”的本意，就是对土地的耕耘和对植物的栽培，引申为对人的身体和精神的培养。而不管是人的身体还是精神的培育，和谐都是至高的境界和追求。精神的至善至美更是离开和谐而不能及至的。

可见，从文化的内涵、本质及功能上看，文化的和谐在塑造人、发展人的本质等方面发挥着极其重要的作用，文化内部诸要素之间、不同文化之间能否和谐发展，直接决定着人的发展方式和发展程度，是人的自由全面发展的内在需要。而实现人的自由全面发展和人类解放，一直是以马克思主义为指导的社会主义文化孜孜以求的崇高目标。因此，文化发展的和谐诉求又是社会主义文化价值观的题中应有之义。

早在《1844年经济学哲学手稿》中，马克思就从人的发展的角度论及了他对共产主义社会的理解：“这种共产主义，作为完成了的自然主义＝人道主义，而作为完成了的人道主义＝自然主义，它是人和自然界之间、人和人之间的矛盾的真正解决，是存在和本质、对象化和自我确证、自由和必然、个体和类之间的斗争的真正解决”[①]。在《共产党宣言》中也表达了人类解放的和谐愿景：人从奴隶般地服从分工的状况下解放出来，自由选择自己喜爱的和适合自己的活动，人与人之间不再是互为手段的工具性关系，而代之以真诚、友爱、互助的和谐关系。通过实践达到人与自然、人与人、人与社会、人与自身的和谐，是人的发展的最高境界和至善至美的价值追求。这一追求当然也是中国当前作为共产主义前身的社会主义的价值目标。文化能否和谐发展，以及在多大程度上和谐发展，既是能否实现人的自由全面发展的重要条件，又是人的发展程度和水平的体现。一定历史阶段上和谐的文化样态和内容，彰显了和谐的人的存在状态。邓小平的“两个文

① 马克思：《1844年经济学哲学手稿》，北京：人民出版社2000年版，第81页。

明”建设和“两手抓”战略本身就内在蕴含了社会主义对人的发展和社会和谐的价值诉求。科学发展观所强调的“以人为本”、“全面、协调、可持续”，更是彰显了社会主义文化价值观对和谐的本质要求。

马克思认为，人的自由、全面发展需要世界历史的交往环境。而世界历史的形成需要各民族文化的普遍交往。面对不同民族文化的碰撞、交流、融合和冲突，中国的社会主义文化建设该以怎样的理念和姿态应对，既不固步自封，又不迷失自我，是值得认真思考的。以和谐理念贯穿和引领全球化背景下中国社会主义文化建设，是应对来自文化全球化的挑战和解决国内文化发展问题的有效对策。社会主义文化建设中，不能教条僵化地一味排斥和否定非社会主义文化，应该以和谐的心态看待多元文化的并存和发展，广泛吸取和借鉴西方资本主义文化及其他民族文化的积极因素和优秀成果，积极融入多元文化的竞争、交流、互动和融合，取长补短，不断壮大自身，增强自身文化的竞争力和世界影响力。在同一民族文化内部，面对不同的文化样态和文化类型，比如殿堂与草根，古典与现代，主流与非主流，实体与虚拟，物质与非物质等，也要以和谐的理念营造包容、理解、多样的文化氛围，形成百花齐放、百家争鸣的文化发展态势。

## 二、和谐的社会主义文化理念彰显中华文化优秀传统的精神特质

在多样性和一体化趋势并存的文化全球化进程中，保持并发展好本民族的文化，是实现全球化文化和谐发展的内在要求，也是保障本民族文化不被湮灭的重要条件。而文化发展的民族性，体现在它的稳定性和继承性之中，其基本内核和主要精神在民族的发展过程中沉淀下来并不断地被继承和延续，具有相对稳定性。中华民族在漫长历史发展中形成的独具特色的文化传统，对古代和当代中国发生着深远的影响，成为新时期我们建设社会主义新文化的历史根基。当前中国特色社会主义文化建设，不可能彻底割断传统，而只能在继承民族文化优秀传统的基础上发展创造。正如江泽民同志曾指出的：“中华民族是有悠久历史和优秀文化的伟大民族。我们的文化建设不能割断历史。”①

追求和谐一直是中华文化的优良传统，也是中华文化的核心和精髓。“和合”

① 《江泽民文选》，第1卷，北京：人民出版社2006年版，第159页。

思想是中华民族普遍具有的价值观念和理想追求，和平、和爱、和美、和乐的和谐社会，是几千年来一代代中国人梦寐以求的理想社会。中国古代的和谐思想主要体现在：一是“和实生物”的本体论。古人把“和”看做天地运行的普遍法则，认为天地产生、宇宙运行、万物生长都遵从和合之道。“天地之气，莫大于和。和者，阴阳调，日夜分，而生物。春分而生，秋分而成，生之与成，必得和之精”①。“和”是万物生生不息的原因所在，正是因为有了天地和合、阴阳和谐，宇宙万物才能不断地生发长养、繁衍不停。人是宇宙的一部分，因而人的发展应该与宇宙的发展相适应，达到“天人合一”。二是和睦和美的立家之道。作为社会的基本单位，家庭和睦是社会和谐的基础。古人十分重视家庭的和谐，为家族成员的和睦相处提出了丰富的思想理念，制定了十分精细的礼仪规则和道德规范。《国语·郑语》记载，早在远古的时代，商朝人的祖先契就十分重视家庭的和睦，“能和合五教以保于百姓”。“五教”即为“父义、母慈、兄友、弟恭、子孝”五种协调家庭关系、促使家族和睦的道德规范。三是政通人和的社会追求。“和”也是古代中国人社会建设的原则和目标。政通人和不仅是许多政治家奋力追求的社会理想，也是普通百姓所盼望的社会状态。古人崇尚以礼乐治国，而“礼之用，和为贵”，因而“和”就成为他们制定礼仪制度、处理国家大事的价值标准，国家的内外和顺、百姓的和睦相处就成为他们追求的社会目标。四是协和万邦的人类理想。实现全人类的和生和达、和爱相处是中国人几千年来所共同追求的理想。早在《尚书·尧典》中就提出“克明峻德，以亲九族；九族既睦，平章百姓；百姓昭明，协和万邦”的思想。“协和万邦”的思想表现了中华民族爱好和平的优良传统，是中国传统文化中的“和合”精神在民族、国家、文化层面上的重要体现。古人认为，国家之间应当“兼相爱，交相利”，不同国家的人之间应当“视人之国，若视其国”，实现“庶政惟和，万国咸宁”，进而建立一个全人类和睦相处、互助互利的大同社会。五是和乐之美的艺术境界。以和谐为美，是许多文明形态所共同具有的审美取向，而中华文化在这方面表现尤为突出。中国古人追求和合之美的诗意境界，特别强调人生境界与审美境界的合一。他们从和谐之中欣赏艺术的美妙，体味人生的快乐。中国的许多艺术作品，无论是园林建筑，还是诗歌音乐，乃至书法绘画，都体现着和谐之美。古人通过欣赏这些艺术作品，能达到心气的平和、

① 陈广忠：《淮南子译注》，长春：吉林文史出版社 1990 年版，第 625 页。

心境的和乐和心灵的宁静。古人认为："凡乐，天地之和，阴阳之调也。"① 具有和谐神韵的艺术作品体现了天道流行的特性，具有与天地合德的功能。因而，人们欣赏这些作品，不仅能够实现人生境界的提升，而且能够实现社会关系的和谐，达到与天道流行的合一。

可以说，和谐精神与和谐理念体现在中国传统文化的各个方面，追求和谐是中华传统文化的重要特质。这为社会主义和谐文化建设提供了丰富的文化资源和优秀的历史传统。中国特色社会主义文化建设当以和谐理念为引领，实现中华文化的现代化发展。

构建社会主义和谐文化，要注重对传统文化和谐理念的继承：首先，继承中华文化和谐精神和内核，把和谐作为当前社会主义新文化建设的主题。这使得社会主义和谐文化在内在特质上具有了鲜明的民族性。其次，创造性地继承中华传统和谐文化的基本内容。社会主义和谐文化一方面强调人与人之间的和谐相处，倡导"以和为贵"，重视家庭的和睦、社会的和谐；另一方面体现了科学发展观，强调人与自然的和谐相处。同时在国际上，它倡导和平与合作，主张建立一个持久和平、共同繁荣的和谐世界。再次，传统文化中许多适应现代社会的优秀理念，如精忠报国的理念、忠于职守的理念、舍生取义的理念、富而好仁的理念、诚实守信的理念等，都对当前的和谐社会建设起到积极作用，也理所当然地为社会主义和谐文化所继承。

## 三、以和谐引领社会主义文化发展，是中华文化应对挑战、实现文化复兴的迫切要求

一种文化能不能生存和不断发展，在一定程度上取决于它能否顺应时代潮流，解决时代课题，积极成功地回应各种外在的挑战。英国历史学家汤因比提出，世界的主要文明形态总是在挑战—应战—再挑战—再应战的过程中发展，"真正的最适度挑战不仅刺激它的对象产生一次成功的应战，而且还要刺激它积累更大的力量继续向前进展一步：从一次成就走向另一次新的斗争，从解决一个问题走向提

① 吕不韦：《吕氏春秋》，上海：上海古籍出版社 1989 年版，第 40 页。

出另一个新问题"[①]。

构建和谐的社会主义文化是对中华优秀传统文化的继承和延续，但绝不是墨守成规地对传统文化进行简单复制或翻版，而是对传统文化的变革和创新，是对中华文化的全面丰富和发展。它既立足于中国特色社会主义建设的实践，服务于当前的社会主义和谐社会建设，又准确把握时代脉搏，顺应世界发展潮流，应对全球性危机的挑战，努力实现中华文化的伟大复兴，具有与当代社会相适应、与现代文明相协调的蓬勃生机与活力。

时代精神是一个时代的主题和潮流的精神体现、精神呼唤，是该时代文明的内在深层的价值精髓和精神内核，是对该时代文明的最高层次的思想升华。当今时代，和平、发展、合作成为时代潮流，世界多极化和经济全球化的趋势深入发展，科技进步日新月异。同时，国际环境复杂多变，综合国力竞争日趋激烈，影响和平与发展的不稳定、不确定因素增多；伴随着社会财富的增加，人们的生活压力也在增长，来自资源、环境、社会稳定等方面的压力和挑战也日趋严峻，严重威胁着人类的共同利益；人类的精神家园日趋走向分裂，价值观失范，出现文化失重现象，经济发展缺少了思想与思考的引领，人们只是生存而不是生活；不同文化间缺少应有的尊重和共处。追求和平合作与和谐发展，成为全世界人民的共同愿望。就我国而言，社会主义市场经济体制日趋完善，社会主义物质文明、政治文明、精神文明建设和党的建设不断加强，综合国力大幅度提高，人民生活显著改善，社会政治长期保持稳定。但另一方面，我国已进入改革发展的关键时期，经济体制深刻变革，社会结构深刻变动，利益格局深刻调整，思想观念深刻变化。这种空前的社会变革，给我国发展进步带来巨大活力，也必然带来这样那样的矛盾和问题。文化领域中，侧重于经济向度的文化产业与侧重于人文向度的文化事业之间失衡，文化受经济和政治的束缚和影响过于严重。在这种情况下，建设和谐文化既是时代要求，更是我国和谐社会建设的迫切需要。

近代以来，由于中国发展的落后和外来文化的入侵，中国文化一度面临着巨大的挑战和危机，无数革命志士为了扭转这一局面，实现中华民族的独立和中华文化的生存，付出了不懈努力。随着全球化进程的加快，中国文化面临着多方面的挑战：一是社会现代化的挑战，也就是中国文化如何适应现代化的问题；二是

---

① ［英］汤因比：《历史研究》，上卷，曹未风译，上海：上海人民出版社1966年版，第236页。

西方文化的挑战，也就是中国文化面对西方强势文化的传播如何保存和发展自身的问题；三是全球性问题的挑战，也就是面对人类所共同面临的时代课题或全球性问题，中国文化如何回应的问题。说到底，就是如何在当今时代保存和发展中华民族优秀文化、实现中华文化复兴的问题。要解决这些问题，关键在于增强自身的文化创生能力，从本民族的文化思想中继承最具有生命力和普遍性的思想，进而有效地回应和解决当今时代的共同课题，体现当今时代的时代精神。进入 21 世纪，中国经济发展，社会稳定，综合国力已有巨大提升，中华民族的文化自信心迅速增强，中国在应对各种外在挑战、回应全球问题的过程中也变得更积极主动。由此，建设社会主义和谐文化的任务显得尤为迫切。只有在全社会形成安定有序、丰富多彩的和谐文化，才能极大地调动社会各界的积极性和主动性，增强人民群众的凝聚力和创造力，推动社会的改革创新，促进社会的科学发展与和谐发展。

此外，以和谐引领社会主义文化建设，符合古今中外人类追求和谐社会的价值观和理想信念。追求社会和谐，是人类孜孜以求的共同理想，和谐思想在世界各国尤其是西方国家文化发展史上同样占有重要地位。西方许多思想家都阐述了他们对和谐的看法，突出了和谐的价值。早在古希腊，毕达哥拉斯就把“和谐”作为哲学的根本范畴，赫拉克利特也在肯定和谐价值的基础上提出了“对立和谐观”。此后，苏格拉底、柏拉图、亚里士多德等著名哲学家把“和谐”理念引入政治和社会领域。而真正科学地探索出实现和谐社会道路的则是马克思、恩格斯，他们发现了社会发展的一般规律，创立了科学社会主义理论，描绘了未来和谐社会的美好设想，为人类真正建设和谐文化、实现和谐社会指明了正确的道路。我们当前所要建设的中国特色社会主义文化，秉承和谐理念，是对人类文明中关于和谐思想的继承和发展，在追求和谐的价值观和理想信念上具有共同性。

总之，只有以和谐理念贯穿和引领社会主义文化建设，中华文化的和谐精神才能彰显其普遍价值，才能在解决人类问题的过程中不落后于西方文化，才能在世界文化之林中增强自己的吸引力和竞争力，才能有效回应时代课题，顺应当今世界时代潮流，使中华文化在世界人民面前自我展现和自我发展，实现中华文化的伟大复兴，成为引领和推动我国社会主义现代化建设与和谐社会建设的强大精神动力。

# 全球化时代中国文化的发展与整合

邹广文　清华大学哲学系

## 一、全球化内涵及其本质

全球化浪潮，无疑是当今世界的“时尚”潮流之一；全球化话语，无疑是当今世界的“主流”话语之一。今天，全球化早已超出西方发达国家的边界，走出学者的书斋，走向世界、走向大众日常生活，成为人们的口头禅和时尚熟语，成为每一个“地球村民”必须面对的共同时空境域和问题域。

从词源学和语义学上看，“全球化”（globalization）的词根global，即全球的、全世界的，而global的词根又是globe，即地球、全球。可见，“全球的”（global）首先是一个空间上的概念，“是地球在空间的位置的产物，是对生存的具体完整性和完善性的召唤，它不是把人类区分开来而是使人类抱成一团”①。“全球的”对应于“非全球的”，就是被空间所割裂的存在：民族、国家、地区和个人。全球化（globalization）的“化”（-ization）表示从非全球到全球的一种趋势和过程，本质是一种空间性和时间性的概念。可见，全球化首先是关于时间、空间变化的概念。这种时间、空间上的变化，在表面上体现为经济、文化、政治、技术、交通、通讯等多方面，但更为根本的是，全球化的主体始终是人及其实践活动，全球化是人及其实践活动在时间、空间上的变化过程，生产力的发展、普遍交往、世界经济一体化、国际互联网络的普及、全球文化的冲突与融合等只是全球化进程的表征和实现方式，而人（个体和类）的共生共存与自由全面的发展才是全球化进程

① ［英］马丁·阿尔布劳：《全球时代——超越现代性之外的国家和社会》，高湘泽、冯玲译，北京：商务印书馆2001年版，第130页。

的最终目标。在其最基本的意义上，我们认为全球化是一个以“现代性”为核心价值诉求的现代化（工业文明）在全世界范围内的拓展过程。

在全球化的视阈下，当代中国日渐成为一支正在崛起的力量，“西方中心”正在被消解，世界日益走向多极化和全球交往，用马克思的话说就是“历史走向世界历史”。1992 年，联合国秘书长加利在联合国日致辞时说：“第一个真正的全球性的时代已经到来了。”今天全球化的种种现实图景深刻地表明其发展的非线性、复杂性和系统性，用哲学术语描述就是“普遍联系”，用科学术语更形象地描述为“蝴蝶效应”。也就是说，在全球化时代，地球上任何一个角落所发生的事情，都可能演变为全世界共同关注的事情。诚如有的学者所言：“呈现在我们面前的是一幅复杂多元的全球化图景。它既不是福山畅想的‘历史终结’，后自由主义的大团圆，也不是亨廷顿等人臆测的‘文明间的冲突’，更不是一些左翼学者推导出来的‘全球资本主义’，而是更多主体和行为单位不同行为交织和互动所形成的网络。”[①]

严格地讲，尽管全球化序幕以哥伦布发现美洲大陆为标志拉开于 1492 年，但是自觉的全球化理论却兴起于西方 20 世纪六七十年代，在中国则兴起于 90 年代。“全球化”这个概念，是 20 世纪 60 年代由“罗马俱乐部”最早提出的，到 80 年代后期，全球化概念在知识界、传媒界、商界和其他各界被广泛使用，全球化理论研究也因此成为国际学术界的热点之一。冷战的结束又极大地推动了全球化理论的发展。由于研究者所处的领域、立场、社会文化背景、方法等不同，全球化理论也是流派纷呈，丰富多样。正如德国学者于尔根·弗里德里希所指出：“全球化这个概念具有多种含义。目前它基本成了一种标语口号，用以描述任何一种方式的国际关系和市场的国际化。就是在科学著作中，也被理解为多种不同的内容，没有统一的定义。”[②]

也许，对全球化的全面而深入的观照与反思不仅仅是理论发展的需要，更是关乎人类生存和发展的重大实践课题。我们认为，有必要从大时空纬度和实质角度重新解读全球化：首先，从时间维度上看，全球化不是某种特定时期的固定状态，而是一种不断发展变化的进程，就我们的认识能力而言，它没有最终的状态和归宿。随着实践的发展和认识的深化，全球化进程会不断深化，人们对全球化

---

① 杨雪冬：《全球化：西方理论前沿》，北京：社会科学文献出版社 2002 年版，第 279—280 页。

② ［德］弗里德里希：《全球化——概念与基本设想》，见《全球化时代的资本主义》，北京：中央编译出版社 1998 年版。

的认识也在不断深化。其次，从空间维度上看，全球化是一个多维度、高度复杂的系统过程，这不仅指全球化在多领域、多层面上发生，而且还指全球化的主体是多元化的，既有国家、民族、国际组织、企业，还有各种各样的共同体以及个人。全球化是统一和多样并存互动的过程。"实际上，全球化在推动了统一性增强的同时，也为更多的参与主体提供了发言的机会和展示自己特点的条件，使它们有可能根据其他参与者的情况来确定自己的身份。另一方面，统一性也会强化参与主体的自我认同意识。"① 再次，从主体和实质角度看，全球化并不只是资本、市场、金融、信息等的全球化，也不只是多元文化的全球对话和融合，更是每一个人的自由全面发展以及人类社会的和谐进步。最后，全球化进程是一个"冲突—解决—再冲突—再解决"的不断进程。出现矛盾冲突的主要原因是新旧历史进程的矛盾和多种参与主体间的矛盾。主要体现为全球化与本土化的冲突、多元文明对话与国际霸权主义的冲突、民族国家与全球市场以及国内共同体间的冲突，不同民族和种族间的冲突、不同文化或文明间的冲突、个人与共同体间的冲突、个人自由与国家安全的冲突、互联网上信息共享的自由与信息安全的冲突等。

全球化进程不只是经济和社会的变革，在深层次上体现为文化价值的变革。全球化的文化价值正处于日新月异的激烈变化中，还没有完全定型并呈现出清晰图景。

## 二、中国文化的发展形态

全球化对于当代中国而言，既是机遇又是挑战。这主要表现在：从历史起点和进程看，先发与后发并存；从发展动力来看，压力与动力并存；从内容因素来看，不利影响与可利用因素并存；从全球文化发展来说，冲突与交流双向互动；从全球化的前景看，和平发展与冲突危机并存。能否抓住全球化的机遇，迎接全球化的挑战，就成为中国未来发展的一个至关重要的问题。

总体来看，融入全球化之后中国的文化发展，已经告别了封闭保守的一元文化形态，呈现出显著的多元化格局。中国、西方、前现代、现代、后现代等多种文化共时并存于当代中国。（1）文化的主体——全球化公民的多元化。全球化公

① 杨雪冬、王列：《热话题与冷思考（七）——关于全球化与中国研究的对话》，载《当代世界与社会主义》，1998年第3期。

民是多量和多质的集合体，不同性别、年龄、职业、阶层、受教育程度、趣味的人，都有权利、有能力进行文化创造、价值判断和价值评价。较之从前的单一文化价值体系，无疑是一大进步。（2）文化客体的多元化。全球化文化客体指人们的文化活动的对象——自然、社会与人自身，还有信息。而信息本身的内容呈现出多元化、分层化的格局。（3）文化的生产与消费的多元化。文化工业、文化市场可以满足各种层次、各种品味、各种水平的大众的需要，而文化的形象、时尚也多样化，只要媒体或文化制作人认为有市场价值，就可以对任何一种东西进行包装、炒作。文化的生产、复制、包装、炒作的手段和方式更是多种多样、层出不穷。（4）文化产品的多元化。由于文化主体的阶层、水平、趣味不同，由于文化传媒的形式和内容不同，文化产品也异常丰富多彩、并行不悖。诸多丰富而驳杂的文化现象在封闭的一元文化中是不可设想的。（5）不同文化形态的多元化。全球化为不同民族文化的交流与互动提供了前所未有的平台，文化呈现出全球化、一体化格局。但这并没有消除不同文化的差别和特性，相反，由于文化交流工具的便捷，文化的民族特性更加突显，不同文化之间的冲突也有加剧的可能。

从最基本的形态来看，当代中国的文化按照群体差异可以划分为主流文化、精英文化与大众文化三种基本的形态，不同的文化形态在社会发展中发挥着不同的作用。

1. 主流文化

主流文化作为在社会经济、政治上居统治地位的阶级、阶层利益反映的思想文化，是居于社会生活主体地位的思想文化。当代中国的主流文化就是有中国特色的社会主义的文化，它既是我国社会主义经济、政治在观念层面上的反映，更从根本上促进着当代中国经济和政治的发展。如毛泽东所说："一定的文化（当代观念形态的文化）是一定社会的政治和经济的反映，又给予伟大影响和作用于一定的社会政治和经济；而经济是基础，政治则是经济的集中表现。这是我们对于文化和政治、经济的关系及政治和经济的关系的基本观点。"[①] 中国特色社会主义文化，是马克思主义的普遍真理同当前中国具体实践相结合的产物，它充分吸收了中华民族传统文化和世界其他民族文化的优秀成果，并在批判继承的基础上形成于新时代，因此主流文化的一个突出特征就是时代性，主流文化是反映中国改

① 《毛泽东选集》，第2卷，北京：人民出版社1991年版，第663－664页。

革开放时代精神的主导型文化。

除了时代性特点之外，当代中国的主流文化还体现了开放性和群众性的特点。所谓开放性是指主流文化不是封闭的、僵死的文化体系，而是以海纳百川的心态，宽容地对待其他文化，弘扬主旋律的同时提倡多样化，促进不同文化之间的交流，合理吸收外国文化的积极因素，在多种文化的碰撞冲击当中发展自身，使中国特色社会主义的文化与时俱进不断发展。群众性则是强调社会主义的文化建设事业是亿万人民群众创造的事业，人民群众是文化的建设者和享受者，因此主流文化必然以群众为基石，只有被广泛群众所接受的文化才可能成为真正的主流文化。

2. 精英文化

精英文化是知识分子文化的主要表现形态，在当代中国的社会文化中占有着十分突出的地位。随着我国市场经济的逐渐发展，精英文化的存在价值逐渐得到确认。精英文化是知识分子阶层创造、分享和传播的文化。“精英”是指社会为其设置专门职业或特殊身份的人文知识分子。在当前中国，人文知识分子负责生产精神文化产品，负有承传人文历史、矫正不合理社会现实、引领社会风气的职能。概括来说，精英文化的职能与作用主要有三方面：首先，精英文化具有解释、宣传主流文化的职能。知识分子参与对于意识形态的注解和宣传，将主流文化通俗化、大众化，向民众传达社会理想，将形式上的主流文化——官方的意识形态——内在本质化，变成大众普遍接受的本质上的主流文化。其次，精英文化承担着社会教化的使命。知识分子确立价值尺度和审美趣味的标准，发挥着价值范导的功能。再次，精英文化还秉承批判社会现实的职责，指出主流文化的不足，旨在矫正社会发展过程中可能会出现的错误发展方向，从而使社会更为进步、更加良性地发展。在国家与国家、民族与民族、文化与文化越来越联系密切的全球化时代，精英文化是主流文化与大众文化关联的纽带，是主流文化能够代表先进文化前进方向的前提，更成为大众文化发展的关键因素。换言之，社会的科学发展以及国民素质的普遍提高的不可或缺的前提是精英文化真正发挥出自身的特性。

3. 大众文化

从本质上说来，“大众文化”（mass culture）主要是指借助工业化的高效率生产手段、依托于市场手段将文化产业化之后形成的特定意义上的市民消费文化。大众文化最早出现在西方，它的产生依赖于两大前提：第一，城市的出现。城市本质上是生产力发展和经济发展到一定规模后的产物，在欧洲近代，随着资本主义生产力的逐渐发展，城市的数量和规模开始迅速发展。在古代，城市象征着政治、宗教以及军事，近代工业化以后的城市则是经济与文化的中心，城市代表了一种先进的生产方式和生活方式，社会上的先进思潮、前卫观念均汇集于城市。不同血缘、不同地域、不同身份的人集结于城市后，他们也就开始转变成为同质的“大众”，由此可以说，城市是“大众”得以形成的催化剂。第二，现代化的传媒。生产力的飞速发展导致文化的剧烈变革，文化的传播速度更为迅捷，传播途径更为多样化。在古代，一般是通过言语、书面文字的形式传播，20 世纪后，电子信息、尤其是因特网导致信息传播质的革命，人类进入了电子信息传播时代，文化通过声音和图像的组合方式，几乎可以瞬时传递到世界的各个角落，这就打破了文化的垄断，使文化能够被平民化、大众化。

在当代中国随着改革开放的深化，大众文化开始崛起并逐渐发展壮大，现今已经成为社会生活引人注目的文化发展形态。市场经济为大众文化的发展提供了坚实的物质基础，大众文化正以各种形式、通过多种渠道广泛渗透于人们日常生活的各个领域。这种大众文化本质上是现代工业社会背景之下所产生的与市场经济相适应的一种市民文化。因而大众文化从一开始就是市场化、面向大众的，流行音乐、肥皂剧、闲谈等传播形式从一开始就受到城市民众的钟爱，他们热衷于这种形式，并在其中开始了属于自己的文化制作。大众文化的实践充分说明，大众文化是在工业社会中产生的、最初以城市大众为消费对象、通过现代传媒形式传播的、无深度的、易复制的、按照市场规律批量生产的文化现象，它是现代社会快节奏、高效率、便捷、时髦、变动不居的生活方式的体现。

## 三、文化发展的价值整合

面对全球化文化多元的发展现实，需要进行自觉的文化价值整合。否则，文化的多元发展走到极端，可能会导致文化的涣散，不利于文化的健康发展。这里我们所说的文化的整合，旨在强调把各种分散的、孤立的、甚至冲突的文化价值力量整合为一种凝结着人类整体利益和整体价值理想的力量，从而使人类的文化实践行为充溢着一种健康自觉的人文精神关怀。从这一层次看，文化的整合不仅要超越具体的价值和目的，而且在整合过程中，还要抵消、同化和融合那些具体的文化价值和目的，使其顺乎人类整体的文化运作而成为一种文化实践合力。这种文化实践合力作为一种超越性的人类文化理想，反过来将对各种具体的文化实践行为和具体文化形态具有价值导引的作用。

基于未来中国文化的健康发展，我们认为21世纪中国的文化整合应该重点从以下四个方面作出努力。

1. 东西方文化的沟通

东西方文化的冲突与融合已是一个不争的事实。只是由于东西方文化发展历史阶段的差异性，使得东西方文化的沟通很难在一种平等的层面上展开。从文化哲学理论上讲，沟通总是双向的，是文化主体之间的对话过程，因此对双方来说都是一种主动性行为。

全球化时代促成了人类的普遍交往，这使得东西方文化之间大大增加了相互了解的机会，增强了相互间的对话。它正在为东西方文明在求同存异的原则下走向团结，走向文化融合，从而避免或减少彼此间的对立和冲突提供现实基础。我们诚然不应漠视东西方文化之间有利益的冲突，有语言、信仰、价值观念等的差异，然而这种冲突和差异，只有在不断的交往之中才能了解，才有可能寻求逐渐消除的解决途径。全球化时代的到来只是表明了全球合作的可能性进一步加强了，东西方文明有可能在一种新的层面上增加沟通，但要使可能性变成现实性，还要走漫长的路。

在现代，东西方文化的沟通应提倡的一个基本原则是“促进全球文明，创新民族文化”。一种全球文明的视野只能在文化开放的氛围中才能确立。也许正是在文化封闭的状态被打破之后，在全球文化的关照下，东西方文化都重新发现了自己文化的根，也许人们才真正地认识到，文化的多样性也许会变得比一个国家的国民生产总值还重要。

由于历史的原因，发达的生产力和高科技的领先地位使得西方文化在“全球文明”的进程中扮演主导角色，发展中国家包括中国在内的社会与文化正在受到西方文化的强烈冲击。这种严酷现实使我们在环顾民族文化的生存环境时总有一种“狼来了”的感觉，本能的有一种自我保护的冲动。然而，保护民族文化，并不是像对待古代文物那样把它与周围世界隔绝开来；相反，一种文化只有与时代相适应，跟上时代前进的步伐，既不断地更新和发展，又不失却自身传统的特色，才是一种有生命力的、根深叶茂的文化。民族文化需要在与外部环境、外来文化的不断撞击中得到锤炼和发展。“在这个意义上说，对于全球化时代的文化多样性问题，绝非‘保护’二字所能概括，具有决定意义的是我们的创造。创造需要我们的自信，需要我们有一个健全的文化机体。”①

总之，在文化全球化时代，中国文化走向世界，东西方文化进行有效的对话，是一种不可逆转的趋势。中华传统文化是一个具有悠久历史的文化，是人类文明的一个独特的部分，其所凝聚的生活、实践智慧、审美的魅力和情趣等，通过在世界文化格局中的交流、碰撞，必将显示其勃勃生机，成为超越时空的世界文化精神的具有独到魅力的部分，为中华民族争得更多的世界性声誉。东西方文化的交流，必须激活各自文化的潜在生命力，使文化焕发出新的生机，“一个世界，多种声音”——这是一种必然的趋势。

2. 科学与人文的融汇

当代人类对科学理性的反思，预示着一个重要的文化走向，这就是科学精神与人文精神的融合，而且随着时间的推移，这一趋势将越来越明显。科学精神与人文精神的融汇将是21世纪人类文化整合的一个壮观的画面。

本来，无论是科学文化还是人文文化，都是人类文化创造所必需的。人与自然是人所面对的两大对象，也是文化实践的两大主题。科学理性的弘扬弥补了人文文化对自然研究不足的缺陷，同时也显示了人类理性思维和改造自然的伟大力量；人文文化则展示了人性的尊严和价值，是对科学理性文化的必要补充和导引。然而这两种文化精神在现实发展中却往往呈现相互分离和对立的趋势。到了20世纪，二者的矛盾表现得更为明显，乃至于形成难以逾越的鸿沟。

20世纪80年代以来，世界一些著名的科学家、思想家出于对人类未来的前途和命运的担忧，开始了自觉地探索两种文化精神的结合及其可能途径的工作。1986年，来自世界各地的一些著名学者在意大利的威尼斯集会，并发表了《威尼斯宣言》。《宣言》预示：“科学与世界上各种不同传统之间这种相互取长补短的新的交流打开了人类的界限，甚至打开了通向新的理性主义的大门，由此可以产生一种新的形而上学的观点。”现在重新审视科学在整个文化体系中的地位，对科学加以人文主义的关照，以求减少乃至弥合科学文化与人文文化之间的裂痕，已经引起了越来越多的人的关注，并成为当代一个重要的、引人注目的思潮。

随着当代科学理性精神和人文精神的逐渐接近，科学技术的具体研究重心也

---

① 单世联：《论全球化时代的文化多样性》，载《天津社会科学》，2005年第2期。

发生了明显的变化。20世纪，无机的自然科学研究对象让位给有机的对象——生命科学、遗传科学、大脑神经生理学、分子生物学等。科学研究的对象从无机到有机这一重大转变和当代哲学中的反感觉、反经验、反理性的潮流，当代文学创作中的反现实主义、反自然主义的潮流，以及宗教领域中的废除无机的宗教规范、寻找宗教和自我的有机统一的潮流遥相呼应。这些领域中的变化预示着文艺复兴以来崇尚感觉、经验、理性的大时代已经开始终结。但这绝不是说今后人类就不要感觉、经验和理性了，而是要超越它们，去探寻我们的未知界，去获取人类认识和创造的更大的自由。科学技术的发展顺应并参与了这个重大的转变，这个重大的转变反过来又在更高的层次上影响了科学精神的更新。我们可以预期，21世纪的科学精神将不再以崇尚实证和理性为重心，而要以注重和探索人的生命本体、人对环境的需求和适应能力、人的全面发展的可能性为重心。

科学精神与人文精神的统一与合流，将为人类未来文化的整合展示光明的前景。在今后的人类生活中，科技文化存在的若干盲区，需要人文文化去关照，而人文文化又需要科学文化的滋养使之清晰化、形象化。总之，科学精神与人文精神的融合，这将是人类未来的希望之所在。

3. 个体与人类的统一

个体与人类的矛盾自从人类社会产生就已经存在，而在不同的社会形态中，二者的矛盾冲突具有不同的表现形式。

有关个体与人类社会的辩证关系，马克思曾有一段精当的阐释。马克思从历史的角度考察了这种关系的动态变化，他认为个体与人类社会的关系不是一成不变的，而是历史地发生着变化的。具体说来人的生存和发展要经历三个阶段或形态，即：(1) 自然发生的“人的依赖关系”是人的最初存在形态。(2)“以物的依赖性为基础的人的独立性”构成人的发展的第二种形态。(3)“建立在个人全面发展和他们共同的社会生产能力成为他们的社会财富这一基础上的自由个性，是第三个阶段”，也就是可以预见的最高形态①。在人类文明的进程中，马克思曾以历史主义的态度高度评价了资本主义生产方式对个性解放的意义，认为资本主义以“物的依赖性”冲决了宗教神学对人的束缚和奴役，这是一个巨大的历史进步。但是马克思同时也指出，这种以崇尚物质享乐为取向的人的解放也是对个体感性欲

① 《马克思恩格斯全集》，第46卷（上），北京：人民出版社1979年版，第104页。

望的一种放纵，对个体地位强调的同时却忽略个人与社会的协调，社会的价值和理想被淡化了，结果造成个体与社会的尖锐对立：精神颓废、信仰丧失、道德滑坡、人际关系冷漠、社会秩序紧张。也正是基于这种考察分析，马克思才提出了“个人的全面发展”的社会理想。而这种“全面发展”的应有之义正是个体与人类社会的和谐关系的确立，因此马克思特别强调：“正像社会本身生产作为人的人一样，社会也是由人生产的。”[①] 同时“应当避免重新把‘社会’当做抽象的东西同个体对立起来。个体是社会存在物。”[②]

在当代社会生活中，知识的发展和文化的发展都呈加速态势，人类作用于对象世界的能力增强了，个体的内在精神世界也相应变得异常复杂和敏感，一味地向外追寻、一味地向物的世界“进军”，导致了人的世界荒芜，人赖以确证自身的家园——社会关系也日趋紧张。在这种背景下，重新确立个体与人类的和谐便成了当务之急的文化课题。

我们认为，在现时代强调个体与人类的统一，其意义是深远的：

首先，它是有效解决目前人类生存危机的前提条件。众所周知，当前人类面临的最大的困境是一系列“全球性问题”，这些问题的出现显然与人类自身的文化取向与态度、与个体对自身本性和地位的意识有着密切的关系。全球性问题的真正解决，有赖于每个民族、每个个体跳出狭隘的自我利益的视野，从人类甚至从人与自然的和谐关系角度去思考问题。如果不能实现这种文化超越，全球性问题便不可能真正得到解决，人类的生存危机也不可能真正得到扭转。

其次，它也是真正扭转、克服人的信仰缺失，促进自我健全发展的前提条件。在当代生活中，随着人们物质生活水平的提高，生存的意义、人生的信仰等问题为越来越多的人所关注，精神生活的满足和充实开始成为人们追求的重要目标。西方文化发展的历程表明，在个体普遍主体化之后，人们就会感到小我狭窄空间的窒息，愈益感到对物的占有欲其结果只是物理的、量的扩张，对生存的质量并无改善。在这种情况下，从大我寻求广阔的天地，通过关心帮助他人、关心人类的命运前途来感受人生的价值、体验人生的乐趣、达到心灵的充实，这已为越来越多的人所认同。

最后，个体与人类的统一是真正实现人类文化跨世纪整合的前提。如前所述，

---

① 马克思：《1844 年经济学哲学手稿》，北京：人民出版社 2000 年版，第 83 页。

② 同上书，第 84 页。

在人类文化一体化发展的背景下，任何个体的文化实践行为都离不开所处历史时代的文化整体的价值，即受整个时代文化价值力量的制约。因此，作为文化个体，只有充分地意识到这一点，才能有效地调整自己的文化价值取向，自觉地把自我的文化实践行为与时代文化精神有机结合起来，使自己的文化实践真正成为时代精神的生动体现。在这种情况下，人类文化的整合才真正为个体所认同，也就是说，这种文化整合才是真实的、富有意义的。

4. 人与自然关系的协调

随着近现代工业突飞猛进的发展，人类征服自然的能力日益增强，一方面人类的物质欲望得到了越来越大的满足，另一方面这种物质欲望的满足又进一步刺激了人的物质欲望的无限膨胀，推动着人类去无限度地开发耗费自然资源，因而工业化进程的负面效应——人与自然的严重对立随之渐渐凸现出来：环境危机、生态失衡、能源危机、气候恶化……严酷的现实迫使人类不得不回过头来，重新检讨自己的思维方式和行为方式，祈求重新找回人与自然的和谐。对人与自然的和谐关系的渴望是20世纪思想家们理论思考的重要内容之一。随着对人与自然关系问题思考的深化，人们开始反思：人类应该以何种文化态度对待自然？人类对自然是否负有伦理责任？人类有无权利去无限度地盘剥自然？人类本身的物质欲望是否应该接受反思和批判？

在21世纪，人与自然的矛盾冲突能否协调，这将直接影响到未来人类的生存与发展。人类应在反思自身文化实践的基础上，自觉地消除与自然的对立意识，认真检讨反思传统的自然价值观，并在检讨中树立一种全新的现代自然意识。传统的自然价值观有三个基本的误区：（1）人类存在本质的超自然化，即人类视自己为宇宙发展系列的特殊存在。在西方文化观念中，人是上帝的选民，与地球上的其他物种有质的不同。人是宇宙的主宰，是大自然的杰作，是自然界进化的最高阶段等观点成为人们的普遍信仰。人虽不否认自己是一种自然存在，但却认为是一种特殊的、最高级的自然存在，是“宇宙之精华，万物之灵长”，因此是超越自然之上的。（2）人类自然价值利益的至上性。由于人是一种特殊存在，因而在对自然事物的追求目标与满足手段上就被赋予了特殊的意义，即强调人类的自然价值目标是永远合理的。人类满足自然价值目标的手段是可以不受限制的。人类为了至高无上的自身利益，可以采用各种先进的技术手段，可以永无止境地追求自己利益的满足，以人类为中心的价值取向诱使着人类毫无顾忌地耗费自然的价值。(3) 自然存在的对象化与物化。既然人是一种特殊的存在，既然人的利益具有至上性，那么与之相应，大自然的万物不过是为人而存在的物或对象，它们惟有成为人类认识实践的对象才是有意义的，自然万物也因为与人类利益的远近和实用与否而有了高低贵贱之分，也就是说，自然只有为人存在和成为属人的存在，才是有价值的。

要真正扭转人类的这些错误的自然意识，必须破除人类盲目的自我优越意识，对自然采取一种认同与回归的指向，视自然为人类存在的家园，意识到人的生命本体根源于自然；人是自然的一部分，人的智慧是自然智慧的部分显现。重新找回人与自然的和谐关系，这应该成为面向未来全人类的共识。我们既要考虑到人与社会的完善与发展，更要考虑到自然环境的优化。人类应自觉意识到：自然并不是无限意义上的时空存在，也不是仅仅供人利用的纯粹的物的世界，而是人类生于斯长于斯的自然环境；自然不只是人类实践活动的舞台，同时更是人类存在延续的家园。因此，自然界作为整体既是人类生存价值的最终体现，也是对人类价值目标的根本性限制。一方面，人的生存价值要受到自然存在及其特性的根本限制，人类未来的命运在很大程度上取决于自然而不是人类自己；另一方面，就现实的人与自然的价值关系而言，人类最基本的价值追求就是自然环境的长期稳定的存在，努力维持自然环境的内部平衡有序，使自身的生存活动和其他活动有一个适宜的空间。特别须强调的是，面对自然，人类应清醒意识到人类价值创造活动的有条件性和局限性。有条件性是说，人类的价值创造活动不仅不能突破自然环境的许多特征所规定的根本性限定，而且不能侵害其他种类和人类内部其他群体与个体的价值利益，否则，人类的价值创造活动会处在与其他利益主体的冲突中，这种冲突有时甚至是十分尖锐的。局限性是说，由于每个时代的人类群体和个体在认识、把握自然的能力、方式等方面都受时代和种类的局限，他们自然价值利益的不同方面之间、自然价值目标与创造活动之间往往是存在冲突的。这表现为自然环境在做出某些方面价值满足的同时，也做出另外一些方面的价值否定。人类也许永远不会完全消除价值创造中的条件限制和内在局限，自觉地意识到这一点，对于人类未来的实践是十分重要的。

当然，对人与自然和谐关系的丰富内涵的合理把握，从根本上说有赖于人的现实实践行为上的自觉。随着人类文化实践的深化，我们也许能够在更高层次上感悟到人与自然和谐关系的悠远意蕴。

# 当代中国文化建设与当代中国先进文化

叶险明　浙江师范大学法政学院

全球化背景下的当代中国文化建设是一个非常广泛的研究课题，其学科范围几乎涉及整个哲学、人文科学和社会科学，其内容几乎涵盖了中国社会生活的各个领域。但是，在我看来，当代中国文化建设研究最为关键的一个环节就是关于“当代中国先进文化”的规定性问题。因为，当代中国文化建设的核心就是发展当代中国先进文化。如果连当代中国先进文化的规定性问题都搞不清楚，那么关于全球化背景下的当代中国文化建设研究的总体指向就会迷乱。从方法论上看，目前学术界在全球化背景下当代中国文化建设研究中存在着的一些误区在很大程度上正是由于缺乏对这方面问题的科学认识所致。

## 一

谈到当代中国先进文化的特性，我国学术界有一种基本共识，即：“科学性、时代性、民族性、开放性、群众性、创新性”。我以为，如果从一般宣传的角度看，这种看法是有其积极的意义的，但从严谨的学术角度看，问题就凸显出来了：“科学性、时代性、民族性、开放性、群众性、创新性”都是需要进一步说明自身的，故不能直接体现出“当代中国先进文化”的特性。进而言之，必须对上述当代中国先进文化的特性加以具体的科学分析，才有可能获得对当代中国先进文化的科学认识，否则，就会出现了理论上和实践上的失误。

这里先以“民族性”为例。众所周知，中国先进文化的主体是“中国”，中国先进文化当然具有民族性，这一点是毋庸置疑的。不过，“民族性”又是一个广泛的概念，这就是说这一概念并不能确定一个民族的民族文化的先进方面与落后方面，因为，一个民族的文化无论是其先进方面还是其落后方面，都具有民族性。

我们不能说，一个民族的文化，其先进的方面是民族性的，其落后的方面是非民族性的。一个民族的先进文化首先是相对于一个民族的落后文化而言的。这说明，“民族性”并不能直接作为中国先进文化的规定，当代中国先进文化的“民族性”是需要规定的东西。如果用“民族性”直接界定当代中国先进文化，那么就可以推导这样一种荒谬的论断：当代中国文化都是先进文化。而这样一来，实际上也就是在逻辑上否定了当代中国先进文化这一概念的意义了，从而也否定了“当代中国文化建设”的主旨和核心了。我以为，这种认识在方法论上起到了为国内外一些具有政治偏见和文化偏见的人提供诬蔑和贬低中国文化辩护的作用。例如，西方某些对中国带有政治偏见、文化偏见甚至民族偏见的人也对中国民族文化“感兴趣”，但他们往往把中国传统文化的落后方面及其表现形态（包括在今天的中国文化中已经不存在的方面及其表现形态）作为中国文化民族性的代表，而对此我们中的一些人却感到沾沾自喜。

在我看来，就中国先进文化来说，“民族性”应是具有批判性的民族性。这里所说的“批判性”是指一个民族能从世界历史的高度客观、冷静、全面地认识自身文化和别国文化。反之，一个民族缺乏对自己文化的客观、冷静、全面的认识，这个民族的民族性就是“非批判性”的。“批判性”表现了当代中国文化先进方面的民族性，而“非批判性”则表现了当代中国文化落后方面的民族性。

再以“群众性”为例。“群众性”也是需要说明的东西。有“群众性”的文化不一定都是先进文化。“快餐文化”和“媚俗文化”也具有相当“广泛”的“群众性”，但绝不能说它们是先进文化。“群众性”本来是要说明先进文化的“普及性”的，但由于它本身并不是先进文化所独有的，故也难以作为先进文化的直接规定。我强调这点，旨在说明：文化，不是接受、欣赏的人越多越好，关键在于越来越多的人接受、欣赏的是什么文化。因此，“群众性”是不能作为“当代中国先进文化”的直接规定的。在市场经济的条件下，“群众性”是个更为复杂的问题。对在市场经济条件下文化所表现出来的“群众性”要作具体的分析。这就是说，在市场经济条件下文化的“群众性”更不能作为当代中国先进文化的直接规定。当然，当代中国先进文化有个如何融入和体现在大众的审美娱乐中的问题，即不断扩大其“群众性”的问题，但这和笔者所作出的关于“群众性”不能作为当代中国先进文化直接规定的论断不是一回事。

从方法论上看，对“科学性、开放性、时代性、创新性”也应作如是观。我以为，必须从世界历史的高度来理解当代中国先进文化。进而言之，必须首先把“当代中国先进文化”视为当代世界先进文化的一个有机的组成部分，对当代中国先进文化的“科学性、时代性、民族性、开放性、群众性、创新性”的认识才可能达到科学。不从世界历史的高度来理解“当代中国先进文化”，“当代中国先进文化”就都会被扭曲，甚至会在新的形势下泛滥着陈腐的东西。

当代中国先进文化是当代世界先进文化的一个有机组成部分这一论断能够成立，是以“世界先进文化”这一概念能够成立为其逻辑前提的，否则，“当代中国先进文化”就是一个充满“中心论”色彩的不科学的概念。“世界先进文化”不是凌驾于各个民族文化之上的全球文化，也不是消融世界各民族先进文化特点的大一统。至少从目前来说，它是指当代各个民族或国家的先进文化间相互联系的总和。科学地界定“世界先进文化”的概念，旨在从方法论上明确这样几点：其一，世界先进文化是当代人类文化的核心和精华，同时也预示着人类文化的未来发展。其二，世界上各个民族或国家的先进文化没有高低之分。其三，任何民族或国家，在任何时候，其文化都有先进的方面，但这种先进文化的世界历史性是随着“历史向世界历史的转变”而不断增强的，抑或说，随着“历史向世界历史的转变”[①]，各个民族或国家的先进文化愈来愈来成为世界先进文化的一个有机的组成部分。这意味着，在当代，不能作为世界先进文化一个组成部分而存在的民族文化，不能称之为“先进民族文化”。因为，在“历史向世界历史的转变”过程中，任何一个民族或国家的先进文化都不是这个民族或国家文化纯粹自身发展的结果，任何一个民族或国家的先进文化都不能脱离世界先进文化而存在。当代中国先进文化也是如此。毫无疑问，当代中国的先进文化也是世界先进文化一个有机的组成部分。在其本质和发展方向上，中国先进文化与世界先进文化是一致的。确立“当代中国先进文化世界历史性”这一规定的方法论意义就在于：一定要把当代中国先进文化作为世界先进文化的一个有机组成部分来研究，既要反对“西方中心论”，也要反对“中国中心论”，既要反对文化霸权主义和文化殖民主义，又不能陷入狭隘的民族文化观。

① 《马克思恩格斯全集》，第3卷，北京：人民出版社1960年版，第52页。

## 二

如果说，当代中国先进文化是作为世界先进文化的一个有机的组成部分这一论断揭示了当代中国先进文化由以成立的世界历史基础的话，那么，当代中国先进文化是把批判性地汲取一切外国文化的优秀成分和本国传统文化的优秀成分有机结合起来的文化这一论断，则揭示了当代中国先进文化构建的特点。

当代中国先进文化的民族性应是对一切先进文化具有兼收并蓄功能的民族性。由于种种众所周知的原因，长期以来，我们往往把吸纳外国文化的优秀成分和本国传统文化的优秀成分在逻辑上视为两个问题。实际上这是一个问题。说是一个问题，不是指具体内容上的，而是指逻辑层面上的。批判性地汲取一切外国文化的优秀成分和本国传统文化的优秀成分是相互联系的。其原因并不复杂：在“历史向世界历史的转变”的时代，批判性汲取一切外国文化的优秀成分而不批判性汲取本国传统文化的优秀成分，或批判性汲取本国传统文化的优秀成分而不批判性汲取一切外国文化的优秀成分，都是不可能的。这两者本应是有机结合在一起的。如果割裂它们间的联系，外国文化的优秀成分和本国传统文化的优秀成分就都会被扭曲。这里问题的关键是如何实现上述这种“有机结合”。

就当代中国文化建设而言，要实现上述这种“有机结合”首先必须注意防止两种错误的倾向，即：“西方中心论”和狭隘的民族文化观①。不过，我以为，目前我们这方面存在的问题还不在于是否认同这两种错误倾向的危害，而在于：我们在现实中难以把反对这两种错误倾向有机结合起来，故当我们反对其中一种错误倾向时，另一种错误倾向又会“乘虚而入”。其结果：或在狭隘民族文化观的话语系统中反对“狭隘民族文化观”和“西方中心论”，或在“西方中心论”的话语系统中反对“西方中心论”和“狭隘民族文化观”。例如：在拒斥“西方中心论”和狭隘民族文化观的过程中，不少人往往或是把自由、民主、科学等代表着人类共同创造的现代精神混同于“西方中心论”，并把国学等同于中国传统文化，把中国传统文化等同于近现代以来的中国文化，把中国传统文化等同于中国优秀的传

① “西方中心论”在其本质上也是一种狭隘的民族文化观，但与相对落后的国家的狭隘的民族文化观相比它又具有不同表现，故在这里，为了逻辑叙述的方便，我将其从一般意义上的狭隘民族文化观中抽绎出来。

统文化，把中国优秀的传统文化等同于全球化时代我们应该发展的中国先进文化，认为中国传统文化是世界上最优秀的文化。有些人还试图把儒学提升为国家意识形态的主流（这实际上就是在用"狭隘的民族文化观"来抵御"西方中心论"）；或是用东方主义的思维方式去批判狭隘的民族文化观，把中国传统文化说得一无是处，认为不彻底否定传统文化就不能实现现代化（这实际上就是在用"西方中心论"来反对"狭隘的民族文化观"）。在这方面，有的人甚至连中华民族的独立起源都给否定掉了。

近年来，我国有位"业余历史研究者"先后抛出了几本关于"三星堆"文化的书：《三星堆文化大猜想》、《向东向东、再向东》、《历史也疯狂》和《锁定红海》。此人把《圣经·旧约》中的传说与"三星堆"文化牵强附会在一起，断言：人类文明的"子宫"只有一个，存在于西方（地中海东部和南部沿海地区，包括两河流域），华夏文明也是由其孕育出的。围绕着这一"断言"，此人还开展了一系列"大胆"的猜想。如果人们仅仅把这种"猜想"视为一种"戏说"或"愚人节"的笑谈，那还不值得关注，但学界的一些人对此的"高度评价"却不能不令人担忧。如有位学者认为：《三星堆文化大猜想》作者的"敏捷、飞翔的思维，令人叹服。所谓'心游万仞，精骛八极'是也。……这本书涉及众多学科：文化学、历史学、人类学、民族学、人种学、民俗学、社会学、语言学、考古学、地方志、生物学……她的语言学的'由此及彼'，她的考古学的'沿波讨源'，她的人类学的'以斑窥豹'，她的文学性的'探幽发微'，她的历史学的'暗度陈仓'，都给我留下了很深的印象。……她的猜想，似乎不是学术，却又依乎学术、超乎学术；她不是专家，却又能为专家之不能为。她的论证也许不够精确，立论也有牵强附会之处，但她的猜想打开了另一扇通向人类文明发祥的大门，开辟了探索民族起源、文化融通的另一通道"①。这种评价的非科学性是显而易见的，但却反映了东方主义思维方式对我国学界潜移默化的影响。

我在方法论上把用"狭隘的民族文化观"来抵御"西方中心论"和用"西方中心论"来反对"狭隘的民族文化观"，称之为话语的"时空错位"，即把不同时空条件中存在的对象置于同一时空条件中来认识。这样，既搞乱了"对象"本身，也搞乱了认识指向。吸纳外国文化的优秀成分和吸纳本国传统文化的优秀成分就

① 金元浦：《〈三星堆文化大猜想〉：飞翔的猜想》，http：//news. xinhuanet. com/book/2004－04/14/content _ 1416365. htm。

在这种话语的“时空错位”中被分离了，进而各自又被扭曲了。从广义的文化层面看，上述话语“时空错位”的根源就在于小农经济的文化心态。目前学术界有的人认为，生长着的社会主义因素（矛盾的主要方面）与传统封建势力（矛盾的非主要方面）之间的矛盾是中国现代社会的一个重要矛盾，而传统封建势力又包括两个方面：小农意识和封建官僚主义。我认为，这一观点虽然需要作进一步的论证，但在方法论上却给人们这样几点启示：其一，中国现阶段封建传统势力相当强大，是阻碍制度变革、观念变革和社会主义现代化事业发展的主要力量。在中国，反对资产阶级的腐朽没落方面的思想不同彻底肃清封建传统势力及其在社会各个领域中的影响有机结合来，不同吸纳本国传统文化的优秀成分和外国文化的优秀成分有机结合起来，是行不通的。其二，在传统的封建势力中，小农经济的文化心态又是更为根本的，它是封建传统势力的文化心理基础。在我国，封建官僚主义的统治被推翻后封建官僚主义现象之所以仍然大量存在，归根结底是由于支撑着封建官僚主义的文化心理基础即小农经济文化心态的根深蒂固所致。其三，小农经济的文化心态虽然产生于小农经济，但它一经产生，就绝非是某一阶级或阶层所特有。在我国，它深深地影响着社会的广大阶层。任何有利于我国社会主义现代化事业发展的方针、路线和政策都会被这种文化心态所扭曲，任何具体的制度变革都会被这种文化心态所消解。这对当代中国先进文化的发展也是一样。盲目迷信或妄自菲薄与狂妄自大是小农经济文化心态在看待中西文化关系方面的两种相互联系的表现。这种文化心态不仅会催化话语的“时空错位”，而且还会在“吸纳外国文化的优秀成分和吸纳本国传统文化的优秀成分”的旗号下，把近现代西方文化腐朽的方面和本国传统文化中的糟粕成分整合在一起，从而形成阻碍当代中国先进文化构建的强大藩篱。

## 三

说当代中国先进文化是世界先进文化的一个有机构成部分，是指具有自己特色的中国先进文化是世界先进文化的一个有机构成部分。也可以说，正是因为具有自己的特色，当代中国先进文化才能成为世界先进文化的一个有机组成部分，才能对世界文化的发展做出巨大贡献。从世界历史的角度看，当代中国先进文化最主要的特色就是：在批判性地吸纳中国传统文化优秀成分和一切外国文化优秀成分的基础上，自主创新，超越西方文化中的“现代性”与“后现代性”之争。当然，这种超越并不意味着对西方文化中的“现代性”与“后现代性”之争抱着置之不理、与我无关的态度。西方文化中的“现代性”与“后现代性”之争，在一定程度上反映了现代西方文化中的进步方面，其中的确有不少值得我们在进行中国文化创新、发展当代中国先进文化方面借鉴的地方。但是，绝不能把西方文化中的“现代性”与“后现代性”之争所包含的进步意义绝对化。

人所共知，中国国度大且国情复杂。前些年，有的学者提出“一个中国四种社会”说，认为，目前的中国涵盖了四种社会，即农业社会、工业社会、服务社会和知识社会。在我看来，这种看法虽然对认识中国国情的复杂性有一定的启示意义，但也有其弊病，即：容易把中国的国情简单化。中国国情的复杂性是不能用“四种社会”来涵盖的。因为：其一，这四种社会的提法本身是根据西方国家社会发展过程概括出的（这里姑且不论这种概括是否准确），在目前的中国并不存在着这四种独立并存的社会，而只是存在着与这四种社会相关联的四种因素：农业社会因素、工业社会因素、服务社会因素和知识社会因素。“社会”和“社会因素”是两个既有联系又有区别的概念。其二，上述这四种因素在空间上也不是独立存在的，而是相互联系、相互渗透的。因此，在目前的中国，我们找不出类似于根据西方国家社会发展过程概括出的四种社会。

实际上，中国所遇到的问题在时空上比西方发达国家要复杂得多：一方面“现代性”（即以科学、民主、法制等为核心的现代精神）还未在中国社会的土壤中扎根（无论在中国的哪个地区都一样）；另一方面“现代性”的局限性已经开始在我国显露（虽然还远未成为主要社会问题）。因此，充分汲取现代性一切肯定的成果，避免和减少西方发达国家生产力和科学技术发展中所出现的普遍异化，就成为当代中国文化建设的主要的“世界历史”任务。从世界历史的角度看，当代中国文化建设的一切环节归根结底都是围绕着这一根本任务展开的。当然，这一根本任务也是缘于当代社会主义中国发展先进生产力的要求。我曾经在有关文章中指出，对生产力及其发展，马克思不仅有技术—工艺角度的阐释，而且有价值取向角度特别是文明形态演变发展角度的阐释。这集中地体现在马克思关于工业革命的历史代价与对工业文明的超越方面的思想中。马克思对工业文明时代人与自然关系和人与社会关系批判所蕴含的现代精神，对于处于工业文明时代的当代社会主义国家的现代化建设具有重要的指导意义。邓小平将“解放和发展生产力”

上升为社会主义本质来认识，这无疑是正确的。但“解放和发展生产力”有一个文明尺度或文明内涵的问题。从文明形态及其演变发展的角度上看，作为社会主义本质的“解放和发展生产力”是在继承工业文明一切肯定成果的基础上对其局限性的超越，而绝不是再现工业文明的局限性[①]。因此，从当代人类实践水准和认识水准看，至少在当代社会主义中国，不能仅仅在一般的意义上提促进生产力的发展了，而应该具体提的是促进先进生产力的发展。衡量是否促进先进生产力发展的标准是：是否有利于生产力的科学技术属性的发展，是否有利于生产力推动人和社会整体发展功能的发挥，是否有利于生产力符合整个生态演变规律的发展（以下简称“三个有利于”)。这“三个有利于”各有其相对独立性（与这“三个有利于”相应的制度变革也各有其特点)，同时又有着内在的逻辑联系（与这“三个有利于”相应的制度变革又有着内在联系)，但这“三个有利于”中最根本和最核心的就是第三个“有利于”。它制约着其他两个“有利于”，并在总体上决定当代先进生产力的发展路径。不过，要真正按照“三个有利于”发展中国先进生产力，不构建和发展超越“现代性”与“后现代性”之争的当代中国先进文化，是根本不可能的。

超越“现代性”与“后现代性”之争的当代中国先进文化，是汲取了现代性一切肯定的成果、但又克服了现代性的弊病的文化。它既不是西方的现代性文化，也不是作为对西方原有的现代性文化形态的批判和解释的后现代性文化，而是当代中国在批判性地吸纳一切外国文化优秀成分和中国传统文化优秀成分基础上的自主创新的文化。这种文化必将会给世界先进文化增添新的内容，带来新的发展动力。

综上所述，当代中国先进文化是作为当代世界先进文化的一个有机组成部分的文化，是把批判性地汲取一切外国文化的优秀成分和本国传统文化的优秀成分有机结合起来的文化，是超越“现代性”与“后现代性”之争的文化。这是“当代中国先进文化”的三个相互联系的规定。从世界历史的角度看，“当代中国先进文化”的其他规定都是这三个相互联系规定的逻辑展开。正确、全面把握“当代中国先进文化世界历史性”这三个相互联系的规定对于我们明确当代中国文化建设的世界历史方式以及中国文化创新的路径，具有重要的方法论意义。

---

① 叶险明：《马克思的工业文明理论及其现代意义（上）》，载《马克思主义研究》，2004年第3期。

# 社会主义先进文化是文化强国的旗帜

颜晓峰　国防大学马克思主义研究所

新中国成立前夕，毛泽东满怀信心地预言："随着经济建设的高潮的到来，不可避免地将要出现一个文化建设的高潮。中国人被人认为不文明的时代已经过去了，我们将以一个具有高度文化的民族出现于世界。"60多年来，几代中国共产党人始终不渝地为中华文化的伟大复兴而不懈奋斗。十七届六中全会关于文化改革发展的《决定》，是新形势下建设社会主义文化强国的纲领性文件，充分显示了党和人民高度的文化自觉和文化自信，是中华民族朝向"具有高度文化的民族"迈进的一个重要里程碑。文化的厚度取决于历史的厚度，文化的高度取决于时代的高度。在当今世界的文化潮流中，在当代中国的文化结构中，创造中华文化新的辉煌，必须坚持社会主义先进文化前进方向，把社会主义先进文化作为文化兴国之本、文化强国之魂。

## 一、社会主义先进文化引导文化强国建设的方向

综观人类文化发展历史，那些能够影响甚至引领世界文明走向的民族文化，无不是在那个历史时期走在时代前列的先进文化，无不是那个历史时期先进生产方式的文化表现。春秋战国时期，是中国历史上社会大转折、大变革的时代。封建阶级登上历史舞台，新的生产关系在酝酿着、挣扎着、壮大着。群雄蜂起，诸侯争霸，"问天下谁是英雄"。新兴阶级不仅需要土地、人口、军队的支持，而且需要人才、智慧、文化的支持。这是一个需要思想、需要学说、需要创新的时代，并且是产生了百家争鸣、造就了群星灿烂的时代。诸子百家的思想文化，诱发了诸侯列国的变法自强，推进了新农具、新车具、新兵器的使用普及，塑造了丰富多彩的历史景观，并且奠定了中华民族文化的根基和传统。《论语》、《道德经》、

《孙子》等，不仅属于中国，而且属于世界。意大利文艺复兴时期，现代的欧洲国家和现代的资产阶级社会在君主国里发展起来，在古希腊文化复兴繁荣景象的深处，是为资产阶级的现代统治提供思想启迪、科学武装、精神激励。教会的精神独裁被摧毁了，哥白尼的《天体运行论》标志着科学从神学中解放出来，西方的文化觉醒开始了。“这是人类以往从来没有经历过的一次最伟大的、进步的变革，是一个需要巨人并且产生了巨人的时代，那是一些在思维能力、激情和性格方面，在多才多艺和学识渊博方面的巨人。”文艺复兴成为西方资本主义发展的精神旗帜，影响力遍及西方及世界。

马克思主义的诞生，标志着一种超越资本主义文化的先进文化的出世。这种文化继承了人类文化的一切优秀成果，反映了先进生产力和先进阶级的发展要求，以社会主义先进文化为根本属性，是时代性、先进性、人民性的统一。中国共产党从成立之日起，就既是中华优秀传统文化的忠实传承者和弘扬者，又是中国先进文化的积极倡导者和发展者。中国共产党领导的先进文化建设，是从建设新民主主义文化拉开序幕的，就是要建设“一个被新文化统治因而文明先进的中国”。这一先进文化已经在党和人民军队的文化、根据地和解放区的文化中，展现出生机勃勃、健康向上、服务大众的崭新面貌，反衬出“被旧文化统治因而愚昧落后的中国”文化改造、文化革新的必然性。社会主义国家的建立，则使社会主义先进文化建设从理论到实践、从局部到整体。新中国成立后，我们党在推动经济建设高潮的同时，推动了文化建设高潮。教育科学文化事业空前发展，人民思想文化道德素质极大提高，社会主义意识形态不断壮大，社会主义先进文化居于主导地位，但在一段时间内也产生了“左”的文化思想和政策，损害了文化事业。改革开放以来，我们党在以经济建设为中心的同时，全面建设小康社会，努力建设社会主义精神文明，推进中国特色社会主义文化建设，建设社会主义核心价值体系，社会主义先进文化进入新的历史时期、达到新的历史高度、取得新的历史成就。巍然屹立于世界东方的中华民族，不仅以其经济总量、出口总量、GDP 增长速度等形成“中国震撼”，而且以其逐步强化的“文化中国”形象、日益增强的国家文化软实力、中华文化国际影响力等形成“中国魅力”。

旗帜引领方向。在新的历史起点上推动我国文化建设的大发展大繁荣，弘扬光大中华文化，必须高扬社会主义先进文化旗帜。当今世界，国际上各种思想文化交流交融交锋更加频繁，社会主义与资本主义两大文化体系的竞争和较量与制度体系一样，从来没有“终结”。我国要在文化上自立于世界民族之林，保持文化自主地位，不被西方文化同化，必须着力推动社会主义先进文化更加深入人心。因为只有社会主义先进文化而不是传统文化，才具有领先资本主义文化的时代优势、抗衡资本主义文化的内在力量、扬弃资本主义文化的消化能力。源远流长、博大精深的中华文化发展到今天，以什么样的精神风貌走向世界，以什么样的思想内涵增强国际影响力？事实表明传统文化难担此任。文化的生命力在于继承与创新的统一，文化的感召力在于民族性与时代性的统一。当代中国，继承了传统文化优秀成果的社会主义先进文化，才是中华民族新文化的标志，是中华文化前进方向的代表。只能以前者包含后者，而不能以后者取代前者。社会主义先进文化是中国特色社会主义制度的文化形态，走在时代前列、引领社会进步、符合人民利益，发展面向现代化、面向世界、面向未来的，民族的科学的大众的社会主义文化，为文化建设引领方向、增创优势，提供力量。

## 二、社会主义先进文化统领文化强国建设的全局

马克思和恩格斯认为，统治阶级的思想在每一时代都是占统治地位的思想，一个阶级是社会上占统治地位的物质力量，同时也是社会上占统治地位的精神力量。支配着物质生产资料的阶级，同时也支配着精神生产资料。因此，与封建世袭制相适应的是“君权神授”，与维护资本自由权利相适应的是“天赋人权”，与社会主义民主制度相适应的是“权为民所赋”。中国特色社会主义制度是当代中国的先进制度形态，其文化形态必然是中国特色社会主义文化即社会主义先进文化。社会主义先进文化作为社会主义社会居于主导地位的文化，决定着当代中国文化的性质，支配着当代中国文化建设的整个过程和各个领域，作为一种“普照的光”，影响、制约、改变着社会上各种层次、各种各样的文化现象。社会主义先进文化，努力宣传科学真理、塑造美好心灵、弘扬社会正气、倡导科学精神。大力发展先进文化，就能够有力支持健康有益文化，努力改造落后文化，坚决抵制腐朽文化。当代中国，只有社会主义先进文化，才能成为全社会的精神旗帜，把全国各族人民的意志和力量凝聚起来，为坚持和发展中国特色社会主义提供坚强思想保证、强大精神动力、有力舆论支持、良好文化条件。

先进文化贯穿文化建设过程。社会主义先进文化建设，是在社会主义初级阶

段这一基本国情中开展的，公有制为主体、多种所有制经济共同发展的基本经济制度，是社会主义先进文化赖以生存发展的经济基础，由此决定了先进文化建设与经济制度巩固是相辅相成的过程；社会主义先进文化建设，是在西方文化处于强势地位的时代背景下开展的，发达国家凭借其雄厚的资本优势，控制着世界上主要的大众传播媒体，向世界各地源源不断地传送着包含舆论导向的新闻报道，推销着包含西方价值观的大众文化，像在世界范围建立麦当劳等快餐、销售微软和苹果产品那样，把好莱坞电影等西方文化输送到世界上的大多数地区，由此决定了先进文化建设与西方文化侵蚀是一个长期较量的过程；社会主义先进文化建设，是在复杂多样的社会条件下开展的，人口数量众多、利益格局变化、社会成员多层、价值取向分化、发展很不平衡、维护公正不易，由此决定了先进文化建设与改善社会条件是一个相互支持的过程。可见，建设社会主义文化强国是一个长期艰巨的任务。例如，经历了辛亥革命、新文化运动、新民主主义文化和社会主义文化建设，封建思想文化残余在我国社会仍然在一定程度上存在着。所以，社会主义先进文化的统领地位在社会主义初级阶段更加需要坚持和强化。要按照《决定》的部署，把社会主义核心价值体系融入国民教育、精神文明建设和党的建设全过程，贯穿改革开放和社会主义现代化建设各领域，体现到精神文化产品创作、生产、传播各方面，抓好文化建设的凝魂聚气、强本固基工程。

先进文化融入文化建设内容。社会主义先进文化走在文化发展长河的时代前列，其先进性也植根于人类文化全部优秀成果的沃土之中，它只有与优秀传统文化融为一体，汇聚成人类文化的主流，才能生生不息、奔流不止；社会主义先进文化反映了先进生产方式和先进阶级的文化品格，其先进性也体现于包容吸收、引领提升社会主义社会各个阶层文化特质的过程之中，它只有成为兼容并蓄的文化、综合整合的文化，才能蓬勃兴旺、成长壮大；社会主义先进文化具有鲜明的意识形态属性，其先进性也内在于构建百花齐放、百家争鸣的文化环境之中，它只有让“每一滴露水在太阳的照耀下都闪耀着无穷无尽的色彩”，才能春色满园、繁花似锦。综上所述，社会生活的多样性决定了文化的多层次，先进文化并不排斥多层次文化，而是保持“和而不同”的文化格局，相得益彰、互补互促，“阳春白雪”和“下里巴人”都有自己的位置和需求。精神需求的多样性决定了文化的多功能，先进文化并不只在简单的意义上限定文化的功能，而是既注重理想信念、价值观念的教化，也注重科学知识、艺术修养的熏陶；既满足真善美的需求，也满足愉悦轻松的需求，等等。慷慨高歌“大江东去”使人心驰神往之余，垂首浅吟“小桥流水”令人流连忘返，却也未尝不可。文化创造的多样性决定了文化的多样式，先进文化并不仅仅以某种特定的方式出现，而是可以存在于多种文化形式之中，理论和艺术、抽象和直观、深奥和通俗，等等，都是传播先进文化的可行方式。

先进文化主导文化建设机制。深化文化体制改革，是文化大发展大繁荣的体制机制保证。与我国社会主义市场经济体制相适应，文化体制改革的目标，就是要既坚持发展政府主导的公益性文化事业，又加快发展市场导向的经营性文化产业。文化事业满足人民基本文化需求，文化产业更好满足人民多样化精神文化需求。文化事业由于有政府主导，遵循公益性、基本性、均等性、便利性的方针，有利于先进文化居于主导地位。文化产业充分发挥市场在文化资源配置中的积极作用，既要讲社会效益，也要讲经济效益。推进文化体制改革，就要创造使文化产业同样成为传播先进文化阵地，使经济效益同样成为发展先进文化动力的体制机制。文化产业与先进文化并不相互排斥。主流文化、主旋律文化、主题文化更需要文化产业的高效率、高质量相匹配，人民的精神文化需求表现为强劲的文化市场需求，先进文化也必须借助文化产业的强大实力扩大影响、走向世界。构建结构合理、门类齐全、科技含量高、富有创意、竞争力强的现代文化产业体系，正是社会主义文化强国的产业基础。经济效益与社会效益并不一定此长彼消，许多优秀作品，既畅销常销，又催人奋进，关键是用什么品位的文化满足人们什么层面的精神需求。高尚、公正、善良、奉献，等等，都是深藏于人民心中的宝贵品质。

## 三、社会主义先进文化促进文化强国建设的繁荣

当今世界，文化越来越成为民族凝聚力和创造力的重要源泉、越来越成为综合国力竞争的重要因素、越来越成为经济社会发展的重要支撑，丰富精神文化生活越来越成为我国人民的热切愿望。一个屹立于世界民族之林的国家，靠的不仅是经济、科技、军事、制度的力量，而且是文化的力量；不仅要成为经济、科技、军事、制度强国，而且要成为文化强国。党的十七届六中全会描绘了建设社会主义文化强国的壮丽图景，社会主义文化建设的新高潮正在兴起。建设什么样的文

化、怎样建设文化是文化兴国的首要问题。社会主义先进文化是把我国建设成为文化强国的文化根基，是文化大发展大繁荣的力量源泉。

以社会主义核心价值体系为文化之魂，为文化大发展大繁荣提供精神支撑。社会主义核心价值体系是兴国之魂，是社会主义先进文化的精髓，决定着中国特色社会主义发展方向。建设社会主义文化强国，必须以建设社会主义核心价值体系为根本任务。巩固马克思主义指导地位，坚持用马克思主义中国化最新成果武装全党、教育人民，是社会主义文化强国的理论支撑。深入开展理想信念教育，引导干部群众自觉把个人理想融入中国特色社会主义共同理想之中，是社会主义文化强国的理想支撑。弘扬以爱国主义为核心的民族精神和以改革创新为核心的时代精神，增强民族自尊心、自信心、自豪感，始终保持与时俱进、开拓创新的精神状态，是社会主义文化强国的心理支撑。坚持用社会主义荣辱观引领社会风尚，在全社会形成积极向上的精神追求，是社会主义文化强国的道德支撑。

以人民共享文化发展成果为文化之本，为文化大发展大繁荣奠定社会基础。社会生产和分配包括文化产品的生产和分配，也有一个为谁生产和怎样分配的问题。社会主义先进文化的定位本身就已经表明，属于人民、为了人民、服务人民是这一文化的社会属性。文化不再是为少数人服务、由少数人消费的奢侈品，而是人民大众自我解放的精神武器、全面发展的精神源泉。社会主义先进文化把让人民共享文化发展成果作为文化建设的根本原则，这就保证了进一步扩展文化生产的数量、文化产品的品种、文化服务的对象、文化享用的主体，使文化真正成为人民大众的文化。文化繁荣是以文化产品的丰富、文化市场的兴旺为条件的，广大群众特别是基层群众都能够享用得上、享用得起、享用得了各种文化发展成果，就是文化发展繁荣的显著标志和社会条件。当前我国经济社会发展的不平衡同样表现为文化资源分配、文化消费能力的不平衡，这正是要通过文化体制改革、文化科学发展加以解决，普遍提高广大人民群众共享文化发展成果的能力。

以中国特色社会主义文化发展道路为文化之路，为文化大发展大繁荣确立根本保证。中国特色社会主义文化发展道路，是继承民族文化优秀传统，走在时代进步潮流前列，代表广大人民群众文化利益的文化发展道路，是富于改革创新精神、保持与时俱进品格的文化发展道路，是创造中华文化新的辉煌的文化发展道路。例如，中国特色社会主义文化发展道路，确定了文化的前进方向，“三个面向”保证了文化的永不停滞，民族性科学性大众性反映了文化深厚的民族精神、求真务实的品格和贴近大众的追求；确定了文化的发展动力，这就是深化文化体制改革，构建有利于文化科学发展的体制机制，不断解放和发展文化生产力，在时代的高起点上推动文化内容形式、体制机制、传播手段创新；确定了文化的发展格局，这就是以公有制为主体、多种所有制共同发展的文化产业格局，以民族文化为主体、吸收外来有益文化的文化对外开放格局，不仅不排斥、而且要积极吸引民营资本、海外资本参与文化建设，等等。中国特色社会主义文化发展道路，为社会主义文化的大发展大繁荣提供了宽广的发展空间和良好的发展机制，坚定不移地沿着这条道路走下去，在坚持和发展中国特色社会主义的伟大实践中进行文化创造，建设社会主义文化强国的宏伟目标就一定能够实现。

# 关于建设社会主义文化强国的若干思考

杨富斌　北京第二外国语学院法政学院

在经过三十多年的改革开放和现代化建设，我国已成为世界第二大经济体之时，党的十七届六中全会又适时地和高瞻远瞩地提出要把我国建设成为社会主义文化强国。这一决定具有特别重要的战略意义。

## 一、文化是民族的血脉，人民的精神家园

《中共中央关于深化文化体制改革推动社会主义文化大发展大繁荣若干重大问题的决定》（以下简称《决定》），开宗明义，正文第一段第一句话便明确地指出："文化是民族的血脉，是人民的精神家园。"——这一命题可谓高屋建瓴，高瞻远瞩，言简意赅，为整个《决定》奠定了一个立论根基。

为什么在辛亥革命爆发 100 周年，新中国成立 60 多年，特别是改革开放 30 多年来，我国经济社会发展取得巨大成就，已跃然成为世界第二大经济体之时，中共中央召开十七届六中全会，专门讨论我国的文化建设问题，并做出建设社会主义文化强国的重大《决定》? 这绝非偶然，决非空穴来风，而是具有深刻的内部原因和外部原因。

从内部原因方面说，正如温家宝总理在 2011 年访问南开时的讲话中所说，在肯定我国经济社会发展取得巨大成就的同时，"也要看到，我国经济社会发展还存在不平衡、不协调、不可持续的问题，城乡差距、地区差距依然存在；一些地方还存在干部脱离群众，形式主义、官僚主义严重，甚至以权谋私和贪污腐败的现象；收入分配不合理，有的地方社会矛盾比较突出，群体性事件时有发生。在这种情况下，我们必须做好经济发展、社会公正、民主法治和干部廉洁这几件大事。

这都是人心所向，无论哪个方面出了问题，都会影响到社会稳定和国家安宁。”①其中，封建文化的影响是非常严重的。因此，如果我们的文化建设与经济建设不协调，中国特色社会主义建设的总体目标就难以真正的实现。

从外部原因看，世界霸权主义亡我之心不死，中东动荡、卡扎菲之死以及针对我国的一些国际性事件都在提醒我们，任何威胁世界霸主地位的行为，都是其绝不容许的，必欲置之死地而后快。在武力解决不能或者之前，文化侵略先行是霸权主义的一贯做法。当年西方大国对苏联和东欧各国的“演变”正是这一战略最突出的表现。

因此，文化建设问题，在我国当前历史阶段成为一个紧迫问题。如果我们的“精神家园”出了问题，正如一个人的精神出现疾患一样，再强壮的躯体也无济于事了。从这个意义上说，《决定》所要解决的根本问题是中华民族的血脉和精神家园问题。显然，这是我党在精神文明和物质文明两手都要抓、都要硬的理论认识基础上又进一步升华，更为具体地认识到了文化建设的极端重要性。

难能可贵的是，以执政党的“决定”形式、从国家现代化建设的高度，明确地提出“文化建设”战略，提出要建设社会主义文化强国，这在人类历史上还是第一次，在世界各国的现代化建设进程中属于首创。其重大意义无论如何评说都不为过。随着时间的推移，其重大意义会越来越彰显。

首先，什么是“文化”？在这些年来国内外关于文化的讨论中，学界对文化的界定可谓仁者见仁，智者见智，众说纷纭。甚至有所谓“马文化”、“厕所文化”、“酒文化”之说。而《决定》对“文化”的界说，不再纠缠于通常那些学究式的各类“文化”定义，从文化与民族血脉和精神家园的高度与视角，深刻地揭示了文化在一个民族的精神世界中所占的核心地位、作用和职能：文化是民族的血脉和精神家园。真可谓一语中的，高屋建瓴。

纵观人类历史，凡是一个具有特殊民族特征的民族，都不可能没有自己的独特文化。汉族之所以不同于少数民族，中国人之所以不同西方人，阿拉伯人之所以不同于欧洲人，除人种等自然因素之外，主要在于各个民族的“文化特质”不同。即使一个黄皮肤、黑头发、黑眼睛的华裔后代，如果已是移居美国的第三代或第四代移民，他或她的言谈举止和行为方式、思维方式，早已不是真正意义上

① 温家宝：《同南开中学的师生们谈心》，载《光明日报》，2011年10月29日。

的中国人了。譬如，现任美国驻华大使骆家辉等，从文化角度看是名副其实的美国人，而不是中国人了。当代日本民族，如果只有西方文化，没有日本传统文化，那么日本人就不再是真正的日本人了。

因此，《决定》中这一界定非常具有创造性：文化作为民族的血脉，相当于民族的灵魂；缺少这一灵魂，相当于断了血脉。文化作为人民的精神家园，相当于人民的精神支柱和精神归宿，失去了这一支柱和归宿，我们就仿佛是无家可归的游子。“少小离家老大回”，久别家乡之人回到故乡，听到乡音，感受到家乡的文化时，往往会油然而生一种温馨的家园感和归属感。否则，“身在异乡思故乡”的失落感会就陡然产生。

其次，《决定》对“文化”的界说，作为我党对文化本质及其作用的一种正确判断，具有历史的根据和现实的原因。在历史维度上，中华民族历经五千年盛衰荣辱，却一直能保持着鲜明的中华文明特色，并在近代以前一直在世界上保持着领先地位，盖由于中华文化绵延不断，中华文明传统中汩汩流动着共同的文化血脉。从现实看，中国在短短30多年间经济腾飞，国力增强，盖由于我们有勤奋智慧的人民和优秀文化——外国人学不来。譬如，国人自我调侃的所谓“5＋2”和“白＋黑”精神和优秀的管理才能（如：郑和下西洋时管理着17000多人；“两弹一星”工程调动数万人力物力等），这是现代西方法治国家学不会的，即使管理者想学也执行不下去。

再次，“文化是民族的血脉，是人民的精神家园”，这一命题深刻揭示了当前我国诸多社会问题的根本原因及其危险所在。那就是，如今我国经济总体上说虽然发展了，群众的生活相对富裕了，但是不少人缺乏信仰，道德水平滑坡，缺乏高尚的精神追求，物欲横流，因而导致目前诸多社会问题，甚至导致许多个人和家庭悲剧。究其原因，精神家园失落是一个重要原因。所以这些年我国社会才会有“宁在宝马车里哭，不在自行车上笑”之说，甚至个别女性竟在网络上宣扬“宁为妓，不为师”。这些现象真令许多国人无语。

最后，这一命题从正面说明，那些人类文化现象中的“垃圾”，称不上真正的“文化”，而是精神糟粕。正如邪教不是真正的宗教一样，文化垃圾也不是真正的文化。真正的文化应当是人类精神文明中的积极成果的总和。

## 二、建设社会主义文化强国势在必行

《决定》中指出："当今世界正处在大发展大变革大调整时期，世界多极化、经济全球化深入发展，科学技术日新月异，各种思想文化交流交融交锋更加频繁，文化在综合国力竞争中的地位和作用更加凸显，维护国家文化安全任务更加艰巨，增强国家软实力、中华文化国际影响力要求更加紧迫。"因此，建设社会主义文化强国对我国而言是势在必行的紧迫任务。

那么，我们应当如何建设我国社会主义文化强国？应当从哪些方面着手进行建设呢？对此，《决定》中明确地指出："建设社会主义文化强国，就是要着力推动社会主义先进文化更加深入人心，推动社会主义精神文明和物质文明全面发展，不断开创全民族文化创造活力更加持续迸发、社会文化生活更加丰富多彩、人民基本文化权益得到更好保障、人民思想道德素质和科学文化素质全面提高的新局面，建设中华民族共有精神家园，为人类文明进步做出更大贡献。"从这些论述和《决定》的整个精神看来，可以把建设社会主义文化强国的内涵概括为如下几个方面：

1. 两个"推动"

一是要着力推动社会主义先进文化更加深入人心。首先，文化有"先进文化"和"落后文化"之分。在各个时代和各种社会形态中，都会有不同文化的存在，因而都有必要和有可能作出这种区分。奴隶社会的文化有先进与落后之分，资本主义社会的文化有先进和落后之分，社会主义文化也是如此。那么，什么是"社会主义先进文化"？在笔者看来，社会主义先进文化是一种崭新的文化，既有马克思列宁主义、毛泽东思想、邓小平理论、"三个代表"重要思想和科学发展观以及和谐社会建设理论，也有我们现在和未来需要结合我国实际全力去创造的新文化。社会主义先进文化在历史上没有先例，它是人类文化形态的创新。从一定意义上，这种先进文化仍在创造和形成过程之中。因此，有些人试图以我国传统优秀文化或者外国优秀文化来代替当代中国社会主义先进文化，这从根本上就是不妥当的。从过程哲学视角看，"社会主义先进文化"需要我们当代中国的社会主义建设者去探索、去创造，通过亿万人民群众的社会实践和文化创造去逐步地建成。社会主义先进文化并非现成的东西、已经完成的东西，而是正在形成过程中的东西。从一定意义上说，《决定》正是推进这一先进文化建设的重要步骤和手段。

二是推动社会主义精神文明与物质文明全面发展。根据马克思主义基本原理，精神文明不同于物质文明，二者在社会发展进程中也不会自动地保持一致。一定社会的物质文明建设需要亿万群众长期的艰苦劳作，而社会的精神文明成果也不会自动从天上掉下来，它需要千百万人的社会实践和众多知识分子的脑力劳动和创造，才能现实地出现在这个世界上。不论如何，物质文明和精神文明都需要创造性的劳动才能获得，只不过前者以体力劳动为主，后者以脑力劳动为主而已。历史事实已经反复证明，一个社会如果只是片面地追求物质文明，忽视精神文明建设，这个社会一定是不健全的；即使作为个体的人，其物质上的富有并不等于其精神世界丰富多彩，不等于其精神健康。当今我国不少富起来的人患上严重的抑郁症甚至有的自杀即是这方面的表现。有调查证明，当前我国幸福指数最高的并非社会中的富人。

2. 四个“开创”

一是不断开创全民族文化创造活力持续迸发的新局面。第一，要大力推进“文化创造”。“文化”，是人类创造的精神文明成果，而且是其中的积极成果；文化不是自动生成的，而是经过人类的智慧和脑力劳动而创造的。那些文化大师，都是富有创新精神的人物。纯天然的东西，通常并非我们所说的文化现象。即使最优美的自然景色，也只是自然现象。只有经过人类的艺术加工和文化创造，包括绘画、摄影、诗歌、文学、哲学、科技创新等，才会有人类特有的文化现象存在。第二，要不断开创“全民族文化创造活力持续迸发”的新局面。我们中华民族在五千年文明历史发展过程中，曾经创造了光辉灿烂的中华文明，为世人所称道。曾几何时，我们的文化落后了：近代以来，我们逐渐被西方列强超越。日本人一开始学习中国文化，后来发现“中国老师”的东西落后于西方了，所以从明治维新以后，开始向西方发达国家学习。我国从清代即开始学习西方，直到今天我们仍然在学习。譬如，我们需要学习世贸组织（WTO）的规则，以推进我们的市场经济秩序建设；我们需要学习西方法治国家的法制建设经验，以推进我们的民主法治建设和社会建设。但是，现在我们已经到了中华民族复兴、中华文化创新的时候了！我们应当从“照着说”逐渐变为“接着说”了。

二是不断开创社会文化生活更加丰富多彩的新局面。如今，我国文化市场看似十分热闹，但是综观文化市场，真正有文化品位的东西其实并不很多，相反，许多西方文化则在中国大有越来越盛之势。诸如西方的圣诞节、情人节等，在商家利益推动和部分年轻人追求新奇的心态下，大有超过中国传统的春节、中秋节之势。

三是不断开创人民基本文化权益得到更好保障的新局面。人民群众的文化权益能否得到更好的保障，需要政策和法律法规的相应健全，同时还需要相应的物质基础。这些都需要整个社会的物质文明和精神文明一起抓。

四是不断开创人民思想道德素质和科学文化素养全面提高的新局面。从现实来看，目前国人的思想道德素养状况总体上令人堪忧，譬如所谓“十三亿人扶不起一个老人”的现象，南京“彭宇案”判决结果的负面影响，至今使不少中国人对见义勇为仍然心存顾虑甚至心有余悸。“科学文化素养”更是需要大力提高，如今封建迷信活动在有些地方仍然盛行的状况世人皆知，甚至不少党员领导干部也在暗中信教，盲目地相信宗教中的迷信成分，而对科学知识则不甚了了，真是可悲。甚至个别县委书记和县长竟然因为多年未能升迁而请神汉在县委大院做“法事”，请神灵保佑自己尽快升迁，结果被纪委查处。这也从反面警示我们对国人尤其是领导干部加强科学教育和无神论教育的迫切性和重要性。

3. 一个“建设”，即“建设中华民族共有精神家园”

我们中华民族既是一个多民族的国家，也是一个统一的主权国家。既然是一个统一的主权国家，就必须有统一的精神家园，否则，人们就难有共同的信仰和理想，从而难以真正地达到国家的长治久安。没有共同的信仰和文化，就不会有共同的价值观。而没有共同价值观的民族，必然会在政治上分裂，难以真正统一。阿拉伯世界的悲剧正在于此。卡扎菲之死固然有诸多原因，其中他一直梦想统一阿拉伯世界是美国等西方国家必欲置他于死地的最重要原因。而其他诸如石油、宗教信仰、独裁等都是借口和表面原因，因为具有这些原因的国家有许多，而美国为什么不去制裁这些国家？试看当今动荡不安的国家和地区，都是没有共同文化认同的国家和地区。美国两百多年间，除南北战争以外，之所以能一直相对稳定，正在于有统一的美国文化认同：美国人民虽然有不同民族和不同肤色，却有统一的文化。共同的文化认同缔造了统一的美国。

因此，建设“中华民族共有精神家园”既是历史经验的总结，也是国内外正反两方面的经验和教训给我们的启示。而要建设中华民族的共有精神家园，则需要我们努力创造、不断探索。其中包括：中华传统民族文化中的优秀成分；世界其他国家文化中的合理成分；当今中国人民在建设社会主义进程中所创造的新文化。当然这一进程仍在继续，尚需不断探索和创新。从这个意义上说，“建设社会主义文化强国”，既是历史赋予当代中国人的一项义不容辞的任务，也是我们中华民族一个长期的奋斗目标。

4. 一个“贡献”

即“为人类文明进步作出更大贡献”。以往，我们中华民族的祖先们，曾经为世界文化作出了巨大贡献。比如《易经》、《道德经》、《孙子兵法》、《论语》等著作里阐述的文化、思想和智慧，在西方文化人心目中非常神圣，直到今天仍然受到西方有识之士的高度认同和尊重。许多西方思想家受到中国传统文化的重要影响，比如西方近代著名哲学家莱布尼茨受到传统中国阴阳学说的影响；西方当代科学技术创新也受到中国传统思想影响，比如计算机原理及其二进位制编码原理就深受中国阴阳学说的影响；过程哲学家怀特海明确地说他的过程思想与中国古代思想等东方思想传统更加接近；罗素也曾说过他同意庄周与惠子在“鱼之乐”对话中坚持的不可知论观点等。但是，当今中国如何为世界文化作出自己的贡献呢？

## 三、建设社会主义文化强国的核心在于文化创新

建设社会主义文化强国，核心在于文化创新——这是党的十七届六中全会《决定》中明确强调的观点。换言之，建设社会主义文化强国，既非全盘复古，更不是照搬西方文化，而是在新形势下，根据我国社会实际，创造地建设我国社会主义的新文化形态。这是一项前无古人的新事业。

因此，问题的关键在于，在当前的历史阶段上，我们中华民族如何进行文化创新？这绝非是一个非常简单的问题。从根本上说，文化创造需要以千千万万劳动人民的生活实践为最终源泉。但是，具体地说，还需要广大人文科学工作者甚至广大科学技术工作者等全体脑力劳动者充分发挥自身的文化创造性：文化是人类自觉地创造出来的社会现象。

然而，我国目前的文化研究却依然没有进入原创时代，大多数中国人文学者仍然难以与西方同行平等对话。这显然与中国经济的快速发展极不相称。科技人员也有类似缺点，因此才引起所谓“钱学森之问”：我国为什么没有培养出具有创新性的大师？

那么，为什么中国人文学者迄今仍旧缺乏创造力？对这一问题，人们已给出许多答案：如汉语危机、后殖民语境、体制性因素等。这些答案似乎都有一些道理，但都失之于晦涩和笼统，没有指出知识分子自身的原因。这些观点都过于强

调外部因素，正如有的学者所说，似乎有推卸责任之嫌。中国迄今所以缺乏文化原创力，主要是因为“中国人文知识分子仍旧缺乏原创需要的人格、精神气质和正确的世界观”。

首先，文化原创需要掌握人类已有的一切优秀文化成果。至少要首先应当达到世界学者的平均精神高度。而问题的关键在于，迄今大多数中国人文知识分子的精神高度还处于这个平台之下，这就自然地难以踏上原创之路。譬如，在当今世界搞文化创新，在很大程度上，就是与西方学者比精神高度和学术水平，因为它们在世界范围内目前处于领先地位和水平。然而，恰恰是在面对西方学术时，我国的人文学者暴露出致命的缺陷：不仅缺乏西方人文学者自启蒙运动时起就已经确立起来的对三大理念——自由、平等、博爱——的信仰，而且也缺乏后现代精神所强调的“去中心”、“消解等级”、“反对霸权”的多元主义。以三大理念为尺度，我们会发现中国人文学者的总体欠缺——缺乏平等精神。何以见得？人类已经进入 21 世纪，但大多数中国学者仍然是等级制度的信徒。君不见，如今举办学术会议，主办者要先忙着排座位，把与会者分为三六九等。学会会议集体合影和就餐，也讲究前排和后排、主位和次位、中心和边缘。只要有两个以上知识人在场，他们就会构建金字塔式的等级体系。任何可能的地方，都会成为他们展示权力的场所。为了分出地位之高下，中国学者想尽了办法，显现出巨大的智慧。结果，把无数立志振兴中国学术的热血青年都改造为“权力控”和演员。每个人在进入学术界的一刹那，就被置于一定的梯阶上：甚至分门派和出身。在一所大学里也分不同导师麾下的不同门派。除了处于最高和最低位置上的人，每个人都有双重身份和人格（主奴），需要不断地变换自己的姿态和脸谱：不熟谙此道者，就不算真正进入学术界，在当今中国学术界断难成大业。这便造就了许多“地位学”大师，他们游弋于官场和学界之间，创造了身兼数职的当代传奇。在这种等级制学术环境中，年轻学者只能唯权威的马首是瞻。谁处在最高位，谁就成为年轻学者畏惧的对象。结果是畏官、畏洋人、畏古人，成为当代中国学人的三个主要等级制观念。这三种敬畏，其实都源于对权力的崇拜：官员是权力的掌控者、西方学者在世界学术共同体中拥有较多的话语权、古人是文化权威的象征。由于不断地重复官方、西方、古代的语言，当代主流汉语学术已经日益失去思想层面的生机和活力，中国人文学者无法建构属于自己的主体性和当代性。盘点中国当代学术，不难发现学者们的工作主要有三：诠释官员之言、编辑和介绍西方著作、注解古代成果。——这三个工作都难以进入真正的创造层面。吊诡的是，越是地位高的学者，越认为这三者是必由之路。谁要是离开这三者谈创造，谁就会被当做门外汉。于是，不少年轻人为了被主流学者所接纳，只能首先老老实实地从事这些工作。于是，在不少国际学术会议上，中国学人不得不处于一种尴尬境地：西方学者在谈论自己的最新研究成果，我国学者则不是在谈论西方，就是在讨论古代和主流意识形态，唯独不谈当下的自己和自己的创造。这种"无我"状态使我国学者根本无法与国际同行平等对话。许多学术会议本来由我们主办，却成为西方学者的独角戏。有些学者对此很气愤，发誓要改变这种局面。可是一回到现实层面，又回到等级制的老路。冥冥中似乎有一种命运在决定着中国学者的思与行。当然，有人可能把这一切归结为体制的原因。但这似乎是一个推卸责任的借口。鲁迅的时代并不比现在好，许多学术大师都是逆境中成长起来的。俄罗斯人巴赫金生活在不自由和等级森严的前苏联，但却向世界奉献出了原创性的思想。他说："世界还看不到任何终点，世界的和关于世界的终极话语还没有说出来，世界是开放的、自由的，一切还系于未来，并且远远系于未来。"（巴赫金：《陀思妥耶夫斯基诗学问题》）因此，中国学者缺乏创造力，不是因为体制或命运作祟，而是由于精神高度不够。不消除"没有平等情怀"这个根本欠缺，一切原创都谈不上。中国学者需要踏踏实实地补课，驱除自己内心深处的黑暗和鄙俗，否则，目前这一现状便难以真正地改变。

其次，文化原创需要有高尚的人格和精神气质。需要孟子所说的那种"富贵不能淫，贫贱不能移，威武不能屈，此之谓大丈夫"的精神气概。而如今有多少人文知识分子还有这种气节？相反，我们经常看到的则是"学而优则仕"，没有一官半职，似乎就不是成功人士。而一旦从政或双肩挑，真正做学问的时间还有多少？近两年媒体不断披露，某些大学校长学术造假或当学霸，已经是不争的事实。国家自然科学和社会科学基金立项，在业界被戏称为某些人在"分赃"——可能有些过分，但其中的潜规则如司马昭之心，路人皆知。

再次，文化原创需要有正确的世界观。世界观不是空洞的说教，而是对世界、人生、社会的洞察。如果以"前不见古人，后不见来者，念天地之悠悠，独怆然而涕下"这种极端个人主义世界观为坐标，以此为出发点，那就很难创造出先进的文化。只有以世界普遍联系、永恒发展的唯物辩证法为指导，才有可能把世界看做一个永无止境的过程的集合体，看做不断的创造性进展过程。而且根据过程哲学，未来未必一定比现在好。因此，在创造先进文化的过程中，需要我们自觉地去创造先进的文化，而不是刻意标新立异，或者越反传统越好。总之，美好的未来和先进的文化，需要我们自觉地去创造！从这个意义上，舆论导向、党的四项基本原则等，对于先进文化的创新是必不可少的。

## 四、建设社会主义文化强国的宗旨在于保护我国的文化安全

如今，人们对“文化安全”具有不同的理解。甚至有人认为，“文化安全是个伪命题”。笔者不同意这一看法。

首先，“文化安全”本身与其说是一个“命题”，不如说是一个概念。作为一个概念，文化安全是指作为一个特定民族的血脉，富有民族特色的文化不能断裂；作为人民的精神家园，具有精神归属感的文化家园不能丧失。从这个意义上说，“文化安全”概念并非是一个伪命题，而是一个对事实有所断定的真命题。关键是对文化安全的内涵和外延如何理解，以及如何保护我国的文化安全问题。有人担心，认为坚持“文化安全”这一概念容易导致否定人文学者的自由和民主等，并有可能导致对文化的管制和按照设定的模式进行文化“打造”。其实，坚持“文化安全”概念，提倡保护我国文化安全并非必然地会导致这些“担忧”。

其次，只要承认文化是一种社会存在，是一种客观现象，并且是特定民族的血脉和精神家园，那么保护本民族的“文化安全”就不仅不是一个伪命题，相反，这是我国当前文化建设面临的一项实实在在的迫切任务。西方的文化侵略当然不是始自今日，但是西方人自觉地进行文化扩张则是不争的事实。正如当今中国在海外大量举办“孔子学院”或“孔子课堂”也被某些外国人视为汉语和汉文化侵略一样。否则，当本民族的文化已丧失殆尽之时，我们还未警觉，还不知晓，似乎还蒙在鼓里，那才是最可悲的。

在笔者看来，对“文化安全”可作如下几种理解：

首先，文化安全是任何民族文化都会面临的一个现实问题。任何民族文化随着社会的发展都有可能会发生变异，有可能会遭受外来文化的侵略，从而丧失自己文化的本质特色。因此任何相对成熟和悠久的民族文化都会致力于保持自己文化的特色、风格和气派，维护自身文化的安全。就我国而言，保护中华民族的文化安全，就是要保持中华民族的文化特色、文化风格和气派。否则，我们即使在

人种上仍然是黄皮肤、黑头发和黑眼睛，一旦丧失我们中华民族的特有的文化特质，那将真是“国将不国”了，中国人的特质将不复存在。历史上不少古代文明不复存在了，发生断裂了，如今只留下几个大的文明形态，即是这方面的证明。

其次，提出文化安全问题，警惕外来文化侵略，并非就是排斥外国先进文化，也不是排斥已经被证明为全人类精神财富的法治、文明、理性、自由、民主、诚实信用等文化要素，更不是以文化安全为借口而要对文化进行管制或“打造”。相反，越是民族的文化，越是世界的文化。我们既要不断吸收人类所有的优秀文化遗产，也要把我国优秀文化不断地向外传播。各种文化相互交流、交融乃至融合的现象，在历史上和现实中一直在发生着。然而，保持中华民族的文化特色应当是我们的长期任务。

在这里，特别需要提醒的是，有人担心：强调文化安全，势必会导致“用国防建设思维来建设文化”？是否会导致文化管理部门按照设定的模式进行文化管制和“打造”？或者是否会导致如毛泽东同志所说的那样“凡是敌人反对的，我们就要拥护；凡是敌人拥护的，我们就要反对”？是否会导致“国人丧失文化中本来优秀的部分，等于是给中国文化挖掘坟墓”？我们的答案是：并非如此。文化安全问题的提出是基于如下判断：目前中西文化交流越来越多，而西方文化仍处于强势，因此，在对外开放和现代化建设过程中，我们应该特别重视和加强对中国文化安全的研究。

何谓文化安全？文化安全，是指一个国家或一个民族的文化受到外来消极思想文化的影响，使本国或本民族文化受到侵害，文化出现衰落或消亡。在人类进入新世纪后，文化对人类社会发展的作用越来越显得重要，文化对社会政治、经济的影响也越来越显得重要。从另一角度说，重视文化安全，是因为当今世界存在文化霸权现象。所谓文化霸权，亦称文化强权，是指国与国、民族与民族之间的文化价值观的强加行为。以往一种文化渗入另一种文化需要用几年甚至几十年的时间，而今天，在经济和信息全球化的时代里，现代传播技术的发展大大加速了思想、文化传播的速度和进程。掌握有先进科学技术的发达国家，因为拥有发达的经济和强大的综合国力，特别是拥有先进的互联网、卫星电视等传播技术和手段，正在竭力拓展世界思想文化市场，控制思想文化资源，把建立文化霸权作为谋求世界霸权的全球战略的重要组成部分。

20 世纪 80 年代末至 90 年代初前苏联和东欧的演变，西方发达国家不少人就认为，这是西方思想文化长期渗透的成功。他们把这种做法称为“静悄悄的文化输出”，是对社会主义国家的“软化战争”。中国是社会主义国家，又是发展中国家，历来是西方发达国家思想文化渗透的重点目标。冷战结束后，这种渗透并没有减弱，反而因中国走向世界，对内深化改革，对外扩大开放而进一步加强。

再次，抵御帝国主义文化霸权最有力的武器是弘扬中华民族精神，创新和与时俱进地推进中华文化。弘扬民族精神关键是加强爱国主义教育和历史教育，提高国人素质和民族文化的认同感，这也是“中国心”的根脉所在。这便涉及我国的民族精神、价值观、语言纯洁性和文物保护等。例如，语言是中华民族悠久文化的载体，语言的纯洁性关系到民族凝聚力。因此在普及外语教育的同时，我们还应加强中文教育、中华文化教育。而目前重视外语教学，忽视中文学习的现象严重，不规范使用汉语和文字的现象严重。更令人忧虑的是，目前中国出现低龄留学现象，中文还未学好，就到国外留学了，这对青年一代秉承和发扬中华文明难免出现问题。中国历史文化悠久，本身有着文化优势，但优势不能发挥，就不能说还是优势。

最后，反对文化霸权，保卫文化安全，关键在于加快发展自己。只有物质文明和精神文明综合发展了，综合国力提高了，才有反对文化霸权和抵御文化霸权的实力。在当今，抵御文化霸权的关键：一是占领科学技术这个制高点，掌握发展的先机，赢得竞争的主动；二是加快文化创新，以先进文化战胜文化侵略。为此，我们还要继续发扬卧薪尝胆、发奋图强的精神，一方面大力推进科技创新，另一方面注重文化创新。在世界竞争中，忽视这两个方面，都会对我国的文化安全和国家利益带来巨大威胁。

在维护国家文化安全方面，美国、日本、韩国都比我们重视民族精神和文化的培育，提出了对国民进行终身国史教育计划，而且对新移民进行国史考试，不合格者不能加入国籍。美国国家图书馆建立了“美国记忆”网站，这是针对美国人进行美国历史文化教育的网站，经有关专家调查，接受查询上网的又多是美国青少年。这些发达国家的做法值得我们借鉴。

维护文化安全，抵御帝国主义文化霸权，最重要的是要牢牢把握先进文化的前进方向。“在当代中国，发展先进文化，就是发展面向现代化、面向世界、面向未来的，民族的科学的大众的社会主义文化，以不断丰富人们的精神世界，增强人们的精神力量。”正如《决定》所说：“中华民族伟大复兴必然伴随着中华文化繁荣兴盛!”让我们为中华文化复兴而努力奋斗吧!

# 弘扬优秀传统文化
# 推动社会主义文化大繁荣大发展

邓海英　国防大学马克思主义研究所

党的十七届六中全会通过的《中共中央关于深化文化体制改革推动社会主义文化大发展大繁荣若干重大问题的决定》突出强调了中华文化的历史意义和时代价值，将弘扬中华文化作为建设社会主义文化强国的重要举措之一，指出优秀传统文化是中华民族共有的精神家园，是社会主义先进文化的深厚基础，要加强对中华优秀传统文化思想价值的挖掘和阐发，维护民族文化基本元素，使优秀传统文化成为新时代鼓舞人民前进的精神力量。中央关于弘扬中华文化的战略部署和要求，反映了我们党高度的文化自觉和文化自信，为推动社会主义文化大繁荣大发展提供了动力、指明了方向。

## 一、优秀传统文化的深刻内涵

中华优秀传统文化源远流长，有其丰富的内涵，涉及政治、经济、社会伦理、道德、文学艺术等多方面。在它的长期发展过程中，逐渐形成了一系列优秀的文化传统，这些优秀的文化传统经过数千年的积淀，使全民族的思维方式、价值取向、理想人格、审美情趣等渐趋认同，形成了民族的风骨与气度，培养了民族的品格和精神，成为中华民族的基本精神和中华民族延续发展的内在动力。其内涵主要表现在以下几个方面：

中华优秀传统文化注重人的价值，强调以民为本。早在千百年前，中国人就提出“天地之间，莫贵于人”、“民惟邦本，本固邦宁”，“民为贵，社稷次之，君为轻”等民本思想，主张治国须利民、裕民、养民、惠民，强调民众是国家的根本，认为得民心者得天下，失民心者失天下，统治者要关心民众的疾苦。

中华优秀传统文化注重坚韧刚毅，强调自强不息。《易经》讲“天行健，君子以自强不息”，这是对中华民族刚健有为、自强不息精神的集中概括和生动写照。中华民族之所以能在五千年的历史进程中生生不息、发展壮大，历经挫折而不屈，屡遭坎坷而不馁，靠的就是这样一种奋发图强、坚韧不拔的精神。在社会主义革命、建设、改革的不同历史时期，中国人民所展现出的进取精神、创造热情与顽强毅力，在应对各种艰难困苦和严峻挑战中焕发出来的伟大力量，正是这种自强不息精神的生动写照。

中华优秀传统文化注重“和而不同”，强调社会和谐。中国人早就提出了“和为贵”、“和合”的思想，追求人际和谐、身心协调、天人合一的境界，崇尚“仁义礼智信、温良恭俭让”的美好人格，向往“人人相亲，人人平等，天下为公”的理想社会。

中华优秀传统文化注重“协和万邦”，强调亲仁善邻。中华民族历来爱好和平。中国在对外关系中始终秉承“强不执弱”、“富不侮贫”的精神，提倡“海纳百川，有容乃大”的胸怀，主张吸纳百家优长、兼集八方精义。

中华优秀传统文化注重团结统一，强调独立自主。中华民族自古以来便是一个多民族的统一的大家庭，很早就形成了“大一统”的观念。经过几千年的发展，团结统一的意识深深积淀、内化在中国人的文化心理之中。中华民族万众一心、自立自强的民族精神具有坚不可摧的力量，近代历经屈辱的中华民族经过全民族百年抗争重新站立起来。

概言之，中国优秀传统文化塑造了中华民族醇厚中和、刚健有为的人文品格和道德风范，不仅对中国的经济和社会发展发挥了巨大影响，为中国人的文化性格和行为方式的形成奠定了历史基础，而且对人类文明的发展已经产生并将继续产生重要影响。中华文化是我们共同的骄傲、共有的财富，是抹不去的生命痕迹。每一个中华儿女都是中华文化的承载者、传播者，有责任、有义务弘扬中华民族优秀传统文化，使照耀中华数千年的文明之光在当代中国熠熠生辉、发扬光大。

## 二、优秀传统文化的时代价值

中华优秀传统文化所具有的丰富而深刻的内涵，是我们推动社会主义文化大繁荣大发展取之不尽、用之不竭的思想“软资源”，是中华民族共有精神家园的基本精神内核，是凝聚和激励全国各族人民的重要力量，具有十分重要的时代价值。

1. 优秀传统文化是中华民族共有精神家园的重要支撑

建设中华民族共有精神家园，是建设社会主义文化强国的具体要求。精神强大，文化发展方有无穷动力；家园丰厚，民族进步才有万众齐心。历史悠久、内涵丰富、影响深远的中华传统文化，经过历史的冲刷、岁月的淘洗，早已融入国民的血脉之中，积淀成民族的精神家园。推动社会主义文化大繁荣大发展，需要以厚重的传统文化做支撑，构建中华民族共有的精神家园。文化是民族精神家园形成和发展的基础。民族的文化积淀越深厚、文化精神越先进，民族的精神家园就越丰富，感召力和凝聚力就越强大。一个民族如果丧失了自己的文化，也就成为了一个没有精神支柱、情感归宿、文化寄托的漂泊者，等待她的将是被其他民族同化的命运。在我国五千多年的文明发展历史中，各族人民紧密团结、自强不息，共同创造出了源远流长、博大精深的中华文化，为中华民族发展壮大提供了强大精神力量。也正是因为有了中华文化的维系和推动，中华民族共有的精神家园才始终不灭，中华民族才始终屹立于世界民族之林。随着人类历史从“民族历史”向“世界历史”转变，不同文化之间的交流越来越多，不同民族之间的交往越来越深入，并呈现出某种交融的趋势，民族文化作为一个民族的血脉和精神家园的作用愈加凸显，愈益成为维系散居于世界各地的人们的精神纽带。如今，中华儿女已经遍布全球各地，虽然空间的距离使他们与故土分隔，但中华文化仍是他们的精神家园，中国仍是他们内心深处的牵挂。中国共产党既是中国先进文化的积极倡导者和发展者，也是中华优秀传统文化的忠实传承者和弘扬者。我们党历来高度重视运用中华传统文化夯实精神家园基础、凝聚团结奋斗力量、激发锐意进取热情，带领全国各族人民在革命、建设、改革的历史进程中不断取得新胜利、获得新突破。十七届六中全会提出的在弘扬中华优秀传统文化的基础上建设中华民族共有精神家园的要求，必将为推动社会主义文化大繁荣大发展提供更加丰富的文化资源和更加强大的精神动力。

2. 优秀传统文化是发展社会主义先进文化的深厚基础

推动社会主义文化大繁荣大发展，就要在传承优秀传统文化的基础上，强化文化认同，着力推动社会主义先进文化更加深入人心。首先，优秀传统文化为发展社会主义先进文化提供思想资源。马克思曾说过：“人们自己创造自己的历史，但是并不是随心所欲地创造历史，而是在现实的、既定的、从过去继承下来的条件下创造。”[①] 中国共产党倡导和发展的社会主义先进文化，并非无根之萍、无源之水，它既深深扎根于中国的革命、建设和改革伟大实践之中，也源自于其对优秀传统文化的大胆吸收和借鉴。正是得益于对优秀传统文化的大力张扬，对传统文化价值的积极维护，社会主义先进文化才获得了源源不尽的思想资源。传统文化中蕴含的贵和持中、推崇天人合一的和谐思想是当今中国建立和谐社会、发展和谐文化的有益借鉴；传统文化中蕴藉的“知之为知之，不知为不知”的求真品格是社会主义先进文化实事求是、求真务实思想精髓的重要资源；传统文化中所蕴藉的“天行健，君子以自强不息”的进取精神是社会主义先进文化中自强不息、勇于进取精神的重要思想来源；传统文化追求的格物致知、修身齐家治国平天下的人生境界是构筑社会主义伦理道德的重要根据。其次，弘扬优秀传统文化是强化文化认同，推动社会主义先进文化更加深入人心的有效举措。亨廷顿认为，文化认同“最独特的精髓”是“长久延续的历史文明”。[②] 文化认同，首先是民族文化的认同。作为西方文化的马克思主义，在传入中国后之所以迅速被广大知识分子和人民群众所认同和接受，既根源于其倡导的革命精神与中华民族文明主体的生存境遇悲惨甚烈有关，也根源于其与中国传统文化有深层次的契合之处。“我国传统文化具有一些与马克思主义相同或相近的先天素质。诸如辩证的思维方式；实用理性的致思路线；以群体为本位的价值取向；‘治国平天下’的忧患意识；追求均等与‘大同’的社会理想等，这些先天素质，正是促使知识分子在十月革命以后迅速地选择了马克思主义的文化原因。”[③] 今天，我们推动社会主义先进文化更加深入人心，还要继续利用好传统文化与社会主义先进文化先天契合的优势，通过弘扬传统文化，进一步强化人们对马克思主义的认同，对马克思主义中国化最新成果的认同，对中国共产党价值追求的认同。作为中华优秀传统文化的传承者和弘扬者，我们党始终强调，优秀传统文化是发展社会主义文化的深厚基础和取之不竭的宝贵资源。坚持中国特色社会主义文化发展道路，推动社会主义文化大繁荣大发展，既要高扬社会主义先进文化的旗帜，又要不忘优秀传统文化；既要面向现代化、面向世界、面向未来，又要植根于民族历史文化土壤。

---

① 《马克思恩格斯选集》，第 1 卷，北京：人民出版社 1995 年版，第 585 页。

② ［美］塞缪尔·亨廷顿：《文明的冲突与世界秩序的重建》，北京：新华出版社 2002 年版，第 7 页。

③ 汪澍白：《二十世纪中国文化史论》，北京：中国青年出版社 1999 年版，第 212—213 页。

## 三、在弘扬优秀传统文化中推动社会主义文化大繁荣大发展

优秀传统文化凝聚着中华民族自强不息的精神追求和历久弥新的精神财富，是推动社会主义文化大繁荣大发展的深厚基础。必须以对民族、对历史、对后人高度负责的精神，把传承优秀传统文化作为义不容辞的历史责任，按照取其精华、去其糟粕，古为今用、推陈出新的要求，使之与当代社会相适应，与现代文明相协调，与世界文化发展趋势相符合，保持民族性，体现时代性，彰显世界性。

1. 要科学认识中华优秀传统文化，保持民族性

传统是过去的，也是现在和未来的。我们不可能留住时间的脚步，但我们可以保存时间留下的东西。中华文化中有着非常宝贵的精神财富，历史的积淀已经使这些精神财富升华为民族的精神家园，凝聚成为民族的脊梁。但长时间对传统文化认识的不到位，以及不时泛起的文化虚无主义思潮，无不在侵蚀着我们的精神家园。鸦片战争后，面对国家悲惨现状和如潮水般涌入的西方文化，中国人对自身文化的评价越来越低，从感觉器物的不足到感觉政治制度的不足，再到感觉文化精神的不足，每一次对西方文化认识的深入都伴随着对自身文化否定的加深，每一次民族危机的加重也都加剧了人们对自身文化的失望。在后来的一个世纪里，在“打倒孔家店”和“中国文化本位”的争论中，国人对于传统文化始终没有一个准确的定位，缺乏一种客观的认识。新中国成立后，虽然毛泽东多次指出社会主义文化建设要做到“古为今用”，但不时进行的“反传统”运动，硬是将本来就被边缘化的传统文化逼上了绝境。近年来，文化虚无主义沉渣泛起、甚嚣尘上，“反传统”似乎又成为一句时髦的口号，“西方话语”也仿佛成了学术研究的基本范式，一些人提出在中国传统文化中，“真正的人不可能萌芽成长”，一些人甚至以马克思主义为依据，强调传统文化“非历史性”、“非科学性”。历史不能割断，需要全面辩证地分析。尽管中国传统文化中有糟粕，但更多的是精华。古代中国曾有领跑世界千年的经济文化盛世，即使是在内忧外患、积弱积贫的近代中国，优秀传统文化依然屹立不倒。今天，经历改革开放伟大时代锻造的中华优秀传统文化更显成熟，在与其他民族优秀文化的交流中更加充实，呈现出与时俱进、开放包容的恢弘气度，彰显出自由平等、公平正义的时代追求，展现出民族的魅力、

历史的厚重、时代的光芒、国际的视野，达到了前所未有的高度。我们有理由对我们的优秀传统文化充满自信，有理由在世界不同文化相互激荡的今天捍卫民族文化地位。当然，树立文化自信、保持民族性，绝不意味着我们要关上面向世界的大门。在全球化这一背景下，文化建设如果追求单纯的民族性，则极有可能会陷入保守主义的陷阱，那样也就堵死了本民族的文化创新发展之路。

2. 要推动中华优秀传统文化现代化，体现时代性

恩格斯认为："每一时代的理论思维，从而我们时代的理论思维，都是一种历史的产物，在不同时代具有非常不同的形式，并因而具有非常不同的内容。因此，关于思维的科学，和其他任何科学一样，是一种历史的科学，关于人的思维的历史发展的科学。"[①] 中华传统文化，是推动中华文明发展的重要动力，必须加以继承和发扬。但是，继承不等于照搬，发扬不等于重复。当今中国，有人甚至认为马克思主义是异族文化，无法承担安顿中华民族生命和灵魂的职责，是导致近百年中国精神丧失和近年来社会信仰缺失、道德滑坡、价值迷茫的根本原因，主张用儒家思想取代马克思主义，使之成为国家和社会生活的主导思想，并建立"儒家共同体专政国家"，设立通儒院、庶民院、国体院，以实现社会等级和谐。此种观点虽令人振奋和鼓舞，但它无视时代发展变化和实践发展要求，这就与文化的发展规律大相径庭。实际上，诞生于封建土壤、适应小农经济的中国传统文化有明显的两重性，它所蕴含的官僚主义、等级观念、特权思想、家长制作风、封建迷信思想等是阻碍中华民族进一步发展的障碍。中华传统文化在今天要继续发挥其作为中华民族发展推动力的作用，就必须在实践的基础上，结合时代发展要求，通过与不同文化思潮的接触和交流，实现自身的现代转换。今天，现代性已成为当代各种问题研究与争论的重要话语背景。推进中国传统文化的现代转换，既需要我们高举马克思主义的旗帜不动摇，也需要我们具有现代性的理论视野。现代性在冲破封建神学和宗教束缚过程中，在科学与民主、理性与主体性、个体自由与社会进步等方面取得了长足的发展，而这些恰恰是中国传统文化所缺失的。当现代性愈益成为当代中国发展的重要时代背景时，推动中国传统文化的现代转换，就更需要深入研究现代性的话语体系，不断赋予中国传统文化以新的生命力和号召力。

---

① 《马克思恩格斯选集》，第3卷，北京：人民出版社1995年版，第465页。

### 3. 要推动中华文化走向世界，彰显世界性

世界文化丰富多彩，不同文化之间的相互学习和借鉴是文化发展的必要条件。“不同文明的接触，以往常常成为人类进步里程碑。希腊学习埃及，罗马学习希腊，阿拉伯学习罗马，中世纪的欧洲学习阿拉伯，文艺复兴时期的欧洲学习东罗马帝国。学生胜于老师的先例不少。”① 在当代，开放的世界极大地增强了文化的共生性和可溶性，各种文化的命运将由其开放、兼容和更新能力的强弱决定。历史地讲，中国传统文化是一种开放文化，也正是得益于其开放包容，才造就了汉唐的文化盛世。在当今中国，积极构建“引进来”和“走出去”相结合的文化发展格局，已经成为我们党和政府推动中外文化交流互动的基本主张。这不仅意味着中国可以更好地从全球吸收和借鉴优秀文化成果，更意味着中华文化自近代以来开始再次走向世界，并将成为影响世界文化发展走向的重要力量。全球 300 多所孔子学院的建立，与 140 多个国家政府间文化合作的签订，众多中外“文化年”、“国家年”、“语言年”的举办，以及国际上渐起的中华文化热，都在昭示中华文化走向世界所取得的丰硕成果。但我们也要看到，当前中华文化走向世界主要是通过政府和相关组织“送”出去的，由于不大顾及别人的接受习惯和文化传统，往往使得“送”出去的中华文化的影响力和穿透力打了折扣。在文化经济化、经济文化化的今天，一切优秀的人类文明成果，都只有通过并借助于文化产业才能实现它的价值存在和有效传播。没有文化产业的发展，就没有中华文化在世界的影响力、渗透力和竞争力。要真正实现中华文化“走出去”，既需要通过官方渠道，由政府部门主动推动，也需要通过民间渠道，由社会组织共同实施，更需要通过市场渠道，由文化企业主动作为。

当今世界正处在大发展大变革大调整时期，不同思想文化交流交融交锋更加频繁，意识形态领域斗争更加复杂，维护国家文化安全任务更加艰巨；当代中国正在发生广泛而深刻的变革，人们思想更加多样，社会价值更加多元，社会思潮更加多变。在这样的历史条件下，建设社会主义文化强国，需要我们以更加理性、科学的态度，全面认识传统文化的历史意义和现实价值，让古老文化不断焕发出新的青春活力；需要我们以对民族、对历史、对后人更加负责任的精神，加强对

① ［英］罗素：《中国问题》，上海：学林出版社 1996 年版，第 146 页。

民族文化的挖掘和保护，使中华民族文化瑰宝能够代代相传、泽荫后人；需要我们以更加锲而不舍的劲头，广泛开展优秀传统文化教育普及活动，让更多的人成为优秀传统文化、社会主义先进文化的承载者和传播者。

# 回到“革命文化传统”的地面

## ——谈谈中国现代文化传统的特征

王一川　北京大学艺术学院

想必人们都知道流行歌曲《大中国》：“我们都有一个家，名字叫中国。兄弟姐妹都很多，景色也不错。家里盘着两条龙是长江与黄河呀，还有珠穆朗玛峰儿是最高的山坡。……”但人们未必全都能联想到，这样一种中国体验并非古已有之，而只是现代的产物。同时，为了捍卫中华民族的这个现代共同家园，过去一百多年来，整个中华民族都曾经被迫卷入现代革命的滔滔洪流之中，谱写下一曲曲悲欣交集的革命交响乐。这里的“革命文化传统”概念，出自党的十七届六中全会所做的《中共中央关于深化文化体制改革推动社会主义文化大发展大繁荣若干重大问题的决定》中明确：“把创新精神贯穿文化创作生产全过程，弘扬民族优秀文化传统和五四运动以来形成的革命文化传统，学习借鉴国外文化创新有益成果，兼收并蓄、博采众长，增强文化产品时代感和吸引力。”这就等于提出了弘扬“五四运动以来形成的革命文化传统”这一新课题。那么，这是一种什么样的文化传统？认识这个问题，对认识全球化语境中的中国先进文化建设，显然具有理论意义和现实价值。

首先要看到，“五四运动以来形成的革命文化传统”在这里是同“民族优秀文化传统”及“国外文化创新有益成果”一道三方并提的。由此可以见出一种清晰的战略设计：中国当代先进文化好比一幢崭新的大厦，而它是需要同时融汇上述三方面成果才能建成的，也就是要以上述三方面成果为优质原材料或资源建成，三者缺一不可。而对这种“革命文化传统”，人们长期以来是轻视或者忽视的。提起中国文化传统，人们总是想到拥有数千年历史的中国古典文化，而对中国现代文化传统闭口不提，似乎对它根本就不屑一顾。显然，重新认识“革命文化传统”，就成为当前全球化时代中国社会主义先进文化建设需要从事的一项工作。“全球化与当代中国先进文化建设”这一主题按我的理解，是要探讨全球化语境下中国特色社会主义先进文化建设课题。这课题必然包含这样一个问题：这种先进文化建设如何以“革命文化传统”为原材料进行加工制作？这既是一个理论创新问题，更是一个艺术创新甚至是更根本的生活方式建构问题。

如此一来，首要的问题就在于，如何认识和把握“革命文化传统”？关注“革命文化传统”，不仅应关注它本身，还应关注它所生长于其中的更深厚、更基本的地面，这就是中国现代文化传统。中国现代“革命文化传统”不过是中国现代文化传统孕育的产儿。因此，要了解中国现代革命文化传统，就应适当回到它的原初地面——中国现代文化传统，从那里重新发现它的星星之火的由来。这里仅仅打算对中国现代文化传统的特征作简要描述。

早在1915年，陈独秀就对中国现代文化的“特征”作了自己的探讨，认为“近代文明之特征”有“三事”：“一曰人权说，一曰生物进化论，一曰社会主义”。[①] 英国当代社会学家吉登斯（Anthony Giddens）的《现代性与自我认同》（*Modernity and Self-Identity*，1991）讨论了构成“现代性”的三个主要“动力品质”：时空分离、抽离化机制和反思性。[②] 吉登斯的现代性三要素理论有助于思考世界范围内文化现代性的普遍特征。

应当清醒地认识到，中国现代文化传统是全球现代文化的一部分，不可能超离这个整体而独行其是、另搞一套。另一方面，中国现代文化毕竟有自身的具体呈现方式：第一，它不是西欧那种先发性或原生性现代文化，而属后发的现代性，因而就有一个模仿与反模仿、影响与过滤等问题；第二，中国古典文化具有一整套独特而完整的宇宙模式、社会制度、价值系统等，会“过滤”任何一种新介入的现代性因子，会在现代性进程中发生特定的正面或负面、积极或消极的作用。所以，探讨中国现代文化的特征，应从普遍的全球现代性语境深入中国自身的现代文化问题境遇中。从中国现代文化的具体问题境遇来看，对此的分析可以涉及很多方面，但以下几方面应是必不可少的：一是宇宙模式的改变，二是民族观念的变化，三是社会制度的变化，四是价值系统的变化，五是人的观念的变化。由这些方面可以见出构成中国现代文化特征的五要素：地球模式、民族协同观、制

---

① 陈独秀：《法兰西人与近世文明》，见《独秀文存》，合肥：安徽人民出版社1987年版，第10页。

② ［英］吉登斯：《现代性与自我认同》，赵旭东、方文译，北京：生活·读书·新知三联书店1998年版，第18—22页。

度转型论、道器互动说和人权说。[①]

中国现代文化的第一个特征是地球模式。古代中国人相信中国处在“天下之中”。北宋石介的《中国论》颇有代表性：“天处乎上，地处乎下，居天地之中者曰中国，居天地之偏者曰四夷。四夷外也，中国内也。天地为之乎内外，所以限也。”[②] 在这一宇宙图式中，处在天地的中心的是中国，而处在天地的边缘的是四夷；四夷在天地的外缘，而中国在天地的内缘。这里呈现出一种明确的“同心圆”宇宙模式：中国处在宇宙的圆心，而四夷散落在圆心周围，围绕着这个圆心旋转。这样一种“天下之中”的宇宙图式植根在中国人心中，成为中华民族的集体记忆和知识。但到了戊戌变法期间，一位叫做皮嘉祐的人写过一首《醒世歌》：“若把地球来参详，中国并不在中央，地球本是浑圆物，谁居中央谁四旁?”这首诗歌里描述的地球图景，对今天的中国人、即便是不到十岁的孩子，也都是再普通不过的常识了：我们是中国人，中国在圆圆的地球上，地球是太阳系的一颗星，太阳系是浩瀚天体的一小部分而已。人们耳熟能详的《中国心》、《大中国》等歌曲，共同地表达了中国人的一种现代文化体验：我们是由众多“兄弟姐妹”组成的中华民族大家族，拥有同样的“中国心”和“中国印”；“中国”是我们共同的“家”，它拥有长江、长城、黄山、黄河、青藏高原和珠穆朗玛峰；中国是地球上的一个国家，而且是地球上一个独具特性和魅力的国家，我们为做一个中国人而无比自豪；即便是身在异国他乡，我们也会感受到“中国”的无限力量！这样的激情歌唱，包含了现代中国人的一种十分自然而又基本的世界体验或知识：我们所生活的国家叫中国，中国是位于地球东半球的一个多民族国家。可以说，今天没有任何人会对这样起码的世界体验或知识发出疑问。它们太常识了，也太令人熟悉了！

但很少人想到，从“天下之中”模式到地球模式，这样的宇宙模式的转换是中国人经历极其倔强的抗拒后才缓慢地明白的硬道理。直到1840年鸦片战争爆发，或者甚至之后几十年，当“泰西”不断在中国显示其强大的军事、科技、政治与文化力量，而固守古典宇宙模式的中国一败再败终于一败涂地、置之死地而

---

① 以下有关这五个特征的论述，摘引自笔者此前的连载长文《中国现代性的特征》（上、下），载《河北学刊》2005年第5、6期，有所调整。特此说明。

② ［宋］石介：《中国论》，见《徂来石先生文集》卷十，陈植锷点校，北京：中华书局1984年版，第112页。

求新生时，地球模式才逐渐地、越来越有力地介入中国人的体验，成为现代文化的组成部分，并在庚子事变期间终于彻底击败和取代了古典“天地之中”模式。从此，对每个中国个人来说，一个明白的日常体验事实出现了：眼中所见所感的天地变了，自我也必然发生改变。那植根在中国人内心数千年的“天地之中”模式，已经让位于新的“地球”模式。郭沫若的《地球，我的母亲》（1920）表明这位代诗人已彻底承认地球模式，并为这种承认而欢欣鼓舞。

中国现代文化的第二个特征是民族协同观。一旦摇撼掉“天下之中”旧图式而建构地球之一国新图景，就必然会波及中华民族与地球上其他民族的固有的民族关系意识。过去，中国人拥有中优外劣心态：中华民族是最上等的民族，是“夏”或“华夏”；而四周民族则是次等民族，属于“夷”或“夷狄”。当地球模式取代“天下之中”模式后，中国人不得不发现自己不过是地球上民族之林的一部分，不得不放下“天下之中央”的幻觉与自恋，承认与其他民族“协同生长”[①]。这样，中华民族与地球上其他民族之间协同生长的观念，成为现代文化的固有内涵及显著标志之一。

这种民族协同观念一旦产生，一种令中国人痛苦的否定性图景就赫然显现了：在20世纪初西方列强环伺的特定情形下，中华民族已经沦落为低一等的被侵略与被压迫民族了。正是在这种哀痛和缅怀体验中，人们纷纷起来重新思索中国人及其与地球上其他民族的关系。与古典体验认定中国优越于外国（“华我夷人”）不同，在现代体验中，中国人既有人类普遍性或普遍人性，又有自身的独特民族性或民族特异性。一方面，中国人挣脱了古代“夷夏”、“家国”、“三纲五常”等传统观念的束缚，承认自己并不优越于全球其他民族，而是同他们在许多方面一样，并且接受了凡人类无论种族或民族均平等相待、协同生长等观念、相信自由、平等、爱、民主等普遍性价值尺度。当然，应当看到，这种承认在庚子事变至民国初年曾经伴随着一种极端倾向——就是悲观地认定“中国人”已经远远落后于世界上先进民族，甚至要“国亡种灭”[②]，从而对中华民族的现代命运充满了“大恐惧”[③]。

一方面是民族协同观的发生，另一方面是中华民族在地球上的生存危机的凸

---

① 鲁迅：《热风·随感录三十六》，见《鲁迅全集》，第1卷，北京：人民文学出版社1981年版，307页。

② 同上书，301页。

③ 同上书，第307页。

显，这正构成中国现代文化在民族关系上的一种特殊景观。民族协同观的提出依赖于古典中优外劣心态的幻灭，而这种幻灭恰恰是由民族危机所致。鲁迅的设想是有远见的：中华民族要真正“强大”，首先需要彻底消除中优外劣心态而承认各民族“协同生长”的必要性，即不是唯我独尊地继续维护“中国中心”观，而是冷静地承认地球上各民族的平等与“协同生长”。只有与其他民族协同生长，承认“世界人”现实，中国人才能真正重新做回“中国人”本身。而此时的“中国人”，显然已经具有了与古典性中国人颇为不同的内涵了：他不再是“天地之中”的“中国人”，而是“世界人”之中的“中国人”。以民族协同观取代中优外劣心态，确实是中国现代性的一幅经常性特征。

中国现代文化的第三个特征是制度转型论。现代文化远远不只是一种新思想转型，而是与新制度转型相连的社会总体转型。随着地球模式、民族协同观的建立，现代文化必然要求一种与之相适应的新制度，制度转型论从而发生。制度是指现代中国所兴起的与地球模式和民族协同观相应的新型社会制度，包括民族国家政体、法律制度、社会关系制度、教育制度、宗教制度、学术制度及艺术制度等。制度转型论是包含上述所有制度在内的整个社会制度的根本性转变观念。

以辛亥革命为标志，从封建帝国体制转变为现代共和体制，这一社会政体的急剧革命为原本准备不足的全面的社会制度变革吹响了进军号角。社会制度的现代性变化或转型，原是可以有两种方式的：一种是渐进的部分转变，即“改良”；另一种是彻底推倒重来，即“革命”。中国的现代历史老人，先是推出渐进的“改良”论，盼望“洋务自强”，但在甲午战争和庚子事变中先后遭到灭顶之灾；继而不得已才祭起了“革命”论武器。制度革命，意味着不是旧制度的部分或局部“改良”，而是旧制度的全面瓦解和新制度的急速生成。

从辛亥革命建立共和制度及相应的法律制度、教育制度、学术制度等，到五四时期确立白话文的正宗语言权威，再到后来的马克思列宁主义与社会主义的中国化，革命论在中国社会制度转型过程中逐渐地升任主角。20 世纪 80 年代至今，改良论或改革论又再度复活，取代了一度独领风骚的革命论。

现代文化的第四个特征是道器互动说。电影《西洋镜》（胡安导演，1999 年摄制）有这样一个镜头：从来没有见过电影的北京市民，第一次看见影片中迎面冲来的马车、火车等运动画面时，以为是真事发生，惊吓得仓皇奔逃。影片围绕 1905 年任景丰和刘京伦拍摄中国第一部电影《定军山》的过程，讲述电影这一来自西方的现代器物如何在中国人面前展现惊人的奇异世界。同样，20 世纪初的东方都市上海，人们面对新的器物发出由衷的惊叹："活火燃千朵，明星迴万家。楼台春不夜，风月浩无涯。欲夺银蟾彩，真开铁树花。登高遥纵目，疑散赤城霞。"① 这首诗赞叹煤气灯的"活火"给十里洋场带来"不夜"之"春"，歌咏电线的神奇的通讯作用。它发现，现代器物能给日常生活带来时空上的巨变：煤气灯的"活火"可延长白昼而消灭夜晚、造成"风月浩无涯"的作用，缩短通讯的时空限制。这表明，现代器物能给日常生活带来巨大便利，并在人心上激起强烈震荡。

面对新起的现代器物在生活中的巨大作用，中国古代生活价值系统却一时无法给予合理化阐释。按清代的主流价值系统，道作为天地人生之规律或法则，属于根本；而器或技作为天地人生之用具，属末。以道制器被视为这个价值系统的根本法则，它必然地导致重道轻器心理的存在。现代文化正是意味着这个古典法则的解体。

中国人从现实生活的器物作用上逐渐地认识到器的重要性，但不可能根本翻转古典重道轻器心理而去相反地主张重器轻道。取而代之，采取的是道器互动的方式。"器"，要；"道"，也要。现代之"器"是重要的，但现代之"道"也不可缺少。如何处理两者的新型关系呢？薛福成主张："取西方人之器数，以卫我尧、舜、禹、汤、文、武、周、孔之道。"② 利用西方先进而强大的"器数"，是要捍卫、守卫或护卫中国之"道"。这里等于提出了以器卫道的主张，明确表述了器可以通道的思想。这等于说，在现代性的过程中，器与道都需要不断地变革，并形成互动关系。道器互动论正意味着，现代之道与现代之器相互依赖、相互共生；新器通向新道，而新道借助新器彰显。

按照道器互动论，完整地讲，现代文化意味着道与器的相互生成和作用。道与器的关系一旦理顺，生活价值系统就获得重新定位。器物是生活价值的不可缺少的基本保障，而道则是生活价值的最高境界，两者相互沟通。这实际上等于宣告科学主义（或科技主义）与文化主义两种人生价值学说的共在及其分野。科学主义是指以自然科学和技术为中心的生活价值观念，相信科技作用是根本；文化主义是指以思想学说为中心的生活价值观念，相信思想观念的变化才是关键。

现代文化的第五个特征是人权说。现代文化的一个不可或缺的显著特征，在

① 转引自陈伯海、袁进主编：《上海近代文学史》，上海：上海人民出版社 1993 年版，第 91 页。

② 薛福成：《筹洋刍议·变法》，见《薛福成选集》，上海：上海人民出版社 1987 年版。

于有关"人"的崭新观念——人权说的生成。长期受制于以"三纲五常"为代表的古代人学的中国人，从现代人权学说中看到了新的人性曙光。人，应是一个独立、自主、自由的存在，拥有自己的神圣不可侵犯的权利。在陈独秀标举的"近代文明之特征"之"三事"中，"人权说"被赫然列在首位，显然具有头等重要性。他所热烈地赞扬的 1789 年法国的《人权及公民权宣言》，正是以"天赋人权"为主要理论依据，明确提出"人权"政治纲领及法律。这部划时代的人权宣言规定人人生而自由，权利平等，享有自由、私有财产、人身不可侵犯和反抗压迫的权利，以及言论、著述和出版等自由，等等。按照陈独秀自己的阐述，人权意味着个人具有"独立自由人格"、"自由权利"。他还引用薛纽柏的话说："人人于法律之前，一切平等"。[①] 当然，现代中国的"人权"概念的内涵是变动的和丰富的，不存在一个固定不变的定义。从实际的使用看，"人权"一词其实被赋予了若干人性概念的内涵：自由、平等、团结、协调等，以及与这些词语相应的意识形态如自由主义、个人主义、国家主义、集体主义、无政府主义、社会主义等。

所以，人权说诚然是现代文化的一个突出内涵及后果，不过，它在具体落实过程中常常遭遇重重复杂的矛盾。在最初的"人权说"阶段，人们可能充满激情地、理直气壮地信奉尤其能体现"人权说"的个人主义、自由主义或无政府主义等政治学说，但随着现代中国政治形势的演变，往往很快就滑向集体主义、民族主义、社会主义或资本主义等不同路径。竭力标举"独立自由人格"的陈独秀后来迅速转向马克思列宁主义和社会主义，就是一个并非特殊的代表。在五四运动以后的中国，这样的知识分子大有人在。"人权说"与众多复杂而难以统一的"主义"紧密地纠缠在一起，成为中国现代文化的一个经常景观。但它如何向着后来的革命文化传统演变，则需要认真研究。

以上所述中国现代文化的五个特征，其实是择要说的，而且它们之间是相互联系着的，这里分拆开来只为论述方便。同时，需要看到，正是它们的强势生长和凸显，为"革命文化传统"的生长及其主流化提供了肥沃的土壤，特别是引发了中国社会的进一步的和深层次的震荡，最终导致了革命性变革的爆发，从而才一步步形成了"革命文化传统"。地球模式的引进，轰毁了中国人原有的"天地之中"宇宙模式，使得饱学诗书礼乐的知识分子心灵丧失掉原有的稳定的皈依。生

---

① 陈独秀：《法兰西人与近世文明》，见《独秀文存》，合肥：安徽人民出版社 1987 年版，第 10－11 页。

活在这样崭新而又动荡不安的新宇宙中，不革命能行吗？民族协同观的生成，显示中华民族已从天下之上等民族下降为全球多民族之一员，甚至饱受列强的欺凌。沦落为这样平庸而又不甘的新民族，不革命能行吗？制度转型论的实施，显示中国从古典帝国转变为现代共和制下的民族国家，并建立起相应的一整套社会制度。要在旧帝制的废墟上建立陌生的新制度，不革命能行吗？道器互动说，体现了生活价值层级从以道制器说到道器互动论的转变。面对这样充满矛盾对立的道器关系，不革命能行吗？人权说的形成，标志着中国人从帝国臣民到国家公民的转变，以及随之而来的多重选择的分歧和困窘。为了争得真正的人权，不革命能行吗？可以说，从中国现代文化的上述特征，可以一一回溯出中国现代革命文化传统所据以发生和发展的历史缘由。

对整个现代中国历史来说，不革命是无路可走的，从而革命文化传统的生成有其必然性和合法性。但在今天的和平发展及和平崛起的语境中，又应当如何来重新审视中国现代革命文化传统并创造性地吸纳其在今天的现实价值呢？在这种新语境中，光革命能行吗？光是一再重复革命文化传统的合法性而无限期推迟其面向和平崛起的合理性转向，成吗？重温革命的刀光剑影、血雨腥风固然有其必要性，但绝不能遗忘它本身的更深厚的现代文化传统地面，更不能代替对当前和平崛起年代的经济强国与文化强国的同时建构逻辑的深入探究。在这方面，有不少问题需要深究。例如，中国特色社会主义先进文化是对革命文化传统的自然而然的传承，还是转向或断裂？如果是传承，是忠实的传承还是辩证的扬弃？如果是转向或断裂，那么是彻底的断裂还是断裂中有传承，传承中有断裂？

无论如何，要研究中国特色社会主义先进文化建设，就需要适当地回到“革命文化传统”及其所从中孕育的更根本的中国现代文化传统地面去。正是在这块地面上，可以重新发现中国现代革命之所以发生和发展的深层缘由，这个深层缘由与中国人的现代性体验及其相关焦虑的生成和凸显紧密关联。革命，不过是要让现代中国人为摆脱全球化时代的落后与贫穷困境而实现文化复兴的一条大道，而这条大道在今天这和平崛起年代是可以重新予以反思和调整的。而中国特色社会主义正是它的一种自我反思和调整的必然结果。这表明，需要把中国现代革命文化传统视为中国现代文化传统的一部分加以认真研究，进而视为中国特色社会主义先进文化建设的原材料或资源去加以研究和创新。离开中国现代文化传统而孤立地谈论中国现代革命文化传统，必然会使得中国先进文化建设丧失掉真正坚实的地面。

# 日本文化现代化的演变及其对我国的启示

宋振美　北京第二外国语学院思政教研部

中国与日本作为一衣带水的邻邦，都曾面临西方文化的冲击，都要面对自身文化的创造性发展等问题，而且这些问题都还远没有结束。日本作为第一个取得外源型现代化成功的东方儒家文化圈的国家，其近代以来文化的变迁、文化现代化的转变及其对实现整体的现代化的作用的研究亟待深化。本文旨在探讨日本文化现代化的进程、模式，前瞻未来日本文化的走向，以期对我国的文化建设找到可以借鉴的经验。

## 一

从日本文化发展的整个历史来看，日本文化的发展得益于外来文化的影响。日本最早接受外来文化是在“大化革新”前后，日本大规模地吸收隋唐文化，实现了日本文化全面的汉化，史学家称之为“唐风文化”。在日本绳纹文化、弥生文化的基础上产生的“唐风文化”奠定了日本传统文化的基因。日本文化现代化的过程则始于近代西方文化对具有浓郁“唐风”特色的日本文化的冲击，大致经历了这样几个阶段：

### 1. 第一阶段从“明治维新”到二战结束，是日本传统文化向现代化的转型阶段，最突出的特点就是“欧化”

日本文化的现代化肇始于19世纪中叶西方国家的侵略和西方文化的冲击。日本在1853年“柏利叩关”之后实行“开国”，“尊王攘夷运动”为1868年的“明治维新”奠定基础，“明治维新”成为日本文化现代化的开端。

明治政府和维新的知识分子是日本文化现代化进程中的两个重要角色。明治维新时期，日本著名的启蒙思想家福泽谕吉在他的代表作《文明论概略》一书中，把人类文明分为野蛮、半开化和文明三个阶段。[①] 他指出文明有先进和落后之分，先进文明就要压制落后的文明，落后的文明就要被先进的文明所压制。欧洲已经进入文明阶段，中国、日本还处于半开化阶段。他主张日本必须以西洋文明为目标，同欧美国家交往，方可改变日本的落后状态。福泽谕吉的思想为当时大多数思想家所接受，并成为明治新政府的主导思想。明治政府以欧洲文明为目标，提出了“殖产兴业”、“富国强兵”、“文明开化”的具体内容，开始了现代化的进程。随着西方文化的涌入，日本开始以实用的原则吸收外来文化，迅速地、广泛地接受了能够富国强兵的物质文明。即使是对西方文化排斥的国粹主义者也不得不承认西洋虽无“道”，但在“艺”的方面却是卓越的。随之而来的是精神领域极为尖锐的矛盾和冲突。围绕对待技术以外的文化，尤其是在哲学、认识问题的“穷理”领域，表现出较强的对西学的排斥。1854 年佐久间象山的“东洋道德西洋艺”及桥本左内提出的“器械艺术取于彼，仁义忠孝存于我”是比较有代表性的观点。日本学习西方的自然科学及应用技术，但保持了固有的传统道德精神，也就是“学问技术采于彼，仁义道德存于我”。这成为这一时期日本在现代化过程中吸收外来文化的指导思想。不可否认，在这一阶段也有一定程度的文化融合与创造，但最突出的特点还是折中与调和。

2. 第二阶段从二战以后到 20 世纪 70 年代，是日本文化现代化的初步完成阶段，这一阶段最突出的特点就是全面仿效美国，以美国为目标追赶西方现代文明的“美化”时期

日本军国主义发动侵华战争和太平洋战争，将明治以来现代化的成果化为灰烬。战后，为了在战争废墟上重新崛起，日本人一方面进行文化“反省”，一方面努力学习。伴随着二战以后美国的全面占领，美国的政治、行政制度、经济领域的运营管理方式等强加于作为战败国的日本，日本展开了一系列的社会民主化的改革。美国文化中的现实主义、实用主义思想通过上述改革以及各种新闻媒介的传播与灌输，深刻地影响和改变着日本。明治维新后期出现的“大和民族优秀论”和“欧美民族劣等论”销声匿迹，日本人的观念开始发生逆转，对欧美的自卑感和危机感重新占据上风，以“追美”为主的文化，一改明治时期的自上而下，而是全面仿效美国，以美国为目标追赶西方现代文明。这一看似被动的过程，实际

① ［日］福泽谕吉：《文明论概略》，北京：九州出版社 2008 年版，第 19 页。

上与日本战后的文化反思和强烈的学习外国文化的愿望实现了契合，从而表现出无论是学术思想、思维方式还是与民众日常生活息息相关的大众文化，无不渗透着美国文化的影响。这成为日本文化史上的第三次吸收外来文化的高潮。这一阶段对美国文化的吸收范围非常广泛，可以说是从科学技术、政治文化、经营管理到大众文化、价值观念等领域的一次吐故纳新，日本文化的面貌发上了极大的改观。

日本实现真正意义的现代化，不是在战前，而是在战后。这是因为战前日本在政治、历史和文化观念上根深蒂固地存在着绝对主义天皇制，社会体制没有完全实现民主主义。虽然固守了传统文化的主体地位，但是文化的主体并没有得到正确地宣扬。战后民主化进程的步伐加快，形成了日本战后的和平发展模式，使日本迅速成为世界经济大国。战后日本社会安定、经济持续发展，为文化的全面繁荣创造了有利条件。战后扩大了民众思想言论的自由度，并从制度上给予了保证。随着民众生活水平的提高与权利的扩大，使得这一时期的生活文化、物质文化走向发达，大众文化现象是这一时期最突出的特色。

### 3. 第三阶段从 20 世纪 80 年代开始至今，是日本文化现代化的完成与发展阶段，最突出的特点就是“国际化”

日本自古以来就是一个充满野心追逐大国梦的国家。20 世纪 80 年代日本提出了“国际化”的口号，被称为日本的“第三次开国”[①] “国际化”并不是直接针对文化的发展提出来的，但是这一提法反映了日本关于文化的民族化、时代化发展的思考。这一阶段日本文化现代化表现为面向世界学习，积极主动地向世界输出与传播日本文化，力图树立日本也是一个具有独创性文化的“文化国家”的形象。

伴随着世界范围内信息化时代的到来，国际社会的相互联系日趋显著，全球化浪潮席卷世界，“国际化”成为世界性的文化现象。经济居于世界前列的日本，努力改变政治和文化在世界体系中的形象与地位，“国际化”的旗号，反映了日本成为经济的超级大国滋生的政治大国和民族文化优越的意识。日本国内关于“国际化”有过这样的说法，对异文化的宽容，积极贡献于世界，获得外国人的亲近感和信任。日本文化的国际化可以从两方面来理解：一方面，在于改变和克服其“岛国意识”和封闭状态，也就是进行自身素质的提高和文化内部机制的革新。另

---

① 转引自赵建民：《关于日本“国际化”历程的思考》，载《复旦大学学报》，2001 年第 4 期，第 58 页。

一方面，积极活跃于世界的舞台上，树立日本的“文化形象”，展示日本文化对世界的创造性贡献。

伴随着日本“第三次开国”的文化“国际化”发展，与前两个阶段出现了明显的不同。其一，日本以往学习外来文化均是以某一地区、某一国家为主要对象，而如今模式和范围发生了改变，面向世界，凡是对日本有用的都加以吸收。其二，以往对外来文化的吸收，在文化的强弱、高低对比中日本处于劣势和被动的地位，随着其经济地位的提升，日本在学习态度上发生了明显的改变，即变被动为主动，变被迫为自愿。其三，文化交流的方向由原来的对外学习到现在的对外传播与输出。前两次是以引进为主，这次则是主动“拿出去”，拿出去的不仅仅是日本雄厚的资本，还有先进的文化和价值观念。日本前首相中曾根康弘在倡导“战后政治总决算”时说：“过去，我们对吸收和消化外国文化，即对文化的‘吸收’过于热心，而对文化的‘传播’所做的努力却很不充实”，“日本越是要成为国际国家，就越要思考如何在世界上传播日本文化”。日本文化“国际化”的实质就是如何在世界上传播日本的文化。

## 二

近代的日本面临不引进西方文化可能亡国，引进西方文化可能亡种的危险，面对生死存亡，日本人作出了“和魂洋才”的选择。这一选择也可以说是日本文化走向现代化的总原则，遵循这一原则，日本文化现代化走出了一条“融会贯通”之路。虽然在日本近代以来出现过“西欧文化一边倒”、“美国文化一边倒”的全盘西化、美化的主张，也曾出现过“国粹主义”风潮，但经过反复的“磨合”，日本的文化最终选择的是一条二维一体的道路。一是“不变”，坚持传统文化的核心与主体地位的不动摇；二是“求变”，对外来文化的发现、吸收与融和，二者辩证地统一于日本文化现代化的过程之中，实现了日本文化与外来文化的折中、调和到创造性发展。

### 1. “不变”，坚持传统文化的核心与主体地位的不动摇

近现代以来，日本文化随着时代的变迁在不断地发生着变化，但纵观整个日本的历史，一以贯之的就是日本传统文化的核心与主体地位从未动摇。

面对欧美军舰大炮的威胁，日本特殊的地理环境造就的这一海洋民族强烈的

危机意识和忧患意识油然而生，日本人看到了自己的不足，不得不正视先进于古代东方文明的西方文明。为了抵制西方列强的侵略，谋求民族的独立和国家的富强，日本人开始认识到了解西方、研究西方以至吸收西方先进文明的必要性，于是西方文明开始受到重视。日本的思想家们开始由原来的“攘夷论”者转变为“开国论”者。明治时期的日本就像英、美、法、德等国的大杂烩，“当时日本似乎成了先进国家的一块文化殖民地。然而，那个时代的日本人却认为在每一个领域中采用最好的模式将会使日本尽可能地集各国之大成”[①]。以实际主义和现实功利主义做标准对外来文化进行选择的结果就是在吸收西方的物质文明，西方民主、自由、平等观念的同时，又保留了天皇这一神圣的象征，保留了传统的人际关系模式，排斥西方的民主主义和个人主义。通过灌输“国家是大家族”这样的观念达到培养对天皇及其对国家的忠诚心，这就是明治末期形成的“家族国家观”。在“家族国家观”的基础上，提出“以忠孝一致”为纲的“国民道德”，提倡国家主义和忠君思想，“和魂洋才”的人才培养的目标模式使得日本对西方的学习既成效显著，又保留了自身文化的主体地位。

二战以后，为了使日本纳入美国的战略体系，美国占领局对日本进行了政治、经济、司法等方面的一系列的改革，日本开始了以吸收美国的科学技术和文化思想为主的大规模现代西方文化与技术的学习。虽然日本大规模地移植美国的文化和思想，但是并没有全盘地美化，而是保持了自身鲜明的特征。以经营管理为例，日本现代企业文化注入了日本的民族观念、社团意识，形成了独具日本特色的企业制度，如终身雇佣制、年功序列制等。政治领域也是如此，日本的改革推进了民主化的进程，民众的民主与自由的权利增大，但天皇制的保留、天皇的精神偶像作用，恰恰反映出日本的历史发展、民族心理与文化传承的紧密关系。

20世纪80年代以来，日本的对外文化交往从被动变主动，从输入转向输出，这更凸显了坚持传统文化的核心与主体地位不动摇这一特征。日本政府设立的“国际日本文化研究中心”其主旨就在于推进日本文化的深入研究。“国际交流基金”由政府出资资助，主要目的就在于推进日本文化的国际交流与合作。日本学者致力于挖掘日本自身的深层文化，力图获得当代日本发展的动力之源，而对近代历史中扮演的不光彩的角色检讨和反思的不足，试图否认侵略罪责使日本的文

① ［日］森岛通夫：《日本为什么“成功”》，成都：四川人民出版社1986年版，第133—134页。

化反思无法真正地深入下去。

日本文化吸收西方文化而没有西方化，吸收美国文化而没有美国化，主张“国际化”但并没有丧失文化的国境，这源自于日本始终坚持以日本传统文化为主题与中心，以外来文化补充和充实自己，并在两者的融合中创造出一个新的具有浓郁日本民族特色的文化实体。

2. “求变”，文化发展中持续的、不间断的外来文化的吸收与融合

日本虽然以善于引进外来先进文化而著称，但在处理外来文化与本国传统的关系方面，经历了一个复杂的过程。日本是一个缺乏文化自信的国家，明治早期就表现为对外来文化的态度要么是极端崇拜，要么是极力排斥，“欧美人种优秀论”、“日本人种劣等说”曾广为流传。到了明治二三十年代，日本逐步摆脱民族危机，取得了现代化的重大发展，走向对外扩张后，又高举起“国粹主义”的旗帜。随着对外来文化学习的深入，日本逐渐建立起与西方文化交流的冲突、并存、融合与发展的模式。“把不同质的东西糅合在一起，是日本人特有的才能，也是日本文化的一大特点，日本文化可以说是一个混合体。”[①] 日本学者加藤周一提出“日本文化的杂种性”，他即承认“西方文化已经深入滋养日本的根”，同时又强调使西方文化思想体系发生变化的“这种力量的主体就是土著世界观”，这一观点揭示了日本文化发展的结构性特征。

日本是世界各民族中最大量、最持久地接受外来文化的民族，日本文化的发展历史就是不断吸收和融合外来文化的历史。“搅拌机式的文明”强调的就是日本对待外来文化并不是原封不动的、简单的“拿来主义”的直接拼接，而是借用它，然后同化它，使其变形，继之在此基础上创造出独特的制度和文化特质。但是文化矛盾的解决并非易事，著名史学家汤因比指出：“入侵的外来文化因素总是能够把它原来文化模式中的伙伴因素吸引过来。这种危险的能力不是那么容易被清除掉的。一旦某个外来因素站稳脚跟，如果接受方能够消化它，使之为本土文化锦上添花，而不是破坏原有的和谐，那么这个外来文化因素才会失去那种吸引力。如果被侵略方不能做到这一点，不能中和这个不受欢迎的来客，那么社会要想延续下去，唯一的希望就在于实现一次心理大转变。”[②] 这就注定外来文化的学习必然是一个危险的“求变”的过程。

---

① 尚会鹏：《认识日本人》，重庆：重庆出版社 1997 年版，第 47 页。

② ［英］汤因比：《历史研究》，上海：上海人民出版社 2000 年版，第 376 页。

日本文化没有自我中心的偏见，具有“中空”的文化结构，加之岛国开放的心理使得日本文化能够以无我的空白状态更易于理解和接受外来文化。日本对每一种外来文化几乎都经历了从“攘夷”、“师夷”到“制夷”这样的轨迹，也就是从较量到学习再到超越的过程。1889年大西祝在《当今思想界的要务》一文中指出“当今思想界的重要任务，是把东西方各种思想进行比较、判断和批判，并认识其倾向及其价值”[①]，日本在对待外来文化方面开始了甄别与选择，并开始试图着手东西方文化的融合与重构。但是明治中期东西方文化融合只能说是一种初步的尝试，大多停留在东西方文化相加的折中与混合的阶段。到了明治后期，日本思想界在引进与反思的基础上，进入了文化创造的新阶段。经过近百年的全方位、多层次地引进西方文化的努力，今天的日本形成了不同于西欧的现代化的精神驱动力。吉田茂在《激荡的百年史》中写道：“日本民族能够巧妙地利用当时国内外有利的环境和条件，靠的是日本民族所具有的巧妙地顺应、应变的能力。”[②] 与中国人强调“天不变，道亦不变”的保守观念和文化取向，日本的传统文化显示出极强的求变的特性。正如美国的日本专家赖肖尔所说：“日本人把移植文化视为当然的事物，只要能够适应形势任何需要的东西都可以从海外引进，既无顾忌也不以为耻。”[③]

非西方国家在推进现代化的进程中，必然遭遇如何对待西方文化的问题。日本在坚持本民族文化传统的基础上，广泛吸收西方文化的成果，对民族文化传统进行现代的转化，逐步实现传统自身的完善，从而实现文化的创造性发展。

## 三

从某种意义上说，日本文化现代化的历史就是一部吸收外来文化的历史，日本在吸收外来文化的历史中，并没有走向全盘外来化的道路，而是走出了一条不断地实现自身飞跃式发展的道路。日本文化现代化的历史对我们国家当前的文化建设有很多有益的启示。

### 1. 全盘西化和民粹主义都不可取

关于日本传统文化与外来文化关系的探讨，一直是我国日本文化研究者关注

① ［日］大西祝：《大西博士全集》，第六卷，日本惊醒社1904年版，第18页。

② ［日］吉田茂：《激荡的百年史》，北京：世界知识出版社1980年版，第13页。

③ 转引自张旅平：《文明的冲突与融合：日本现代化研究》，北京：文津出版社1993年版，第227页。

的热点。日本民族善于在保持传统文化的同时对外来文化进行吸收和改造，实现本土文化与外来文化不同层次结构间的冲突与融合，这种文化发展模式推动了日本文化的创造性发展。非西方国家走向现代化的过程，实际上就是本土文化与西方文化冲突、融合的过程。日本的文化发展值得我们学习的就是，日本在文化现代化的过程中既没有抛弃传统文化，走全盘西化的道路，也没有固守传统，完全排斥西方文化。在日本现代化的过程中，日本文化始终发挥着创造主体的决定性作用，在欧化主义和国粹主义的两种文化极端中寻找平衡，在多样性与同一性，吸收与继承、转变与持续的矛盾中确立了和洋文化、东西方文化的交会点，实现了自身的文化现代化和全面的现代化。

2. 善于抓住和把握现代化的历史机遇学习外来的先进文化

日本的现代化“由启动学步到全面展开，由遭受挫折到重建，模仿追随到独树一帜，作为第一个非西方的成功现代化的后来者，打破了近代以来西方工业世界的垄断。”[①] 探求日本实现现代化的奥秘，离不开全方位、多层次地对外来先进文化的学习。本尼迪克特在其分析日本文化类型的名著《菊花与刀》中指出“世界史上还难以在任何其他地方找到一个主权国家能如此出色地有计划地输入文明的例子。”[②] 随着日本明治维新向西方的门户大开，逐渐地产生出对待西方文化的新态度。在吸收西方科学技术的同时，通过接受西方民主主义，部分地选择西方的制度、法律和价值观念。今天的日本以前所未有的开放心态展开了对先进外来文化全方位、多层次地引进。日本的经验表明，实现现代化，文化选择是一个重要的问题，是需要长期解决的问题。善于抓住历史的机遇，作出明智的文化抉择，是中国、日本这样的后发国家实现现代化的关键之所在。

3. 继承优良的文化传统，实现文化创新

日本社会学家富永健一在分析东方国家“后发外生型”现代化发展进程时曾指出：“因为非西方后发展社会的现代化不得不采取输入外来文明的形式，而输入外来文明不可避免的要引起国粹主义的反感”[③]，必然出现“现代阵营”与“传统阵营”间二重结构的对立，消除二重结构的对立以一种理性、合理的思维处理二

① 童星：《发展社会学与中国现代化》，北京：社会科学文献出版社 2005 年版，第 318 页。

② ［美］本尼迪克特：《菊花与刀：日本文化的诸模式》，孙志民译，杭州：浙江人民出版社 1987 年版，第 49 页。

③ ［美］塞缪尔·亨廷顿等：《现代化理论与历史经验再探讨》，上海：上海译文出版社 1983 年版，第 121 页。

者的关系是一个民族文化发展进步的不竭源泉。日本文化现代化是从对儒学的挑战和批判中开始的，与此同时，一些启蒙思想家通过重新诠释、转借、演绎的方式，对日本的儒学进行改造，与引进的西方文化相嫁接。儒家的“天下为公”、“民为邦本”等封建民本主义思想被解释为近代民主主义。将儒家“贱商”的义利观转变为追逐利益、培植资本是增加国家的实力，符合国家利益的义利观。涩泽荣一把日本的武士道精神与资本主义的经营方式相结合，创造出“士魂商才”的道德经济合一的思想。二战以后，美国占领日本，日本传统的社会秩序全面解体。这一时期虽出现过将传统等同于封建文化，全面的怀疑论，主张美国化的倾向，但是总的发展趋势还是吸收西方物质文明的同时，以西方精神文明为诱导，对日本的传统价值观念作重新的思考，焕发传统文化的创造力，使其文化体系具有更大的包容性和吸收能力。日本的这一文化模式确保文化的深层变化始终植根于传统的基础之上，这对于实现日本文化的创新，完成文化现代化的历史任务，无疑起着极其重要甚至决定性的作用。

# 第三篇

# 全球化与社会主义核心价值体系

# “软力量”辨义与当代中国软力量构建

杨生平　首都师范大学哲学系

随着经济全球化向纵深发展与科学技术不断进步，文化等软力量逐步凸显并成为综合国力的重要组成部分。究竟应该如何看待软力量，它由哪些因素组成，作用是什么，又是怎样建构的？这一系列问题是我们研究与建构软力量必须事先认真研究的问题。带着这些问题，本文试图作出分析和说明，并希望引起学界同仁的深入探讨。

## 一、“软力量”词义与思想辨析

### 1. “软力量”语义分析

“软力量”（soft power）一词最早是由美国哈佛大学肯尼迪学院前院长、美国前助理国防部长约瑟夫·奈于20世纪90年代初在《谁与争锋》一书中提出，后来渐渐被政界和学者广泛使用。“soft power”国内有多种翻译，有的译为“软实力”，有的译为“软权力”等。尽管这个概念提出时间不长，但影响很大，歧义又众多，纷争不断，甚至连约瑟夫·奈本人也不得不出面对此作出澄清与解释。他在接受《文汇报》记者采访时，就提出了对“软力量”概念的三种误解：第一，把“软实力”这一原本在国家制度层面使用的关键词不恰当地用在地方和部门层面；第二，把“软实力”同“硬实力”混淆，于是不时冒出诸如“经济软实力”之类“非驴非马”的新词；第三，即使在谈论“文化软实力”时，许多人依然有把“文化产业”等同于“文化软实力”的理解误区。[①]

那么，究竟应该如何准确理解这个概念呢？也许先从翻译入手是最有效的途

---

① ［美］约瑟夫·奈：《请不要误解和滥用“软实力”》，载《文汇报》，2010年12月7日。

径。《软力量——世界政坛成功之道》译者在译后记中曾这样解释这个词的中文翻译："针对国内在翻译'soft power'一词所出现的'软力量'、'软实力'、'软权力'等多种中文译法，我们与奈教授进行了多次交流，探究如何能更准确地把'soft power'一词译成中文。对此奈教授特别指出，'软力量'的译法能比较准确地表达他的思想，同时感谢中国学者对'soft power'概念的运用。"①

对于"软力量"的含义，约瑟夫·奈这样解释道："什么是软力量？软力量是通过吸引而非强迫或收买的手段来达已所愿的能力"②，"软力量是一种能够影响他人喜好的能力。在人际交往中，我们都很熟悉吸引和诱惑的威力。在人际关系或者婚姻中，力量并非一定为大的一方所有，而是取决于神秘的吸引力或化学反应。"③

尽管约瑟夫·奈在不同场合尽力解释这个概念并不断澄清各种误解，但真正理解这个概念似乎还是有一定难度，这也许正是他一再解释、一再澄清后仍存在存在种种误解的原因。那么，究竟应该怎样理解这个概念的内涵呢？也许结合《孙子兵法》中的一些思想更容易让中国人接受。《孙子兵法·谋攻篇》曰："百战百胜，非善之善者也，不战而屈人之兵，善之善者也。"在约瑟夫·奈那里，软力量是用于处理国际交往和国际关系问题层面的概念，它与硬力量一起共同构成处理国与国之间关系以及国际关系问题的两种力量；所不同的是：硬力量是通过军事威慑与经济利诱的等强硬的方式来处理国际关系问题的能力，而软力量则是通过吸引与拉拢的方式来处理国际关系问题的能力，属于"不战而屈人之兵"的范畴。无论是软力量还是硬力量都不完全等同于实力，而是一种能够处理或解决问题的能力。有时一国有强大的军事与经济实力，但并不一定能有效解决国际关系问题，如越战时期的美国对越南；反之亦然，如梵蒂冈与约瑟夫·奈多次提到的挪威虽然没有强大的硬力量，但它们却有很大的国际影响力。不过，在约瑟夫·奈看来，硬力量更接近于实力，甚至在一定意义上就等于实力，它可以用科学方法测算并有效运用，能产生立竿见影的效果，但软力量却往往是既有形又无形的力量，不好精确测算，更难以及时捕捉与准确利用。

---

① ［美］约瑟夫·奈：《软力量——世界政坛成功之道》，吴晓辉等译，北京：东方出版社 2005 年版，第 221 页。

② 同上书，前言第 2 页。

③ 同上书，第 5 页。

那么，软力量是怎么产生的呢？对此，约瑟夫·奈认为它可以有两个渠道：一是由强大的军事与经济硬力量衍生而出。他说："有时同一种力量的资源能影响从强制到吸引等各个层面的行为。一国经济和军事的衰落不仅使其丧失硬力量，也能使其丧失部分影响国际议程的能力，并丧失自身的部分吸引力。在不可战胜或注定论等神话的驱使下，一些国家会被别国强大的硬力量所吸引。希特勒与斯大林都曾试图发展这样的神话。硬力量也可能用于建立帝国和机制，来为小国制定行事议程——前苏联统治东欧国家就是例证。"[①] 二是由文化、政治价值观与外交政策产生的影响力与吸引力。对于这两种软力量来源，约瑟夫·奈显然不看好第一个层面。因为，在他看来，由硬力量衍生出的软力量不是由令他国人民心悦诚服产生的，因而它不会长久，反而有可能随着时间的推移不断衰减。所以，约瑟夫·奈心中的软力量主要是第二个层面的力量。他说："衍生软力量的资源很大程度上产自一个组织与国家的文化所表达的价值观、其国内惯例及政策所树立的榜样，及其处理与别国关系的方式。"[②]

2. "软力量"语用分析

约瑟夫·奈认为，文化、政治价值观和外交政策是软力量的三个重要来源，但并不是所有文化资源、政治价值观与外交政策都能形成软力量。它们能否构成软力量，要看这些资源应用的背景，特别是要看诠释者与接受者的意愿。也就是说，软力量是通过强大的吸引力来实现的一种力量，这种吸引力自然跟诠释者对自身拥有的文化等资源的解释有关，更跟接受者是否自愿自觉接受有关。毕竟吸引力产生的最终效果是通过接受者的行为来实现的。对这种吸引力及其效果有一种客观的测量标准，那就是民意调查或民意测试。他说："软力量并不仅仅等同于影响力，毕竟影响力也可依靠威胁或报酬等硬力量得以实现。软力量也不只是劝说或者以理服人的能力，尽管这也是软力量的重要组成部分。软力量还包括吸引的能力，吸引力往往导致被吸引人在许多事情上采取默许的态度。简而言之，在行为术语中，软力量系能吸引人的力量。就资源而言，软力量的资源即产生吸引力的资产。在衡量一特定资源是否能产生吸引人的软力量时，可通过听取民意调

① ［美］约瑟夫·奈：《软力量——世界政坛成功之道》，吴晓辉等译，北京：东方出版社 2005 年版，第 9 页。

② 同上书，第 7—8 页。

查加以判定。评价该吸引力反过来是否产生了预期的政策结果，则要因事而异。”①

既然软力量的产生跟资源应用背景有关，也跟接受者的意愿有关，那么，在了解软力量资源变量的基础上有没有便于理解与操作的软力量恒量资源呢？对此，约瑟夫·奈虽然未作直截了当的回答，但认真总结他的思想还是会得出肯定的结论：这种恒量资源是有的，它们就是普世价值观与全球规则。在谈到软力量文化资源时，他说：“当一个国家的文化涵括普世价值观，其政策亦推行他国认同的价值观和利益，那么由于建立了吸引力和责任感相联的，该国如愿以偿的可能性就得以增强。狭隘的价值观和民族文化就没那么容易产生软力量。”② 尽管约瑟夫·奈很关心苏联、欧洲、亚洲与非国家参与者软力量资源，但显然他更关心美国软力量资源与构建。在他看来，当今美国不仅是军事与经济强国，也是软力量无人与之匹敌的超级大国。美国软力量的强大，不仅跟它无处不在的软力量资源有关，更跟它拥有无人撼动的普世价值观有关。他认为“美国受益于其普世性的文化”，并借德国一编辑之口炫耀美国文化软力量。德国编辑约瑟夫·杰弗（Jose Joffe）曾说：“美国文化，不管是阳春白雪还是下里巴人，其传播的力度与当时的罗马帝国不相上下——且颇有新意。罗马及前苏联的文化影响止于军事力量的尽头。但美国的软力量统治着一个日不落的帝国。”③

那么，美国到底拥有怎样的普世价值观？对此，约瑟夫·奈没有集中总结，相关论述往往分散于不同段落。不过，若按他提出的软力量三种资源去梳理，还是可以作这样的总结：在文化上，美国强调自由、民主，“美国文化包括浮华、性、暴力、无聊和物质主义，但这并非是全部。同时也描绘了开放、流动、个人主义、反对墨守成规、多元化、自愿、以民为本和自由等特征的价值观”④；在政治价值观上，美国推行的是民主、宪政，强调的是人权、自由和个人主义；在外交政策上，“联邦制、民主和开放市场代表美国的核心价值观。这就是美国所出口

① ［美］约瑟夫·奈：《软力量——世界政坛成功之道》，吴晓辉等译，北京：东方出版社 2005 年版，第 6 页。

② 同上书，第 11 页。

③ ［美］约瑟夫·杰弗（Jose Joffe）：《谁害怕“大块头”先生?》，转引自约瑟夫·奈：《软力量——世界政坛成功之道》，吴晓辉等译，北京：东方出版社 2005 年版，第 11 页。

④ ［美］约瑟夫·奈：《软力量——世界政坛成功之道》，吴晓辉等译，北京：东方出版社 2005 年版，第 49 页。

的”[①]。尽管这些总结有可能挂一漏万，但综合来看，约瑟夫·奈所言的美国普世价值观基本内容还是清晰可见的，它就是人们经常议论的美国核心价值观——自由、民主、博爱、人权。

尽管约瑟夫·奈一再解释由他独创的软力量概念并不断澄清各种误解，但事实上他自己在运用这个概念时也常常有含混之处。认真分析并领会他的软力量概念，它应是一种以某种核心价值观为基石的文化或精神，这种文化或精神可以通过物质方式传载并实现，但却不等于物质，它不能随手可用，更难以立刻达成某一个具体目的，但它却能以巨大的渗透力产生持久的影响。正如他本人所言：“尽管软力量有时对具体目标有直接影响，但这更可能对国家寻求的整体目标造成影响。……与硬力量相比，软力量的重要性在防止攻击、保卫边境、保卫盟国上略逊一筹。但软力量在实现‘社会环境’目标上却能发挥作用。此外，软力量对促进民主、人权和开放市场等至关重要。吸引别人接受民主比强迫别人搞民主更容易。尽管吸引力在影响预期结果的程度上因环境和目标定位而易，但这并不意味着与吸引力不相干。”[②] 但他自己却总把软力量与某种物质形态的东西联系在一起分析，似乎给人以软力量也包括一些物质形态东西的感觉。如果说他提出的软力量三种资源中文化与政治价值观明显属于文化或精神层面东西的话，那么，他所说的外交政策则更多具有物质内涵。其实，软力量资源与软力量展示和实现方式是两个完全不同的概念。软力量是一种精神性存在（虽然有时也表现为物质方式，但物质只是载体，精神才是内容与实质），它可以通过宣传、教育和说理等精神形式实现，也可能通过塑造形象与创建力量等物质方式来实现。毕竟榜样与人格的力量是无穷的。正如约瑟夫·奈自己所认识到的那样：“软力量堪称日常民主政治的主要手段。这种引导个人喜好的能力常常与一些无形的资产联系在一起，比如：富有魅力的人格、文化、政治价值观与惯例，及具有合法性和道德权威的政策等。如果领袖代表着他人愿意追从的价值观，领导起来就省事多了。”[③] 所以说，约瑟夫·奈在《软力量——世界政坛成功之道》等著作中精心勾画的美国内政外交政策更属于建构软力量的途径与方式。

---

① ［美］吉尔·隆德斯塔：《融合而成的帝国：美国和欧洲一体化，1945～1997》，转引自约瑟夫·奈：《软力量——世界政坛成功之道》，吴晓辉等译，北京：东方出版社2005年版，第61页。

② 同上书，第16页。

③ 同上书，第6页。

3.“软力量”语境分析

解析了软力量的语义与语用，对掌握软力量的内涵与实质来说显然是不够的，还必须对其作语境分析，应该进一步了解软力量提出与应用的主要背景。也许约瑟夫·奈对此有自己的考虑，但从我们的视角看，它至少有两个背景：

其一，国际背景。软力量概念虽然由美国人提出，但它的确反映了当前国际形势的一些新特征与新潮流。随着冷战的结束，国际社会越来越向和平与发展方向迈进，尽管美国仍想一家独霸，但短时间内很难改变世界多极化发展的格局。多极化的世界必然会有多元化的思想，谁想在多元化思想中争得一席之地并发挥更大的影响力与辐射力，自然要下一番工夫。随着美国称霸全球的信心不减与自身硬力量的衰落，有心的美国人自然会从他的软力量上做文章。另外，正像约瑟夫·奈所说的那样，随着全球信息与科学技术的发展，人们发散信息与得到信息的渠道越来越广，甚至越来越微观，恐怖主义实施成本降低、渠道增多，战争私有化现象日益严重，这些情况使人们辨别真假信息的能力降低、国家塑造良好形象和防范恐怖主义的难度增加。因此，构建渗透力广、影响力持久的软力量也许是一剂良方。

其二，美国国内背景。当今美国除了自身硬力量有所下降外，最近一段时间的内政外交政策也不得人心。小布什政府在没有联合国授权的情况下公然攻打主权国家伊拉克，虽然推翻了萨达姆政府，但结果显示萨达姆政府没有大规模杀伤性核武器，这与美国事前判断明显有悖。另外，美国国内状况也问题多多，经济滑坡，就业率下降，失业率增加，金融危机的阴影一直挥之不去，再加上在伊拉克与阿富汗重新工作举步维艰，这一系列问题使美国难以发挥它的硬力量。当然，美国政府所持的内外双重标准，更使它受到国际社会的强力指责。这些情况也不得不迫使美国政府转变内政外交政策。事实上，不仅约瑟夫·奈把目光投向了软力量，就连对小布什政府决策影响很大的新保守主义者弗朗西斯·福山也聚焦于软力量。如果说约瑟夫·奈把主要精力放在从美国国内角度通过调整内政外交政策建构软力量的话，那么，弗朗西斯·福山则把更多精力放在用美国价值观影响和改变他国方面建构美国软力量。也就是说，尽管当前美国一些理论家想采用攻心术重塑美国实力和影响力，也提出了一些用美国核心价值观调整内政外交政策的具体思路，但他们想用美国核心价值观改革全球的想法至今未变。

虽然美国的核心价值观是不变的，但它的政策却是不断变化的。正像弗朗西斯·福山所总结的那样，影响美国政府决策往往有四种政治理论："新保守主义是当今处理美国外交政策的四种不同主方法之一。除了新保守主义之外，还有继承了亨利·基辛格传统的'现实主义者'，他们看重权力，倾向于忽视其他政权的内部性质和对人权的关注；还有自由主义的国际主义者，他们希望超越一切权力政治，追求建立在法律和体制基础上的国际秩序；此外是沃尔特·拉塞尔·米德所命名的'杰克逊式的'美国民族主义者，他们倾向于采取狭隘的、与安全联系在一起的关于美国国家利益的观点，他们不信任多边主义，他们更极端的表现形式是倾向于本土主义和孤立主义。"①。而且，随着国内外形势的变化，有着实用主义精神的美国还可以衍生出其他政治理论。约瑟夫·奈自己就说："现在是以不同方式吸取和结合我们的传统的时候了。我们需要更多的杰斐逊，更少的杰克逊。威尔逊派在强调长远的国际政治民主转变的重要性方面是正确的，但他们仍需要记住相关机制和盟友所扮演的角色。他们还需要和汉密尔顿现实主义相结合来中和其急躁的特点。简而言之，美国的成功一方面取决于我们形成对软力量作用的更好的理解，另一方面取决于我们的外交政策中形成的软硬力量的更好的平衡。我们以前做到了，现在可以重新再来。"② 约瑟夫·奈的政治思想基本上属于新自由主义思路，尽管这种思想有一定的合理性，也在一定程度上被奥巴马政府的新现实主义吸纳并执行，他自己自信满满，但它到底能走多远、影响会有多深，还需要通过时间去检验。毕竟在目前国际竞争日趋激烈、矛盾不断增多的情况下，硬力量才是硬道理，软力量的建构也需要足够的硬力量支撑。

## 二、当代中国软力量建构

"软力量"是约瑟夫·奈提出，那么，我们可以不可以直接使用这个概念？又怎样深化这一理论并建构我们自己的软力量呢？对此，笔者认为应该有以下几个层面问题的考虑：

1. 话语层面

不是说西方人提出的概念我们就不能直接使用，对于自然科学中的概念也许

---

① ［美］弗朗西斯·福山：《美国处在十字路口——民主、权力与新保守主义的遗产》，周琪译，北京：中国社会科学出版社2008年版，第5—6页。

② ［美］约瑟夫·奈：《软力量——世界政坛成功之道》，吴晓辉等译，北京：东方出版社2005年版，第159页。

可以直接使用，但对于人文社会科学的重要概念应该建立在充分反思并作我们自身理解的基础上才能使用，否则就可能陷入话语陷阱。许多西方话语都有它自身的语用与语境，如果不对它们进行充分地分析并用自己的话语体系去解读，也许在应用过程中就会不知不觉陷入他们的理论逻辑与理论结论。正像我们前面分析软力量概念一样，要用西方人的话语，首先就得深入他们的话语体系内部，总结并归纳出他们自己所认可的内涵。

在马克思主义思想史与中国文化史上，没有软力量概念，但有类似思想。除了《孙子兵法》之外，老庄的道家思想与孔孟的儒家思想都有不少相关论述。如老子《道德经》说："天下之至柔，驰骋天下之至坚。无有入无间"，"天下莫柔弱于水，而攻坚强者莫之能胜"。孔子也曾说过："君子敬而无失，与人恭而有礼，四海之内，皆兄弟也"，"君子以文会友，以友辅仁"等。马克思主义经典作家更作了大量系统深入的说明。马克思指出："如果从观念上来考察，那么一定的意识形式的解体足以使整个时代覆灭。"① "以观念形式表现在法律、道德等等中的统治阶级的存在条件，统治阶级的思想家或多或少有意识地从理论上把它们变成某种独立自在的东西，在统治阶级的个人的意识中把它们设想为使命等等；统治阶级为了反对被压迫阶级的个人，把它们提出来作为生活准则，一则是作为对自己统治的粉饰或意识，一则是作为这种统治的道德手段。"② 毛泽东也曾经这样说过："自从中国人学会了马克思列宁主义以后，中国人在精神上就由被动转入主动。从这时起，近代世界历史上那种看不起中国人，看不起中国文化的时代应当完结了。伟大的胜利的中国人民解放战争和人民革命，已经复兴了并正在复兴着伟大的中国人民的文化。这种中国人民的文化，就其精神方面来说，已经超过了整个资本主义的世界。"③

进入马克思主义话语体系，软力量自然就有了许多新内涵：首先，软力量的核心价值是由特定社会形成的，它代表的是特定社会统治阶级的根本利益。世界上没有永恒不变的普世价值，所谓"普世价值"都打上特定时代与阶级烙印。对此，约瑟夫·奈缺少足够的反思，他始终以托尔维克《论美国的民主》思想为基础，把美国的核心价值观当成全世界的普遍价值观。尽管他一再提出软力量的建

---

① 《马克思恩格斯全集》，第46卷（下），北京：人民出版社1980年版，第35页。

② 《马克思恩格斯全集》，第3卷，北京：人民出版社1960年版，第492页。

③ 《毛泽东选集》，第4卷，北京：人民出版社1991版，第1516页。

构需要倾听，需要面对面的交流，但他一直不愿意怀疑美国核心价值观，更不愿意听到别国人民对它的质疑。其次，软力量既对国际交往适用，对国内发展也适用。美国跟中国国情不同，美国的核心价值观早已形成，内涵比较清晰（当然，它在不同领域渗透也会产生新的具体内涵），因而它不需要反复向国内民众灌输（不过也存在这种现象），但中国正处于社会转型期，需要认真总结并提炼核心价值观，一旦提炼出来就迫切需要对人民灌输。只有这样，才能统一思想，形成强大的向心力与凝聚力。再次，软力量往往会间接或直接转变为硬力量。由于约瑟夫·奈更多是从国际关系视角探讨软力量，因而他自然不会把软力量跟硬力量直接挂起钩来。因为，即使软力量真的转变为硬力量，那也不是美国的硬力量，而是他国的硬力量。而中国则不同，我们要把软力量转化为国内的经济力、政治力与文化力。所以，我们更注重软力量与硬力量的转化关系。其实，在约瑟夫·奈那里，也存在软力量与硬力量转化的问题，也许他没有清醒意识到这个问题。他多次提到要通过国际外交推广美国的民主、人权思想并推进别国市场开放，如果别国真的给美国开放了市场，那样给美国带来的恐怕不只是软力量了，而更多的是实实在在的硬力量。

尽管我们有对软力量的理解，但约瑟夫·奈的思想还是给我们不少启迪。比如，硬力量也会产生软力量，软力量与硬力量要保持平衡关系，文化是软力量的重要资源但并不是所有文化资源都能产生软力量，等等。在此，我们必须用马克思主义基本思想对它进行辩证吸收。

2. 价值观层面

如果我们跟约瑟夫·奈有分歧的话，那么，价值观层面的分歧就是最大分歧。在我们看来，价值观层面最重要的问题是核心价值观问题，而核心价值观问题虽是一个文化问题，更是一个意识形态问题。由于中美意识形态不同，因此，核心价值观自然有根本的区别。约瑟夫·奈强调的是有美国特色的资本主义核心价值观，而我们要建立的是有中国特色的社会主义核心价值观。美国的核心价值观强调的是自由、平等、博爱与人权，而我们更注重民生、人本、公平、正义、发展与和谐（当然，社会主义核心价值观还有一个在社会主义核心价值体系指导下科学提炼的过程）。但他也有不少看法与观点值得我们批判借鉴：

首先，价值观要有一定的广博性与渗透力。尽管约瑟夫·奈在软力量资源的分析上仅侧重于文化、政治价值观与外交政策，但他在分析每种软力量资源时战线拉得很长，不少地方给人以启迪。如：他对流行文化作用的分析，对我们推动文化产业的发展是有一定帮助的。虽然流行文化有可能消解一些主流价值观，但因为它跟人们的生活方式、休闲方式与娱乐方式联系得十分紧密，如能在社会主义核心体系正确引领下建立了健康、有趣、活泼的流行文化，不仅可以丰富国内人民的日常生活，更可以在国际上推进我们的主流价值观与外交政策。另外，他关于最上方是传统国与国之间军事事务的棋盘、中间是洲际经济事务棋盘和底部是诸如恐怖主义、国际犯罪、气候变化、传染病传播等跨国问题棋盘的、所谓国际政治议程三维棋局等思想，对我们都是有重要参考意义的。它提醒我们在提炼社会主义核心价值观时，一定要有广博思维、立体感觉与生活气息。

其次，价值观要反映并体现全球规则。尽管约瑟夫·奈自以为美国核心价值观具有普世性并接近全球规则（他理解的“全球规则”是“自由主义、多元主义及自主”①）的思想是需要批判考查的，但其基本思路是值得肯定和借鉴的。当今是经济全球化发展迅猛的时代，一国的核心价值观如果没有体现全球进步因素，那它就很难融入全球化格局并赢得更多发展机会，也很难得到国际社会高度认可，更别想树立良好国际形象。尽管他提出的全球规则有一定的问题，但“自由”、“多元”与“自主”思想的确是当今全球进步因素。此外，他提出的民意调查方式对我们了解全球民意与国民民意是有一定帮助的。

再次，价值观要符合国际交往正和博弈原则。我们应该清醒地认识到这种现象：当今世界，意识形态冲突渐渐淡化，传统文化的作用逐步凸显。面对这种国际形势，我国核心价值观建设自然要坚定不移地坚持社会主义意识形态，但与此同时，也要充分挖掘并弘扬时代精神精华与传统文化精髓。约瑟夫·奈虽然是美国政治思想家，但他有时能站在中国立场为中国软力量建构提出建议，这是难能可贵的。在《最成功的战略是软硬结合的“巧实力”战略》等文中，他曾就中美软实力关系问题提出了正和博弈的思想，这一思路是有建设性意义的。虽然中美意识形态不同，核心价值观也有很大的差别，但在和平与发展的时代潮流中中美双方都需要发展，而且每一方都存在可以共同推动双方发展的空间，因而，当代中国软力量建构要尽量考虑到对方的利益与需要，坚持求同存异的原则。如果双方激烈对抗，最后的结果要么是负和博弈，要么是零和博弈，这两种结果都很难

① ［美］约瑟夫·奈：《软力量——世界政坛成功之道》，吴晓辉等译，北京：东方出版社2005年版，第30页。

达到各自追求持续发展的目的。他说："正如芝加哥全球事务委员会的民意测验所显示的那样，中国的软实力远未达到美国和欧洲的水平，但是无视中国通过软实力而获得的重要收益将是愚蠢的。幸运的是，这些收益对中国和世界都是有利的。软实力不是零和博弈，例如，如果中国和美国在对方眼里都变得更加充满魅力，那么，破坏性冲突发生的可能性将得以降低；如果中国软实力的崛起降低了冲突发生的可能性，那将是一种正和的权力关系。"① 此外，他还积极建议中国推广软力量，要以儒家文化为先。我们跟美国要正和博弈，跟其他国家也要正和博弈。不过，在充分吸纳约瑟夫·奈合理意见的同时，我们也要清醒地意识到中美核心价值观的分歧，毕竟他不代表美国政府，而且国家利益才是永恒的利益。社会主义核心价值体系的基础是中国特色社会主义共同理想，任何外来文化与传统文化的借鉴与继承，都必须建立在它的基础之上。

3. 操作层面

如果说在话语层面与价值观层面，我们跟约瑟夫·奈还存在不少分歧的话，那么，在操作层面他的思想则更多具有建设性意义。

首先，要坚持正确的指导思想，充分尊重人民的意愿。邓小平关于"有利于发展社会主义社会生产力、有利于增强社会主义国家的综合国力、有利于提高人民的生活水平"的"三个有利于"思想与江泽民关于"中国共产党必须始终代表中国先进生产力的发展要求，代表中国先进文化的前进方向，代表中国最广大人民的根本利益"的"三个代表"思想，对当代中国软力量建构既有理论指导意义，又有现实指导意义。社会主义核心价值观建设应在正确思想指导下，立足现实，尊重民意。尊重民意不仅要考虑到国内民意，也要考虑到国外民众对中国的看法。只有在充分尊重民意基础上建构软力量，才真正能形成一种吸引力。在这里，约瑟夫·奈提出的倾听与言说以及近距离交流等方法值得学习。

其次，加强政治建设和公共外交。政治价值观在软力量中起着举足轻重的作用，在政治价值观建设中，制度建设与机制设置十分重要。只有稳定的政治制度与合理的政治议程机制，才可以保证政策的稳定性，才可能树立持久的良好国内国际政治形象。约瑟夫·奈和弗朗西斯·福山对美国政治"双重标准"与公共外交单边主义政策的反思是值得我们深思的。长期以来，美国以国际警察身份出现，

① ［美］约瑟夫·奈：《最成功的战略是软硬结合的"巧实力"战略》，载《中国社会科学报》，2010年1月12日。

经常把自己的价值观当成真理的化身，搞单边主义，这种单边主义不仅导致了严重的后果，还明显背离它的核心价值观。正如弗朗西斯·福山所说，小布什政府在其第一任期犯的错误是“世界上唯一的超级大国所犯下的这一事实，暴露了存在于建立在美国仁慈霸权之上的世界秩序中心的致命缺陷。这个霸权在行使其权力时必须不仅是意愿良好的，而且也必须是审慎而明智的。比尔·克林顿的国务卿奥尔布赖特而不是康多莉扎·赖斯曾经断言，美国人应当担当领导，因为他们比其他人‘看得更远’。假若这一点是一贯正确的，并得到广泛的承认，那么世界将仍然不过是不情愿地给予美国的判断和愿望以主导地位。但是如果美国人的判断结果比其他人的更短视，那么我们的单极世界注定要遭受难以驾驭的困难”①。中国自然不会搞单边主义，也不会搞“双重标准”，但我们应该以更清晰的思路向世人展示我们和谐发展的政治价值观和包容性增长的经济发展观。在树立国际形象方面，软力量建构既要从宏观方面着想，也要从微观方面着手。在公共外交方面，约瑟夫·奈提出的日常沟通、战略沟通和通过奖学金、交流、培训与媒体渠道等与国外关键人物发展多年持久关系的“三个层面”外交思想②，值得我们认真学习与总结。

再次，繁荣文化事业，发展大众文化。文化是软力量的根本，任何软力量的建构都要有文化的言说与支撑。只有文化事业繁荣，我们的核心价值观建设才能有足够的文化底蕴与理论支持。既然软力量是一种吸引力，那合情合理、合规合法自然是其题中应有之义。但要真的做到合情合理、合规合法，那自然既需要文化厚度，也需要文化广度。在这个信息化的时代，我们不缺资讯，缺少的是叙事，谁的故事生动，谁的故事感人，谁就抢得先机。正如约瑟夫·奈所说：“在传统的力量政治世界中，典型的问题是谁的军事和经济力量能赢。在信息世界中，政治‘可能最终依赖于谁的故事能赢’”③。当然，讲故事也不能胡编乱造，要有理有据。文化事业对软力量建构十分重要，“因为文化交流对精英们的影响，一两次关键的接触就能产生重要的政治效果”④。另外，随着文化产业的突飞猛进发展，文化已

---

① ［美］弗朗西斯·福山：《美国处在十字路口——民主、权力与新保守主义的遗产》，周琪译，北京：中国社会科学出版社 2008 年版，第 170－171 页。

② ［美］约瑟夫·奈：《软力量——世界政坛成功之道》，吴晓辉等译，北京：东方出版社 2005 年版，第 118－120 页。

③ 同上书，第 117 页。

④ 同上书，第 48 页。

经不断深入生活，流行文化已不是一种简单的娱乐，它已渐渐变成人民大众的生活方式与休闲方式。因流行文化有快速、多变、时尚、娱乐等多重功能和影响面广等特点，深受世界人民的喜爱。因此，只有从多层次、多方位发展出有中国特色与中国元素的大众文化，才能抵挡西方强劲的流行文化影响，树立中国大众文化价值，并向世人展现良好的中国大众生活形象。不过，在注重文化事业与大众文化各自发展的同时，也有一个处理与协调它们关系的问题。因为，文化事业与大众文化是两种不同性质的文化，它们不会遵循完全相同的发展规律，在一定时候还会出现明显的矛盾甚至对抗。

当然，当代中国软力量建构还需要考虑到中国自身经济、政治、文化与社会等实际，并要结合历史与未来向度，但由于论文篇幅与逻辑结构限制，对此只能撰文另述。

# 社会主义核心价值体系：社会主义本质的彰显

吴向东　北京师范大学哲学与社会学学院

社会主义本质问题是中国特色社会主义理论体系的核心问题。尽管社会主义至少已经历了几个世纪的理论发展和实际运动，出现了各种形式的社会主义，形成了社会主义谱系和不同的社会主义传统，但是，如邓小平所说，“什么是社会主义”这个问题我们过去并没有完全弄清楚，它成了一个历史和现实的理论难题。这一难题的关键之点就在于如何把握社会主义价值与社会主义本质的关系。社会主义核心价值体系是在探索建设中国特色社会主义过程中提出的一个崭新概念，它彰显了社会主义本质的价值维度，从一个特定方面回答了“什么是社会主义、怎样建设社会主义”，将对社会主义本质的认识提升到新的时代高度。

## 一

在社会主义思想史上，对“社会主义”一直存在着两种不同的理解传统：“科学的”社会主义和伦理的社会主义。“科学的”社会主义，如考茨基、阿尔都塞等人把社会主义实证化和制度化，忽视、否认社会主义的价值因素，“当道德理想认为自身是为科学指明目标时，它就会成为科学中谬误的根源”①；伦理社会主义，如伯恩施坦、社会民主党以及一些西方马克思主义者等把社会主义伦理化，价值化，强调社会主义只是一种道德必然性，仅仅是一种价值。他们在各自的立场上割裂了社会主义价值与制度之间的内在关系，对社会主义本质作了片面的理解。

社会主义实践中曾经长期存在着把社会主义实证化、制度化，社会主义价值被悬置乃至湮没的倾向。列宁在社会主义革命和建设实践中，强烈关注和追求着

---

① ［加］本·阿格尔：《西方马克思主义概论》，北京：中国人民大学出版社1991年版，第140页。

社会主义的价值目标、价值原则，始终用社会主义价值理想去观照现实的制度和政策，试图把社会主义价值观与俄国的实际情况相结合。但列宁之后，他的社会主义观没有能够得到自觉和系统的总结。社会主义价值在实际的社会主义建设过程中被片面化和抽象化。苏联在 20 世纪 30 年代宣布建成了社会主义，从而形成苏联模式。这一高度集中的体制模式被解释成社会主义的本义和社会主义的标准。这种模式将社会主义完全实证化、制度化。如果将这种体制模式与马克思、恩格斯的有关未来社会的设想相比照，我们可以发现，它的确是想把马克思、恩格斯关于未来社会制度的内容现实化，但是却忘记了最重要的一点——马克思、恩格斯关于未来社会价值目标的设定。也正因为忽略了社会主义最根本的价值目标，它对马克思恩格斯关于社会主义的制度设想作了非历史的理解，而不看苏联的真实历史背景和马克思当年设想的背景有多么大的差异。

与苏联把社会主义实证化不同，我国在社会主义建设初期，曾高度重视社会主义价值。毛泽东把消灭剥削，消灭阶级，消除城乡对立，实现人的发展当做社会主义的价值目标，并对这一价值作了中国式的理解。但是，我们没有能够始终如一地解决好社会主义的目的与手段、价值理想与实现途径之间的关系。由于 20 世纪 60 年代国际国内的一系列事件的发生，我们对形势和社会矛盾作了误判，把阶级斗争、文化大革命当做实现理想的现实手段。而当我们强调“阶级斗争，一抓就灵”、“以阶级斗争为纲”、“阶级斗争是纲，其余都是目”、“抓革命、促生产”时，得到的是贫困和内乱，社会主义价值的破碎化。在社会主义价值跌落的同时，受苏联模式以及对马克思主义科学化的理解导致的科学主义思维方式的影响，在大多数人心目中，社会主义又被制度化，而忽略了社会主义的价值维度。“什么叫社会主义？社会主义最基本的就是完成了社会主义改造，就是取消了生产资料的私人资本主义所有制，归国家所有了，就是农业、手工业集体化了。”[①]

无论是苏联模式忽略社会主义最根本的价值目标，把社会主义价值抽象化，进而把社会主义实证化、制度化，还是我国在改革开放前一段时期内的社会主义建设实践中，由于对社会主义价值的某些不恰当的理解以及由于对目的与手段、价值理想与实现途径之间的关系的不恰当把握导致社会主义价值的跌落，其共同的问题是没有能够正确把握好社会主义价值，没有形成合理的社会主义价值观，

---

① 《周恩来选集》，下卷，北京：人民出版社 1984 年版，第 105 页。

没有看清楚社会主义价值和价值观对社会主义的意义，从而不清楚什么是社会主义。正是这种不清楚导致社会主义实践中的严重失误及至带来严重后果。邓小平曾经站在历史的高度上，以政治家的敏锐和智慧一针见血地指出了这一点："问题是什么是社会主义，如何建设社会主义。我们的经验教训有许多条，最重要的一条就是要搞清楚这个问题。"①

在改革开放以来新时期的社会主义建设实践中，邓小平总结历史的经验，反复追问"什么是社会主义"。邓小平首先说明什么不是社会主义：贫穷不是社会主义；发展太慢不是社会主义，平均主义不是社会主义，两极分化不是社会主义，没有民主就没有社会主义，没有法制也没有社会主义，等等。最后他提出："社会主义的本质是解放生产力、发展生产力，消灭剥削，消除两极分化，最终达到共同富裕。"② 在这一论断中，邓小平将共同富裕看做是社会主义的根本目的，将社会主义价值旗帜鲜明地引入社会主义的本质规定和判断标准之中，将价值目标置于首位来界定社会主义，在理解社会主义的思路上恢复了马克思的传统，既矫正了对社会主义实证化、制度化的理解，又克服了在社会主义价值问题上的主观随意性。他对社会主义价值观的这一朴实的表达是马克思的社会主义价值理想与许多人还没有解决温饱问题的中国国情相结合的产物，具有鲜明的中国特色和中国社会主义所处历史方位的特点。

随着中国特色社会主义实践的深入开展，在全面建设小康社会的新的历史条件下，我们党对社会主义价值与社会主义本质之间关系进一步自觉。先后提出促进人的全面发展是"建设社会主义新社会的本质要求"，社会公平和正义是"社会主义制度的本质要求"，社会和谐是"中国特色社会主义的本质属性"等一系列重要论断。同时，我们党对社会主义价值的认识也在不断深化。不仅提出人的全面发展、社会公平和正义、社会和谐、以人为本等一系列重要概念，而且在十六届六中全会上深刻总结新中国成立以来特别是改革开放以来意识形态建设的历史经验，第一次鲜明地提出了建设社会主义核心价值体系的重大命题，明确提出"马克思主义指导思想，中国特色社会主义共同理想，以爱国主义为核心的民族精神和以改革创新为核心的时代精神，社会主义荣辱观，构成社会主义核心价值体系

---

① 《邓小平文选》，第3卷，北京：人民出版社1993年版，第116页。

② 同上书，第123页。

的基本内容”[①]。党的十七大进一步指出，社会主义核心价值体系是社会主义意识形态的本质体现。这不仅标志着我们对社会主义制度在价值层面的探索达到了一个新的高度，而且反映了对中国特色社会主义本质属性的新认识；不仅反映了我们对社会主义价值的认识达到完全自觉，而且标志着对社会主义本质的认识达到一个新的高度。

## 二

任何社会都有自己的核心价值体系，即该社会的主导价值观，它揭示阶级、政党、国家的核心价值，是一定的社会系统得以运转、一定的社会秩序得以维持的基本精神依托，集中表现出一定社会独特的精神气质。社会主义社会也有自己的核心价值体系，它反映社会主义的价值目标、价值原则，涵盖着社会主义社会的理想信念、精神风貌、道德规范。无论是社会主义运动，还是社会主义制度，都追求和实现着社会主义价值。将社会主义实证化，制度化，排除社会主义的价值含义，否定社会主义本质的价值维度，无异于消解社会主义。社会主义核心价值体系以精神形式表现着社会主义的根本，构成社会主义本质的内容。

社会主义核心价值体系是社会主义运动的内核。社会主义是一种运动，“是用实际手段来追求实际目的的最实际的运动。”[②] 所谓实际目的也就是价值目标、价值理想。也就是说，社会主义运动是一种围绕社会主义核心价值体系展开的自觉的运动，在运动过程中，我们看到的是社会主义核心价值“带有一种令人愉悦的、诗意的诱惑力，以迷人的笑靥引人注目。”[③]

社会主义核心价值体系决定着社会主义运动的方向。它激发和驱动人们进行活动，并使活动指向具体的对象，从而使社会主义运动呈现出方向性。对社会主义核心价值的不同理解，不同的社会主义价值观会使社会主义运动出现方向的差异和分化。马克思在《共产党宣言》中就曾经嘲弄封建贵族、小资产阶级、资产阶级把自己的利益塞进社会主义概念之中，封建的社会主义、小资产阶级的社会

---

① 《中共中央关于构建社会主义和谐社会若干重大问题的决议》，北京：人民出版社 2006 年版，第 22 页。

② 《马克思恩格斯全集》，第 3 卷，北京：人民出版社 1960 年版，第 236 页。

③ 《马克思恩格斯选集》，第 3 卷，北京：人民出版社 1995 年版，第 699 页。

主义、保守的或资产阶级的社会主义，对社会主义价值的三种不同确认导致的三种不同的运动方向，当然这里的哪一种方向都不是马克思主义的。

社会主义核心价值体系调控着社会主义运动的过程。社会主义运动过程中存在着目的和手段、理论和实践、改良和革命、制度与价值、计划与市场、平等主义与多样性等多方面的关系和矛盾，这些关系和矛盾的处理依靠着社会主义价值的调控。社会主义核心价值体系观照着运动过程中的诸关系和矛盾，并通过它们的解决实现社会主义价值。社会主义作为消灭现存状况的现实运动，在其运动过程中，总是会遇到许多困难和挫折，可能会有失误，坚定的价值理想、信念和信仰使运动主体始终保持饱满的热情、坚强的意志，使之处于积极、能动的状态，并能够激起卓绝的精神力量，不断推动运动持续、深入地展开，离开了稳定的社会主义核心价值体系的动力作用，社会主义运动就可能成为一条断流的河床。

社会主义核心价值体系衡量着社会主义运动的结果。在社会主义运动不同时期和不同阶段上，总会呈现出阶段性的运动结果。在运动实践中，人们往往受到许多的限制，或者因为事物各方面情况的复杂及本质尚未充分暴露，或者因为人的认识的水平制约，人们思维方式中某些难以改变的定式，人们在实践中总会遇到一些始料未及的情况，原来所追求的价值、目的也往往不可能毫无改变地得到实现，甚至走向它的反面。这就需要通过社会主义核心价值体系来衡量运动的阶段性结果，对结果的信息进行评价和反馈，以修正运动的方案和过程，促使运动本身不断深化发展，避免运动结果的异化。

社会主义核心价值体系是社会主义制度的内在精神。社会主义是一种制度，现实的社会主义运动则在实践中不断进行着制度的建构和变革。社会主义核心价值体系是社会主义的制度之魂，表现着社会主义制度的精神气质。

社会主义核心价值体系引导着社会主义制度的创立。它否定、批判旧的资本主义制度，通过对旧制度进行合法性批判，使人们对旧制度怀疑、动摇和否定，并希冀着新制度取而代之。它批判、摧毁资本主义乃至封建主义的价值体系。我们看到，社会革命，总是制度革命和价值观革命的统一，价值观革命总是制度革命的先导。更重要的是，社会主义核心价值体系引导着人们新的实践，通过人们的认识和行动的中介，引起制度的实际变革，转化成人们新的行为模式、交往方式、生活方式，变成一套新的社会规范，塑造人们的社会关系。社会主义制度也正是围绕社会主义核心价值的一种制度安排。它内含着社会主义的价值理想和价值规范。社会主义独特的价值理想和价值规范构成了社会主义制度的内在精神和品格，使社会主义制度具有自己的特征、气质和性质。

社会主义核心价值体系评价和辩护着社会主义制度。任何制度都存在一个合理性问题或者合法性问题，这是建立、发展某一制度的根本性前提性问题。制度的合理性或合法性实际上是人们在特定价值观基础上的制度认同。这种依据价值观的制度认同本身就是关于制度的一种价值信念，是一种价值观。而合理性、合法性问题的解决又是通过意识形态，实质都是某种特定价值观对制度的价值评价和价值辩护来进行的。社会主义制度的价值评价，就是依据社会主义核心价值体系去揭示和说明社会主义制度是否具有价值，具有何种价值，并判断它的价值合理性、正当性如何。社会主义制度的价值辩护则是通过价值评价，对异己性质的制度及其价值观进行价值否定和批判，同时对自己所反映的制度或者说体现自身价值观的制度给予积极的价值肯定。社会主义核心价值体系在这里承担着价值评价标准的功能。

社会主义核心价值体系为社会主义制度改革注入价值目标和方向，引导着社会主义制度自身的变迁和创新。“所谓‘社会主义社会’不是一种一成不变的东西，而应当和任何其他社会制度一样，把它看成是经常变化和改革的社会。”① 现实的社会主义如果要保持活力，必须不断自觉地进行制度的创新。由于制度实际是围绕价值所安排的稳定规范的社会关系，所以制度创新总是受制于某种价值理念。事实上，人们为什么要对原有的制度安排进行变革，就在于它不能很好地实现、落实人们所希冀的理想价值，人们往往总是根据一定价值理想、价值原则，形成对原有制度的改造性实施方案，实现制度的结构和功能新的优化。在社会主义改革过程中，社会主义的最高价值理想决定着社会主义制度变迁的方向，社会主义在不同阶段上的价值目标和具体价值理念实际引导着制度变革的路径。离开社会主义价值理想和具体价值目标，所谓制度变迁和创新就会变成无意义的事件乃至可能走向事情的反面。

社会主义核心价值体系是社会主义运动的核心，社会主义制度的灵魂，因此，它是社会主义的精神自我，构成社会主义的本质内容。社会主义通过核心价值体系对自身进行自我认同，即自我确认和肯定，回答“我是谁”，即社会主义是什

① 《马克思恩格斯全集》，第 37 卷，北京：人民出版社 1971 年版，第 443 页。

么，并在与他者的关系中，显现自身的特殊性、差异性和自身的同一性。没有对社会主义核心价值的自觉，我们就不能真正懂得社会主义，也就不能自觉展开社会主义实践，不能自觉沿着正确方向有效地推进现实社会主义的改革。

## 三

社会主义核心价值体系彰显社会主义本质的价值维度，揭示社会主义本质的价值内涵，与伦理社会主义仅仅从价值角度理解社会主义有着根本的区别。弄清这种区别对于我们深入理解社会主义核心价值体系与社会主义本质的关系以及社会主义核心价值体系的建设同样极为重要。

伦理社会主义一开始就意识到价值对于社会主义的意义，作为对“科学的”、“实证的”马克思主义的反动、修正，它们正确地发现了被所谓“正统”马克思主义所忽略、否定的社会主义价值原则，正确地看到社会主义表达了对道德价值长期、自觉的追求，强调要确定社会主义在改造文化和改变文化的理念的历史地位，进而对社会主义基本价值作的一些细致的分析、说明和张扬，如他们强调社会主义的最终目的是实现人的自由、人的解放，强调人的解放是社会主义的本质特征，以区别于资本主义的追求利润、增加财产；认为社会主义是民主、自由和人道的社会，肯定人道主义对于社会主义的意义，肯定自由、公正、平等、民主等社会主义的根本价值，等等。这对于深化人们关于社会主义价值的思考具有一定的积极意义。

但是，他们在社会主义价值及其与社会主义关系的理解上存在着重大缺陷：

第一，割裂了价值与历史的辩证关系。伦理社会主义对社会主义价值的重视和凸显，是以社会主义伦理化的形式表现出来的，是以怀疑或否定马克思关于人类社会发展存在着历史规律的理论、关于社会主义必然代替资本主义的历史必然性理论等为前提的，是以割裂价值与历史的关系为代价的。吉登斯指出：“我们不接受资本主义孕育着社会主义的观点……更不接受‘历史’有任何必然方向的观点。”[1]

第二，割裂了价值与制度的辩证关系。由于不理解辩证法，割裂历史和价值

---

① ［英］吉登斯：《超越左与右》，北京：社会科学文献出版社2000年版，第262页。

的辩证关系，他们在对社会主义实证化、制度化的反拨中，将社会主义价值化、伦理化，夸张性地将社会主义从制度范式理解为价值范式，强调社会主义仅仅是一种价值，而不是别的什么。“本世纪的一个教训是：已不再能把社会民主主义界定为一种制度。我认为，现在按照制度的概念——资本主义制度、计划经济制度——来行动已不是绝对必要的了。我们自己也没有必要来界定一种制度。我不知道作为制度的社会主义将会是什么样子的，但是我知道作为价值总和、作为社会运动、作为政治实践的社会主义可能是什么样子的。”①

第三，将社会主义价值抽象化、浪漫化。由于割裂历史与价值的辩证关系，伦理社会主义只能纯粹在价值领域中自由地构想，使社会主义价值失去历史的内涵而抽象化，而脱离了历史规定的抽象的、纯粹价值观明显地“带有资产阶级框框”和浪漫主义色彩。“资产阶级的观点从来没有超出这种浪漫主义观点的对立，因此这种浪漫主义观点将作为合理的对立面伴随着资产阶级观点一同升入天堂”②。

与伦理社会主义的社会主义观不同，社会主义核心价值体系以马克思的历史辩证法为理论基础。它尊重历史和价值的辩证法，体现了历史的规律性。在马克思主义看来，历史是以生产为主要形式的现实人的社会实践活动的展开，人的社会实践活动是对象性活动与目的性要求的统一，包含着理想与现实、应然与实然、自由与必然的内在矛盾和张力。理想、应然、自由是一种价值诉求，现实、实然、必然是客观存在和客观规律。价值诉求一方面表现为对客观存在的批判性否定和超越，另一方面又受到它的制约和限制。这种内在矛盾也是人类存在和发展的永恒性矛盾与永恒动力，正是这种内在矛盾和张力的不断产生和解决，推动实践活动不断展开，形成历史。历史本身的发展表现为规律性和价值性的统一，现实性与超越性的统一。社会主义是基于历史的基本矛盾运动而展开的一种必然，而不仅仅是一种道德需要。社会主义价值体系是内在于历史的，是基于历史的生成，是历史本身辩证运动的结果，而不是抽象的、主观的价值悬设；社会主义价值的实现依赖于历史运动本身造成的现实条件和手段，而不是依赖于“富人的自我舍弃精神”或者“人们的自我牺牲精神”。

社会主义核心价值体系在制度与价值的辩证关系中把握社会主义。社会主义不仅是一种价值，也是一种制度，制度和价值之间存在着内在的关系。一方面，

---

① ［法］斯若潘：《现代社会主义》（法文版），伦敦：费边社 2003 年版，第 23 页。

② 《马克思恩格斯全集》，第 46 卷，上册，北京：人民出版社 1979 年版，第 109 页。

制度内含着价值，决定着价值。“人们自觉地或不自觉地，归根到底总是……从他们进行生产和交换的经济关系中，获得自己的伦理观念”[①]。有什么性质的社会制度，就会有什么性质和内容的价值和价值观。制度使得内涵于其中的价值体系具有强制性、外在性、普遍有效性。同时，“随着每一次社会制度的巨大历史变革，人们的观点和观念也会发生变革”[②]。另一方面，价值体系评价和辩护着制度，引导着制度的变迁和创新。任何社会总是以某种制度为其存在形式，也以某种价值体系为其基本精神，这种精神就蕴涵在制度之中。社会主义核心价值体系突出社会主义的价值规定，但并不否认社会主义的制度规定，相反它是揭示了社会主义制度的内在精神，是在制度与价值的辩证关系中来说明社会主义。事实上，离开了社会主义制度的价值体系是软弱无力的，离开了社会主义价值体系的制度是没有灵魂和活力的。

社会主义核心价值体系通过其自身的具体性，也即现实性、民族性、时代性来表征社会主义的具体性。内在于历史的价值体系不是一种抽象、普适的空洞概念和主观设置，而是基于具体的客观现实的一种批判和超越，有着具体的、现实的内容。对中国特色社会主义而言，社会主义核心价值体系是现实的。马克思主义指导思想是社会主义核心价值体系的灵魂，这里的马克思主义是中国化的马克思主义，是当代中国的马克思主义理论，即中国特色社会主义理论体系。中国特色社会主义共同理想是社会主义核心价值体系的主题，这一理想反映了当下全体中国人民的根本利益和共同愿望。社会主义核心价值体系就是围绕这个主题而展开的，是为坚持和发展中国特色社会主义道路服务的。社会主义核心价值体系是民族的。不仅以爱国主义为核心的民族精神是社会主义核心价值体系的精髓，而且整个社会主义核心价值体系就源于中华民族的优秀文化传统，积淀着中华民族最深层次的精神追求和行为准则，符合民族心理、反映民族特性。社会主义核心价值体系是时代的，不仅以改革创新为核心的时代精神，是社会主义核心价值体系的精髓，而且整个社会主义核心价值体系就根植于当代中国特色社会主义的伟大实践，体现时代发展潮流，反映人类进步要求。社会主义核心价值体系的具体性、民族性和时代性不仅与伦理社会主义的社会主义价值的抽象化、浪漫化相对立，而且在精神层面上规定了社会主义本身的现实性、民族性和时代性。

---

① 《马克思恩格斯选集》，第 3 卷，北京：人民出版社 1995 年版，第 434 页。

② 《马克思恩格斯全集》，第 7 卷，北京：人民出版社 1959 年版，第 240 页。

总之，“社会主义核心价值体系”是中国共产党总结社会主义理论和实践发展的历史，基于当代中国特色社会主义的伟大实践，从特定视角对“什么是社会主义”这一重大难题的时代回答。它既破除了社会主义实证化的思维方式，彰显了社会主义本质的价值维度，又摒弃了社会主义伦理化的思维方式，在历史与价值、价值与制度的辩证关系中把握社会主义价值和社会主义，从而将对社会主义本质的认识推进到新的时代水平。我们唯有从这一高度才能理解社会主义核心价值体系的理论贡献和实践意义。

# 核心价值体系与大众文化的有机融合[①]

陶东风　首都师范大学文学院

党的十七届六中全会提出要建立社会主义核心价值体系，并把它当做我国文化建设的根本指导思想上升到统一全党、全社会的思想道德、行为方式的高度。六中全会《中共中央关于深化文化体制改革 推动社会主义大发展大繁荣若干重大问题的决定》（以下简称《决定》）指出，要“用社会主义核心价值体系引领社会思潮，在全党全社会形成统一指导思想、共同理想信念、强大精神力量、基本道德规范”。这样一种核心价值体系，不但要倡导，而且要落实和践行，使之真正得到大众拥护。

笔者以为，落实和践行核心价值观的关键，是让它从官方文化转化为主流文化或主导文化，进而赢得化为葛兰西意义上的文化领导权，而这种转化，如果离开了大众文化的积极配合和支持，是不可能达到的。本文的目的就是要寻找核心价值体系和大众文化的契合点。

## 一、核心价值体系与文化领导权

官方文化、精英文化、大众文化的三分法出现于20世纪80年代，并一直沿用至今。中央全会郑重提出并写入全会“决定”的核心价值体系，显然属于真正的官方文化。但官方文化不等于主流文化，如果说官方文化是官方倡导的文化，那么，主流文化则是在一个社会中真正占据主导地位的文化，是真正支配大众的思维和行为方式、在大众的日常生活中得到践行的价值观。

① 该文系国家社科基金重大招标项目“当代中国大众文化的价值观研究”（项目批准号：11&ZD022）的阶段性成果。

葛兰西的文化领导权理论可以帮助我们更深刻地认识这个问题。葛兰西把“上层建筑”分为两个层面：一个是被称为“市民社会”（又称“私人领域”）的整个民间组织，也就是由教会、学校和新闻机构等组成的文化领域或公民活动领域，以非暴力为基本特征；另一个则是“政治社会”或“国家”（狭义的国家），主要由政府、军队、警察和司法机构等组成，以暴力或强制为主要特征。[①] 上层建筑的这两个层面又分别发挥着两种不同的功能。葛兰西所说的“文化领导权”，是在市民社会而不是政治社会中建构和运作的，它作用于“大众的哲学”或“共识”，引导大众自发地认同占统治地位的群体关于社会生活世界的解释；而“政治社会”或“国家”则发挥着“直接的支配”作用，由国家警察机构或司法部门实施强制性命令。[②]

可见，“领导权”这个概念在葛兰西那里用来描述与赤裸裸的压迫和强权不同的、常常并不被经验为统治的统治关系。它不是表现为强制，而是表现为通过被统治者的积极赞成（consent）而实施的统治（正因为这样，把 cultural hegemony 翻译为“文化霸权”是不准确的）。这正是这个概念的精微与深刻之处：文化领导权比以赤裸裸的武力和强制为基础的统治权力更为含蓄、复杂、多元，它暗示了以文化领导权为基础的新统治形式，常常是以被统治者的默许与配合为基础的。葛兰西还认为，文化领导权的力量总是依据社会文化条件而不断地修正，它们不但是更加精致的，而且是可以商谈的。

虽然因为国情和时代的差异，我们不能机械照搬葛兰西的文化领导权理论，但这个概念至少启示我们：一个执政党的文化，即所谓“官方文化”，是否真正获得了文化领导权，其标志绝不是它背后是否有强力的支持，可以强迫人民服从，而是人民是否自觉自发地赞同它的那套价值理念和施政方针。官方文化如欲转化为主流文化，亦即在大众的日常生活中真正居于支配地位的文化，最关键的一点是必须获得大众的真正认同，必须通过非暴力手段（比如民主协商、对话、谈判等方式）达成社会各界的“普遍共识”（“常识”），必须得到大众自愿、积极的赞同而非消极的服从；而这种赞同之所以是“自愿”、“积极”的，乃是因为它不仅建立在社会各界的广泛对话和民主协商基础上，而且也不像精英知识分子的小众

---

① ［意］葛兰西：《狱中札记》，曹雷雨译，北京：中国社会科学出版社 2000 年版，第 7 页。

② Antonio Gramsci：On Intellectuals，in Jessica Munns & Gita Rajan Longman（eds.）：*A Cultural Studies Reader*，*History*，*Theory*，*Practice*，London and New York，1995，p. 102.

文化那样曲高和寡。它融化到了葛兰西所说的大众“常识哲学”之中，从而成为思想、文化、舆论领域非强制却又强有力的引领力量。

那么，什么样的价值观能够赢得社会绝大多数成员的积极赞同？当然只能是一种能够协调社会各阶层的利益、信念和生活方式的价值观，是能够把人民利益、国家利益和政党利益有机凝聚在一起的、最有代表性的价值观。如果人民利益、国家利益和政党利益真正合一了，如果三者的价值观真正统一了，那么，官方文化就转化为主流文化，获得了真正意义上的文化领导权。

这样一种能够把人民利益、国家利益、政党利益有机统一起来的主流文化或核心价值体系，首先必须具有多元性、包容性、开放性，必须和开放社会、多元社会相适应。像中国这样一个大型国家，社会各阶层、各群体、各组织，更不要说众多的个人，都有不同信仰、追求、生活方式、生活理想，等等，能够在“全社会形成统一指导思想、共同理想信念、强大精神力量、基本道德规范”的核心价值观①，不可能不充分尊重这种多元性和差异性，为个人的生活方式选择留下足够大的自由空间。只有这样，核心价值体系才能被不同的阶层和群体所接受，才能容纳各种不同的宗教信仰和地方性的风俗习惯，才能促进而不是破坏社会和谐。只有一个包容的社会才可能是一个和谐的社会，因为现代社会是异质社会，现代社会的和谐也是尊重差异基础上的和谐，这和高度同质化的古代社会的和谐形态存在根本区别，也和那些奉行单一宗教信仰的政教合一社会的和谐形态存在根本区别。如果在一个世俗多元、差异的社会奉行单一、狭隘、排他的核心价值体系，必将导致尖锐的社会冲突。

其次，这样一种与多元社会、多元价值观相适应且具有开放性的核心价值体系，必须具有基础性、广泛性，能够适应全社会的不同阶层和群体，是对每个公民的基本道德要求和行为规范要求。换言之，核心价值体系必须是低调的公民道德，而不是高调的圣人伦理或英雄道德，是一种世俗性道德，而不是宗教性道德，它的目的不是要让每个人都成为灭绝七情六欲的圣人，而是要让每个人都成为遵纪守法的公民。同时必须强调，核心价值体系是面向全民的，而不只是面向共产党员或其他模范人物的，是对普通百姓的要求而不只是对领导干部的要求，因此，它也不能是那种只适合模范人物、共产党员、领导干部的高端道德标准，而是一

① 《中共中央关于深化文化体制改革推动社会主义文化大发展大繁荣若干重大问题的决定》（2011 年 10 月 18 日中国共产党第十七届中央委员会第六次全体会议通过）。

般公民都能够达到、也应该达到的基本道德标准。《决定》指出要“大力弘扬一切有利于国家富强、民族振兴、人民幸福、社会和谐的思想和精神”，[①] 实际上就是在强调核心价值体系的普适性、基础性和广泛性。

如果我们借用社会学家涂尔干的道德划分，核心价值体系当属公民道德。涂尔干把规范分为两种类型：一种是适用于所有人的普遍性规范，一种则仅适合于某些特定群体（这些特定群体依据职业、性别、年龄等特殊属性而得到界定）。前者是道德普遍主义的，属公民道德或共同道德，后者是道德特殊主义的，属特殊社会群体（如职业群体）应该遵循的行为规范（如职业伦理）。关于前者，涂尔干写道：“这些规范与普遍意义上的人是相应的”，“无论对我们自己，还是对我们的同胞来说，所有规范都必须依据尊重人、推动进步的原则，对所有人而言，这些规范都无一例外地同样有效”[②]。关于后者，作者指出：“这些伦理（职业伦理，引注）与共同意识并无深层的联系，因为它们不是所有社会成员共有的伦理，换言之，它们与共同意识无关。”[③] 核心价值体系显然属于前者而不是后者。

毋庸讳言，在我们以前由官方主导的意识形态教育中，还不同程度地存在普遍性道德和特殊性道德、世俗性道德和宗教性道德、公民价值观和政党价值观不分的现象，导致其代表性、包容性、基础性、广泛性的不足。它往往把特定阶级、群体、集团的价值观当成了全民的价值观，不同程度地表现出道德特殊主义或价值观特殊主义倾向，不利于赢得最广泛的社会大众的认同和支持，成为大众的普遍共识。对此，大众常常采取消极应付的态度（即使不明确对抗或反对）。最近有学者提出了“良知恰到好处地展现”的命题，指出：“我们从小树立伟大的人生观、价值观，但对最为基本的人性尊严、人生常识等却茫然无知；记诵了许多高深莫测的思想，但在社会现实中，却对最基本的生存正义无动于衷。教育与现实之间的矛盾，不断催生着怀疑与虚无主义。”[④] 这是很有见地的。

---

① 《中共中央关于深化文化体制改革推动社会主义文化大发展大繁荣若干重大问题的决定》（2011 年 10 月 18 日中国共产党第十七届中央委员会第六次全体会议通过）。

② ［法］涂尔干：《职业伦理与公民道德》，付德根等译，上海：上海人民出版社 2006 年版，第 5 页。

③ 同上书，第 7 页。

④ 上海师范大学哲学系郭美华语，参见沈彬：《重申道德常识　构筑有预期的社会》，载《时代周刊》，2011 年第 42 期。

## 二、核心价值体系应作为常识哲学融入大众文化

现在让我们引入葛兰西的“常识哲学”概念来加深对上述问题的认识。

“常识哲学”是葛兰西提出的重要概念，其含义与“大众哲学”、“自发哲学”等概念相似，是大众普遍拥有的、既广泛流行又不那么精致、专业的思想和价值观，葛兰西对之给予了很高的评价。葛兰西的实践一元论哲学认为，哲学的目的是实践，是改造世界，真正的哲学只能是实践哲学，而实践又必须是群体的、大众的而非个体的创造历史的活动，因此，哲学必然是集体的而不是少数个体的事务：“哲学并不只是少许专业知识分子的抽象思考，而是一切人都在默默从事的具体的社会活动。”① 在这个意义上甚至可以说，“人人都是哲学家”：“人类的大多数，在他们都从事着实际活动，而在他们的实际活动（或在他们的行为的指导路线）中又都暗含着一种世界观，一种哲学的范围内，人人都是哲学家。”② 常识哲学不是存在于职业哲学家的高度个人化、专业化的著述中，而是存在于语言本身（这种语言不是在语法上抽空了内容的词语总汇，而是特定的观点与概念的总体），存在于常识（common sense）或“健全的识见”（good sense）以及大众宗教（popular religion）中，而这种大众宗教又不同于体现在高深经典中的宗教，而是存在于大众的整个信仰、观念、迷信以及观察与行为方式中，即通常说的“民俗”（folklore）中③。

这即是说，哲学不仅包括哲学家的哲学，而且包括大众的世界观，“一个时代的哲学并不是这个或那个哲学家的哲学，这个或那个知识分子集团的哲学，人民大众的这一大部分或那一大部分的哲学。它是所有这些要素的结合过程”④。或者说，哲学与哲学史的三要素是：哲学家的哲学、作为领导集团的世界观、大众哲学。

葛兰西之所以如此看重大众哲学或常识哲学，根本原因在于他认识到了官方文化要想赢得文化领导权，其前提就是赢得大众，转化为大众喜闻乐见的“民俗”

---

① ［意］葛兰西：《实践哲学》（中译本），徐崇温译，重庆：重庆出版社1990年版，第1页。

② 同上书，第26—27页。

③ Antonio Gramsci：Culture and ideological hegemony，in J. C. Alexander and S. Seidman (eds.) *Culture and Society*，Cambridge University Press，1990，p. 47.

④ ［意］葛兰西：《实践哲学》（中译本）徐崇温译，重庆：重庆出版社1990年版，第27页。

或“民间故事”，否则就不能成为真正的主流文化。

笔者认为，一旦官方文化因其广泛的代表性、基础性、流行性而成为真正支配大众日常生活的常识哲学、大众哲学、大众共识，那么，接下来的问题，亦即官方文化与大众文化之间的契合点的问题，以及官方文化如何转化为大众文化、如何在大众文化中得到表现的问题，也就迎刃而解了。

大众文化所体现的，正是一个社会的“常识哲学”，一个社会的普遍价值观——普通人普遍拥有的价值观，普通人都能达到的基本道德。我们上面提到的常识哲学的各种特征，比如大众性、基础性、广泛性等，其实也都是大众文化价值观的特征。

无论在审美形式上还是在价值取向、道德标准上，大众文化都是低门槛、低调的，是日常的，是大多数人乐于接受的（“人民大众喜闻乐见”）。这正是大众文化区别于精英文化/高雅文化的根本特征：低准入。正因为这样，大众文化才能成为一个社会普遍流行的常识审美趣味和常识价值观（因此也是主流审美趣味和主流价值观）的代表。

大众文化在形式上并不一味崇尚创新，而是偏爱惯例，如重复的结构（大团圆、因果报应等），重复的母题（永恒超越的爱情、安全和秩序的最终回归等），重复的角色规定（常常是善恶分明的）。如此等等都经常被精英们斥之为“平庸”、“老套”、“缺乏创造力”。但必须指出，它和大众的日常经验特别是期待视野是相符的，是常态的、大众乐于接受的。换言之，大众文化表达的是普通人的常态经验，而不是精英们推崇的非常态经验（精英经验），它是日常生活的文化，而不是否定日常生活的文化。

这是大众文化的本性决定的。大众文化顾名思义是面向大众的文化（参见下文关于布迪厄的部分），因此，不但大众文化的艺术形式，而且它的价值观都必须着眼于被大众接受，这样才能实现其商业诉求。如果说大众文化的最大特征是商业性，那么，这种商业性也必须通过迎合大众、包括大众的价值观才能实现。这种被最广大人口认可、喜欢的文化类型，不正是主流价值观的最佳“培育基地”吗？

美国大众文化可以说明这点。好莱坞大片的价值观就是美国社会的主流价值观。美国没有存在于主流文化或大众文化之外的官方文化。美国文化最成功的地方，就是其主流价值观、主流文化（所谓“美国价值”、“美国梦”）进入了以好莱坞大片为代表的大众文化，进入了老百姓的日常生活，因此，美国不必去搞一个专门的所谓“官方文化”，美国的官方文化就是主流文化，也就是大众文化。[①]

好莱坞又被称为“梦工厂”，是制造美国梦、传播美国价值观的工厂。这个美国价值观至少包含三个方面的核心。首先，自由和梦想是好莱坞影片中出现频率最高的词汇，自我奋斗以及某种程度的个人英雄主义，贯穿于每一部影片（从《终结者》三部曲、《007》系列、《空军一号》，到《阿甘正传》等，虽然类型不同，风格迥异，但其价值观何其相似）。就拿近期风靡国内的《铁甲钢拳》来说，这部表现未来世界机器人的影片，故事并不复杂，叙事轻松明快，打斗精彩激烈。但是影片最感人的依然是一种最富有美国特色的草根精神：必须保持梦想，追求自由，实现公正和正义；永远不放弃，永远不要自轻自贱，要学会自强自立，相信自己是最棒的，通过自我奋斗实现自己的价值。

其次，平民主义是好莱坞电影的另一个核心价值观，超越等级和传统习俗的爱情，是好莱坞爱情片一以贯之的主题。《泰坦尼克号》、《风月俏佳人》、《罗马的假日》，都是这方面的例子。《风月俏佳人》是现代版的王子与灰姑娘的故事，《罗马的假日》则是颠倒的王子与灰姑娘的故事（公主和平民的爱情）。《功夫熊猫》一类的励志故事也属此类：强调平民主义的价值观和自我奋斗精神。“功夫之王”所需要的所谓“秘诀”其实不是什么神秘的东西，而是自我奋斗，是自信，只要对自己有信心，认为自己一定可以做到，即使像熊猫阿宝这样的江湖圈外之人，具备了这种品质，就能够成为“功夫之王”。这是典型的好莱坞价值观，也是典型的美国价值观。

第三，好莱坞表现的美国梦还包括大众对“回归正常”的渴望，宣扬日常生活中的亲情、爱情、友情永远不能丢弃，它们是生命的真正意义所在。生活再抓狂、再糟糕、再离谱、再刺激，最后一切都要回归正常，这点特别突出地反映在其家庭核心价值观方面，比如《廊桥遗梦》、《金色的池塘》。

很多人指责好莱坞的价值观陈腐老套，缺乏革命性、颠覆性和激进性，的确如此。但大体而言，大众文化价值观从来就是保守的而不是激进的（其审美趣味也是如此），是迎合大多数人的，而不是着意和大众过不去的。和大众的审美和道

---

① 韩剧在这点上也比较成功的，韩剧体现的价值观实际上就是既低调又健康、既基础又催人奋进、具有广泛代表性和基础性的价值观，比如《大长今》所表现的自强、诚信、宽容，既感动了广大的韩国观众，也感动了广大的中国观众。

德期待对着干的，不可能是大众文化，而只能是精英文化。我们可以比较一下：所有好莱坞的灾难片、警匪片的结局都是灾难被排除、恶匪被降服，人类生活回归常态。这几乎成了没有例外的惯例。为什么？因为大众普遍拥有回归正常生活秩序的渴望、拥有对安全的渴望，这是根深蒂固的，制片人和编导都不可能不尊重这种审美惯例。

大众文化恰恰因为缺乏激进性和革命性而成为落实主流文化或主流价值观的最重要管道。大众文化潜移默化地影响和改变着人们的世界观、价值观和日常生活经验，同时也在潜移默化地塑造和巩固着主流价值观。作为产量最高、受众最多、影响力最大的文化类型，大众文化既是一个巨大的产业，也是确立文化领导权、落实核心价值体系的重要阵地。不能落实在大众文化的生产和传播之中的价值观必定不可能得到广泛的传播，不可能深入人心，不可能成为主流文化。

正是大众文化的这个特征决定了其与精英文化的区别。精英文化是面向小众和同行的，这决定了其崇尚创新、追求差异、排斥重复和类似的品格（布迪厄的观点），其价值观和美学理想往往具有对主流文化的颠覆性。

## 三、迎合大众还是征服同行？——来自布迪厄的启示

布迪厄的文化生产理论可以印证我们前面关于大众文化与精英文化差异的分析。布迪厄认为，文学和艺术场域（统称文化生产场域）一方面处于与政治场域、经济场域的联系中，但另一方面又拥有相对于政治、经济场域的独立性，因而是一个双重等级制的场域。双重等级制的意思是：文学艺术场域中的等级化依据的是他治和自治的双重原则。文学艺术场域如果完全失去所有自律性，就会归于消失，作家权力或金钱完全征服艺术生产，这个时候，他治的等级化原则（heteronomous principle of hierarchization），亦即经济上的成功（通过书籍的销售量、戏剧演出的次数等表现）或政治上的胜利（通过权力、职位等指标加以测定）将不受挑战地占据绝对优势。相反，自治的等级化原则（autonomous principle of hierarchization）是反权力或市场的，在这里，权力（政治）或市场（经济）上的胜利（巨大的政治权力、巨额的发行量、票房等）恰恰意味着艺术上的失败。这样，自治的等级化原则表现为与市场承认不同的特定资格授予机制和权威产生机制，它也是一种反市场或“颠倒”的特殊承认方式。换言之，“文学艺术场域的特殊性是

通过这样的事实加以界定的：它越是自主，即越是完全地实现自己的场域逻辑，就越是倾向于悬置或倒转占支配地位的等级化的原则"[①]。文学艺术场域越是自主，自治的等级化原则就越能发挥支配作用；越是不自主，他治的等级化原则就越占据统治地位。

布迪厄进而把这两套不同的等级化原则对应于文化生产的不同场域。在布迪厄看来，文化生产场域可以再划分为"有限生产场域"（the field of restricted production）与"批量生产场"（the field of mass production ）。在有限的文化生产场中，生产者是为其他的生产者（即同行）而生产，支配这一生产的是超功利（包括政治功利和经济功利）的标准和"赢者输"（the winner loses）的游戏规则；在批量的文化生产场域中，生产者是为了大量的大众观众（mass-audience）而生产，支配它的是他治原则，亦即赤裸裸的经济功利价值。

有限文化生产场的这种超功利追求，建构了其自身的特殊游戏规则，文化产品在市场上的巨大成功正好成为它在有限的文化生产场遭到贬斥的原因。一部电影的高票房恰恰意味着它艺术上的失败，一部畅销的文学作品被认为是"失败的作品"[②]。布迪厄由此认为，在文化生产场域中的最自主部分，亦即有限的文化生产场（布迪厄举的例子是象征主义诗），文化实践的经济是"建立在对于所有日常经济的基本原则——商业原则、权力原则以及机构化的权威原则——的系统颠覆之上的"，这个原则被布迪厄称之为"赢者输"或颠倒的经济："对于商业的原则的颠覆表现为排除了利润的追逐，不保证投资与金钱获得之间的任何种类的对应，对于权力的颠覆表现为谴责虚名与短暂的风光，对于机构化的权威的颠覆表现为任何学院式的训练或圣职的缺乏可能被视作一种美德。"[③]

布迪厄认为，颠倒的经济决定了所有经济主义的解释模式（通过经济主义术语来解释反经济现象）都无法解释这个"颠倒的经济世界"（有限的文化生产世界或纯艺术世界）。当然，布迪厄并不认为"颠倒的经济"真的就完全超越了利益，他依然使用了"经济"一词（尽管是"颠倒的"）就表明即使是自诩超越的有限生产场，也依然充满了为资本、为利益展开的斗争，它同样是最广义的"经济"（他

① P. Bourdieu：the field of cultural production，or the reversed world of economy，in *The Policy Reader in Cultural Studies*，Policy Press，1994，p. 59.

② 同上。

③ 同上书，第 60 页。

又称之为“卡里斯马经济”)。事实是,“这种卡里斯马经济是建立在一种摆脱了任何外来的决定因素而唯特定审美意图是从的行为的社会奇迹之上的”[①]。与通常直接瞄准发行量那种经济的决裂,恰好是“颠倒经济”得意存在的前提,而这种“颠倒经济”反过来又是享受着各种特权、摆脱了生存之忧的精英分子玩的游戏。比如,先锋艺术场域中最具有风险的投资(即缺少发行量和直接经济回报的投资),恰恰最需要雄厚的经济实力和社会条件。

著名布迪厄研究专家戴维·斯瓦茨对布迪厄的文化生产场域分化和知识分子分化理论曾经作过这样简要的概括:

> 有限的文化产生场域是高度专门化的文化市场,参与者为了争夺决定何为最合法的文化形式的标准而斗争,其努力的目标指向同行的认可。这些专门化的文化市场常常围绕符号资本的专门形式(它们是相对独立于政治经济的)而得到结构的。这些可以称为抵抗商业或政治标准的“纯科学”或“为艺术而艺术”的市场。
>
> 相反,布迪厄认为不那么专业化的符号生产场域更多地指向商业成功或大众趣味等外在的标准。它们生产的是可以迅速地或现成地转化为经济资本的东西。这使得那些更加擅长把他们的作品卖给统治阶级的文化生产者与那些在这方面不擅长的文化生产者相互竞争。[②]

我认为,布迪厄的两个文化生产场域及其不同的等级化原则的理论,对于我们理解大众文化与精英文化在价值观和艺术形式方面的不同取向具有深刻的启示意义。布迪厄明确把大众文化视作批量的文化生产场域,它面向艺术圈外的大众,以商业成功(直接经济利益)为最高原则,这一点决定了它在艺术形式和价值取向上都必须迎合大众趣味,力图得到最大数量观众的认可(这是实现其商业价值的前提)。迎合大众的审美趣味和道德习惯的结果,就是大众文化在形式和价值取向方面的常规化倾向。于是就有了大众文化的模式化的叙事结构与人物性格,反复出

---

① P. Bourdieu: the field of cultural production, or the reversed world of economy, in *The Policy Reader in Cultural Studies*, Policy Press, 1994, p. 60.

② [美] 戴维·斯瓦茨:《文化与权力:布迪厄的社会学》,陶东风译,上海:上海译文出版社 2006 年版,第 259—260 页。

现的主题—母题选择，雷同的、可复制的情节安排，大众化的语言风格，等等。精英文化属于布迪厄所谓“有限的文化生产场域”，它是面向同行的，以同行的承认为最高原则，为了在与同行的竞争中胜出，精英文化必须在艺术形式和价值取向方面追求差异化的冒险和实验。正是这点决定了精英文化的反常规化、陌生化特征。它追求新异乃至怪异，一味求变，不考虑乃至故意挑战大众观众的审美习惯和道德习惯。精英文化是极度张扬个性的，它不但是反主流的，而且是反大众的。这方面最有说服力的例子就是晦涩怪异、离经叛道的西方现代派文学，它们无不对西方社会的主流价值观发起了激进的批判，对惯例化的艺术形式（比如《秃头歌女》之于“三一律”）进行了激进的颠覆。

我国第一部成功的国产通俗电视剧《渴望》也极大地印证了布迪厄的理论洞察。王朔在其《我看大众文化》一文中以过来人与参与者的身份谈到了《渴望》的创作过程与创作经验。他指出，在《渴望》一剧的酝酿阶段，他与其他编剧人员就认定：“给大众的和给自己的完全是两条思路，互不搭界。”他们明确意识到：“这（指《渴望》）不是个人化创作，大家都把自己的追求和价值放到一边，这部戏是给老百姓看的，所以这部戏的主题、趣味都要尊重老百姓的价值观和欣赏习惯。什么是老百姓的价值观和欣赏习惯？这点大家也无争议，就是中国传统价值，扬善抑恶，站在道德立场评判每一个人，歌颂真善美，鞭挞假丑恶，正义最终战胜邪恶，好人一生平安，坏人现世报……”① 这段话指出了以通俗剧为代表的大众文化生产，必须是、也必然是模式化的，它的价值观必须是黑白分明、简单明了的，这样才能迎合大多数人的欣赏趣味，因而不可能是个性化的，也不可能是先锋的（无论是价值取向上的先锋，还是艺术形式上的先锋）。王朔反复指出大众文化与艺术个性之间的矛盾，而且断言：“这就是大众文化的游戏规则和职业道德！一旦参加进来，你就要放弃自己的个性，艺术理想，甚至创作风格。大众文化最大的敌人就是作者自己的个性，除非这种个性恰巧正好为大众所需要。”②

王朔指出，《渴望》的创作过程就像“做数学题”，“求等式”，“有一个好人，就要设置一个不那么好的人；一个住胡同的，一个住楼的；一个热烈的，一个默默的；这个人（指刘慧方，引者注）要是太好了，那一定要在天平的另一头把所有倒霉事扣她头上，才能让她一直好下去。所有角色的性格特征都是预先分配好的，像一盘

---

① 王朔：《我看大众文化》，载《天涯》，2000 年第 2 期。

② 同上。

棋上的车马炮，你只能直行，你只能斜着走，她必须隔一个打一个，这样才能把一盘棋下好下完，我们叫类型化，各司其职。演王亚茹的演员在拍摄过程中曾经不喜欢或者叫不相信自己扮演的这个角色是合乎人情的，找导演谈，导演也许很同情她，但他也无法对这个角色进行根本性的调整，因为40集戏全指着这搅屎棍子在里头搅了。我们搞的是一部大众文化产品，也叫通俗文艺作品。通俗文艺有它铁的规律，那是你无论抱有什么艺术洞察力和艺术良心也无从逾越的……”[①] 这一大众文化模式化的“探索”对中国大众文化发展提供了技术与操作上的样板。无论王朔对于大众文化类型化与模式化的强调多么过头，但他的确敏锐地抓住了大众文化与精英文化的一个根本区别。大众文化必须面向大众，这个无法摆脱的“宿命”使它必须通俗也只能通俗（但不一定低俗或庸俗），必须易于阅读与接受，也即是必须模式化、类型化，个性化、独创性、探索性、实验性、先锋性只能是少数艺术家圈子里的事情，用布迪厄的话说，这样的艺术产生场域是“有限的文化生产场域”，这样的作品是艺术家为艺术家自己创作的，创作者与接受者都是艺术家群体，这个群体与大众相比永远是少数。[②]

## 四、大众文化批评：定位与尺度

由于大众文化是世俗社会大众“常识哲学”的集中表达，因此，大众文化批评应该是一种意在提升“常识哲学”的公共话语实践活动，其批评的价值尺度，不应该是宗教价值尺度或精英价值尺度，当然也不是某特定社会群体（比如某职业群体）特殊价值尺度，而应该是适合于公民文化的普遍价值尺度。它应该弘扬的是能够得到全社会各界最广泛认可的价值观；它应该否定的，是公民道德底线之下的价值观。[③]

让我们再次借用一下葛兰西的理论。大众文化批评类似葛兰西理解的有机知识分子的工作——把大众的“常识哲学”提升到有意识的高度。如前所述，葛兰西借用“常识”或“常识哲学”概念来指称与专家哲学（也可以理解为泛指精英

---

① 王朔：《我看大众文化》，载《天涯》，2000年第2期。

② 热播的电视剧《我的娜塔莎》再一次证明了大众文化因为必须照顾大众的文化趣味而审美期待不得不采用模式化制作方法的规律。编剧高满堂透露，该剧原剧本并不是一个大团圆结局，导演郭靖宇在编完片子之后说：“高老师，麻烦大了，咱从元旦播到农历新年，观众看得涕泪滂沱，到最后两个人没走到一起，这观众得骂咱们呀！”高满堂一想，中国人讲究大团圆，就接受导演的建议，让两人走到一起。参见《娜塔莎式爱情不是童话》，载《北京晨报》2012年1月7日。

③ 比如脱离了道德维度的、极端的、非理性的暴力崇拜（包括语言暴力）和权谋崇拜，赤裸裸的嫌贫爱富，等等，这些都是违背了公民社会的基本道德。

文化）不同的大众哲学，这种大众哲学实即大众文化，或至少与大众文化属于相同的文化形态。对于这种常识哲学或大众哲学的特点，葛兰西有这样的描述："常识哲学是'非哲学家的哲学'，或者换句话说，是各种社会和文化环境——一般人的道德个性就是在其中发展起来的——非批判地吸收的世界观。常识不是一个在时间上和空间上同一的独特的概念，它是哲学的'民间传说'，并像民间传说一样采取不可胜数的不同形式。它的基本特点在于它是这样一种概念：即使在一个个人的头脑里，也是片段的，不连贯和微不足道的，这和它是其哲学的那些群众的文化和社会观点相一致。"① 可见，"常识哲学"或"大众哲学"具有双重特点：它既是广泛流行的、大众的，因而对于群众动员具有重要意义；同时又是自发性的、无意识的和未加反思的，因而需要知识分子（专家）加以提升。与之相比，知识分子的"专家哲学"（精英文化）的优点是有反思性，精致而连贯，但是其缺点是个人化和脱离大众，如果不与大众结合，就会成为没有实践意义的象牙塔中的冥思苦想。葛兰西强调，知识分子（哲学家、专家）的使命，并不是把自己的专家哲学与大众的常识哲学对立起来，而是提升由"常识哲学"组成的意识形态。葛兰西虽然承认哲学家的专家哲学的确高于人民大众的平均水平，但是同时警告，专家哲学如果失去与大众哲学的联系，就会失去力量与意义（至少就葛兰西所推崇的实践哲学而言）。而如果知识分子对于"大众常识"进行精心地推敲与提升，则可以使之获得连贯性和反思性，从而成为一种"更新了的常识"②。这样，葛兰西所钟情的实践哲学的使命，一方面是"把自己建立在常识的基础上"，另一方面则是"对'常识'的一种批判"，"使之成为'批判的'"③。换言之，"实践哲学并不倾向于让大众停留于常识的原始哲学水平上，而是把他们引向更高的对于生活的理解。如果它肯定知识分子与大众（人民）之间联系的需要，那么这样做的目的不是限制科学活动或在大众的低水平上维护整体性，而是为了建构一个知识—道德集团（intellectual-moral bloc），它可以在政治上使得大众的而不只是知识分子小群体的知识进步成为可能"④。

---

① ［意］葛兰西《实践哲学》（中译本），徐崇温译，重庆：重庆出版社 1990 年版，第 110 页。

② 同上书，第 11 页。

③ Antonio Gramsci：Culture and ideological hegemony，in J. C. Alexander and S. Seidman（eds.）*Culture and Society*，Cambridge University Press，1990，p. 53.

④ 比如脱离了道德维度的、极端的、非理性的暴力崇拜（包括语言暴力）和权谋崇拜，赤裸裸的嫌贫爱富，等等，这些都是违背了公民社会的基本道德。

这种旨在提高大众哲学或常识哲学的有机知识分子的工作，本质上就是我理解的大众文化批评。这种批评首先必须是建立在对常识哲学或大众文化的尊重基础上，必须承认其文化（在葛兰西那里就是“哲学”）的属性和地位，然后才可能对它进行提升（而不是替代），使之具有反思和批判意识。这样的大众文化批评本质上不是宗教批评而是世俗批评，不是审美批评而是政治批评，不是精英批评而是大众批评，是以建设公民文化、完善公民道德为根本目的的公共话语实践。很遗憾的是，恰恰是这种大众文化批评，在当代中国极度缺乏。

当代中国的大众文化批评集中出现于20世纪90年代中期，其代表就是具有强烈精英主义、道德理想主义和审美主义倾向的“人文精神”话语。此后，占主流地位的文化批评一直延续了这种倾向。“人文精神”论者对于大众消费文化的批判，是一个在世俗化的祛魅潮流中出现的反祛魅的“抵抗”运动，目的在于维护自己在20世纪80年代确立的精英地位，而审美主义和道德理想主义则正是他们质疑大众文化的合法性、为自己进行合法化辩护的两个基本立场。[①] 从审美主义的立场看，他们认为大众文化文本是贫乏的、复制的、类型化的，缺乏创造性和想象力，其所传达的审美经验是贫乏的；从道德理想主义的标准看，他们更指责大众文化在道德上是低级的、堕落的、欲望化的，而导致大众文化蔓延的则是人的逐利本能和娱乐本能。这种审美主义和道德主义的文化批判，实际上已经沦为抽象的人性批判和世俗批判，他们感叹如今的大众沉溺于感官声色，丧失了对抽象哲学问题、人性问题、存在问题、“终极价值”问题、“天国”问题的兴趣。这是他们的大众文化批评的基本“话语型”。

但恕我直言，这种对大众文化的批判是抽象、大而无当、不得要领的，因此也是无力的。它用来评价大众文化的或者是宗教伦理价值观（比如“终极关怀”、“天国律令”），或者是精英审美价值观（比如独创性、实验性、不可重复性等），都是与大众文化异质的，也是与世俗社会格格不入的。它不是立足于葛兰西所说的提升大众的“常识哲学”，而是要扼杀、取代、灭绝它们。这套围绕“终极关怀”等超级能指建立的文化批评话语，显得高蹈而虚空，根本没有力量从社会理论、政治理论的层面切入大众文化的具体社会语境，把握中国特殊语境中大众文

① 陶东风：《去精英化时代的大众娱乐文化》，载《学术月刊》，2009年第5期。

化的政治文化功能。[①] 具体的、立足于世俗世界及其公共空间的政治批评视野被挡在了虚幻的“人文精神”话语之外。它把 20 世纪 90 年代以来的大众文化抽象地说成是什么“世纪之交人性精神的一场劫难”[②]，或者把抽象的市场经济当做自己的声讨对象，认为是市场经济刺激了人的欲望，导致人欲横流，道德滑坡，却从来没有结合当代中国大众文化或消费主义的具体社会环境，特别是政治环境，对中国特色的市场经济和消费主义的政治维度进行深入的政治经济学分析（比如权力和市场是如何纠缠、勾结、沆瀣一气的，权贵市场经济是如何形成的），他们所说的“市场经济”和消费主义是抽象的、纸上的，而不是扎根于中国本土的，正如他们拿出来抵抗消费主义的那个神秘兮兮“人文精神”是抽象的、不着边际的。他们只有所谓人文激情，却缺乏社会理性，他们动辄祭起“宗教”的大旗，诉诸“天国”的律令，昂扬所谓“终极价值”，恨不得灭绝世俗社会及其日常生活文化，而没有耐心与后者进行平等、理性的对话。他们把远离世俗公共世界的抽象“人文精神”作为价值基点，认为人文精神“所体现的是一种终极关怀而不是一种初级关怀，它往往超出于人的实际需要之上，表现出对于实际需要的异在性、对抗性和超越性”[③]。这种对于人的“实际需要”不屑一顾的文化批评，其着眼点不再是具体的社会政治，也不是大众真切的世俗生活理想，而是抽象的人性，以至于认为法兰克福学派的批判理论所局限的就是所谓“不谨守学术的边界，带有文化激进主义的色彩，他们往往把政治问题引向学术领域，将学术政治化，将学术直接转化为政治实践”[④]。由于抽象的“文化精神”的遮蔽，这种文化批评往往回避对大众文化作具体的体制分析，而偏于抽象的理论探讨，一厢情愿地要求大众文化应该具有怎样的“精神高度”。这就使得它即使在联系特定的大众文化进行分析的时候，也往往存在似是而非的套用理论的嫌疑。借用葛兰西的术语，这种精英主义、道德理想主义和审美主义的大众文化批判，对大众常识哲学充满了仇恨和蔑视，根本没有与之进行对话的诚意，因此其貌似激进的批判也就不可能达到提升大众文化的目的。用它的标准要求大众文化，结果不是提升大众文化而是灭绝

① 顺便指出，把“人文精神”和“终极关怀”搞在一起本来就显得不伦不类，因为人文精神正是一种世俗精神，是宗教精神的反面。参见陶东风：《人文精神遮蔽了什么?》，载《二十一世纪》（香港），1995 年 6 月号。

② 姚文放：《当代审美文化批判》，济南：山东文艺出版社 1999 年版，第 8 页。

③ 同上。

④ 同上。

大众文化。

真正有效的大众文化批评一定是扎根于世俗社会，正因为这样它才可能提升大众常识。它使用的批判标准和价值立场不是来自宗教天国，也不是来自先锋实验艺术，而是世俗社会的公民价值，换言之，大众文化是世俗流行文化，我们对大众文化价值观的分析，也应该依据世俗社会本身的标准，而不是宗教标准或实验艺术的标准，否则就会因为错位而导致批评的无效，变成自说自话。

按照世俗公民文化的标准，我们可以发现，当代中国大众文化价值观的误区，根本不在缺少什么高蹈虚空的“终极关怀”或“天国情怀”（大众文化本来就不需要有这种关怀或情怀），而在于违背了世俗公共文化的实实在在的价值底线。比如，脱离道德约束、无限渲染和美化暴力，庸俗、低级、缺乏节制的性描写和色情描写，宣扬权谋文化，津津乐道于玩弄权术，崇尚权力和地位；赤裸裸地炫富，把“好生活”等同于奢华生活，把“成功人士”等同于豪宅＋美女＋名车，等等。很多大众文化的价值观已经降到世俗社会公民文化的标准之下，它已经并正在继续误导国人、特别是青少年的思维方式和行为方式。大众文化圈内的有识之士对此也极为不满。比如文化娱乐记者，资深影视、广告策划人、经纪人谭飞针对中国批评某些“大片”导演“只有票房观没有价值观”，指出：“中国电影最主要是贩卖封建，血腥、暴力，儿子杀父亲，父亲杀儿子，欧美也有这样，人家怎么处理的？人家处理得让人看着很圣洁，而不是看得很反胃。”真格基金创始人、新东方创始人之一徐小平对此表示认同，他感言：“中国电影往往看得脑残、头痛。”他并比较说：“在某个电影节上，梅尔杰克森称自己拍《启示录》是为了告诉大家暴力没有出路；《史莱克》的制片人斯皮尔伯格则想通过这部电影告诉女儿，每个人都很美，都能找到真爱；但谈到《满城尽带黄金甲》时，张艺谋则说：‘我什么都拍过了，就是没有拍过帝王的生活。’”①

笔者也曾经以大片中的暴力主题为例，撰文批评当代中国大众文化价值观的混乱。在《夜宴》、《满城尽带黄金甲》等表现暴力和复仇的影片中，所有复仇者和复仇对象、统治者和造反者，权威和秩序的代表者或颠覆者、挑战者，几乎没有任何一方代表正义和良知，他们在使用暴力进行复仇或反复仇的时候，除了满足自己的权力和欲望，几乎完全没有别的正当理由。换言之，这些大片中的道德

① 《张艺谋被批拍戏无价值观　编剧激辩中国电影弊端》，http：//news.xinhuanet.com/ent/2011－09/15/c_122036739.htm。

立场和价值判断完全是悬置的、空缺的，我们不知道应该同情影片中的哪个角色，所有角色都没有好坏之分，他们只有欲望、阴谋和仇恨：国王和皇后的相互仇恨，王子们之间的相互仇恨，皇后和太子的相互仇恨。这种情况在美国的好莱坞电影和港台大众文化中基本上是不存在的。正如我们前面指出的，大众文化不是勘探人性深度和道德复杂性的试验场，也不是先锋艺术手法的实验室（这是高雅前卫的精英艺术的使命），大众并不希望在大片中思考什么深刻的人性和道德问题。美国好莱坞大片或港台功夫片、武侠片的主题都是极其简单的惩恶扬善，是非分明，价值观简单而明确，这种常常被精英分子嘲笑的“惯例”、“套路”、“模式化”，是和大众的常识相吻合的，也是和大众日常生活中稳定的价值需求相一致的，对于维护一个社会的世俗价值观和道德伦理而言也是必要的。

# 人民性是社会主义文化建设的根本价值取向

孙存良　国防大学马克思主义教研部

党的十七届六中全会指出，实现文化改革发展的奋斗目标，必须坚持以人为本，贴近实际、贴近生活、贴近群众，发挥人民在文化建设中的主体作用，坚持文化发展为了人民、文化发展依靠人民、文化发展成果由人民共享，促进人的全面发展，培育有理想、有道德、有文化、有纪律的社会主义公民。这深刻指出了我国文化建设人民性的根本价值取向，是深入推进社会主义文化大发展大繁荣的重大战略举措。人民性是以人民利益为根本取向的价值观念。社会主义文化建设坚持人民性的根本价值取向，就是要不断满足人民精神文化需求，激发人民文化创造活力，以人民群众满意为最高评价标准。

## 一、满足人民精神文化需求是社会主义文化建设的根本目的

站在谁的立场上、为谁服务，反映了文化建设的基本立场。坚持以人民为根本、为人民服务，是我国社会主义文化建设的重要方向和根本任务。加强社会主义文化建设，推动社会主义文化大发展大繁荣，必须以满足人民精神文化需求为出发点和落脚点，切实保障人民的文化权益，促进人的全面发展。

社会主义文化建设以满足人民精神文化需求为根本目的是由社会主义性质决定的。社会主义社会是以实现最广大人民根本利益，促进人的解放和全面发展为最高价值追求的社会。人民的利益需求不仅包括物质方面的需求，而且包括精神方面的需求。人的解放和全面发展离不开文化的支撑和启蒙。“文化上的每一进步，都是迈向自由的一步。”① 社会主义社会是全面发展、全面进步的社会，不仅

① 《马克思恩格斯选集》，第 3 卷，北京：人民出版社 1995 年版，第 456 页。

需要物质财富的极大丰富，而且需要精神财富的极大满足。物质贫乏不是社会主义，精神空虚也不是社会主义。在社会主义社会，就是既要让人民过上殷实富足的物质生活，又要让人民享有健康丰富的文化生活。在剥削阶级社会，广大人民处于被压迫、被剥削的地位，物质生活方面的利益得不到保障，精神文化方面的利益更难以得到实现，文化只是为少数剥削阶级服务的，文化权利成了少数剥削阶级享有的专利。无产阶级领导的社会主义运动，"是绝大多数人的、为绝大多数人谋利益的独立的运动"①。不断实现人民物质文化需求，把广大人民从社会压迫和精神压迫中解放出来，实现社会全面进步和人的全面发展，是社会主义社会的本质要求。因此，必须推进社会主义文化建设，解放和发展文化生产力，不断满足人民日益增长的精神文化需求。

社会主义文化建设以满足人民精神文化需求为根本目的是由党的性质、宗旨决定的。中国共产党不仅是工人阶级的先锋队，而且是中国人民和中华民族的先锋队，以全心全意为人民服务为根本宗旨。党的性质宗旨决定了，党能够站在广大人民的立场上，除了广大人民的利益，没有自己的特殊利益。中国共产党自成立之日起，就高举中国先进文化的前进旗帜，为人民争取文化权益而不懈奋斗。毛泽东同志的《在延安文艺座谈会上的讲话》一文中指出，我们的文艺要为"最广大的人民，占全人口百分之九十以上的人民"服务。② 新中国成立后，中国共产党成为执政党，实现了领导社会主义文化建设与代表中国先进文化前进方向的有机统一。中国共产党提出了社会主义文化建设要为人民服务的根本方向，并积极提高全民族的思想道德素质和科学文化素质，促进人的全面发展，积极培育有理想、有道德、有文化、有纪律的社会主义公民。在当今人民对精神文化需求日益强烈的情况下，中国共产党作为社会主义文化建设的领导者，必须不断加强文化建设，推动社会主义文化大发展大繁荣，为人民提供更多文化产品和文化服务。

社会主义文化建设以满足人民精神文化需求为根本目的是由我国文化领域的主要矛盾决定的。社会主义制度在我国的建立，人民成了国家和社会的主人，为广大人民享受文化权益提供了条件。新中国成立以来特别是改革开放以来，我国经济社会得到快速发展，人民物质生活水平得到极大提高，人均国内生产总值已达到 4500 美元，基本上告别了短缺经济，人民生活实现了从温饱到小康的历史性

---

① 《马克思恩格斯选集》，第 1 卷，北京：人民出版社 1995 年版，第 262 页。

② 《毛泽东选集》，第 3 卷，北京：人民出版社 1991 年版，第 855 页。

跨越。与此同时，人们的精神文化需求更加强烈，文化消费日益增长。但我国文化发展同经济社会发展和人民日益增长的精神文化需求还不相适应。有研究表明，当人均 GDP 超过 3000 美元时，文化消费会快速增长；接近或超过 5000 美元时，文化消费则会出现“井喷”。当前，我国文化消费处于高速增长期，文化市场不断壮大。据估计，我国文化消费需求总量超过 4 万亿元，但我国文化产品和服务供给约为 1 万亿元，供需矛盾十分突出。在当前和今后一个时期，相对落后的文化生产与人民日益增长的精神文化需求之间的矛盾，依然是我国文化建设面临的主要矛盾。文化生产同文化需求之间的矛盾，从根本上说，只能靠解放和发展文化生产力，增加物质财富和精神财富来解决。这就迫切需要我国加强社会主义文化建设，提高文化产品和服务的供给能力，不断满足人民日益增长的精神文化需求。

## 二、人民群众是推动社会主义文化建设的根本动力

人民群众中蕴藏了无穷无尽的智慧和力量，是推动社会主义文化大发展大繁荣最深厚的力量源泉。随着社会的发展进步，人民文化素质的提高，人民的独立性逐步增强，文化上更加自觉，文化创造能力愈益增强。加快社会主义文化建设，更要紧紧依靠人民，激发人民的文化创造活力，推动文化创新发展，使精神文化产品和社会文化生活更加丰富多彩。

人民群众是社会主义文化建设的根本依靠力量。马克思主义唯物史观认为，历史活动是人民的事业，人民是历史活动和社会活动的主体，他们不仅是物质财富的创造者，而且也是精神财富的创造者，还是社会变革的决定力量。艺术源于生活。一切文化创造都有其生活原型。人民群众的生产生活实践活动，是文化创造的源泉。任何文化创造和总结，都必须以人民群众的生产生活为基础。离开人民群众的生产生活实践，文化创作将是无源之水、无本之木。邓小平曾深刻地指出：“人民是文艺工作者的母亲。一切进步文艺工作者的艺术生命就在于他们同人民之间的内在联系。忘记、忽略或是割断这种联系，艺术生命就会枯竭。”① 推进社会主义文化建设，必须牢固树立人民群众是历史创造者的观点，坚持以人民为中心的创作导向，贴近实际、贴近生活、贴近群众，从人民群众火热的社会生活

---

① 《邓小平文选》，第 2 卷，北京：人民出版社 1991 年版，第 211 页。

中汲取素材、主题、情节、诗情、画意，从人民中间吸取乳汁和养分，创作出反映人民生产生活现实、体现人民群众利益诉求、人民喜闻乐见的优秀文化作品，以推动解决人民群众最关心、最直接、最现实的利益问题。

人民文化创造的积极性、主动性是社会主义文化建设的不竭动力。人是生产力中最活跃、最革命的因素。人民群众最伟大，是真正的英雄。人民群众中蕴藏着巨大的社会主义建设积极性。社会主义文化建设，必须牢固树立马克思主义群众观点，自觉贯彻群众路线，广泛发动群众，为人人成为社会主义文化建设者提供广阔舞台，吸引人民参与社会文化活动；要坚持百花齐放、百家争鸣方针，充分发扬艺术民主和学术民主，尊重人民主动精神、首创精神，激发和释放人民的文化创造活力和创造潜能，让蕴藏于人民群众中的文化创造活力竞相迸发、充分涌流；要把弘扬主旋律与提倡多样性结合起来，既要坚持社会主义核心价值体系引领社会思潮，又要尊重差异、包容多样，依靠人民的智慧和力量，尊重人民的创新和选择，引导群众在社会主义文化建设中自我创造、自我服务、自我发展，不断创造出更加丰富多彩的社会主义文化生活。

人民的精神文化需求是社会主义文化建设的基本动力。需求是人为了生存和发展而产生的欲望，是人从事一切活动的出发点和落脚点；需求是社会发展的强大动力。恩格斯指出："社会一旦有技术上的需要，则这种需要就会比十所大学更能把科学推向前进。"① 从这种意义上说，人类历史就是不断满足人们需求的历史。人们的需求是有层次的，最基本的需求是吃穿住行等方面的物质需求，精神文化方面的需求是属于高层次的需求。人们物质需求满足之后，不可避免地追逐精神需求。随着我国经济社会持续快速发展和人民生活水平不断提高，文化越来越成为我国人民的热切愿望。总体上看，人民群众的文化需求可以分为体现人民群众文化权益的基本文化需求和多样化、多层次、多方面的文化需求两部分。当前，人民的基本文化需求需要进一步满足，而多样化、多层次、多方面的需求需要大力发展，我国人民日益增长的精神文化需求同文化供给之间的矛盾越来越突出。这就迫切要求我们加快社会主义文化建设，发展文化事业和文化产业，不断满足人民群众精神文化需求，丰富人民的精神世界，增强人民的精神力量。

---

① 《马克思恩格斯全集》，第 39 卷，北京：人民出版社 1975 年版，第 198 页。

## 三、人民群众满意是衡量社会主义文化建设的最高标准

以什么为衡量准则和判断标准，反映的是工作导向和价值取向，也是对谁负责、让谁满意的问题。邓小平同志多次说过，衡量我们的工作要看人民群众赞成不赞成、满意不满意、高兴不高兴、答应不答应。文化工作是我们党的重要工作，社会主义文化建设是我们党领导的中国特色社会主义事业总体布局的重要组成部分。社会主义文化建设的成效，必须接受群众评议，以人民群众满意作为衡量文化建设的最高标准和根本尺度。

以人民群众满意为衡量社会主义文化建设的最高标准，是我国社会主义文化的性质决定的。社会主义文化是人民大众的文化，是源于人民、为了人民、属于人民的文化。人民不仅是文化创造的主体，而且是文化服务的客体，是文化产品的享有者。因此，人民群众最有理由、最有资格根据自己的品位、偏好和感受对文化产品和服务的情况和价值作出评价。少数文化精英主义论者把文化视为高雅高深的东西，蔑视人民群众的文化辨别能力，不愿让人民群众评判文化优劣，把自己的文化衡量标准强加于人民群众，从而得不到人民群众的认可。人民的眼睛是雪亮的。要相信人民群众有智慧、有能力对文化发展成果作出合理判断。进行社会主义文化建设，就要做到谋划文化发展思路向人民群众问计，查找文化发展中的问题听取人民群众的意见，改进文化发展措施向人民群众请教，落实文化发展任务靠人民群众努力，衡量文化发展成效由人民群众评判，最大限度地集中人民群众的智慧和力量，促进社会主义文化大发展大繁荣，让文化发展成果惠及全体人民。当然，坚持人民群众作为衡量社会主义文化建设的最高标准，并不是否定专家评价的意义和作用。专家学者具有专业性，对文化的某方面研究较深、具有专长，对文化评价具有一定的权威性。进行社会主义文化建设，必须坚持遵循社会主义先进文化前进方向、把人民群众满意作为评价的最高标准，把群众评价、专家评价和市场检验统一起来，形成科学的评价标准。

以人民满意为衡量社会主义文化建设的最高标准，是我国社会主义文化建设的经验总结。长期以来，由于受计划经济的影响，我国社会主义文化建设不是以人民需求和市场为导向，而是以行政指令为原则，文化企事业单位缺乏文化创造的活力和动力。结果导致文化产品极度匮乏，文化服务跟不上去，文化供给严重

不足。同时，一些文化企事业重复建设，生产出许多得不到人民认可的文化产品，走不到群众中去，造成文化资源的极大浪费。近些年来，我国根据社会主义精神文明建设的特点和规律，适应社会主义市场经济发展的要求，以群众满意为最高标准推进社会主义文化建设，社会主义文化呈现欣欣向荣的景象，覆盖城乡的基本公共文化服务体系已经建成，人民群众多样化、多层次、多方面的文化需求得到前所未有的满足。

以人民满意为衡量社会主义文化建设的最高标准，是社会发展进步的必然要求。历史的发展进步是人民推动的。人民群众是社会的大多数，人民群众的意愿形成的历史合力，体现着历史发展的规律，代表着历史发展的潮流和方向。恩格斯曾深刻地指出，“历史是这样创造的：最终的结果总是从许多单个的意志的相互冲突中产生出来的，而其中每一个意志，又是由于许多特殊的生活条件，才成为它所成为的那样。这样就有无数互相交错的力量，有无数个力的平行四边形，由此就产生出一个合力，即历史结果”[①]。文化具有一定的阶级立场，反映着不同群体的利益。只有符合人民意愿、代表人民利益的文化，才能得到人民的认可，也才是符合历史发展潮流和方向的先进文化。因此，社会主义文化建设坚持以人民满意为最高衡量标准，也就顺应了历史发展潮流、反映了时代要求、符合了人民意愿，所产生的文化也就是社会主义先进文化，必将引导和推动社会发展进步。

① 《马克思恩格斯选集》，第4卷，北京：人民出版社1995年版，第697页。

# 坚持马克思主义指导地位 践行马克思主义群众史观和国家观

## ——学习党的十七届六中全会《决定》体会

冯卓然　首都师范大学政法学院

党的十七届六中全会关于文化体制改革和发展的《中共中央关于深化文化体制改革推动社会主义大发展大繁荣若干重大问题的决定》（以下简称《决定》）旗帜鲜明地强调指出："社会主义核心价值体系是兴国之魂，是社会主义先进文化的精髓，决定着中国特色社会主义发展方向。"《决定》在社会主义核心价值体系建设四个方面的内容中，放在头等地位加以强调和论述的，就是"坚持马克思主义指导地位"。这个问题，是关系我们党、国家、社会主义事业的根本性质、发展道路和奋斗目标的首要大问题，是中国人民时刻关心和谈论的大问题，也是国内外敌对势力密切窥视的大问题。本文仅就马克思主义群众史观和国家观谈点粗浅认识。

## 一

《决定》指出："坚定维护和发展最广大人民根本利益，是指引人民推动社会进步、创造美好生活的科学理论。"深刻地阐明了维护和发展人民群众的根本利益同坚持人民群众是历史创造者的关系。共产党人坚持马克思主义唯物史观，就必须把人民群众是历史主体与人权主体高度地统一起来，使历史的创造者主体真正成为享有人权的主体。

真正称得上科学的社会历史观理论，唯有马克思主义唯物史观。唯物史观包含着极其丰富的内容，而社会存在决定社会意识是它的基础，人民群众是历史的创造者理论则是它的精髓。在社会主义改革和建设深入发展的时候，深刻认识人民群众特别是工农劳动群众及其知识分子的历史主体和人权主体地位作用，大力弘扬人民群众是历史的创造者理论，弘扬共产党的群众观点和群众路线，对于增强马克思主义指导地位的文化自觉和文化自信，提高各级党政干部执政为民的执政能力，坚持和发展中国特色社会主义事业具有至为重要的意义。

人民群众是推动历史进步的绝大多数社会成员的总和。人民群众作为一个社会历史范畴，在不同国家和同一国家不同历史时期，有着不同的内容。但是，自人类进入生产资料私有制为基础的阶级社会以来，受剥削被压迫的广大劳动人民，始终是人民群众的主体，是推动社会历史进步的主体动力。虽然新兴奴隶主阶级、地主阶级、资产阶级在其上升时期，也曾属于人民的范畴，对推动社会历史的进步也曾起过一定的作用，但由于他们剥削和压迫劳动人民的阶级地位和本质，决定了他们同劳动人民之间，在根本利益上存在着不可调和的矛盾，因而也就必然逐步走向反动而阻碍社会历史的进步和发展。也正是由于剥削阶级对劳动人民残酷的剥削和压迫，造成了作为历史主体的劳动人民群众，被剥夺了享有人权主体的地位和权利。他们辛勤劳动创造历史的丰硕成果，被剥削阶级垄断和独享了。劳动人民由于在经济上没有成为生产资料的主人，因而只能依靠出卖仅有的劳动力为资产者创造财富，在政治上也只是每隔几年被骗选一次由哪些人代表和维护资产者的权益。

马克思主义关于人民群众是历史的创造者理论，给人民群众指明了求得解放、实现历史主体与享有人权主体相统一的道路，自然也给代表人民群众利益的共产党，指明了体现自己性质和历史使命所依靠的社会基础。以毛泽东为核心的那一代中国共产党人，早在民主革命时期，就提出并坚定不移地信奉“人民，只有人民，才是创造世界历史的动力”。他们把马克思主义关于人民群众是历史的创造者理论，在实践中中国化，创造性地把群众观点确立为中国共产党的根本观点，把群众路线确立为共产党的根本路线，把工农群众确立为民主革命获得胜利所依靠的牢固阶级基础，把全心全意为人民服务确立为共产党的根本宗旨。正是由于中国共产党践行根本宗旨，同人民群众心心相印、血肉相连，为了人民的利益忘我奋斗，彰显了无产阶级先锋队的性质和作用，才获得了中国人民坚信不疑的领导地位，带领中国人民打败凶恶的帝国主义、封建主义、官僚资本主义三大敌人，建立了新中国，使中国人民实现了历史主体、社会主人、人权主体的统一。

社会主义新中国，人民从被剥削受压迫的奴隶地位变成当家做主的社会主人，共产党从无权地位上升成为执政党，为谁执政，怎样执政，就成为集中体现我们党的性质和根本宗旨的标志。这个根本性质和宗旨，要求我们党始终保持同人民群众的血肉联系，真诚履行执政为民的天职，践行权为民所用、情为民所系、利为民所谋的原则，就成为党的建设的永恒主题，成为我们党一切执政活动的根本政治任务，成为我们党永远立于不败之地的根基。

首先，坚持人民群众是历史创造者的理论。人民群众之所以是人类历史的创造者，在于它是社会生产力的体现者。人类社会发展的历史，从根本上说是一部社会生产劳动发展的历史。任何社会的生产，都是生产力和生产关系这两个方面的结合，其中劳动者和生产资料是生产活动得以进行的两个基本条件（要素），而劳动者则是生产过程中能动的主体生产力（人的要素）的体现者，又是生产过程中客体生产力（物的要素）的使用者、开拓者、创造者、转化者、维护者。劳动者在社会生产实践中，不断积累生产经验、发现生产规律，推动着科学技术不断创新和变革，促进着教育、科学、文化的不断发展，不断地创造着社会赖以生存和发展的物质财富和精神财富，并且不断地要求变革和改革不适合主体生产力运用客体生产力及其发展的经济、政治、文化制度和社会关系。因而，劳动者作为能动的主体生产力，主导着和推动着社会的发展，创造着社会存在和发展的物质财富和精神财富，是促进社会革命或改革的决定力量，成为创造人类历史进步的伟大动力。

然而，在阶级社会中特别是在资本主义社会中，劳动者和生产资料是完全分离的，是无产者；资产阶级是生产资料的占有者，它代表着旧的生产关系运用财产的权力控制着国家政权，制定一整套经济、政治、文化等方面的法律制度，维护其生产资料所有权和剥削无产者劳动力的权力，阻碍和破坏着社会的平等、共同富裕、社会和谐发展的实现。这就告诉我们，社会革命或改革就是解放和发展生产力，从根本上说就在于解放和发展人民群众这个唯一能动地创造人类文明的主体生产力。人尽其才，才能物尽其用。只有人民群众从生产资料资本主义私有制生产关系的剥削中解放出来，从代表资产阶级意志的国家政权统治下解放出来，才能成为社会的主人和享有人权的主体。在社会主义条件下，也必须从不合理的经济政治体制和规章制度下解放出来，从唯心史观和形而上学的束缚中解放出来，特别是从官本位特权思想、英雄史观的束缚中解放出来，人民群众才能以历史主体、社会主人和人权主体的主动姿态，把主体生产力的智力、体力、创造力自由自主地充分发挥出来，成为客体生产力的积极使用者、科学开拓者、主动创造者、自觉维护者和尽职尽责的管理者，成为社会主义改革的积极献策者、主动推动者，成为社会主义事业的勇敢捍卫者、自觉建设者。从而使我国社会主义社会的生产力又好又快地发展，创造出更新更多的劳动资料、劳动对象和生活资料，以满足国家和人民享用。同样，我们强调科学技术是第一生产力，这也要求我们必须深刻地懂得使我国人民普遍受到良好的科学文化教育和道德教育的重要性。只有加速发展适应我国社会主义经济、政治、文化、社会建设需要的合理结构和层次的教育事业，使我国人民适应社会发展的要求，成为认识自己历史使命和历史作用的多方面、多层次的优秀劳动者，才能创造出丰富多彩的新的劳动资料和劳动对象，创造更新、更丰富的物质财富和精神财富，管理好社会主义发展方向、道路、建设的各项事业，使中国对人类进步事业作出应有的贡献。

其次，人民群众是共产党执政和社会主义存在和发展牢固的阶级基础和社会根基。不同历史时代和不同社会形态的国家政权或政党组织，有着不同的阶级基础和社会根基。奴隶社会政权的阶级基础和社会根基是奴隶主阶级及其所依赖的生产资料奴隶主所有制；封建制政权统治的阶级基础和社会根基是地主阶级及其所依赖的生产资料封建地主所有制；资本主义社会政权统治的阶级基础和社会根基是资产阶级及其所依赖的生产资料资本家所有制；中国半殖民地半封建社会反动政权统治的阶级基础和社会根基，是地主阶级、官僚买办资产阶级及其靠山帝国主义。认识或判断一个国家政权或政党的性质，其根本标志就是看其所依赖的阶级基础和社会根基。

中国共产党党旗的标志鲜明地宣示：中国工人阶级是中国共产党产生、存在和发展的阶级基础。中国共产党是工人阶级的先锋队，不是各个阶级的混合组织，更不是剥削阶级分子可以藏身的庇护所。它还表明，以工人阶级为领导的、工农联盟为基础的广大人民群众，是中国共产党存在和发展牢固的社会基础。正是由于中国共产党鲜明地分清了敌我友，坚持了正确的阶级基础和社会基础，它才能团结和领导中国人民推翻“三大敌人”在中国的反动统治，建立了“一切权力属于人民”的社会主义新中国。我国宪法第一条规定：“中华人民共和国是工人阶级领导的以工农联盟为基础的人民民主专政的社会主义国家。”这是我国的根本国体，是指引中国人民捍卫国家政权性质和社会主义发展方向道路的根本纲领。这个宪法的首要原则指明，工人阶级领导的工农联盟是我国人民民主专政政权的阶级基础，以工人、农民及其知识分子为主体的广大人民群众，是中国坚持社会主义、共产主义道路坚不可摧的社会基础。

邓小平把马克思主义基本原理中国化，提出了社会主义本质理论，科学地阐明了我国社会主义初级阶段的历史任务、发展方向、根本道路、正确目标，揭示了中国特色社会主义发展的规律性。然而，在我国社会中，并不是所有的人都喜欢社会主义本质论所揭示的发展内容和规律。腐败官吏、奸邪商贾、资产阶级自由化分子等，他们的社会理想和价值观同人民群众是根本对立的，其共同本质都是图谋把中国引向资本主义。邓小平的社会主义本质论，反映了我国工人、农民及其知识分子的根本利益和价值要求，是马克思主义真理性和价值性的统一。因此，唯有中国的工人阶级、农民阶级及为其服务的知识分子为主体的广大人民群众，他们的阶级本性决定了他们能够顺应社会发展的客观规律，自觉自愿地为解放和发展生产力，消灭剥削，消除两极分化，实现共同富裕，为实现共产主义理想而奋斗。诚然，时代是发展的，历史任务是发展的，社会主义实践活动是发展的，我们党的理论和政策也必须与时而进，但工人阶级、农民阶级及其知识分子，作为建设社会主义的依靠力量和社会基础，在消灭阶级、消灭剥削、消除两极分化及其根源之前，却是必须始终坚持的。只要我们党和政府坚持的方向道路、作出的决策和举措、推行的工作和目标，既符合社会主义的本质和发展规律，又符合广大人民群众的根本利益和要求，就能实现党、民一条心，共产党的执政地位就不会产生信任危机的问题，我国社会主义制度就能筑起坚不可摧的社会基础。

第三，共产党的执政权力是人民群众赋予的。只有懂得共产党的伟大力量最深刻的根源，在于人民群众授予它领导革命和建设的权力，才能深刻地懂得坚定维护和发展最广大人民根本利益、践行群众路线的重要性。中国共产党为人民谋利益而诞生，为人民谋利益而奋斗，为人民谋利益而发展，经过28年的艰苦奋斗和无数革命先烈流血牺牲为代价，打倒了“三大敌人”在中国的反动统治，建立了新中国，确立了“中华人民共和国的一切权力属于人民”的社会主义宪法原则。社会主义制度确认党政干部的权力是人民给予的，其职责是全心全意为人民服务，执政为民，做捍卫和发展人民权益的忠诚儿女和坚强卫士。这就把“以官为本”的封建的、资本主义社会的官民关系匡正为以人民为本的干群关系，把颠倒了的主仆关系颠倒了过来。这是唯物史观的历史性胜利，是人类社会发展划时代的进步。

人民赋予共产党的领导权和执政权，共产党实行领导和执政的一切活动，就必须践行群众路线。群众路线是共产党的根本的思想认识路线、政治路线、组织路线、工作路线，是共产党的生命线。群众路线的本质和核心是为什么人和依靠什么人的问题。全心全意为人民服务，全心全意做人民的公仆，一切为了人民群众和依靠人民群众，不做任何亏欠和欺诈人民群众的事，是共产党人的高尚道德情操和先进性的集中表现，也是共产党区别于任何资产阶级政党的显著标志。正是一切为了人民群众谋利益这一根本使命和宗旨，才使共产党获得了在人民中生存和发展的强大生命力，才使任何反动势力都遭到人民群众的唾弃。

在我国社会主义现代化建设进入新的发展阶段的时候，我们党及时地提出了“以人为本”为核心和本质的科学发展观，响亮地举起“立党为公，执政为民”的治党治国的旗帜，要求各级党政干部的一切言行，都必须以人民群众的根本利益为出发点和最高衡量标准，把人民授予的权力用于为人民谋利益。这就把人民群众在国家和社会中的主人地位、历史主体地位，鲜明地凸现出来，把党政干部人民公仆的职责鲜明地凸现出来。党政干部只有深刻认识自己手中的权力是人民给予的，把自己的命运同尊重和维护人民群众创造历史的命运不可分割地联系在一起，为实现人民群众生存和发展的根本权益创造各种条件，才有存在的价值和意义。党政干部也只有自觉地消除形形色色的“官本位”特权思想，把实现和发展人民群众的根本权益同为实现自己的人生价值融合在一起，才能体现共产党员最为本质的先进性要求，才能得到人民群众的爱护和拥戴。相反，那些具有严重官本位思想和种种特权思想的干部，他们利用人民给予的权力谋私，疯狂地进行权权交易、权钱交易、权色交易，过着腐化堕落的生活，背叛了共产党的根本宗旨。腐败官吏是党和人民民主专政政权机体上的毒瘤，是社会主义事业的蛀虫，是西方敌对势力西化、分化、和平演变我国的走卒。能不能坚决有效地惩治腐败，关系到共产党的生死存亡，关系到我国社会主义制度和人民当家做主的国家政权的生死存亡。对于腐败分子，必须予以断然割弃和施以重典，任何姑息、放纵、宽容腐败官吏的想法和做法，都是违背人民根本权益和社会主义事业的犯罪行为。

## 二

《决定》要求共产党员和干部学习马克思主义经典著作，系统掌握马克思主义立场、观点、方法，“不断深化对共产党执政规律、社会主义建设规律、人类社会发展规律的认识”。执政考验是在世情、国情、党情发生深刻变化的新形势下，对共产党首要的重大考验。是关系到我国社会主义事业兴衰成败的大问题。坚持马克思主义指导，牢记苏联亡党亡国的历史教训，解决好这个考验，在国际共产主义运动史上，具有重大的理论意义和实践意义。

第一，要坚持马克思主义国家学说。

共产党执政就是共产党掌握国家政权，必须牢记马克思主义关于国家的理论。在对待国家问题上，资产阶级为了维护自己的经济利益和政治统治，在思想文化领域，拼命鼓吹资产阶级国家是代表全民利益的代表者，抹煞国家的阶级本质。国际共产主义运动中的机会主义者，也竭力鼓吹超阶级的国家观。拉萨尔是国际共产主义运动中鼓吹超阶级国家观的祖师爷。他反复强调“国家的使命就在于发展自由，使人类朝着自由的方向发展”，鼓吹“自由的人民国家”论，掩盖普鲁士王朝的阶级本质，麻痹工人阶级的革命意志，取消无产阶级革命，反对无产阶级专政。赫鲁晓夫鼓吹“全民党”、“全民国家”论，阉割苏联共产党的无产阶级先锋队性质，抛弃无产阶级专政，复辟资本主义。戈尔巴乔夫新思维宣扬人道的民主社会主义，其核心内容是：取消共产党的领导地位，实行多党轮流执政；取消生产资料公有制，鼓吹私有化；取消马克思主义在意识形态领域的指导地位，鼓吹思想多元化竞争。如此等等，完全抛弃了社会主义的本质特征和基本原则，全面复辟资本主义经济、政治、文化制度，致使苏联解体、亡党亡国。我国的民主社会主义者，在政党、国家政权、经济制度、意识形态各方面，恣意否认其鲜明的阶级属性，全面贩卖戈尔巴乔夫的论调，为美国的和平演变战略效劳。马克思主义用历史唯物主义观点观察国家问题，科学地指出，国家是阶级矛盾不可调和的产物和表现，是经济上占统治地位的阶级进行统治的暴力工具；国家有其产生、发展和消亡的规律，它随着阶级的产生而产生，也必将随着阶级和阶级斗争的消灭而消亡。只要阶级和阶级斗争存在，国家就必须存在，而且只能是一定阶级维护其经济、政治、文化统治的工具，只不过阶级本质和阶级内容不同罢了，根本不存在超阶级、超历史的全民自由民主的国家。

第二，要牢记无产阶级专政理论。

马克思在 1852 年致约·魏德迈的信中，对无产阶级专政问题作了精辟的概括。他说：“至于讲到我，无论是发现现代社会中有阶级存在或发现各阶级间的斗争，都不是我的功劳。在我以前很久，资产阶级历史编纂学说家就已经叙述过阶级斗争的历史发展，资产阶级的经济学家也已经对各个阶级作过经济上的分析。我所加上的新内容就是证明了下列几点：（1）阶级的存在仅仅同生产发展的一定历史阶段相联系；（2）阶级斗争必然导致无产阶级专政；（3）这个专政不过是达到消灭一切阶级和进入无阶级社会的过渡。”①

马克思关于阶级斗争和无产阶级专政理论的新贡献，历来是马克思主义者牢记践行的社会主义发展的客观规律。同时也是资本帝国主义的思想家和国内的机会主义者恶毒攻击和恣意抛弃的理论。

客观事实告诉我们，人类进入阶级社会以来，不同的历史阶段产生不同的生产资料私有制，相应地也就产生了不同的阶级对立和阶级斗争。资本主义社会把生产资料私有制发展到高度集中的最完备的阶段，是人类社会发展的最后一个阶级社会。无产阶级和资产阶级的对立和斗争，不可避免又不可调和地展现在资本主义社会中。

无产阶级和资产阶级斗争的根本问题是国家政权问题。无产阶级反对资产阶级斗争的首要任务是夺取政权，建立无产阶级专政，使无产阶级成为争得民主的统治阶级。这是无产阶级反对资产阶级斗争的一般规律，也是无产阶级获得解放的政治条件。

无产阶级专政是一个具有深刻而广泛含义的概念。马克思和恩格斯在《共产党宣言》中指出，无产阶级专政即无产阶级成为执掌国家政权的统治阶级。无产阶级专政国家政权的任务，是要利用政权工具继续在经济、政治、思想文化领域进行阶级斗争，在经济上一步一步地夺取资产阶级的全部资本，变生产资料资本家私有制为全体人民所有的公有制，尽可能快地发展生产力；在政治上镇压剥削阶级的反抗和打击资产阶级的一切妄图复辟的活动；在思想文化领域进行社会主义科学教育文化建设，消除以复辟私有制为核心的资产阶级意识形态。一句话，为实现共产主义创造经济、政治、思想文化、社会条件。

列宁在谈到无产阶级专政的根本含义及其必要性时明确指出：“阶级斗争学说经马克思运用到国家和社会主义革命问题上，必然导致无产阶级的政治统治，无产阶级专政，即不与任何人分掌而直接依靠群众武装力量的政权。只有使无产阶

① 《马克思恩格斯选集》，第 4 卷，北京：人民出版社 1995 年版，第 547 页。

级转化成统治阶级，从而把资产阶级必然要进行的拼死反抗镇压下去，并且组织一切被剥削劳动群众去建设新的经济结构，才能推翻资产阶级。”① 这就说明，无产阶级专政就是无产阶级成为国家的统治阶级，即无产阶级独掌国家政权的领导权或执政权，不与其他任何阶级、任何政党分掌国家政权的领导权或执政权。无产阶级必须坚持在政治上、思想上、经济上和整个社会生活实行全面领导，组织劳动群众建立社会主义生产关系，开展社会主义经济、政治、文化建设，消灭阶级剥削和阶级差别，建立共产主义社会，才能完成无产阶级的历史使命。这是无产阶级专政理论的本质含义。所以，列宁强调指出：“谁要是仅仅承认阶级斗争，那他还不是马克思主义者，他还可以不超出资产阶级思想和资产阶级政治的范围。把马克思主义局限于阶级斗争学说，就是阉割马克思主义，歪曲马克思主义，把马克思主义变为资产阶级可以接受的东西。只有承认阶级斗争，同时也承认无产阶级专政的人，才是马克思主义者。”②

第三，要牢记和践行人民民主专政理论。

毛泽东把马克思主义无产阶级专政理论中国化，创立了“人民民主专政”理论，对“无产阶级专政”理论作了深化和发展。这一理论鲜明地概括了人民既是享有民主的主体，也是对敌对势力实行专政的主体。这种双重主体含义，不仅全面、准确、鲜明地表述了我国国家政权的性质、内容和职能，坚持了工人阶级独掌国家领导权和执政权的根本原则，而且容易为人民所理解和掌握，也容易澄清人们的误解，还能够防止敌对势力蓄意歪曲，挑拨工人阶级与其他劳动者同广大人民群众的关系。这是毛泽东对马克思主义国家学说的重要贡献。

国内外敌对势力既疯狂攻击又极其害怕人民民主专政理论，这也告诉我们，要毫不动摇地坚持这个理论，其中特别具有现实意义的几个问题是：

其一，毫不动摇地坚持工人阶级（经过共产党）的绝对领导地位。

我国人民民主专政国家政权性质的根本含义，是工人阶级（经过共产党）独掌国家领导权或执政权的社会主义国家。国内外一切敌视中国社会主义事业的势力，都把攻击的矛头集中在诋毁中国共产党的领导地位和执政地位上，他们鼓噪什么共产党执政就是扼杀民主，鼓吹什么中国只有实行两党或多党轮流执政才算民主。中国人民深知，毫不动摇地坚持工人阶级（经过共产党）的绝对领导地位

① 《列宁选集》，第3卷，北京：人民出版社1995年版，第131页。

② 同上书，第139页。

和执政地位，这是坚持人民民主专政政权性质的需要，是建设有中国特色社会主义道路的根本保证，是中国人民实现共同富裕和共产主义最高理想的根本保证。中国共产党在领导民主革命和社会主义建设实践中，历史地形成和创立了共产党领导的多党合作和政治协商的政党制度。这种政党制度，既不同于西方国家的两党制度和多党制，也不同于一党制，而是中国特色的社会主义民主政治政党制度。这种政党制度，体现了我国人民民主专政政权性质的优越性：它坚持了中国共产党的领导地位，体现了人民民主专政政权性质的根本特征和要求；共产党和各民主党派是执政党和参政党的关系，二者通力合作、相互监控，不存在反对党和在野党的问题；共产党和各民主党派都在宪法和法律的范围内开展活动，共同致力于建设中国特色社会主义的伟大事业。这种政党制度丰富和发展了马克思主义关于无产阶级专政理论。中国人民从经受的历史苦难中深知，必须彻底清除资本帝国主义的殖民主义思想的束缚，破除崇拜资产阶级民主主义的迷梦，用无产阶级的民主观观察和思考民主问题和国家的命运，独立自主地走自己的路，建设共同富裕、普遍平等的社会主义、共产主义社会制度，不做任何帝国主义、殖民主义的附庸和奴才。

其二，坚持工农联盟是人民民主专政的阶级基础。

“中华人民共和国是工人阶级领导的以工农联盟为基础的人民民主专政的社会主义国家。”这是我国宪法的首要的根本原则，是我国的国体。在我国，工人阶级、农民阶级及为工农服务的知识分子，是我国基本的劳动人民，占我国人口的90%以上，是我国人民民主专政政权的依靠力量和阶级基础，只要阶级和阶级斗争还存在，就不能用什么“全民国家”之类的虚幻言词欺骗人民，篡改我国国体的社会主义性质。毛泽东早在《关于正确处理人民内部矛盾的问题》中，就特别强调解决农民问题的重要性。他说：“我国有五亿多农业人口，农民的情况如何，对于我国经济的发展和政权的巩固，关系极大。”我国的基本国情决定了农业、农村、农民问题，始终是我国革命和建设的根本问题。党的十七大报告也指出：“解决好农业、农村、农民问题，事关全面建设小康社会大局，必须始终作为全党工作重中之重。”并且强调，要坚持农村基本经营制度，“探索集体经济有效实现形式，发展农民专业合作组织，支持农民产业化经营和龙头企事业发展。培育有文化、懂技术、会经营的新型农民，发挥亿万农民建设新农村的主体作用。”这就指明，发展农村社会主义集体经济的有效实现形式，是解决“三农”问题的根本方向和道路，是建设社会主义新农村的经济基础，是巩固农村社会主义政权的经济基础，是培育和提高农民集体主义思想、社会主义和共产主义理想信念的经济基础，是发挥亿万农民当家做主、避免两极分化、实现共同富裕的经济基础，是巩固人民民主专政的阶级基础，也是避免农民失去土地流落到城市而又不能就业，引发社会动荡的经济基础。

其三，牢记人民军队是人民民主专政政权的钢铁长城。

我们党历来就极其重视人民军队在夺取政权和巩固政权中的重要作用。早在民主革命时期，毛泽东就深刻地指出："从马克思主义关于国家的观点看来，军队是国家政权的主要成分，谁想夺取国家政权，并想保持它，谁就应有强大的军队。"① 他在《论人民民主专政》中又指出："我们现在的任务是要强化人民的国家机器，这主要是指人民的军队、人民的警察和人民的法庭，借以巩固国防和保护人民利益。"② 中国共产党从南昌起义开始，走上了建立人民军队开展武装斗争的道路，并把党对军队的绝对领导，作为人民军队建设最根本的原则，把全心全意为人民服务，作为人民军队建设的唯一宗旨。这是因为，共产党领导的人民军队，"不是为着少数人的或狭隘集团的私利，而是为着广大人民群众的利益，为着民族的利益，而结合而战斗的。紧紧地和中国人民站在一起，全心全意地为中国人民服务，这就是这个军队的唯一的宗旨。"③ 这个宗旨是无产阶级军队区别于其他军队的根本标志，共产党的领导则是坚持人民军队为人民的根本性质和宗旨的根本保证。

当今世界，和平与发展是世界各国人民的共同愿望，但霸权主义和强权政治依然存在，它们不断地对一些地区和国家，发动侵略和殖民战争，或培养代理人用战争手段颠覆不听其支配的合法政府。战争威胁的根源仍然现实地存在着。西方敌对势力颠覆中国社会主义制度的活动从来没有停止过。他们不仅在军事上对中国构筑包围圈，挑拨中国周边某些国家成为其反华战略走卒，而且在我国培植反社会主义势力，企图煽动颜色革命或推行和平演变战略，颠覆中国人民民主专政政权和社会主义制度。在国内，一些人近年来起劲地鼓吹西方资产阶级的民主观，公然反对共产党对人民军队的绝对领导权，鼓吹我国军队"中立化"、"国家

① 《毛泽东选集》，第 2 卷，北京：人民出版社 1991 年版，第 547 页。
② 《毛泽东选集》，第 4 卷，北京：人民出版社 1991 年版，第 1476 页。
③ 《毛泽东选集》，第 3 卷，北京：人民出版社 1991 年版，第 1039 页。

化”，企图改变人民军队的根本性质和宗旨，改变中国社会主义发展的方向和道路。这就警示我们，必须强化党对人民军队的绝对领导地位，使人民军队在思想上、政治上、组织上成为共产党领导的社会主义祖国的忠贞捍卫者，成为抵制国内外反社会主义势力进行思想政治渗透的敏锐之师，成为防御任何侵略并战而胜之的威武之师和钢铁长城。

其四，牢记建设社会主义和实现共产主义是人民民主专政的历史使命。

毛泽东继承马克思主义关于无产阶级专政理论，他在《论人民民主专政》中指出，依靠巩固的保护人民利益的人民民主专政政权作为条件，“使中国有可能在工人阶级和共产党的领导下稳步地从农业国进到工业国，由新民主主义进到社会主义和共产主义，消灭阶级和实现大同”。工人阶级是社会主义、共产主义生产方式和社会形态的代表者。因此，它在成为统治阶级以后，巩固和强化人民民主专政的历史使命，就是要在生产力、生产关系、上层建筑诸方面，进行社会主义改革和建设，为消灭阶级实现共产主义社会创造经济、政治、思想文化条件。

社会主义是以生产力的巨大增长和高度发展为物质基础的，没有这种物质基础，就不可能有全国人民共同富裕的物质生活和精神文化生活；社会主义又必须以生产资料社会主义公有制为物质标志，不消灭资本主义私有制，就不可能建立起实现共同富裕和社会公平的经济基础。所以恩格斯指出：“社会阶级的消灭是以生产高度发展为前提的，在这个阶段上，某一特殊的社会阶级对生产资料和社会产品的占有，从而对政治的统治，教育垄断和精神领导的占有，不仅成为多余的，而且成为经济、政治和精神发展的障碍。”① 现实社会的生产，包括生产力和生产关系两个方面及其统一，高度发展的社会生产力与生产资料公有制生产关系相统一的社会主义生产方式，是消灭阶级和阶级差别、实现共同富裕的物质基础，是消灭人类社会不平等的物质经济基础。

工人阶级要巩固自己的统治地位，沿着社会主义道路走向共产主义社会实现大同，就必须坚定不移地在经济、政治、思想文化领域全面实现自己的统治。在三个领域的关系上，首先必须牢记马克思主义关于经济基础决定上层建筑的科学理论，深刻理解和践行经济上巩固和发展生产资料公有制经济基础，是政治上巩固和发展人民民主专政政治上层建筑的物质基础，也是巩固和发展社会主义思想

① 《马克思恩格斯选集》，第3卷，北京：人民出版社1995年版，第632页。

上层建筑统治地位的物质基础。同样的，也必须牢记和践行上层建筑对经济基础具有重要的反作用的原理。一方面，要深刻认识坚持和强化马克思主义在意识形态领域的主导地位，坚持和强化人民民主和人民专政的职能，这是巩固和强化社会主义经济基础的强大精神力量和政治法律制度保障。另一方面，要深刻认识各种私有化思潮和反社会主义思潮的严重危害性，旗帜鲜明地坚持四项基本原则这个立国之本，旗帜鲜明地在经济、政治、思想文化领域反对资产阶级自由化的各种活动。总之，我国人民必须在共产党的领导下，把强化人民当家做主的民主方面和对敌视社会主义势力的专政方面，紧密地结合起来，“依靠人民民主专政这个武器，团结全国除了反动派以外的一切人，稳步地走到目的地”[①]，实现共产主义社会普遍平等的人权理想。

① 《毛泽东选集》，第4卷，北京：人民出版社1991年版，第1481页。

# “五四”精神是爱国进步民主科学精神

## ——兼评种种“五四”精神观

杨生平　首都师范大学哲学系

众所周知，“五四”运动在中国近现代史上具有里程碑的意义，它高举新文化运动提倡的“科学”与“民主”口号，掀起一场声势浩大的爱国救亡运动，带来了各种新思想、新思潮，尤其是马克思主义的传播，从而给中国历史的发展开辟了一个新的局面，标志着中国从此已从旧民主主义革命转向新民主主义革命。但近些年来随着国内社会状况的变化以及现代西方思潮的不断传入，对“五四”精神的评价渐渐出现了异质声音，认真盘点与分析这些思想有着正本清源、坚持和丰富中国特色社会主义理论的意义。

### 一、三种不同的“五四”精神观

历史从来不会只传播一种声音。事实上，从“五四”运动开展之时起就有着对它的不同评价，褒者有之，贬者亦有之。更值得注意的是，即使当时对“五四”运动作过肯定评价的人也会随着时间的推移与历史的变迁，渐渐转向对它负面的评价。新文化运动的巨匠鲁迅对“五四”后不同人思想走向评价时就曾感叹地说：“以前都是思想上的同路人，现在也渐渐分道扬镳了。”这一点，单就当时蒋介石对“五四”精神的评价便可略见一斑。蒋介石曾经高度评价过“五四”运动，但随着这场运动深入发展而与国民党在北伐后所实行的“训政”相矛盾时，他思想锋芒激转直下，开始痛斥“五四”精神，转向传统儒家道统思想。他说：“没有传统儒家思想作为基石，民主与科学，不仅不能救国，反而会误国。”如果说蒋介石为首的国民党对“五四”精神不同评价其实质还是可以理解与揭穿的话，那么，其他人特别是思想家对“五四”精神的不同评价就不那么容易被揭穿了，甚至还可能混淆视听。由此，认真盘点与总结历史上特别是当代对“五四”精神的不同评价，对于人们进一步认清历史、准确把握未来就具有十分重要的意义。从历史发展与现实来看，对“五四”精神的评价主要有以下三种观点：

**第一种是所谓“救亡压倒启蒙论”。**这一观点起初是新文化运动的领袖胡适提出。“五四”运动初期，胡适颂扬西洋文明，认为中华民族是个“又愚又懒的民族”：“不能征服物质，便完全被压死在物质环境之下，成了一分像人九分像鬼的不长进民族。”“我们如果还想把这个国家整顿起来，如果还希望这个民族在世界上占一个地位——只有一条生路，就是我们自己要认错。我们必须承认我们自己百事不如人，不但物质机械上不如人，不但政治制度不如人，并且道德不如人，知识不如人，文学不如人，音乐不如人，艺术不如人，身体不如人。”① 后来，胡适也渐渐改变对“五四”精神的评价。他认为“五四”运动打断了中国的文艺复兴，打断了中国的启蒙运动，它清除“部族思想”不够彻底，在起初它是推动中国的文艺复兴的，但是后来演变成为一场政治运动，便失去原来的意义，是被糟蹋了。如果说这种声音随着新中国的建立也渐渐退出主流话语体系的话，那么，随着改革开放的发展，新旧体制的转换，对“文革”的反思，这种思潮又重新返回历史舞台，便逐渐成为一种有较大影响力的话语体系。20 世纪 80 年代就有人提出“救亡压倒启蒙论”，90 年代后更有人提出“20 世纪是鲁迅世纪，21 世纪是胡适世纪”的口号。他们认为中国革命的进程中，“反封建”的文化启蒙任务被民族救亡主题“中断”了，革命和救亡运动不仅没有继续推进文化启蒙工作，而且被“传统的旧意识形态”“改头换面地悄悄渗入”了，而“文革”“把中国意识推到封建传统全面复活的绝境”，“封建主义披着社会主义衣装复活和变本加厉了”，于是，“启蒙”不得不补课，新时代必须开展“新启蒙”。②

**第二种是“传统文化断裂论”**。如上述观点一样，这一观点事实上在“五四”运动开始后也有了苗头。在“科学”与“民主”的呐喊声中，一些保守主义者也激烈地挽救着传统文化，并以传统文化对抗科学与民主。如 20 世纪 20 年代张君劢提出的人生理论、戴季陶提出的以道统为核心的国家主义，20 世纪 30 年代陈立夫提出的唯生论与力行哲学，等等。如果说这一时期对“五四”精神的批判与传统文化的维护还有些羞羞答答的话，那么，20 世纪 60 年代前后港台盛行的新儒家

---

① 胡适：《介绍我自己的思想》，引自葛懋春、李兴芝编：《胡适哲学思想资料选》（上），上海：华东师范大学出版社 1981 年版，第 344 页。

② 李泽厚：《中国现代思想史论》，北京：东方出版社 1987 年版，第 7 页。

代表则对“五四”精神进行了公开与露骨的批判。牟宗三在分析“五四”时期反传统之风形成的原因说：“他们对于西方文化尚没有达到严复的那个程度，而只是道听途说，外感地纷驰于其五光十色，而现成地捡取其科学与民主，而对于中国文化，则已无严复的那种典雅的态度，而只是外在地直接地取否定的态度。他们把科学与民主视为文化之全部，而此两者又是西方的，所以也是西方文化之全部，是中国所没有的，中国文化没有这两者，所以中国文化全是老的，而‘老’以封建来规定，所以中国文化是封建的过时的，全当否定。”[①] 由此，他们谴责参加“五四”运动的学生是不肖子孙，是堕落的一代，说他们在挖根，在摧毁民族生命的“常数”。随着1989年动乱后对文化激进主义的批判，20世纪90年代文化保守主义的流行、21世纪前后国学热的产生，这种文化断裂论思想在内地渐渐流行起来。随之，内地也有人开始指责“五四”精神，认为它破坏了中国文化、传统的根本，是“民族虚无主义”，使中国不成其为“中国”。于是，“有人公开打出了‘大陆新儒家’的旗号，主张在中国内地‘复兴儒学’，要用儒学取代马列主义作为中国现代化的指导思想。也有的学者，并不从正面反对马列，但在学术立场上接受了儒家的‘道统论’，提出要重建‘原道’，这个‘道’就是儒家所说的‘民族文化之常道’，或曰五千年中国文化一以贯之之道”[②]。

**第三种是“西方文化殖民论”。**如果说前两种观点自“五四”后就提出的话，那么，这种观点是20世纪90年代前后才提出的“新”观点。这一观点明显受到西方后现代主义与后殖民主义文化的影响，他们指责“中国的五四运动，大体上是将欧洲的启蒙话语在中国做了一个横向的移植”，“五四那一代学者对西方的殖民话语，完全掉以了轻心，很多人在接受启蒙话语的同时，接受了殖民话语，因而对自己的文化传统采取了粗暴不公正简单否定态度”，他们“以西方式的能指指认一个本土的所指”。如有学者指出：“从后殖民的角度来重新看五四运动，就会发现一些以前一直被忽视了的问题。大家都清楚，中国的五四文化运动，大体上是将欧洲的启蒙话语在中国做了一个横向的移植，正像我已经指出过的，西方的启蒙话语中同时也包含了殖民话语，而五四那一代学者对西方的殖民话语完全掉

---

① 牟宗三：《道德理想主义的重建：牟宗三新儒学论著辑要》，郑家栋编，北京：中国广播电视出版社1992年版，第74—76页。

② 方克立：《现代新儒家研究在中国》，引自《现代新儒家与中国现代化》，天津：天津人民出版社1997年版，第260页。

以了轻心，很多人在接受启蒙话语的同时接受了殖民话语，因而对自己的文化传统采取了粗暴不公正的简单否定态度。如果我们承认中国曾经是一个半殖民地国家，那么我们也应该正视近代以来中国的知识分子的心灵和认识论曾经被半殖民的事实。"[①] 还有学者则进一步认为，中国知识分子在 80 年代沉溺于启蒙话语中，即是处于对西方话语无条件的臣属位置和对于现代性的狂热迷恋之中。他断言，到了 90 年代，"话语的转换已不可避免"，"八十年代'启蒙''代言'的伟大叙事的阐释能力丧失崩解"，"八十年代的激进话语变成可追怀的旧梦，消逝在历史的裂谷的另一侧"[②]。这一思想表面上是否定 20 世纪八十年代后的激进话语，实际上是要否定"五四"以后包括马克思主义在内的全部激进话语。

## 二、"五四"精神不容诋毁

由于人们的立场观点不同，同样的历史事件有不同的评价观点本不足为奇，但因"五四"运动是重大历史事件，而且这三种声音在 20 世纪中国文化舞台有重要影响力，因此，马克思主义者就不得不对此进行回应。这三种观点涉及的问题很多，但归结起来，实际上涉及这样三个核心问题：究竟应该坚持什么样的历史观、进步观与文化观？

**首先，让我们来分析一下"西方文化殖民论"。**其实，这种观点的理论基础是建立在后现代主义基础之上的后殖民主义文化。在后殖民主义文化看来，一切都是话语决定的，所谓"科学"与"民主"并不是什么历史进步的产物，只是西方文化的一种话语表现形式，宣扬"科学"与"民主"也不能促进历史的进步，只是进一步强化与巩固了西方话语的统治地位。在主张西方文化殖民论的学者看来，"五四"以后特别是 20 世纪 80 年代后的激进理论未能促进中国的进步，而是削弱了中国文化自身话语的独立性与自主性，从而进一步强化了西方文化对中国的殖民统治。不错，"五四"以后传入中国的激进理论包括马克思主义在内都是西方的理论，但西方的理论就只属于西方吗？宣传西方激进理论就是文化殖民主义吗？如果认真分析一下历史，我们就会清楚地知道这是一种不尊重历史与现实的唯心主义历史观。事实上，从鸦片战争以后的中国历史来看，中国人选择马列主义不

① 张宽：《文化新殖民的可能》，载《天涯》，1996 年 2 期，第 22 页。

② 张颐武：《阐释"中国"的焦虑》，载《二十一世纪》（香港），1995 年 4 月号，第 132—133 页。

仅是世界形势发展的必然，更是中国历史发展的必然。鸦片战争以后，中国的志士仁人为了解决“救亡”问题不断追寻着救国救民的真理，这是一个艰难曲折的过程。从林则徐、魏源的“师夷长技以制夷”，经张之洞“中学为体，西学为用”、康有为的“托古改制”和“托洋改制”，到孙中山的“由变器到变道”，这是一个紧紧立足于中国文化求解救亡的过程。但历史事实证明，不从根本上改变中国传统文化，就不能解决中国的救亡问题；中国文化虽然也有不少优越之处，但从根本上讲它是跟农业社会与封建制度相连的。因此，引入从经济、政治到文化全方位解决中国历史问题的先进意识形态——马列主义就是历史发展的必然。事实也证明马列主义解决了中国的救亡问题。另外，从理论上讲，当代科学理论与马克思主义的民主理论的确依托于西方社会与文化的发展，西方后现代主义在揭露西方文化弊端时也的确提出一些有益的观点（它批判了西方科学与民主理论中的理性中心主义等），但若把所有的理论都归于一种话语体系并用话语体系之间的比拼来衡量它们的优劣，这既是一种文化相对主义，又是一种唯心史观，最终会导致失去衡量历史进步客观标准的虚无主义。一种理论依赖于一种文化环境，并不等于说它就跟这种文化环境是完全一致，更不等于说没有衡量理论进步与否的标准。其实，客观现实与历史的发展就是检验理论科学性与进步与否的标准。一种理论若能符合现实并带来历史发展，就是科学理论，或者说它至少是靠近科学理论。我们不能单凭哥白尼的日心说不符合以后的科学就否定其进步性，不会因为爱因斯坦的相对论成功引导人们发明了对人类生存有威胁的原子弹与氢弹等核武器就否定其科学性。毕竟科学理论的发现与应用是两个完全不同的问题。科学理论只是说明其正确揭示客观规律，而科学理论的应用却跟社会制度与人们的人文价值理念直接相关。我们不能因为科学理论在应用中存在一些问题而直接否定科学理论的正确性与价值性。当今西方社会在科学理论应用方面的确存在不少问题（如工具理性张扬、价值理性失落以及生态平衡破坏问题），但我们不能因此就否定科学理论的价值甚至彻底否定西方一切文化，而应该将西方科学理论与合理的制度与有益的传统文化结合起来，形成正确的制度机制与合理的科学理论应用观。

**其次，我们再来看看“救亡压倒启蒙论”。**公正地讲，若从马克思主义在中国的传播与应用来看，所谓“救亡压倒启蒙论”并不成立。因为，马克思主义自从传入中国后就一直存在着广泛宣传、深入研究与普遍大众化的过程，并且与此同时还产生了马克思主义中国化的两大成果——毛泽东思想与邓小平理论。正是因为马克思主义思想深入人心，中国共产党才成功解决救亡问题。如果套用启蒙与救亡的话语，那么应该说马克思主义在中国传播与应用是启蒙与救亡并重：若没有马克思主义在中国的启蒙，就不能解决中国的救亡问题；同样，要解决中国的救亡问题，就必须有马克思主义在中国的启蒙运动。另外，从马克思主义在中国的宣传形式来看，也并不存在所谓的思想霸权。因为，马克思主义是一直在跟各种思潮斗争中发展起来的。单从“五四”到新中国建立前三十年历史看，马克思主义与各种思潮的斗争就先后进行过三个阶段（即：“五四”时期三次大论争，20世纪20年代科学与人生观论战，对国家主义派与戴季陶主义的批判和20世纪三四十年代对唯生论、力行哲学与战国派哲学等的批判）。客观地讲，这些争论还是比较充分的，不存在哪种思潮绝对压倒其他思潮的状况，各种思潮都有一定的表现空间；从争论的效果来看，这些争论明确了是非，为中国革命的发展清除上理论上的障碍。当然，有一个历史事实也不容否定：那就是新中国建立后由于受到极“左”路线与“文化大革命”的影响，对马克思主义关于社会主义建设思想的启蒙与发展不够。如果说改革开放后还需要进一步启蒙的话，那就应该深入研究与创造性地发展马克思主义关于社会主义建设的思想。不过，从20世纪80年代以来主张“救亡压倒启蒙”学者的思想看来，他们所说的启蒙并非是马克思主义，而是资产阶级一整套关于民主与平等的话语理论。不错，从“五四”以后中国历史发展来看，资产阶级民主平等思想一直未能成为中国文化舞台上的主流话语，更谈不上这些思想会深入人心，但这并不是因为对之启蒙不够，而是因为它并非是真理性话语，更不能有效地解决中国革命与建设中的重大问题。从当今世界历史发展来看，尽管国际共产主义运动出现了曲折，资本主义国家也进行了一系列改革，但资本主义社会也并未能从根本上解决了自身的问题，当今资本主义社会仍然问题重重。法国著名哲学家德里达在《马克思的幽灵》中就一口气列出了当今资本主义的十大罪状。资本主义制度并不是中国发展的希望，中国要想走向民主富强文明之路，就必须坚持社会主义道路。如果非要说主张“救亡压倒启蒙”学者提出的第二次启蒙还有一点合理性的话，那它只能是针对“文革”时期出现的问题。列宁在晚年遗嘱中曾一再告诫后人：由于苏联的社会主义不是建立在高度发达的资本主义基础之上，因此，社会主义经济建设时期一定要防止因封建社会思想残余而导致的官僚主义。由于中国的社会主义也是建立在资本主义不发达的基础之上，再加上“文革”极“左”思潮的盛行，应该说列宁担心的官僚主义果真在中国出现了。针对官僚主义，资产阶级的“三权分立”思想是有一定疗效的，但它也存在着如邓小平所说议而不决、决而不行和为资产阶级服务的本性，因而不能真正解决中国的人民民主和集体富裕的问题。所以，如果说真的还需要第二次启蒙的话，那就应该全面深入地研究与发展马克思主义关于社会主义建设的思想（当然，这期间也需要研究、介绍西方资产阶级的思想，毕竟马克思主义理论是建立在资产阶级思想的基础之上。不过，绝不能让资产阶级思想成为主流话语）。否则，只能是历史的倒退，只能把中国纳入资本主义的发展体系并最终沦为其附属国。

**最后，再来分析一下“传统文化断裂论”。**不错，当今世界越来越重视文化问题，自亨廷顿提出“文明冲突”论以来，文化寻根也渐渐成为一种国际性潮流。对于这种现象，我们自然也要正确看待。文化是民族维系之本，是民族生存之纽带，但文化不能决定民族的发展，不是所有的文化都能将一个民族与国家带入民主富强；只有正确的、先进的文化才能如此。在国际竞争十分激烈的情况下，一个民族或国家要想真正走向繁荣富强之路，就不能固步自封，抱残守缺，而需要引进先进文化并以此改造民族文化，重建民族精神的核心价值。民族发展、国家昌盛需要的不简单是一种凝聚力，更是一种团结向上的竞争力。这一结论事实上已被中国近代以后的历史事实所证明。不错，“五四”期间的确有不少像鲁迅那样的思想巨匠对传统文化进行了彻底的批判，但这一现象似乎不能简单用“传统文化断裂论”去表征。必须区分以下三个问题：其一，这些思想巨匠想清算的与其说是传统儒家思想，不如说是作为封建社会意识形态的儒教。因为儒教是为封建社会统治服务的，不从根本上清除其影响，解构其核心价值，人们就不可能真正接受新思想，自然也无法推翻旧社会，建立新社会。若认真分析“五四”以后进步思想家的思想就会发现，他们并不存在彻底否定传统文化的倾向。毛泽东在对待传统文化的问题上，就曾提出“吸取精华，剔除糟粕”的名言。其二，即使作为传统文化重要组成部分的儒家思想来说，它也有一个需要发展的问题。正如前文所说，从儒家思想的产生来看，它是跟农业社会紧密相连的，若要顺利地过渡到工业社会就需要一个自身改造的过程（西方新教改革就是一个例证）。另外，在意识形态冲突未能终结之时，所有的传统文化都不能自主发展，它们必然会成为各种意识形态争夺与改造的对象，并最终沦为政治斗争的利用工具。一种传统文化若不能主动与先进意识形态相结合，必然会被其他意识形态与政治力量利用。

马克思、恩格斯指出："一切已死的先辈们的传统，像梦魇一样纠缠着活人的头脑。当人们好像只是在忙于改造自己和周围的事物并创造前所未闻的事物时，恰好在这种革命危机朝代，他们战战兢兢地请出亡灵来给他们以帮助，借用它们的名字、战斗口号和衣服，以便于穿着这种久受崇拜的服装，用这种借来的语言，演出世界历史的新场面。"① 袁世凯与蒋介石都曾利用传统文化为他们各自要建立的政权服务过。因此，在"五四"新旧思想交锋的激烈时刻，不少思想巨匠对传统儒家思想缺乏同情甚至缺少褒扬之意应该是可以理解的，也是正确之举。其三，传统文化与现代社会发展理论也有一个艰难融合的问题。不可否认，从梁漱溟、冯友兰等为代表的第一代新儒家，到牟宗三、唐君毅为代表的第二代新儒家，再到目前流行的海外与大陆的新儒家们对传统文化现代价值的挖掘与民族精神的重建等方面所做的工作是有价值的，但传统文化究竟如何与现代社会发展理论相融合的问题他们一直未能很好解决。尽管像牟宗三等提出了"返本开新"的思想，但它似乎并不能真正解决传统文化与现代社会发展精神的融合。因为，这些新儒家们始终以传统儒家思想作为思想重建之"体"，而把现代社会发展精神作为思想重建之"用"。先不必说这"体"能否与"用"融合，就单从它们的发展来看，这不变的"体"又怎能适应这常变的"用"？因此，笔者认为，传统文化要发挥应有的作用，必须以先进意识形态为核心加以重新改造。从这个角度看，在新旧社会交替之时，传统文化如果没有核心价值"断裂"或重建就不会有发展。

## 三、必须坚持唯物、历史的评价标准

要正确对待"五四"精神，就必须坚持唯物史观，坚持正确的历史事件评价标准。

**首先，应该正确区分客观历史与叙事历史。**历史现象不同于自然现象，它们只能出现一次，不能重复，因此，这就给历史问题的研究带来了困难，自然也为形形色色历史理论的出现与流行留下了空间。意大利历史学家克罗齐曾提出"一切历史都是当代史"的名言，在后现代主义思潮影响下形成的新历史主义更是得出"一切历史都是虚构"的结论。这些不同历史理论严重影响了不少中国学者对

---

① 《马克思恩格斯选集》，第1卷，北京：人民出版社1995年版，第603页。

包括“五四”运动在内的中国近现代史的评价。我们认为，历史现象的复杂性与历史研究的困境并不等于历史无规律，也不等于历史规律无法认识。历史现象表面杂乱无章，但若从历史长河来看，它还是有规律可循；这些规律隐藏在历史背后，作为起支配作用的力量影响着历史事件的发生。若能顺应历史规律，历史事件就能成功；否则，就会失败。此外，历史规律的认识自然是不同时期的历史学家或哲学家通过对各种历史文本与历史史实的分析而得出的，历史学家或哲学家的立场、观点自然会影响他们对历史规律的认识与判断，但不能由此得出“一切历史都是当代史”的结论。历史学家或哲学家的历史观可能会受到主观影响，但评价他们历史观正确与否的标准则不是主观的，它们必须受到长期历史发展的检验。只有长期经得起历史检验的历史理论才是科学的历史观，否则就是错误的历史观。历史发展证明：唯物史观是唯一正确的历史观。从唯物史观的角度看，我们应该把历史事件的历史评价与当代评价区分开来。对像“五四”运动这样重大历史事件的评价，必须把它放到当时的历史背景中去分析，而不能根据当前的某种需要任意评价历史事件，更不能利用目前流行的某种理论评价历史事件，历史事件不是可以随便打扮的小姑娘，它有自身的客观性与规律性。当然，我们也不能排除对历史事件的当代价值评价，毕竟历史是一面镜子，它会给后人留下借鉴或启迪。但对历史事件当代价值评价也必须建立在尊重历史规律性的基础之上，因为毕竟我们当代人也是历史中的人，我们也不能超越当前的历史条件以及整个人类历史发展的制约去创造历史。我们只能在尊重历史的基础之上，利用历史，发展历史。上述三种评价事实上是不顾历史客观性与规律性的表现，它们要么就把历史武断地当成当代史，要么就借用某种历史叙事去取代对客观历史的分析。

**其次，必须坚持历史主义的评价态度。**“五四”精神是爱国的、进步的，但并不是说它完美无缺。对“五四”运动除了有客观评价、当代评价外，还要有历史评价，必须根据历史的发展来不断审视“五四”精神，必须用一种发展的眼光看待“五四”精神。随着历史的发展，“五四”运动提出的民主科学理念也需要有一个不断充实与发展的过程。毛泽东在充分肯定“五四”运动标志着反帝反封建民主革命开始的时候，也指出其新民主主义革命的性质，并认为它最终必须转向社会主义革命。他说：“中国革命的历史进程，必须分为两步，其第一步是民主主义的革命，其第二步是社会主义革命，这是性质不同的两个革命过程，而所谓民主主义，现在已不是旧范畴的民主主义，已不是旧民主主义，而是新范畴的民主主义，而是新民主主义。”[①] 在此，我们要防止三种倾向：一是用后现代主义的民主观解读“五四”精神。后现代主义反对一切宏大叙事，认为任何宏大叙事都必然导致专制或霸权。由此，它们反对历史进步观与普遍民主论，主张小叙事、社团主义，认为“五四”提倡的民主精神有悖于现代民主理念。二是从社会构成角度解读科学的发展，把“五四”提出的科学精神只当成是西方的一种人文价值理念（对此，前文已作分析）。三是从当前正在发展的复杂性科学的角度审视“五四”提倡的科学精神，认为后者具有明显主张还原论否定整体性的思维方式局限，从而以中国古代已有类似于前者的思维方式或科学（如中医）来否定整个“五四”运动的历史价值。如果说上述三者中的前两者具有明显局限性的话，那么第三者就值得认真研究与分析。不错，“五四”时期所提倡的科学的确是以当时西方以还原论为基础的科学理论，这些理论目前已经受到强调整体性的复杂性科学的质疑，但我们不能由此否定“五四”科学精神的价值。毕竟我们不能简单在“五四”提倡的科学精神与某种或某些科学理论之间直接画等号，“五四”时期宣扬的科学理论自然是某些具体的东西，这些东西随着时间的推移自然会显示其局限，但“五四”提倡的科学精神却是永恒的，它要求的不是某种或某些科学理论，而是不断进步的科学精神。这种精神要求人们要不断用科学战胜迷信，用新科学取代旧科学。另外，就复杂性科学和以中医为代表的中国传统科学的关系来看，它们的确也存在某些相似或雷同，但也不能由此得出中国古代已经具有现代科学精神的结论，更不能以此否定“五四”时期对传统文化的批判。因为，复杂性科学与以中医为代表的中国传统科学仍有着明显的不同，前者主张还原论与整体性的统一，而后者只强调整体性，缺少还原分析理念与方法。从科学发展角度看，缺乏还原论的整体论就会缺少明确的医理，最终会导向神秘主义。以中医为代表的中国传统科学若不能充实西方还原论的科学精神，它就永远无法成为真正意义上的科学，也不能促进中国的繁荣富强。

“昔人已乘黄鹤去，此地空余黄鹤楼。”“五四”运动已过去，但“五四”精神却不容遗忘；“五四”精神就是时代精神，它可以发展，但不容篡改或诋毁。“五四”精神是爱国精神，更是大胆吸引与借鉴人类一切优秀成果而促进中华民族进步的精神。正如有学者所说：“‘欧洲的精神文明’或西方文明，在实质上点出了

---

① 《毛泽东选集》，第2卷，北京：人民出版社1991年版，第664页。

‘世界历史的走向’。‘五四’时期提出的问题德、赛二先生，说到极处，是对‘欧洲精神’的高度提炼，‘欧风美雨’所及，浓缩而又浓缩，就是‘民主与科学’。”① “科学精神是现代化在文化方面的一个基本要求。如果追求民主，可以叫做民主主义，那么，要求重视科学、发扬科学精神，叫做‘科学主义’也无妨。”“我们现在仍然缺乏足够的科学知识，缺乏足够的科学精神，而不是多了个‘科学主义’。总之，我们提倡的人文精神应该是具有现代科学（自然科学和社会科学）意识的人文精神，我们提倡的科学精神应该是充满高度人文关怀的科学精神。”②

---

① 陈乐民：《西方文化传统与世界历史》，载《学术界》，2002年第3期。

② 龚育之：《呼唤科学技术发展的人文思考》，引自王文章、侯样祥主编：《中国学者心中的科学·人文》，昆明：云南人民出版社2002年版，前言。

# 中国先进文化建设与现代大学的使命

周雪梅　首都师范大学哲学系博士后

党的十七届六中全会指出："当代中国进入了全面建设小康社会的关键时期和深化改革开放、加快转变经济发展方式的攻坚时期，文化越来越成为民族凝聚力和创造力的重要源泉、越来越成为综合国力竞争的重要因素、越来越成为经济社会发展的重要支撑。"在中国道路与中国先进文化建设的视野中，思索大学文化精神的觉醒、迷失、回归与勃兴之路，探求大学在当代中国先进文化建设实践中的新使命，对于培养民族文化自觉、自信、自强，提高全民族文明素质，增强国家文化软实力，弘扬中华文化，建设社会主义文化强国，具有重大而深远的意义。

## 一、中国先进文化建设呼唤现代大学文化精神的觉醒

先进文化与大学文化精神从来都是互动共生的。回顾人类文明的历史可以发现，一个国家的强盛是与它的文化繁荣与振兴密切相关的。"一个伟大的国家，一定有伟大的学校；同样，没有伟大的学校，也就成不了伟大的国家。"[①] 在当今世界大发展大变革大调整的时代，当代中国站在历史发展的制高点，把握住全球化时代我国社会主义先进文化前进方向，前瞻性地提出了大力推进当代中国先进文化建设实践，努力建设社会主义文化强国的战略目标。中国先进文化建设的理论与实践为现代大学文化精神的回归与觉醒提供了良好契机。

### 1. 大学文化精神：推动中国先进文化建设的开路先锋

文化是民族的血脉，是人民的精神家园。文化的发展解放了人的思想，活跃

① ［西班牙］奥尔特加·加塞特：《大学的使命》，徐小洲等译，杭州：浙江教育出版社2001年版，第60—85页。

了人的思维，唤起了人的激情，激发了人的创造性，推动了科技进步和生产力发展。大学作为一个民族国家的文化高地，新思想、新技术、新理论的重要发源地，它所孕育并绽放的大学精神之花饱含着整个民族国家最为夺目和璀璨的文化精华。正如英国教育家阿什比在他的《大学的理想》一文中所指出的："大学保存、传播和丰富了人类的文化"。[①] 很难想象一个缺失大学文化精神的民族国家能拥有世界上最先进的文化。一个国家的先进文化是以大学文化精神的培育和焕发为主要支柱的。大学是维护、传播和考察永恒真理、探索新知识、服务先进文化的机构，处于"时代的高峰"。[②] 大学的精神是一个民族的精神领袖，它引领一个民族国家走出蒙昧，走向世界。正如德国著名教育家洪堡所强调的，"大学是一种最高手段，通过它，普鲁士才能为自己赢得德意志世界及全世界的尊重，从而取得真正的启蒙和精神教育上的世界领先地位。"[③] 没有现代大学文化精神作为支撑，先进文化建设犹如釜底抽薪，就会失去了赖以依托的血脉，就会陷入枯竭无援的境地；一个国家的大学如若不能体现这个国家的先进文化，不能发挥大学文化精神应有推动社会发展的力量，那么它必然会失去生机和活力，逐步走向没落和瓦解。唤醒与回归大学文化精神是当代中国先进文化建设中的现实命题。

在当今全球化时代，文化在综合国力竞争中的地位和作用更加凸显。当代中国先进文化建设实际上也是主动参与、融入文化全球化的过程。中国文化只有走出国门，走向世界，被世界接受、认同和尊重，才能真正建设成为一个社会主义文化强国。这里，一个重要的途径就是通过大学文化精神之间的碰撞与交流、传播与交融，弘扬我国优秀文化精神，破除西方文化霸权的"文明—野蛮"与"中心—边缘"二元分裂的结构模式，使中国文化从世界文化的边缘地位逐步走向中心地位，从而形成新的文化全球化多元融合的结构模式。从这个意义说，现代大学的文化精神在推动中国先进文化建设的进程中扮演了开路先锋的重要角色。

2. 大学文化精神：中国先进文化建设的应有之义

大学文化精神是由大学在长期的发展过程中，通过内化社会先进文化而形成的大学理想信念和价值追求。"它集一国之文化与一校之精神于一体，因此这种文

---

① 王冀生：《现代大学文化学》，北京：北京大学出版社 2002 年版，第 3 页。

② ［美］克拉克·克尔：《大学之用》，高铦等译，北京：北京大学出版社 2008 年版，第 69 页。

③ 《中国大学人文启示录》编委会编：《中国大学人文启示录》（第一卷），武汉：华中科技大学出版社 1996 年版，第 51 页。

化精神具有强大的价值吸引力和文化感召力。”[①] 在当代中国先进文化建设的实践中，现代大学所肩负的文化使命，是通过大学文化精神的力量来实现的。

党的十七届六中全会指出：“把创新精神贯穿文化创作生产全过程，弘扬民族优秀文化传统和‘五四’运动以来形成的‘革命文化’传统。学习借鉴国外文化创新有益成果，兼收并蓄，博采众长，增强文化产品时代感和吸引力。”从这里可以看出，当代中国先进文化建设是一个系统工程，它包括民族优秀文化传统、“五四”运动以来形成的革命文化传统以及国外文化创新有益成果的学习借鉴三个子系统工程。我国现代大学作为社会先进文化传承与创新、科学技术进步与发展、国家栋梁培养与交流的重要基地，不仅要为当代中国先进文化建设进程的顺利推进、建设目标的圆满达成提供精神动力、科学技术与建设人才的支持，而且，更重要的是，现代大学文化精神本身就代表着我国民族的精神智慧与文化力量，社会发展航标与共同理想信念，科学发展与技术进步，是中华民族优秀文化、“五四运动”以来形成的革命文化以及国外文化创新有益成果的不断碰撞、交融、整合与发展。大学文化其本质就是面向现代化、面向世界、面向未来的，民族的科学的大众的社会主义文化，大学文化精神其本质就是能激发全民族共同奋斗的社会主义理想信念。

## 二、历史变迁中的现代大学文化精神

现代大学起源于欧洲中世纪的大学。展开时代变迁的历史画轴，我们看到的是大学及其理念与精神的演变图景。19 世纪英国著名教育家纽曼心目中的大学是“到达伟大而平凡的目的的伟大而平凡的途径，是塑造公民并随之带来社会的和谐”，[②] 他所倡导的是崇尚人文、注重理性的大学理想与精神。德国柏林大学的洪堡认为大学是研究中心，教授是独立的研究者，学生是受到指导的研究者，他们从事的是“创造性的学问”，大学注重的是对科学的探求和个性与道德的修养。[③] 康乃尔大学的怀特倡导的是大学学术自由对科学进步的重要作用。[④] 美国加州大学

① 黄庆：《大学文化精神构建的支点与实现路径》，载《中国高等教育》，2011 年第 21 期。

② ［英］约翰·亨利·纽曼：《大学的理想》，徐辉等译，杭州：浙江教育出版社 2001 年版，序言第 18 页。

③ 金耀基：《大学之理念》，北京：生活·读书·新知三联书店 2008 年版，第 172 页。

④ ［美］乔治·M. 马斯登：《美国大学之魂》，徐弢等译，北京：北京大学出版社 2009 年版，第 128 页。

的前校长克尔认为，现代大学是一种多元化的巨型大学。“今天的大学在社会里却具有一种相当新颖的地位。大学需要严格注视它今天所处的现实世界。对大学来说，基本的现实是广泛承认新知识是经济和社会发展的最重要因素。”①克尔认为知识在指导整个社会发展中从未像现在这样居于中心地位，“大学作为知识的生产者 、批发商和零售商不能逃避服务。今天，知识是为了造福每个人”②。他强调的是现代大学的社会服务的功用和精神。美国哈佛大学的前校长德里克·博克认为，现代大学已从世纪的单纯封闭性机构变成现在的沟通社会各界、身兼多重职能的超级复合机构。“技术开发工作的需求给校园带来某种更强有力的影响，与学术研究工作的关系越密切，对大学的价值观念的影响也就越大。……面对差异如此巨大的利益，学术研究的本质和方向可能会发生变化，会变得颇不同于长期以来鼓励大学教师无私探索知识的精神。”③他倡导大学应走出封闭的象牙塔，一方面为社会提供现实服务，另一方面又不失自己的根本使命。北京大学的蔡元培为中国大学树立了一个“大学之为大”理想形象，他认为：“大学者，研究高深学问者也。……大学者，囊括大典、网罗众家之学府也。”他一生倡导学术的自由和学术的尊严。④

回顾历史，我们发现，现代大学的发展轨迹存在着三个重要“拐点”，英国牛津大学的纽曼模式、德国柏林大学的洪堡模式和美国哈佛大学的克尔模式。⑤ 这三种模式代表了西方大学的历史发展脉络，它们既是共时性的，又是历时态的，每一种模式都有它生长的历史逻辑和现实土壤，每一种演变都要它自身的合理性和必然性。正像克尔所说的，“它的现实也扎根在历史逻辑之中”。⑥

现代大学的发展脉络清晰地展现了大学在不同历史过程中的理想追求，从纽曼“知识本身即为目的”的“教学场所”，到洪堡倡导的大学是学术自由的“研究中心”，再到克尔倡导的大学“造福每一个人”的“社会服务站”，看似疏远，实则相连。它们作为现代大学历史演变中的总体形象，完整地诠释了大学的理想信

---

① ［美］克拉克·克尔：《大学之用》，高铦等译，北京：北京大学出版社 2008 年版，第 1 页。

② 同上书，第 65 页。

③ ［美］德里克·博克：《走出象牙塔：现代大学的社会责任》，徐小洲等译，杭州：浙江教育出版社 2001 年版，第 160 页。

④ 金耀基：《大学之理念》，北京：生活·读书·新知三联书店 2008 年版，第 74—76 页。

⑤ ［美］克拉克·克尔：《大学之用》，高铦等译，北京：北京大学出版社 2008 年版，序言第 9 页。

⑥ 同上书，序言第 4 页。

念——人才培养、科学研究、服务社会。其中，人才培养是核心。正如加塞特在其《大学的使命》中所言："我们必须以普通学生为起点，把迫切需要学生掌握，并且一个正常的普通学生能真正掌握的教学内容作为一所大学的核心，把它看做大学的中心内容和基本组成部分。"[①] 科学研究是人才培养的载体，服务社会是人才培养的落地。三者共存互动，从而使大学的功能更加完备，其文化精神也越来越融入社会。正向弗莱克斯纳所描述的，现代大学成为"一个有意识致力于追求知识、解决问题、鉴别成就以及培养真正高水平人才的机构。……成了'公众的服务站'"。[②]

大学的理想信念可以转化为一种强大的精神力量主导甚至引领一个国家的先进文化，能够使大学在世界多元文化激荡交融的过程中，"坚持自己作为一种主要的、高于新闻舆论的'精神力量'的权利，在狂热之中保持平静，面对轻浮无聊和恬不知耻的愚蠢行为保持严肃性，把握理智"[③]。大学的理想信念不仅是一所大学文化的精神核心，而且会通过培养人才、科学研究和服务社会这样不可分割的实践活动渗透到一个国家文化体系之中去，犹如血液渗透到身体架构之中，从而为这个国家先进文化建设和发展提供连绵不断的养分。所以说，大学的理想信念在大学文化与国家先进文化建设的实践过程中起着方向盘的作用，统领大学文化和国家先进文化的走向。

"任何人都必须清楚地认识到自己所处的生活时代和环境，简言之，就是时代的'文化'。"并且，这种时代的文化是最新的、赋有时代本质特征的思想体系，"代表着时代的最高境界和层次"。[④] 新时期，中国的时代文化就是有中国特色社会主义文化，中国大学文化精神的实质就是用"中国特色社会主义这一共同理想凝聚力量，用以爱国主义为核心的民族精神和以改革创新为核心的时代精神鼓舞斗志，用社会主义荣辱观引领风尚"，在全社会形成共同的理想信念，用"中国特色"的大学文化精神和社会主义核心价值体系引领当代中国先进文化建设。

---

① ［西班牙］奥尔特加·加塞特：《大学的使命》，徐小洲等译，杭州：浙江教育出版社 2001 年版，第 71 页。

② ［美］克拉克·克尔：《大学之用》，高铦等译，北京：北京大学出版社 2008 年版，序方第 4 页。

③ 赵存生：《世界文化走向与大学的使命》，载《中国教育报》，2007 年 11 月 12 日，第 5 版。

④ ［西班牙］奥尔特加·加塞特：《大学的使命》，徐小洲等译，杭州：浙江教育出版社 2001 年版，第 60—85 页。

## 三、中国先进文化建设赋予现代大学的文化使命

在当代中国先进文化建设的伟大实践中，大学肩负着神圣的文化使命：大学是文化精神的启蒙与传承者、担当与坚守者、创新与引领者。培育现代大学文化精神，推进当代中国先进文化建设，是时代赋予大学的神圣使命，也是现代大学不可推卸的社会责任。

### 1. 启蒙与传承

在大学的一切构成要素中，文化是核心。没有文化的大学就像没有灵魂的行尸走肉。所以，文化赋予了大学鲜活的生命和勃勃的生机，同样，文化也给予了大学神圣的使命和义不容辞的责任——启蒙和传承文化，从而让人类文化生生不息、薪火相传。

然而，在人类社会发展和现代大学演变的历史过程中，启蒙精神逐步被大学这座“变化无穷的城市”[①] 从城市的核心枢纽推向了边缘末梢。在后启蒙时代西方学者对启蒙运动进行大规模的反思和批判的过程中，影响了当代中国社会包括中国现代大学对启蒙精神的传承和创新。“逾越了‘启蒙’的中国社会，又‘痛失’了自身的传统，在所谓后现代的语境中，几近成为‘迷途的羔羊’”。[②] 重振启蒙精神，招回大学之魂，当代中国学者吹响了对大学启蒙精神呼唤的最强音。实际上，从社会学意义上的形态学时间来看，“启蒙也正是当今中国社会文化发展的重要课题。”[③]

“启蒙”（enlighten）的原初含义是“点亮、照耀”，引申含义为启发、启迪。启蒙就是启迪蒙昧。它是通过科学知识、文化精神的传承与传播，开启人的智慧之光，使人们走出愚昧与黑暗的牢笼，接受光明的启发和引导，获得精神上的解放和生活上的幸福。柏拉图的“洞穴隐喻”、培根的“洞穴假相”、鲁迅的“黑暗的铁屋子之喻”，雅斯贝尔斯的“黑暗深渊之喻”，指的都是这方面的含义。若没

---

① ［美］克拉克·克尔：《大学之用》，高铦等译，北京：北京大学出版社2008年版，第23页。

② 王冰：《未竟的事业：文化的启蒙与传承》，载《上海青年管理干部学院学报》，2009年第2期。

③ 俞吾金：《启蒙的缺失与重建：对当代中国文化发展的思考》，载《上海师范大学学报》（哲学社会科学版），2010年第7期。

有精神启蒙，“那么所有的人都会被实用政治带进黑暗的深渊。”[①] 在人类文明发展史中，启蒙成为重要推手。“实际上，人类社会的每一个重大历史阶段的开启，都需要一场伟大的启蒙运动去帮助人们树立新的观念，设计新的制度和社会治理模式，型塑出人类新的行为模式和生活方式。”[②] 张康之认为，农业社会的启蒙运动发生在中国的春秋战国和西方的古希腊时期，那是一场“哲学的启蒙”、觉识的启蒙，开启了人类迈向农业文明的征程；工业社会的启蒙发生在欧洲18世纪，那是一场“法的启蒙”、解放的启蒙，建构起了工业社会模式；当人类社会进入后工业化进程的时候，人类社会开始了第三次启蒙——“伦理的启蒙”，那将是一场建构的启蒙。[③] 现在，我们正处在世界大发展大变革大调整时期，面临当代中国先进文化建设的巨大任务，现代大学如何借助“伦理启蒙”的东风，并深刻融入到伦理启蒙运动之中去，充分发挥大学的启蒙精神在建设社会主义文化强国中的作用，将是现代大学需要深刻思考的时代命题。

正如欧洲大学校长联合会主席罗曼齐教授所说的：“大学是崇高的传统思想文化的捍卫者，是维护人类精神和文化的中心。”[④] 建设当代中国先进文化的大厦，离不开中国传统优秀文化这样的根基，更离不开世界先进文化精神指引这样的视野。现代大学既要捍卫和传承中华优秀文化的独特价值，又要接受和传承世界先进文化的普世价值，搭建起本土化与国际化有效沟通的桥梁，在对世界文化的传承、吸纳和融合中捍卫和传承本国文化，为社会主义核心价值体系注入中国价值和世界视野的精神元素，为建设社会主义文化强国发挥先锋队和排头兵的作用。

“大学的任务在于向人类传授时代文化的全部内容。把大学‘启蒙’的基本功能归还给大学具有重要的历史意义。”[⑤] 加塞特强调的正是大学的传承和启蒙的使命。新时期，现代大学不但肩负着启蒙与传承的文化使命，同时也是启蒙与传承的主要担当者和责任者，在当代中国先进文化建设的伟大运动中，每一所真正的大学都将是先进文化建设的主体和主力。

---

① ［德］雅斯贝尔斯：《什么是教育》，邹进译，北京：生活·读书·新知三联书店1991年版，第53页。

② 张康之：《第三次启蒙》（上），载《北京行政学院学报》，2006年第3期。

③ 张康之：《论伦理精神》，南京：江苏人民出版社2010年版，作者的话。

④ 罗红波：《博洛尼亚大学》，长沙：湖南教育出版社1993年版，第81页。

⑤ ［西班牙］奥尔特加·加塞特：《大学的使命》，徐小洲等译，杭州：浙江教育出版社2001年版，第88页。

2. 创新与引领

在文化全球化日见端倪的时代背景下，大学既要守护人类世界遗存下来的文化资源和精神传统，又要守护民族国家自身的文化资源和精神传统；既要继承与发展中华优秀文化传统，又要继承和发展世界先进文化。新时期的大学以前所未有的国际意识和世界眼光再一次担当起自己的文化使命，担当起在当代中国文化建设中的创新与引领作用。

创新和引领是现代大学的崇高使命。“文化传统的再生不是原初语境的简单再现，而是新的现代重写和‘创造性转化’”。① 作为“现代文化和民族生活中最伟大和最重要的中心”② 的大学，只有根植于自己的时代文化土壤中，才能高居时代文化的中心；只有对文化传统给予创造性的转化，才能在当代中国先进文化建设中发挥引领作用。正像莫斯科大学校长萨多夫尼所说的：“大学像一个筛子，一台特殊的机器，用它分辨麦子与粗糠最为合适，它向生命注入生机，它是社会的引路人。”③ 大学不是国家的一个机器，也不是国家机器上的螺丝钉，甚至，真正意义上的大学，它不是作为机构，而是作为精神而存在的。“把大学当做一种精神比把它当做一个机体更为合适。”④ 在当代中国先进文化建设中，大学是孕育具有高尚品格和“智性美德”⑤ 的建设者；大学是指引中国历史车轮走出黑暗丛林，走向文化强国的“林中路”；大学是开启文化精神的启蒙之航和敢为天下先的“真的勇士”。也就是说，大学不仅是作为先进生产力的重要源泉为中国先进文化建设实践提供支持，更为主要的是，它是作为一种文化和精神的力量，源源不断地为先进文化建设实践输送养分；它是用大学文化精神之“火”，去点燃中国先进文化建设之“薪”；用社会主义核心价值之魂，去引领中国先进文化建设之“体”。

3. 担当与坚守

在现实背景下，现代大学如何担当与坚守大学启蒙、传承、创新与引领的使

① 任平：《全球文化坐标的轴心东移：文化自觉与中国价值的崛起》，载《苏州大学学报》（哲学社会科学版），2012 年第 3 期。

② ［美］雅罗斯拉夫尔·帕利坎：《大学理念重审：与纽曼对话》，杨德友译，北京：北京大学出版社 2008 年版，第 150 页。

③ 马万华：《迎来大学“灿烂的明天”》，载《高等教育研究》，1998 年第 4 期。

④ ［西班牙］奥尔特加·加塞特：《大学的使命》，徐小洲等译，杭州：浙江教育出版社 2001 年版，第 96 页。

⑤ ［美］雅罗斯拉夫尔·帕利坎：《大学理念重审：与纽曼对话》，杨德友译，北京：北京大学出版社，2008 年版，第 49 页。

命呢？在大学日益被妖魔化的过程中，在当代中国先进文化建设的伟大实践中，担当与坚守大学文化精神，本身就是一项重大责任和崇高使命。

在马克斯·韦伯的视野里，现今时代的主旋律是强调技术理性的价值。工具理性在对科学理性的追求中，以科学与技术的名义祛除了价值的一切“巫魅”，从而在一切活动中只注重形式的方面。“当这种时代潮流遇到官僚与组织时，其结果就是人们无意识地倾向于服从权威，推崇技术进步以致使其超越人类价值与尊严。”① 中国学者张康之同样看到了工业社会以及市场经济给现实社会发展带来严重的负面影响。他说：“工业社会以及市场经济的发展塑造了人的这样一种行为特征，那就是产生了人类有史以来最极端的向钱看的观念，产生了拼命赚钱、精于计算的商业文明，人与人之间的关系、家庭血缘、爱情、友谊和社会关系，统统受到商业性个人利益的玷污与腐蚀。”② 这里当然包括被誉为“人类精神高地”的大学。在工业社会工具理性甚嚣尘上的时代背景下，坚守还是抛弃大学精神，成为时代发展的重大命题。霍华德·鲍恩指出了担当与坚守大学文化精神的意义。他说：“一个全民受教育的民族会更好地保护健康，更有效地投资，更有效率地消费，更充分地发挥经济技能，更广泛和明智地参加政治和文化生活。”③ 哈佛大学的哲学教授阿尔弗雷德·诺斯·怀特海则对缺失文化精神的大学提出了警告。他说：“在现代生活的条件下，有一条绝对的法则：不重视智力培养的种族注定要被淘汰。并不是你的一切英雄主义、你的一切社会魅力、你的一切智慧、你在陆上或海上的一切胜利都能拉回命运之手。明天科学将再跨前一步，那时，当命运之神对未受良好教育的人作出判决时，都不会有人为他们提出上诉。”④

在这场“金钱至上”的泥石流袭击中，我们很多大学，其大学文化之树轰然倒塌，大学精神之花颓废败落。现代大学没有了为真理拍案而起的昂扬英姿，没有了为正义奋战到底的方刚血性，缺失了为社会责任担当的十足勇气，缺失了文化大发展大繁荣的文化自觉文化自强的饱满自信。我们发现我们的大学也染上了一种加塞特所批判恶习——懒散作风。“当你穿过大学的一间教室和大厅，甚至是在平时，也可以听到吵闹声，见到学生们各种各样的动作和姿态，感到一种几乎

---

① ［美］艾赅博、百里枫：《揭开行政之恶》，白锐译，北京：中央编译出版社 2009 年版，第 7 页。

② 张康之：《论伦理精神》，南京：江苏人民出版社 2010 年版，第 103 页。

③ ［美］克拉克·克尔：《大学之用》，高铦等译，北京：北京大学出版社 2008 年版，第 169 页。

④ 同上书，第 71 页。

使人窒息的沉重的懒散气氛。”并且，这种“懒散草率的作风一旦出现，则会愈演愈烈，变得愈发习以为常，因为这种作风本身会给人带来一种舒服安乐的感觉，且易于传播，从而使其得以长期存在”①。如果不根除这种懒散的作风，不唤醒大学的昂扬激情，不回归大学的文化精神，那么在如火如荼的中国先进文化建设中，大学何为？大学怎么能担当起启蒙与传承、创新与引领的使命？如果大学不能担当大学之为大学的使命，不坚守大学之为大学的精神，那么，大学存在的合理性和必要性何在？

所以，我们必须秉承大学应有的文化精神，理解大学的本真价值，回到雅斯贝尔斯所回答的教育本质：“第一是研究、教学和专业知识课程；第二是教育与培养；第三是生命的精神交往；第四是学术。大学的四项任务是一个整体。它构成了大学的理想：大学是研究和传授科学的殿堂，是教育新人成长的世界，是个体之间富有生命的交往，是学术勃发的世界。”② 社会一切发展的源泉都在于具有完整人格的人，在于人的精神力量的迸发。唤醒处于沉睡状态的人的精神，启蒙处于蛮荒境地的人的精神，才能真正实现中华文化的自觉、自信、自强。“我们必须做的是，每一个人或诸多人（不必是乌托邦式的）应该成功地成为一个整体的全面发展的人。如果不是大学，有什么力量能使这种愿望成为现实呢?”③ 不要让大学被社会尘嚣淹没，不要让大学被市场经济吞没，也不让大学被霸权文化腐蚀，担当与坚守大学精神，让大学精神成为永恒的光芒，照亮人类通往希望和幸福的路途，指引当代中国文化走向大繁荣、大发展的大道。无疑，大学是担当完成这一重任的唯一角色。

总之，“大学是人类社会的火车头，它承载着引领社会发展、文化传播的重任，用智慧的火种不断照亮人类前行的道路”④。在当代中国先进文化建设的伟大实践中，大学应担当起时代赋予的新使命，站在文化传承与文化创新的前沿阵地，用理想信念之火点燃生命激情，开启智慧之光，引领中国先进文化建设之路。

---

① ［西班牙］奥尔特加·加塞特：《大学的使命》，徐小洲等译，杭州：浙江教育出版社 2001 年版，第 41 页。

② ［德］雅斯贝尔斯：《什么是教育》，邹进译，北京：生活·读书·新知三联书店 1991 年版，第 150 页。

③ ［西班牙］奥尔特加·加塞特：《大学的使命》，徐小洲等译，杭州：浙江教育出版社 2001 年版，第 61 页。

④ 衣俊卿、田晓明：《文化忧思录》，载《苏州大学学报》（哲学社会科学版），2012 年第 3 期。

# 后 记

全球化与文化问题研究既是一项重要的理论工作，也是一项重要的实践工作。首都师范大学为了发挥学校相关领域理论研究优势，对“全球化与文化”问题进行跨学科的研究，通过整合文学、历史学与哲学等学科的科研力量，于2005年成立了全球化与文化研究中心。全球化与文化研究是首都师范大学唯一一个跨学科的文科研究机构，现有刘新成、杨生平、陶东风、邱运华、叶险明、杨乃乔、程广云和施诚等文史哲方面的专家学者。目前，虽然叶险明教授已调入浙江师范大学，杨乃乔教授调入复旦大学，但他们仍然是该中心的兼职教授，为中心发展做了大量工作。首都师范大学全球化与文化研究中心自成立以来，在《中国社会科学》、《哲学研究》、《历史研究》、《文学评论》、《马克思主义研究》、《人民日报》、《光明日报》等刊物和报纸上发表学术论文近200篇，出版学术著作10余部，承担10余项国家社会科学基金以及省部级重点课题，开展了大量学术活动，在国内外学术界产生了一定影响。

本书所收录文章大多数选自首都师范大学全球化与文化研究中心召开的“2009全球化与当代中国文化发展论坛”与“2011全球化与当代中国文化发展论坛”。这两次论坛都得到了北京市社会科学界联合会的支持，参与这两次论坛的有来自北京大学、清华大学、中国社会科学院、中国人民大学、北京师范大学、国防大学、中央编译局、北京第二外国语学院与首都师范大学等高校与研究机构的几十名专家学者。对于这些专家学者的大力支持并提供论文表示衷心感谢！本著作出版得到了北京市社会科学界理论著作出版基金资助。